失われた文明の鍵は
アメリカ大陸にあった

人類前史
下

グラハム・ハンコック
大地舜／榊原美奈子 訳

AMERICA BEFORE
GRAHAM HANCOCK

双葉社

AMERICA BEFORE

by Graham Hancock

カホキア遺跡のウッドヘンジ。中央の柱とマーカーとなる柱は、春分・秋分の日の出に、
モンクス・マウンドの南面から太陽が昇る位置に配列されている。／写真：ウイリアム・アイズミンガー

ウッドヘンジ全景。古代の天文学装置を近代になって再建。／写真：サンサ・ファイーア

カホキア遺跡のモンクス・マウンドを上空から見る。／写真：ウイリアム・アイズミンガー

「途方もない量の土」で造られたモンクス・マウンド。アメリカ大陸で３番目に大きいピラミッド。最大はチョルラにあるケツァルコアトルのピラミッド。２番目はティオティワカンにある太陽のピラミッド。
写真：サンサ・ファイーア

カホキアの最盛期……芸術家の想像図。ウイリアム・アイズミンガーによる。

ポバティ・ポイントの「バード・マウンド」あるいは「マウンドA」。
北米で、モンクス・マウンドにつぐ2番目の大きさのマウンド。
写真：サンサ・ファイーア

アラバマのマウンドヴィル遺跡:マウンドBからマウンドAを望む。
背後には周りの3つのマウンドも見える。/写真:サンサ・ファイーア

マウンドヴィルでは、
手と眼のシンボルが
至るところで見られる。
陶器にも描かれている。
写真:サンサ・ファイーア

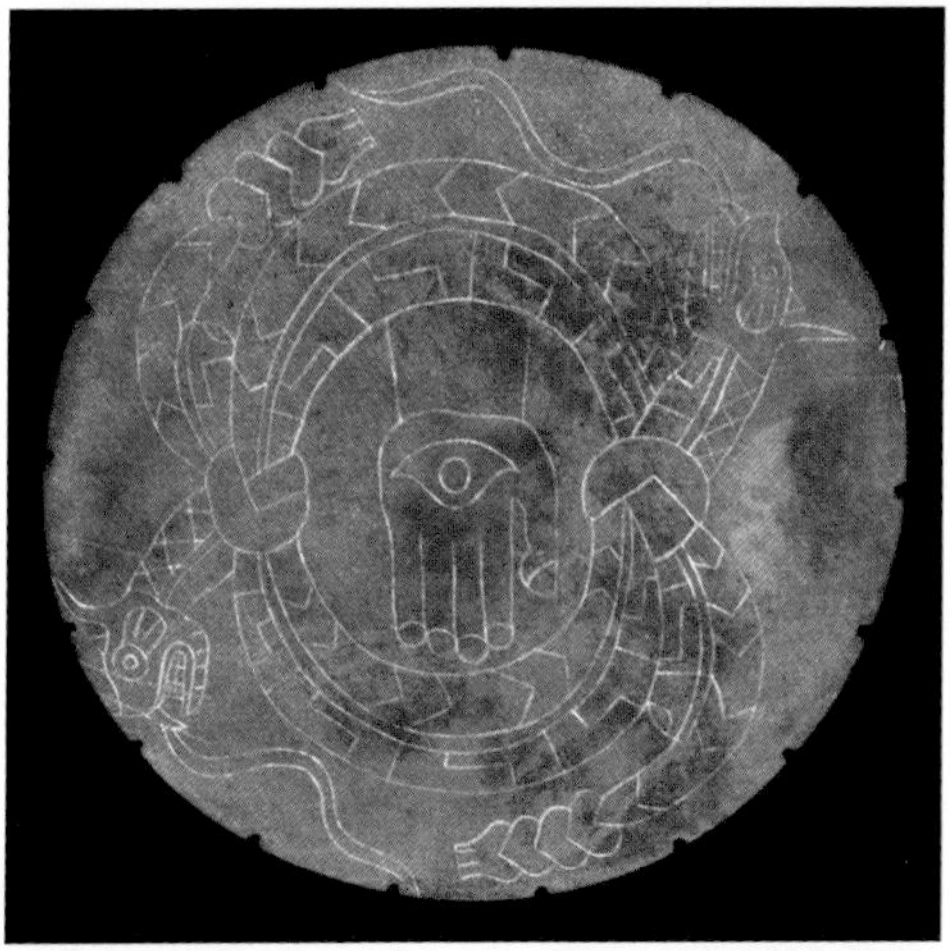

マウンドヴィル遺跡の
「ラトルスネーク・ディスク」は、
手と眼のシンボルをパワフルに表現している。
「手」はミシシッピ文化ではオリオン座を示す。
「眼」は天空における入口であり、
オリオン星雲だ。ここを通って死者の魂は
死後の旅を続けると信じられていた。
第22章と第23章を参照。
写真：アラバマ州タスカルーサにある
アラバマ大学博物館提供

古代エジプトのピラミッド・テキストの一部。
これは上エジプトのサッカラにあるウナス・ピラミッド（第五王朝）の墓室のもの。
有名な『死者の書』の原本であるピラミッド・テキストは、死者が死後の霊魂の旅に備えるためのものだが、
古代ミシシッピ文化の思い描いていた死後の旅と薄気味悪いほど似ている。／写真：サンサ・ファイーア

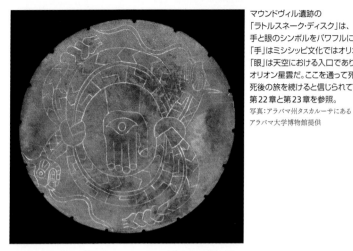

オシリス神座像。古代エジプトの宗教システムにおいてオシリスはオリオン座と同一視されていた。

ミシシッピ文化の「手と眼」のシンボルと同様に、エジプトでもオリオン座は死後の旅の入口とされていた。

写真：サンサ・ファイーア

古代エジプトのシステムでは、
アメミトは「死者を食べる者」であり、
審判で「正義」と認められなかった霊魂を、
よだれを垂らしたあごで、
永遠に消滅させる。
写真：サンサ・ファイーア

ミシシッピ文化の
システムにおける水中の豹（ひょう）も、
よだれを垂らしたあごを持つ。目的も同じだ。
写真：サンサ・ファイーア

左ページ：古代エジプトの審判の間で、
魂とマアト（真実）の羽根の重量を比べている。
古代エジプトと古代ミシシッピの双方で、
魂は死後に審判を受けなければならないと
信じられていた。／写真：サンサ・ファイーア

エドフにあるホルス神殿の壁には、古代の史料「エドフ・ビルディング・テキスト」が刻印されている。
このテキストは悠久の先史時代に世界規模の大災害で滅ぼされた偉大な神々の文明を語っている。
エジプト学者たちは関連を認めようとはしないが、このテキストに出てくる神々の島である
「原初の者たちの故郷」は様々な点で、古代エジプトの資料を源とするとされる、
プラトンのアトランティスの話と多くの共通点をもっている。／写真：サンサ・ファイーア

エドフ・ビルディング・テキストによると、「原初の者たちの故郷」を破壊した大災害を生き延びた者たちがいて、
世界中を放浪したという。彼らは高度な文明を再生したいと絶望的な望みを抱いていた。
少なくとも、知識や知恵や霊的な思想の一部だけでも伝え、残したいと考えた。
そうすれば大災害の後の世界で人類は「昔に何があったのかについてまったく無知な子どものように、
再開しなくてもすむ」（アトランティス崩壊後についてのプラトンの言葉）からだ。／写真：サンサ・ファイーア

グラハム・ハンコックと彗星研究グループの地球物理学者アレン・ウェスト。
アリゾナ州のマリー・スプリングスにあるブラックマットの堆積層を検証している。
天体衝突の証拠であるプロキシがたくさん含まれている。それらはメルトガラスであり、ナノダイヤモンドであり、
炭素スフェルールだ。ブラックマットは崩壊する彗星が地球に衝突して世界規模で巨大な天体衝突が続けて起こり、
大災害が引き起こされた重要な証拠となっている。1万2800年前のことだ。この出来事の衝撃は大きく、
人類の歴史を停止させ、氷河期に存在した高度な文明の痕跡をほぼすべて消滅させた。
だが、高度な文明の特質を示唆するいくつかの手掛かりが残されている。

たとえば古代エジプトの大ピラミッドには巨大な梁がある。この梁群は堅い花崗岩を切り出して造られており、
重量はそれぞれ70トンほどだ。場所は地上から50メートルの高さに造られている王の間の屋根裏であり、
学者たちは、丸太の上を転がすか、砂の上を滑らして巨石群をこの位置に「簡単」に設置できると
希望的観測を述べているが、この高さではありえない話だ。実際のところ巨大な梁は
「重量軽減の間」の床と天井を構成しており、ここに70トンの梁を持ってくるには、
空中50メートル以上上まで、持ち上げなければならない。考古学者たちは古代エジプト人たちが使えたのは、
梃子と簡単な機械装置と素朴な技術だけだという。それでこのような偉業を達成できるだろうか?
私たちは失われた科学の偉業と向かい合っているのではないだろうか?／写真：サンサ・ファイーア

レバノンのバールベック遺跡にあるトリリトン(三巨石)。隙間がある壁の最上部は比較的に新しい建造物だ。
だがその下には、古代に設置された3つの巨石がある。最初の巨石と2つ目の巨石の接合部は
上の壁の隙間の真下にあり、2つ目と3つ目の巨石の接合部は、さらに左にあるが、
合わせ目がほとんど見えないほどピッタリ接合されている。これらの3つの巨石はそれぞれが900トンもある。
大型SUV450台分だ。ここでも巨石をこの高さまで持ち上げ、
完璧に接合させることは素朴な梃子の技術と機械利用では不十分と思われる。

ペルーのサクサイワマン。この巨石による壁はジグザグに配置されており、複雑な多角形の石で造られている。
石のブロックは何千個もあるが、同じ形のものは1つもない。どの面も互いにきっちり組み合わされており、
間に紙を差し込むことすらできない。考古学者たちがサクサイワマンの石組みを再現しようと試みたが
とんでもない大失敗に終わった。これもまた、使うことが許されたのが梃子の作用や素朴な機械だけであり、
多くの複雑な多角形の石に対応できなかったのだ。/写真:サンサ・ファイーア

この多角形の巨石は重さ360トンと推定されている。
考古学者たちはサクサイワマンを建造したのはインカ帝国だとしているが、
インカ文明がこのような巨大な重量物を動かしたという記録はない。むしろ残されているのは、
巨石を動かそうとして災害に見舞われた記録だ。／写真：サンサ・ファイーア

サクサイワマンのブロック接合部の詳細。まるで岩がパテ(石膏を油で練ったもの)のように柔らかくされて組まれたようだ。伝承によると、賢者が瞑想し、ある種の植物を使い、弟子たちが意識を集中させ、奇跡的速度で作業を行ない、楽器を使い特別な詠唱をすることで、巨石を持ち上げ移動し柔らかくして成形したという。このような伝承が世界中に分布していることと、遺跡自体が厳然と存在していることからいえるのは、これらが古代技術の余韻で、私たちの知らないまったく別の原理が使われている可能性だ。

人知を超えた造りのカイラーサ寺院。インド、マハラシュトラ州エローラ。玄武岩の塊を彫って造られている。伝承では建造に魔術が使われたという。だが、よく言われるように「高度に進んだ技術は、魔術と区別がつかない」。

写真：サンサ・ファイーア

アンデス高地にある石壁に囲まれた広場と、壊れかけている土製ピラミッド。古代ティワナコの巨石遺跡。
ここは、最近になってアマゾンの密林で発見されている、素朴で幾何学的なアースワークを思わせる。

メキシコのティオティワカン遺跡。「人間が神々になった場所」といわれる。主要な月のピラミッドは手前にあり、
太陽のピラミッドは前方左に見える。巨大な主軸は「死者の道」に沿って配置されている。
これらすべては幾何学を豊かに使い、宇宙的な配置になっている。／写真：サンサ・ファイーア

北米・ニューイングランド地方の森林に存在する無数の巨石構造物は注目されず、
落書きに覆われていることも多いが、正式な研究を待っている。考古学者たちは確かな証拠もないのに、
これらが植民地時代の数世紀の間に造られたと見なしており、アメリカ先住民たちが
建造にかかわっていたことを否定している。／写真：サンサ・ファイーア

上と次ページ:巨石の特徴を持つ北米・ニューイングランドの構造物の入口の多くは、
夏至・冬至の日の出の方向に向けられている(下写真)。これは太古に建造された可能性を示しており、
考古学者たちが幻想する「植民地時代の食料貯蔵室」説への反論材料となる。／写真：サンサ・ファイーア

人類前史　失われた文明の鍵はアメリカ大陸にあった　下

人類前史　失われた文明の鍵はアメリカ大陸にあった　下　目次

第5部 すべてが古くなる一方だ／太古の墳丘《マウンド》の謎

第6部 旅の準備／死の謎

第7部 地獄の黙示録／大変動の謎

第8部 サバイバル／透明人間の謎

第5部

すべてが古くなる一方だ／太古の墳丘《マウンド》の謎

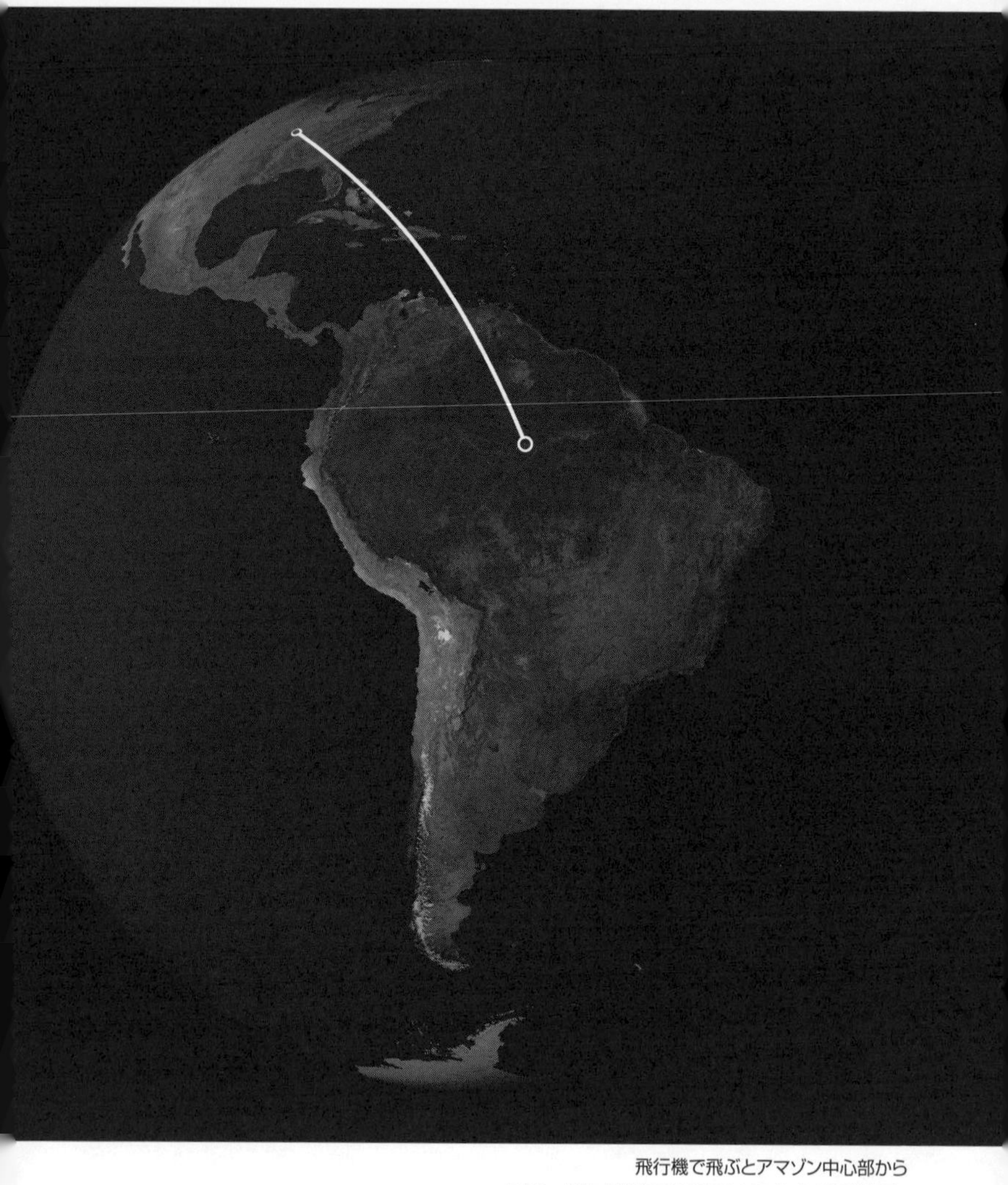

飛行機で飛ぶとアマゾン中心部から
ミシシッピ中心部までは6000キロメートルほどある。

第18章 太陽

南米のアマゾン川流域中心部にあるマナウス市から、北米のミシシッピ川流域の中心部セントルイス市までは、飛行機で六〇〇〇キロメートルの旅となる。その途中、赤道を越え、北回帰線を横切る。グーグルによると、飛行時間はドミニカ共和国での乗り継ぎを含めて一一時間だという。

古代世界においては、これほど簡単ではなかっただろう。旅程の一部は海を使えるが、ほとんどは陸路になる。中米には地形的にみると旅をするのに非常に困難な場所がいくつかある。そのため、総行程は六〇〇〇キロメートルをはるかに越えることだろう。

このように距離が遠いからといって、この両地域の間に交流や連絡がなかったとはいえない。

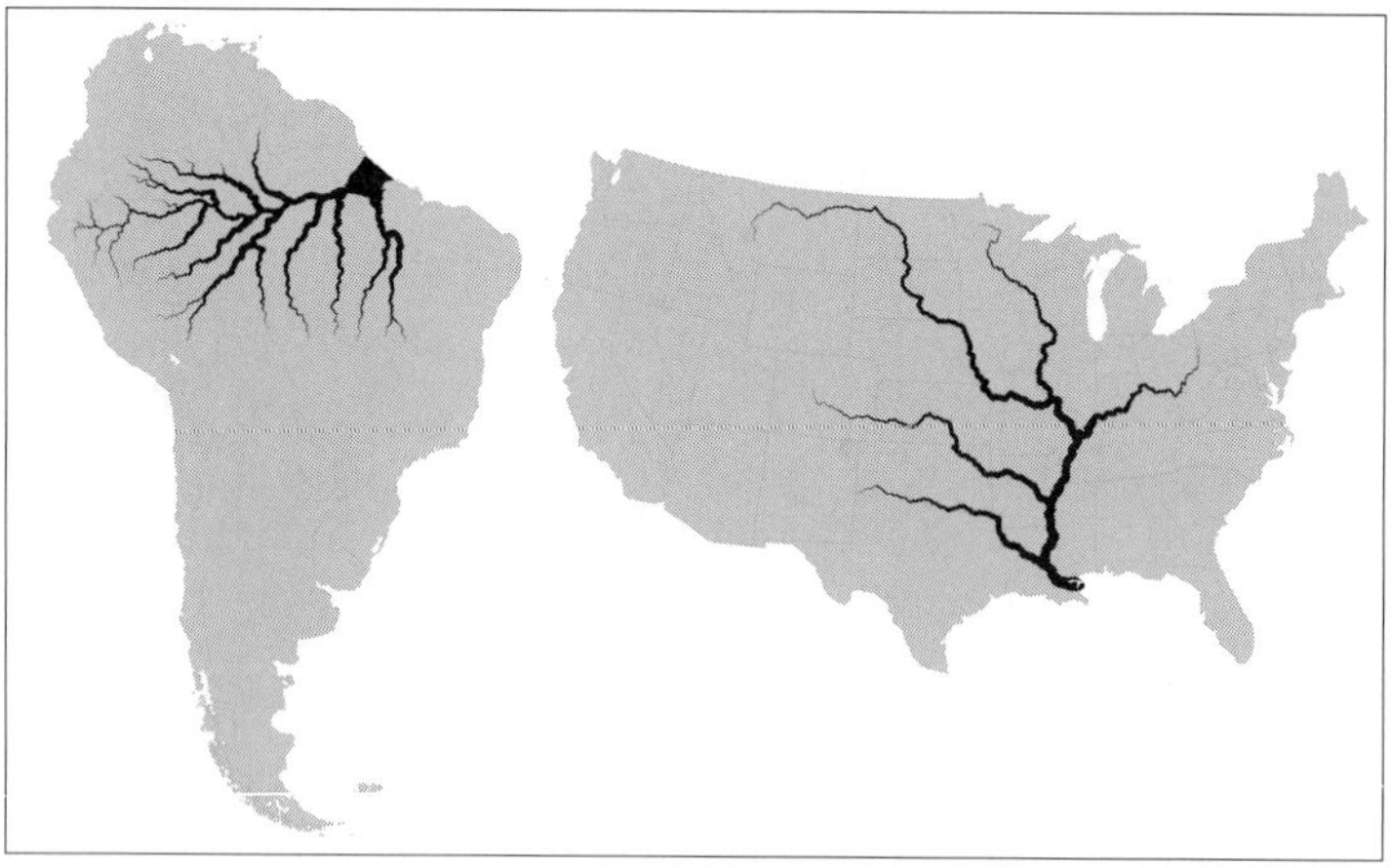

アメリカ大陸の二つの大河の流域（地図のサイズは正確ではない）。
アマゾン川流域（左）の総面積は750万平方キロメートル。
ミシシッピ川流域（右）の総面積は290万平方キロメートル。

その逆で、南と北の人々は遺伝子の面からみると、ほかの人々よりも極めて近い関係にあることは間違いない。言語的な結びつきも存在する。トウモロコシやマニオクなどの作物も、一方の地域で栽培が始められ、もう一方の地域でも生産されているが、大きな時間差がある場合もある。つまり、両地域には接触があった証拠がある一方、その接触は不定期でまれであり、定期的でも持続的でもなかったと思われる。

　そうなると、以下の事実をどう理解すればよいのか？　アマゾン川流域のアースワークと驚くほどよく似たアースワークが、驚くほどよく似た幾何学をテーマにして、驚くほどよく似た規模でミシシッピ川流域に見つかるのだ。

　この類似は偶然だろうか？

　それとも、不定期でまれにしか起こらなかった接触の結果だろうか？

あるいは、別の説明が可能だろうか？

夏至の一週間前である二〇一七年六月一四日、私とサンサは「モンクス・マウンド」と呼ばれるアースワークの頂上に立ち、この疑問をじっくりと噛みしめていた。モンクス・マウンドは古代ミシシッピの聖なる都市カホキアの中心部に存在する。

この見晴らしのよい場所から南西を見ると、際立って目立つのは、一三キロメートルほど先にあるスタン・ミュージアル退役軍人記念橋で、二つのA字型の支持塔にケーブルが架けられている。この橋はミシシッピ川を跨《また》いで架けられており、イリノイ州とミズーリ州を結んでいる。さらにミシシッピ川に沿って数キロメートル南を見ると、セントルイス市のステンレス製のゲートウェイ・アーチが眩しく光る。このアーチは「合衆国西部への拡大を可能にした男たちの公共記念碑」として建てられた[1]。高さは一九二メートルあり、人工記念碑としては西半球でもっとも高く、アーチとしては世界でもっとも背の高いものだという。

古代と現代はあまりにも対照的だ。ミシシッピ川流域の古代の墳丘《マウンド》やアースワークは、巨大な遺跡カホキアにしても地味な性質を持つ。近代の多くの建造物は厚かましく、己の重要性を誇示しようとする。たとえば超高層ビルであるワン・メトロポリタン・スクエアだ。これは高さが一八〇メートルもあり、セントルイスの地平線を支配しようと、ゲートウェイ・アーチと覇《は》を競っているようにみえる。ミシシッピの古代遺跡は、古代エジプトや古代メキシコのピラミッド群とは異なり、壮大さや威厳で見る者が圧倒されることはない。イースター島の巨大なモアイ像に漂《ただよ》うミステリーも感じられない。一方、北米古代の墳丘やアースワークは、天と地が優美に一体化することを求めているようだ。その結果、私たちが立つ三〇メートルの高さを持つモンクス・マウンドですら、周囲の風景に溶け込んでおり、まるで人間ではなく自然が造ったようにみえる。

これこそまさにA・R・クルック博士が感じたことだった。イリノイ州立博物館の館長だったクルック博士は、地質学が専門だが、一九一四年にモンクス・マウンドにおける最初の「科学的」調査をしている。彼の理論は、当時の多くの同僚たちと同様に、先入観に基づくものだっただろう。先史時代のアメリカ先住民には、このような規模の建設はできないと見なしていたのだ。したがってカホキアの墳丘はすべて自然の、「浸食による痕跡」だと見なされた。一九一四年にクルック博士は二五個の浅い調査穴をモンクス・マウンドの北面に掘った。そこでは何も見つからず、彼の意見も変わらなかった。その後の一九二一年になっても、彼の見方がまるで確固たる客観的な事実であるかのように表明していた。つまりマウンドは、氷河の作用による堆積土砂であり、考古学的な価値がないというわけだ[2]。

これは問題だった。なぜならほかのより賢い学者たちはすでに、カホキア・マウンドが人工物であり、優れた考古学的価値があることを強く確信していたからだ。そして彼らは、マウンドが農民や企業家によってこれ以上破壊されないようにキャンペーンを立ち上げた。マウンドが自然の地形だというクルック博士の主張は、破壊が進む前に論破されねばならなかったのだ。

クルック博士への挑戦は考古学者ウォレン・T・ムーアヘッドにより始められた。さらに、地質学者モリス・レイトンが加わり、一九一四年のクルック博士による調査よりもさらに詳細なマウンド調査を一九二二年に始めた。モンクス・マウンドの第四テラスと東面を試掘したが、その中には深さ六メートルまで調べた穴もあった。その結果、遺物が出土し、カホキアが造られた時の工事跡も出現して、このマウンドが人工的であることがあまりにも決定的になり、否定できなくなった[3]。クルック博士ですら納得させられ、それ以降、マウンドが自然物であるという立場を捨てた[4]。その後、カホキアとモンクス・マウンドで広範囲に発掘調査が進められて、現在では、このマウンドが自然物だという考えはバカげたもののように思える。

それにもかかわらず、今でも多くの人が、様々な方法で、カホキアをアメリカ先住民から取り上げようとしている。だが、カホキアはアメリカ先住民によって建造されたのだ。今では自然による浸食地形とは主張できない一方、一九世紀終わりから二〇世紀初めまで強かった考え方が復活している。それは現在でも主張する人がいる考えで、偉大な都市カホキアも、ミシシッピ川流域近辺にある似たような場所も、より優れた「支配人種」が造ったというものだ。支配人種は白い肌の外国人で、古代にアメリカに到達して優れた技術と技法でマウンドを建造したが、土着の「野蛮人」に絶滅させられたか、追放されたという[5]。

この話には「巨人」や「宇宙人」の風説も混じっていることが多いが、このような考えは、これまでの発掘で完璧に否定されている。論理的に考えることができる人たちは皆、新たな結論に満足している。初期の探検家たちが「途方もない土盛り」[6]と述べたマウンドは、モンクス・マウンドを含め、すべてアメリカ先住民たちが造ったのだ[7]。

だが、この巨大なマウンドの名称すらも、先住民の功績の横取りを示している。この名前がついているのは、フランスから移民してきたトラピスト会の修道士たち（モンクス）が、西暦一八一〇年頃の数年間、このマウンドのテラスで野菜を育てていたためだ[8]。だが、このマウンドが建造されたのは西暦一〇五〇年であり、アメリカ先住民の文明によるものだ。考古学者たちはこの文明をミシシッピ文化と呼んでいる[9]。

私たちは、この文明の人々がなんと自称していたかは分からない。モンクス・マウンドをなんと呼んでいたかも知らない。だが、彼らが壮大なスケールで構想し、造営したことは知っている。これから説明をしていくが、彼らは六七六キロメートル東にあるサーペント・マウンドや、さらに数千キロメートルも離れているアマゾンの偉大なアースワークやマウンドと、よく似た種類の幾何学と天文学を採用している。

二つの流域

幻覚を見せる植物とシャーマンの経験が果たした役割については、民族誌学的な研究の結果、有望な手がかりが得られている。だが、広大なアマゾン全体を前にして、考古学的なデータは極めてかぎられている状態だ。したがって以下の三つの根源的な疑問に、責任を持って答えを示すことは不可能な状況にある。

●マウンドとジオグリフを創造した動機はなんだったのか?
●このような構造物が最初に造られたのはいつか?
●建造に必要な設計、計画、工学、建築の技術はどこで、どのように発達したのか?

アマゾンにおいては、この三点のすべてが不明だ。さらに、すでに発見されているアースワークやマウンドの、幾何学的、天文考古学的な詳細調査が行なわれていないため、私たちの無知は増幅されている。そのうえ、何百万平方キロという広大な多雨林が、考古学者たちによって、まだまったく研究されていないのだ。

ところがミシシッピ川流域では話が違う。分け入るのも困難な密林で覆われているわけではない。アマゾンに存在することが明らかになってきたマウンドやアースワークとよく似たこの地域の構造物は、一七〇〇年以上前から詳細な考古学的研究の対象となっている[10]。というのも、これらの建造物は常に丸見えだったからだ。一方、その多くが農業や工業に適した場所にあったため、ミシシッピ川流域に存在した広大な先史時代の構造物のほとんどは、すでに失われている。推計では九〇パーセントが部分的に、あるいは完全に破壊されて無くなっているが、それはヨーロッパ人の征服によって始まった「北米の過去」の抹殺のためだ。

アマゾンを研究する考古学者たちの場合、ジャングルに覆われているため、理論を構築するためのデータが不足している。同じように、ミシシッピ川流域を研究する考古学者たちも、データ不足に悩んでいる。あまりにも多くの遺跡が破壊されてしまったからだ。それでも、考古学者たちは残された一〇パーセントの遺跡を調査して、多くの研究成果を挙げている。彼らの発見がアマゾンの似たようなマウンドやアースワークの解明に役立つことも、期待できそうだ。

地上の島と天の世界

読者の方には、第一五章で取り上げたアマゾンのアースワークであるセベリノ・カラザンスを思い出して欲しい。このアースワークの底面積は一三エーカーで、ギザの大ピラミッドと同じであり、東西南北の四つの方位も同じだ。一方、モンクス・マウンドは正方形ではなく長方形で、底面積は約一四エーカーになる（南北二七七メートル。東西が二一九メートル）[11]。

モンクス・マウンドは階段ピラミッド型なので、これをピラミッドと考えると、アメリカ大陸で三番目の大きさとなる。最大はチョルラにあるケツァルコアトルのピラミッドで、次はテオティワカンにある太陽のピラミッドだ[12]。両者とも石で補強されており、モンクス・マウンドよりもかなり高い。

モンクス・マウンドのアースワークを見て、初期の探検家は次のように述べている。「いろいろな点で途方もない。マウンドとしてはもっとも高く、面積も最大で、アメリカ大陸の先史時代の土の建造物としては最大の体積を持つ」[13]。それだけでなく、複数の異なった要素を持つ巨大な構造物群の一部だ。周りには一〇〇以上の土で造られた小型のマウンドがあり、巨大な木製の柱による見事なサークルが造られていた考古学的な跡もある（カホキアの「ウッドヘンジ」として知られている）。また、広々とした中央広場もあり、幅一八メートル、長さ八〇〇メートルの土を盛って造られた土手道もある。この土手道は、盛り上げられた土手の間を一直線に延びている。

理由は不明だが、この土手道は意図的に方位角〇〇五、つまり真北から五度東に向いている。この土手道は考古学者たちによって「ラトルスネーク・コーズウェー（ガラガラヘビの参道）」と呼ばれており、これがカホキアの主要な軸を定めている[14]。またこの土手道はこの遺跡に、ある種の分かりにくさを与え、謎めいた雰囲気を深めている。カホキアのすべてのマウンドやアースワークは、この主要な軸の方位に厳しく合わせて配置されている。モンクス・マウンドをはじめとする構造物群は、南北に延び、他の構造物群は東西に延びている。

そこで、私がモンクス・マウンドの頂上に立って古代の巨大な遺跡群を見渡した時、最初に受けた力強い印象が、「方位性」であったことも理解していただけるだろう。ギザやアンコールワットの配置は、ほぼ真北に合わされているが、カホキアも同じだ。ここでは五度の違いという謎があるにもかかわらず、方位を探すのにどこを見ればよいのかはすぐに分かる。この場所には何かがある。最初に設計した人たちが、何かの狙いを持って注意深く考え抜いており、私たちは、即座に天と地を結びつけることになる。

この世と天界が結びついているという感覚は、いくつかの説得力ある議論の一つであり、第一部のサーペント・マウンドの研究で出会った考古学者ウィリアム・F・ロメインは、モンクス・マウンドの設計者たちが、天と地を結ぶ真の「世界軸」を作ったのだと考えている。ロメインはカホキアがあるイースタン・ウッドランズ地域に住む先住民の、シャーマンが司《つかさど》る伝統的な霊のシステムを思い起こせという。このシステムによると、宇宙は「上の世界とこの世界と下の世界によってできており……これらの領域は縦のベクトル（方向）で結ばれているという……この世界軸があるためシャーマンたちは、これらの宇宙的な領域を往来できる……世界軸は象徴的に、縦の要素で示される。たとえば柱であり樹木であり立ちのぼる煙や山であり、ピラミッドやマウンドだ」[15]

モンクス・マウンドは小さな山に見えると、ロメインは観察する。この山は周りの風景にあるものすべてを小さく見せて、圧倒的にカホキアを支配している。この「縦」の性質が、周りのミシシッピ川氾濫原というこの地ならではの地形によって強調されるという。この地形のため、大広場は定期的に、浅いかもしれないが水没する。そこで水浸しの湿地の中から、モンクス・マウンドが神話的な力で神聖にそびえ立つように見えたに違いない。そのため……とロメインは書く。

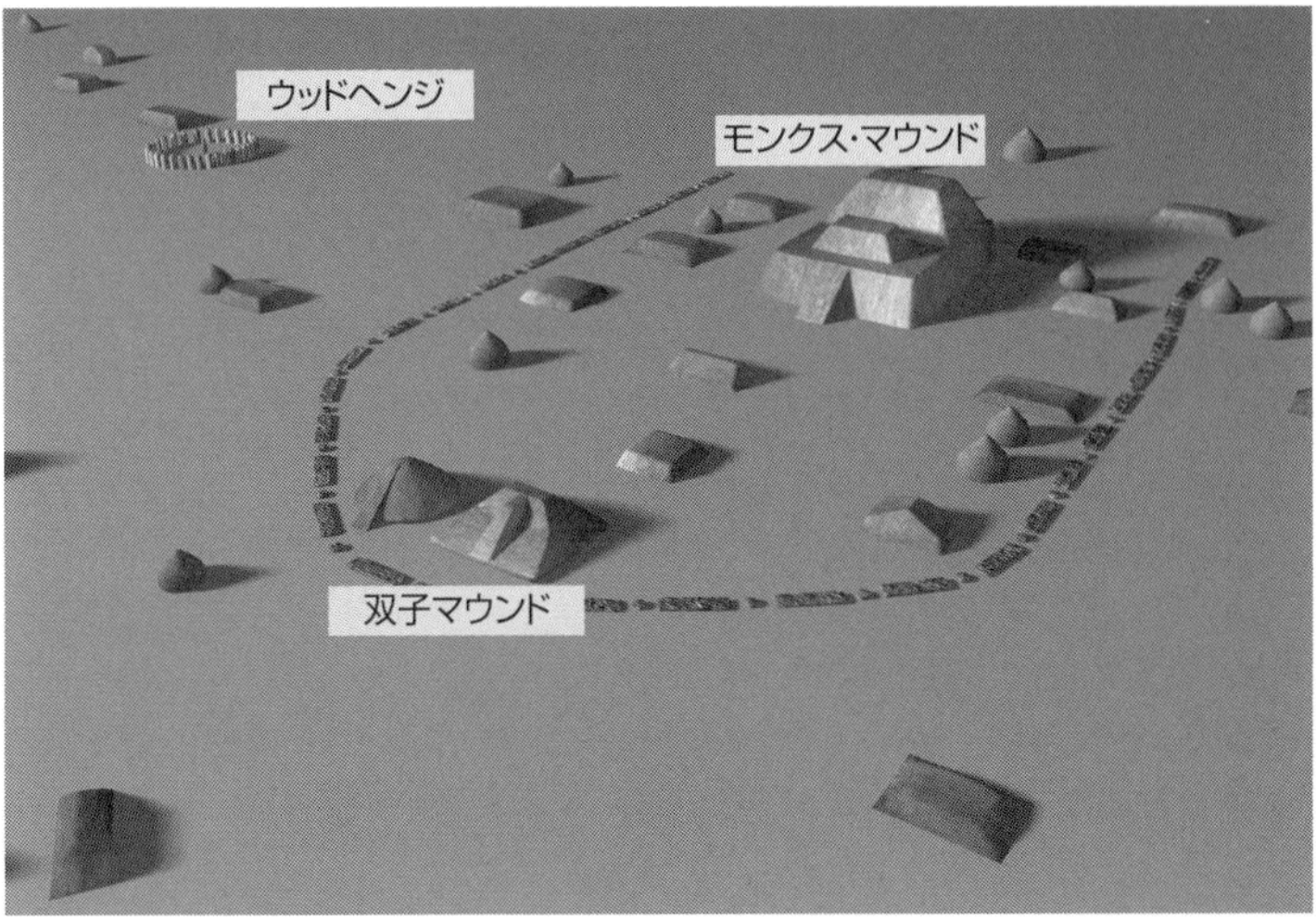

モンクス・マウンドの詳細と隣接するいくつかの構造物。

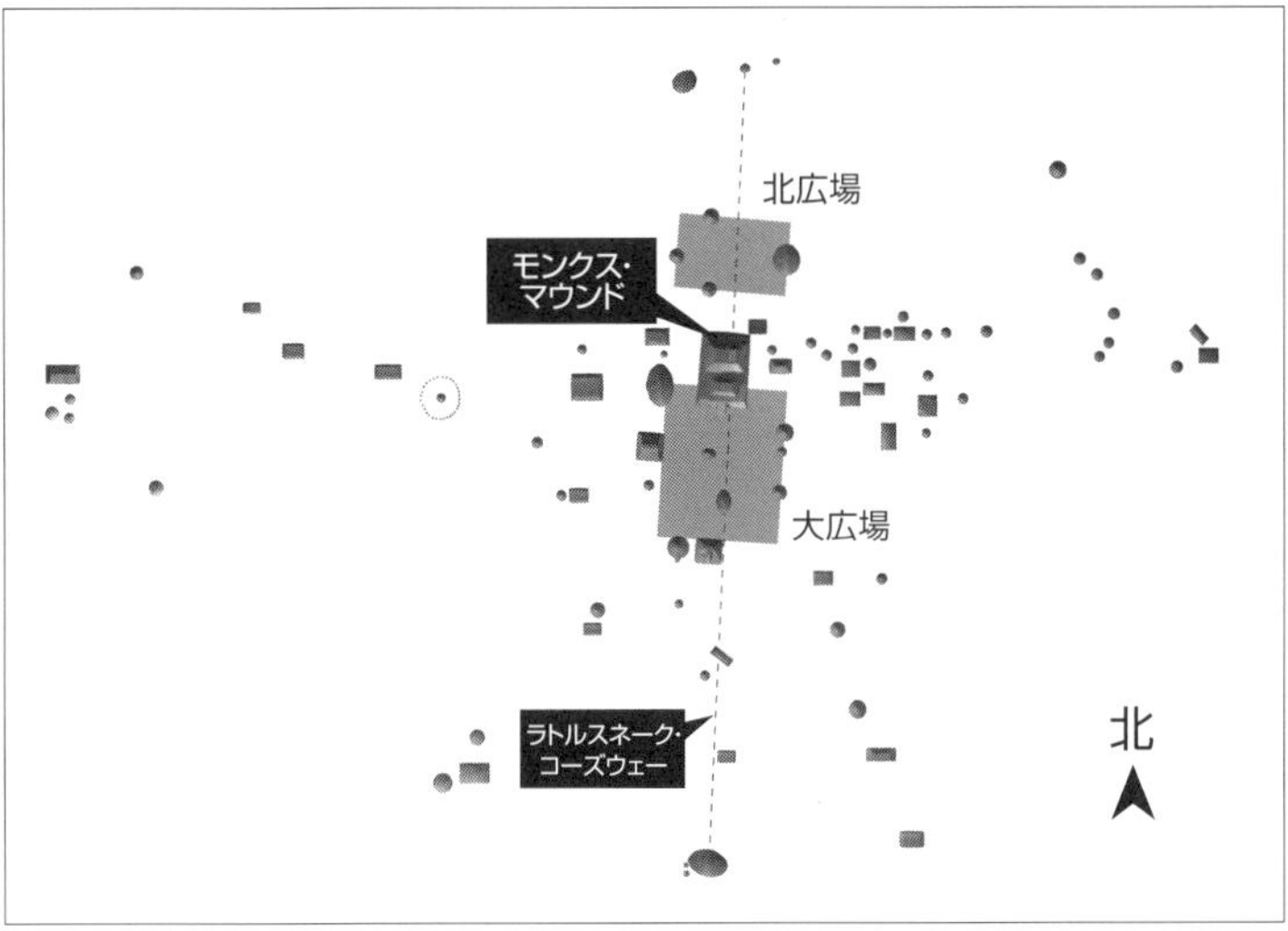

ラトルスネーク・コーズウェーは、真北から東５度を指し、
カホキアの主要な軸となり、大広場とモンクス・マウンドを越える先まで北方に延びている。

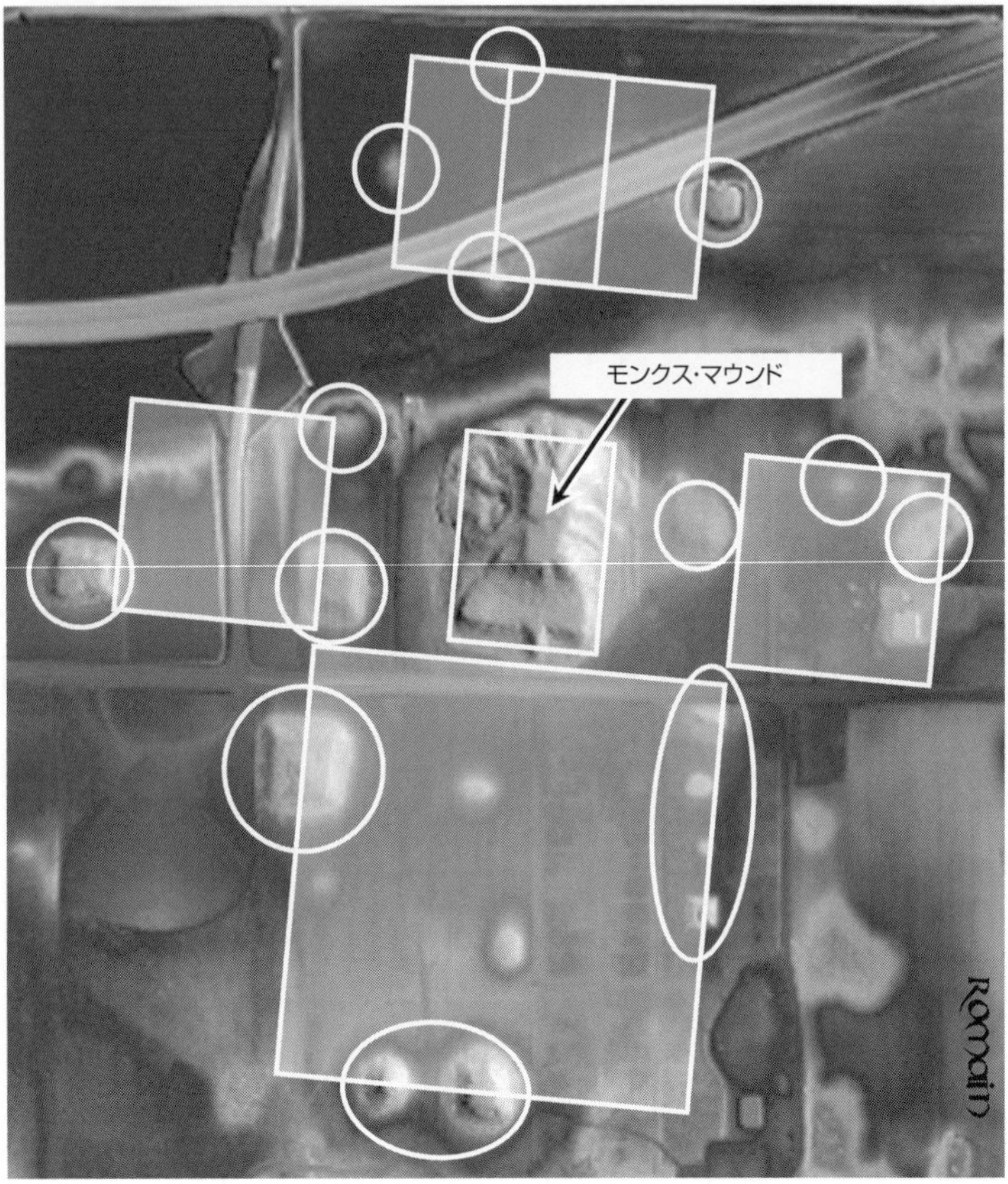

レーザー光を使ったライダー画像。
モンクス・マウンドが広場や様々な構造物で東西南北を囲まれていることがわかる。
画像:ウィリアム・F・ロメイン

マウンドは、この世の島とイメージされる……下の世界が湿地や沼地や湖や、水で囲まれた人工的な地形で示されるならば、カホキア中心部は水の世界となる。そうなると、縦のベクトルで見たモンクス・マウンドは、構造的に水の多い下の世界と上の天界を結ぶ世界軸になる[16]。

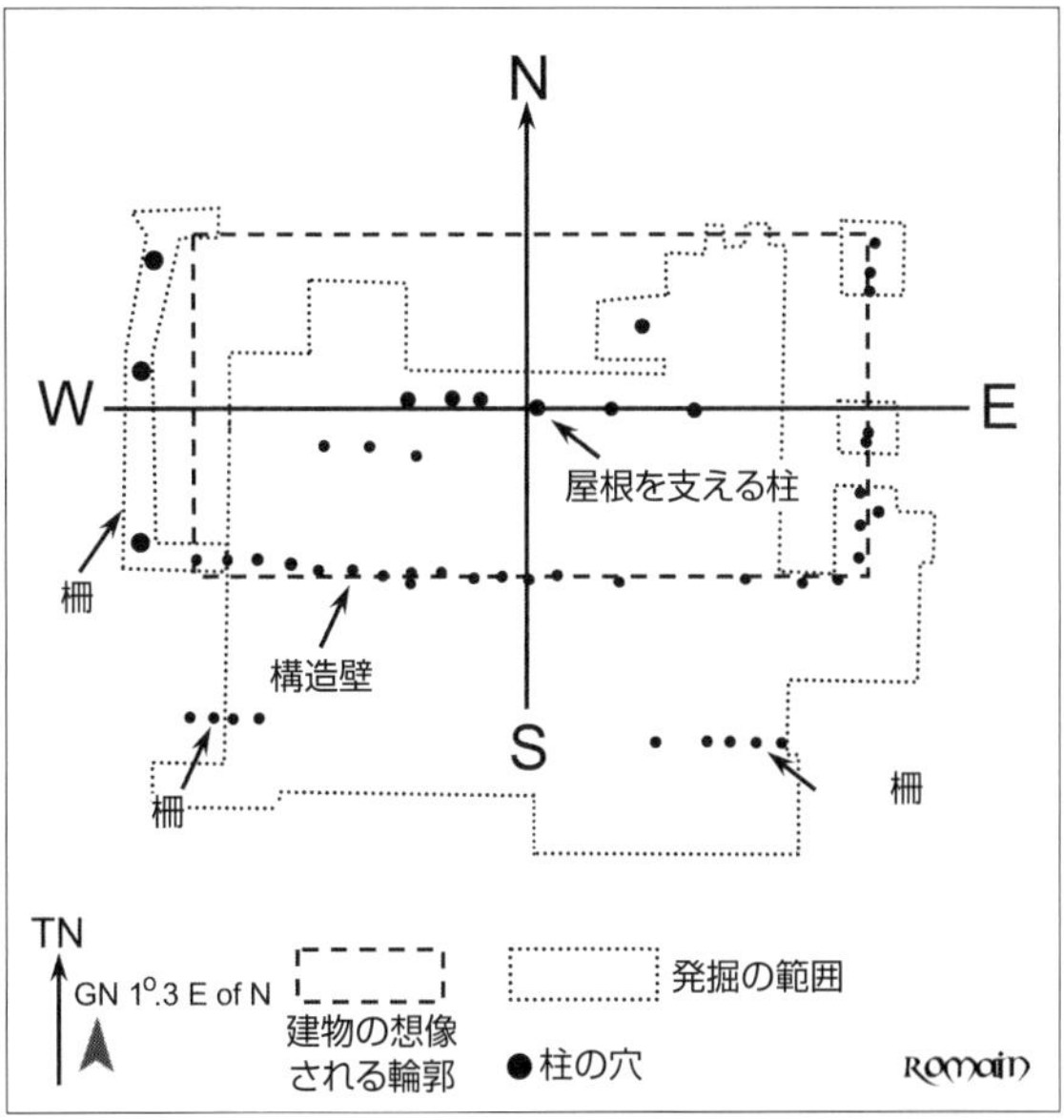

考古学者たちが明らかにしているのは、正確に方位が合わされた大きな構造物が、モンクス・マウンドの頂上に立てられていたことだ。図はウィリアム・F・ロメインによる。

興味深いことに、カホキアの主要な軸が真北から五度ずれているにもかかわらず、モンクス・マウンドの頂上にあったミシシッピ文明で最大として知られる建物の方位は、東西南北に正確に合わされている[17]。三〇・八五メートルある長軸は完璧に東西に延び、一三・八五メートルある短軸は完璧に南北に延びている[18]。

ロメインは「強力で視覚的なヒエ

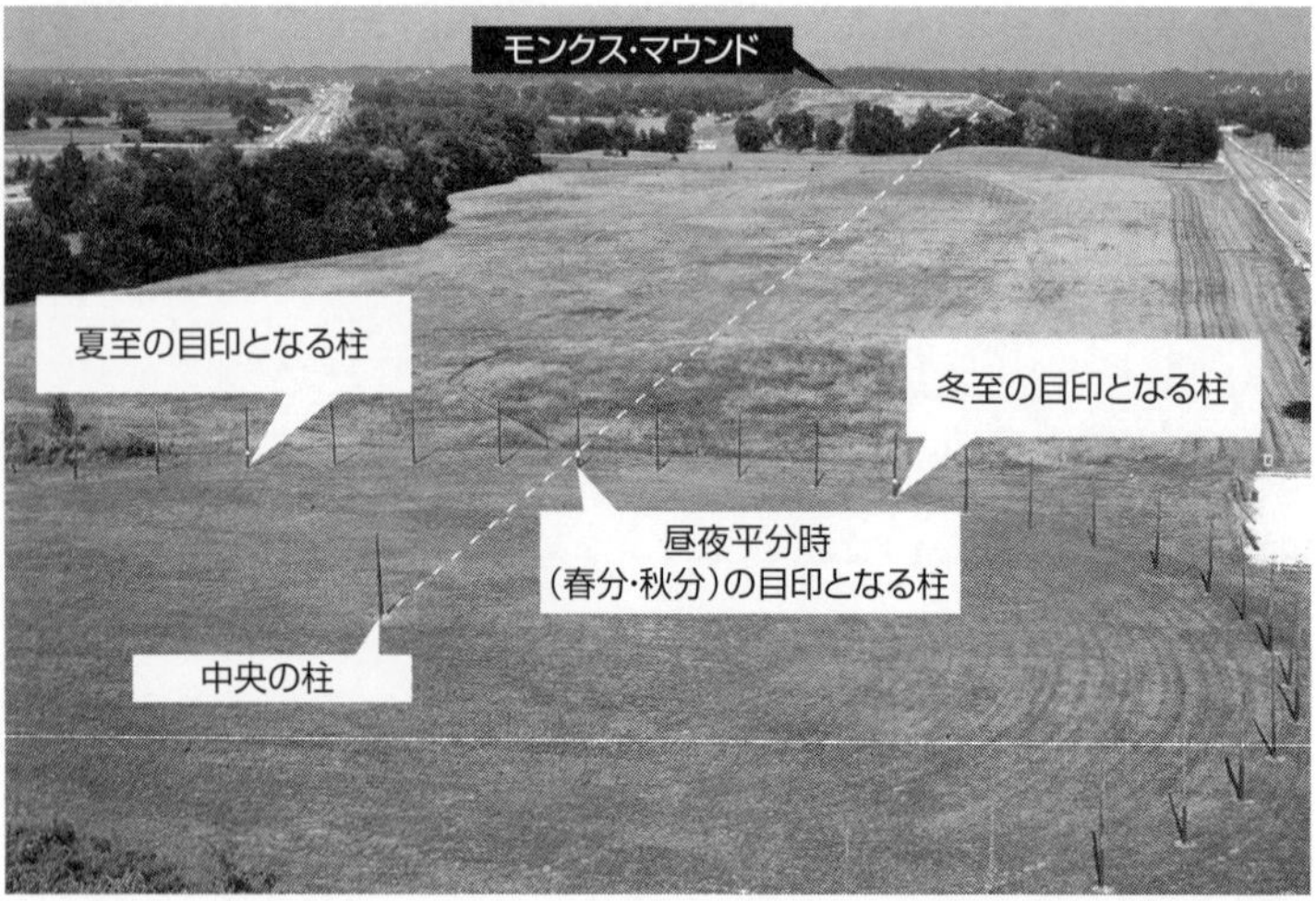

カホキアのウッドヘンジの構造。
写真:ウイリアム・イズミンガー。注釈はウィリアム・ロメイン。

ロファニー（神の顕現）」にも目を向けろという。それはカホキアが最盛期にあった頃、昼夜平分時（春分・秋分）に見られたもので、この遺跡を天と地の重要な結びつきに固定している。このヒエロファニーにおいて、この遺跡の「ウッドヘンジ」はもっとも重要な役割を務めた。現代では年間三〇万人の観光客がカホキア遺跡を訪れるので、近代的なウッドヘンジが復元されている。

　ウッドヘンジという名称はイングランドの先史時代に、ソールズベリー平原に立っていた巨大な木製の柱のサークルから来ている。この木製サークルは、世界的に有名なストーンヘンジのストーンサークルが完成する前に、そ

昼夜平分時(春分・秋分)の日の出に、太陽はモンクス・マウンドの南のテラスから昇る。
写真はウィリアム・F・ロメインの『ウッドヘンジ』から。

の側に立っていた。

「ウッドヘンジ」の場所はモンクス・マウンドから八五〇メートルほど西だ。一九六〇年代になるまで、気づかれていなかったが、考古学者ウォレン・ウィットリーが巨大な柱穴の跡を発見した。その後の発掘によって、数百年ほどの間に、同じ場所に五回もウッドヘンジが立てられていることが判明した。それはマウンド自体の寸法と姿が巨大化したことに合わせるためだった。つまり、マウンドの巨大化が太陽を観測する視線の軸に重大な影響を与えたのだ。

すべての配置替えと建て替えの目的は一つだった。柱のサークルの中心にいる観察者が真東を見た時に、「照準器」となるのは昼夜平分時の目印となる柱だ。その時にモンクス・マウンドの南テラスの斜面から太陽の円盤が昇るのが見えなければならない。この配列は太陽を意識した東西線で、カホキア遺跡群全体を横切っていると、ロメインは言う。

その結果、モンクス・マウンドは視覚的に上の世界と結びつけられる。昇る太陽と向かい合い、東西の照準線は、この遺跡の主要な軸と交差するのだ。このようにして、モンクス・マウンドが中央の位置を占めることになる[19]。

このような主張や、中央にあることの証明は、ウッドヘンジの別の二つの柱によってさらに確認できる。これらが「照準」としているのは、夏至と冬至における地平線の日の出方向なのだ[20]。

月の登場

カホキアには円や長方形や正方形があり、さらに至点や分点に合わせた配列も見られる。また、かつてモンクス・マウンドの頂上にあった巨大な構造物の方位は完璧に東西南北を向いていた。これらはアマゾンで見つかるアースワークのもつ幾何学模様や天文学の特徴でもある。

だが、まだ説明できていないことがある。なぜカホキアの設計者たちは、意図的に主要な遺跡

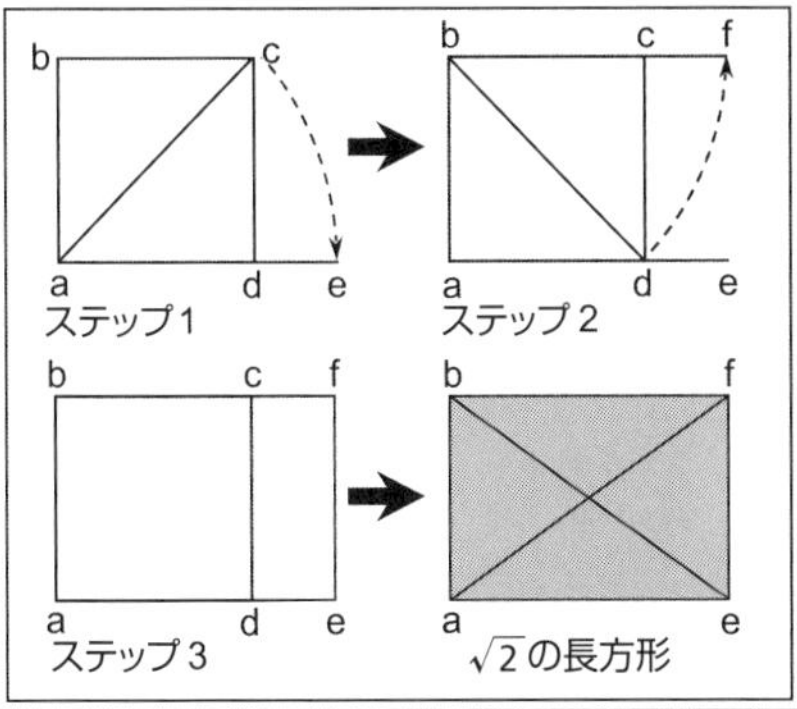

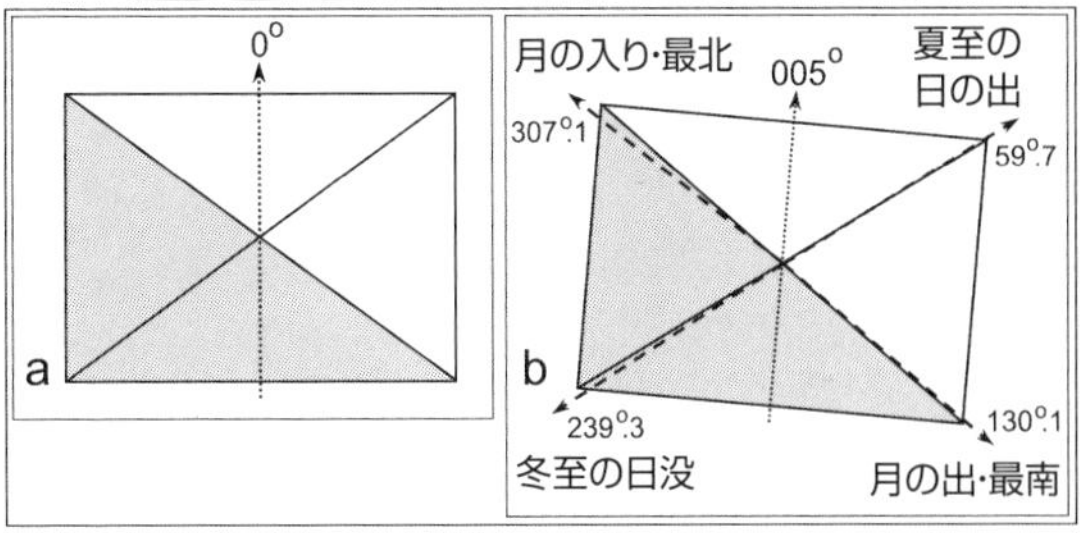

の主軸を天と地の主要な方向に**配置しないで、**真北から五度東にずらしたのだろう？

この疑問にウィリアム・ロメインは興味をそそられる答えを与えてくれる。カホキアの建設者たちは幾何学に精通しており、「ルート2の長方形」として知られる特殊な長方形を都市の設計に採用したのではないかというのだ。

この主張を補強する多くの証拠を、ロメインは提供しているが、ここで深く立ち入る必要はない[21]。不必要な技術的詳細によって動きが取れなくなることも望まない。要点を述べると「ルート2の長方形」は、正方形の向かい合った二辺を、対角線の長さに延長することで作れることだ。

この長方形をまず真北に向け（方位角〇度）、それを東方向に五度回転させ、カホキアの主要軸に合わせる。すると長方形の対角線は、モンクス・マウンドから見る太陽と月の重要なイベントとかなり重なる。それらのイベントとは、まず**夏至の日の出**で、方位角は五九・七度。次に**冬至の日没**で、方位角は二三九・三度だ。**月が出る最南地点**は、方位角一三〇・一度。**月が沈む最北地点**は方位角三〇七・一度となる。

この合致が「完璧ではない」ことはロメインも認めている。

「いくつかの方位角は、ルート2の長方形の対角線となる方向と二～三度ほどずれている。だが、長方形が観測目的ではないとすれば、月と太陽が補完しあう関係にあることを、象徴的に示すには十分な精度ではないだろうか」[22]

もしもロメインの見方が正しければ、天文学的かつ数学的な洗練された知識《アイディア》がすでにあり、それが複雑で賢く考え抜かれたシンボリズム〔シンボルを使った表現〕と組み合わされていたことになる。それが有能な専門家の手によって徹底的に遂行されたわけだが、それは考古学者たちが「ビッグバン」と呼ぶ、西暦一〇五〇年頃のカホキア社会の爆発的な拡大と発展の時期のようだ[23]。

北米大陸のどこかで、カホキアより前に、このような知識が発展した証拠があるだろうか？

[1] Sharon A. Brown, *Administrative History: Jefferson National Expansion Memorial National Historic Site*, chapter I: 1933-1935 "The Idea" (National Park Service, 1984). ここで読める：https://www.webcitation.org/5wUnhjCR?url=http://www.nps.gov/history/history/online_books/jeff/adhi1-1.htm.

[2] William Iseminger, *Cahokia Mounds: America's First City* (History Press, 2010), 四五〜四六ページおよびSally A. Kitt Chappell, *Cahokia: Mirror of the Cosmos* (University of Chicago Press, 2002), 一一三ページ。

[3] Iseminger, *Cahokia Mounds*, 46.

[4] 同右。

[5] たとえばMartin Byers, *The Real Mound Builders of North America: A Critical Realist Prehistory of the Eastern Woodlands, 200 BC–1450 AD*(Lexington Books, 2018), 21–29を参照。Sarah A. Baires, "White Settlers Buried the Truth About the Midwest's Mysterious Mound Cities" (Smithsonian, February 28, 2018), https://www.smithsonianmag.com/history/white-settlers-bur ied-truth-about-midwests-mysterious-mound-cities-180968246/ も参照。

[6] Henry Brackenridge in 1811, Timothy R. Pauketat, *Cahokia: Ancient America's Great City on the Mississippi* (Penguin Library of American History, 2010), 二八ページに引用。

[7] 一八九〇年代以降、「マウンド建造者神話」とは対照的な考えが、一連の学者たちの間で高まった。彼らのほとんどはアメリカ民族学局とスミソニアン協会によって後援され、調査、地図作成、アースワーク遺跡の発掘に注力した。一八四八年のスクワイアとデーヴィスによるサーペント・マウンドの調査は、多くの面でこの運動の先駆だった。Byers, *The Real Mound Builders of North America*, 二二ページを参照。

[8] Pauketat, *Cahokia*, 28–29. Chappell, *Cahokia: Mirror of the Cosmos*, 八九〜九一ページも参照。

[9] Pauketat, *Cahokia*, 15, 23.

[10] Ephraim G. Squier and Edwin H. Davis, *Ancient Monuments of the Mississippi Valley* (Smithsonian Institution, 1848) の刊行がきっかけだった。Reprinted and republished by the Smithsonian, with an introduction by David J. Meltzer, in 1998.

[11] Iseminger, *Cahokia Mounds*, 42.

[12] 同右、三ページ。

[13] 同右、四〇ページ。

[14] Sarah E. Bairres, “Cahokia’s Rattlesnake Causeway,” *Midcontinental Journal of Archaeology* 39, no. 2 (May 2014), 145.

[15] William F. Romain, “Monks Mound as an Axis Mundi for the Cahokian World,” *Illinois Archaeology* 29 (2017), 27.

[16] 同右、三〇ページ。

[17] 同右、三二ページ。

[18] 同右。

[19] 同右、三四〜三六ページ。

[20] 同右、三四ページ。

[21] 詳しく知りたい読者には、Romain, “Monks Mound as an Axis Mundi for the Cahokian World,” 二七〜五二ページを読むことをお勧めする。

[22] 同右、四〇ページ。

[23] Pauketat, *Cahokia*, 2–4, 15.

第19章 月

ウィリアム・ロメインはカホキアの配列には太陽だけでなく、月との幾何学的な結びつきがあるという。この考え方はある事実によって補強される。ほかのさらに古いアースワーク遺跡の中にも、月との複雑な幾何学的配列を基礎とするものがあるのだ。これらはミシシッピ川流域に造られているが、一九世紀と二〇世紀の「開発」によってほとんど破壊されてしまっている。だが二つのもっとも重要な遺跡が二一世紀になっても、少なくとも部分的には残っている。ハイバンク・ワークスとニューアーク・アースワークスがそれで、二つともオハイオ州に存在する。ハイバンク・ワークスはチリコシー町のそばにあり、サーペント・マウンドからは北東六五キロメートルの場所にある。ニューアーク・アースワークスはさらに北東へ九七キロメートルほど行った、ニューアーク市のそばにある。

両者ともアマゾンの遺跡を見てきた感覚からすれば、まさにジオグリフだ。盛り土で囲まれ、溝が大規模に設置されている。そのため、地上からは形が分からず、空から見ないとはっきり識別できない。

両者とも短い土手道で結ばれている巨大な八角形と円の組み合わせでできており、周りにはほかの幾何学的な形状もある。また両者とも、現在のところ西暦二五〇年から四〇〇年頃のものだとされ[1]、考古学者たちがホープウェルと命名した文化に属するとされている。この名が付けられたのは、初めて発掘が行なわれた時、たまたまM・C・ホープウェルという人物がその場所に農場を持っていたためだ[2]。

ニューアークとハイバンクが初めて専門家によって調査されたのは、一九世紀の中頃だった。当時は多くのマウンドが幾何学的なアースワーク群の中に存在していたと報告されているが、その後、そのほとんどが農耕や工業のために平地にされている[3]。そこで第15章で紹介した、アマゾン地域のジオグリフ内部の多くに、マウンドが存在していること思い出すのも悪くはないだろう。たとえば、タパジョス川上流域の巨大な囲い地には一一のマウンドが円形に配置されている[4]。ファゼンダ・コロラダの台形のアースワークでは、南西の入口に「二つの高いマウンドがあり、塔のように立っている」[5]。ファゼンダ・イキリⅡには二五の隣接するマウンドがあり[6]、コケイラルにはいまでも一〇のマウンドが残っている[7]。

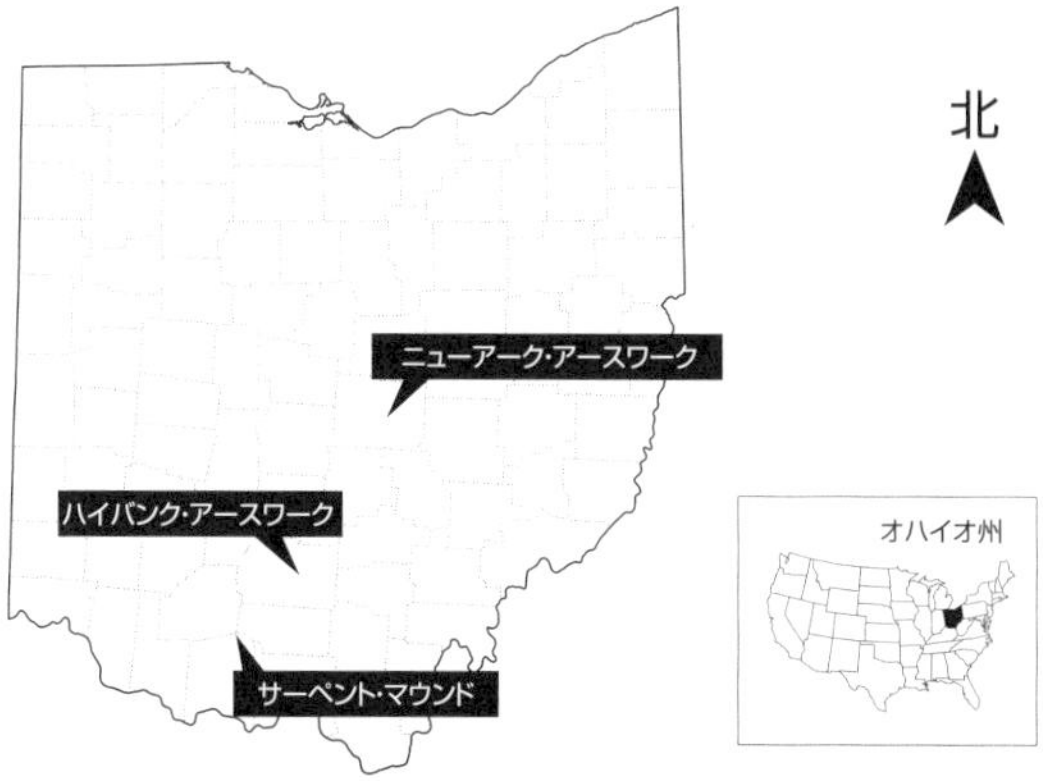

1934年の航空写真。ニューアーク・アースワークスの八角形と円の組み合わせが見える。

現在も残るのは会員制カントリークラブの中にある部分だけだ。

カントリークラブには18ホールのゴルフコースがあり、「世界でもまれに見るコース。

有名な先史時代のアメリカ先住民のアースワークの周りに設計されており、
11のホールにおいてアースワークでプレーすることになる」と宣伝されている。

アマゾンのアースワークに関しては、いまだに天文考古学的な調査が行なわれていない。その一方、カホキアとサーペント・マウンドでは徹底的に天文考古学的精査が行なわれている。ニューアークとハイバンクの場合は、一九八〇年代から継続的な研究が始まった。その結果、幾何学と天文学の複雑な交響曲の存在が明らかになった。そこに暗号化されているのはすでにおなじみの太陽の配列だけではなかった。これから見ていくが、天と地の繊細で深遠な結合を示す地平線における月の出入りという複雑なダンスも暗号化されていた。

プリント基板

ニューアークとハイバンクは工業製品のような雰囲気を持つ。神聖な巨大装置のプリント配線基板か配線図のようだ。したがって興味深いのは、オハイオ・ヒストリー・コネクションの考古学部門の館長を務めるブラッドリー・レパーが何を信じているかだ。彼は最初の設計者たちが、このアースワークを「世界再生の巨大なエンジン……原初の力を解放するために設計・製造された巨大な機械、あるいは装置の部品」として造ったのではないかという[8]。

両方の遺跡における主要なジオグリフは円と八角形の組み合わせであり、巨大な盛り土で造られている。盛り土の幅は基底部で最大一二メートル、高さはだいたい一・七メートルほどだ[9]。

ニューアークとハイバンクの八角形と円という主題は、アマゾンのジオグリフ、サンタ・イサ

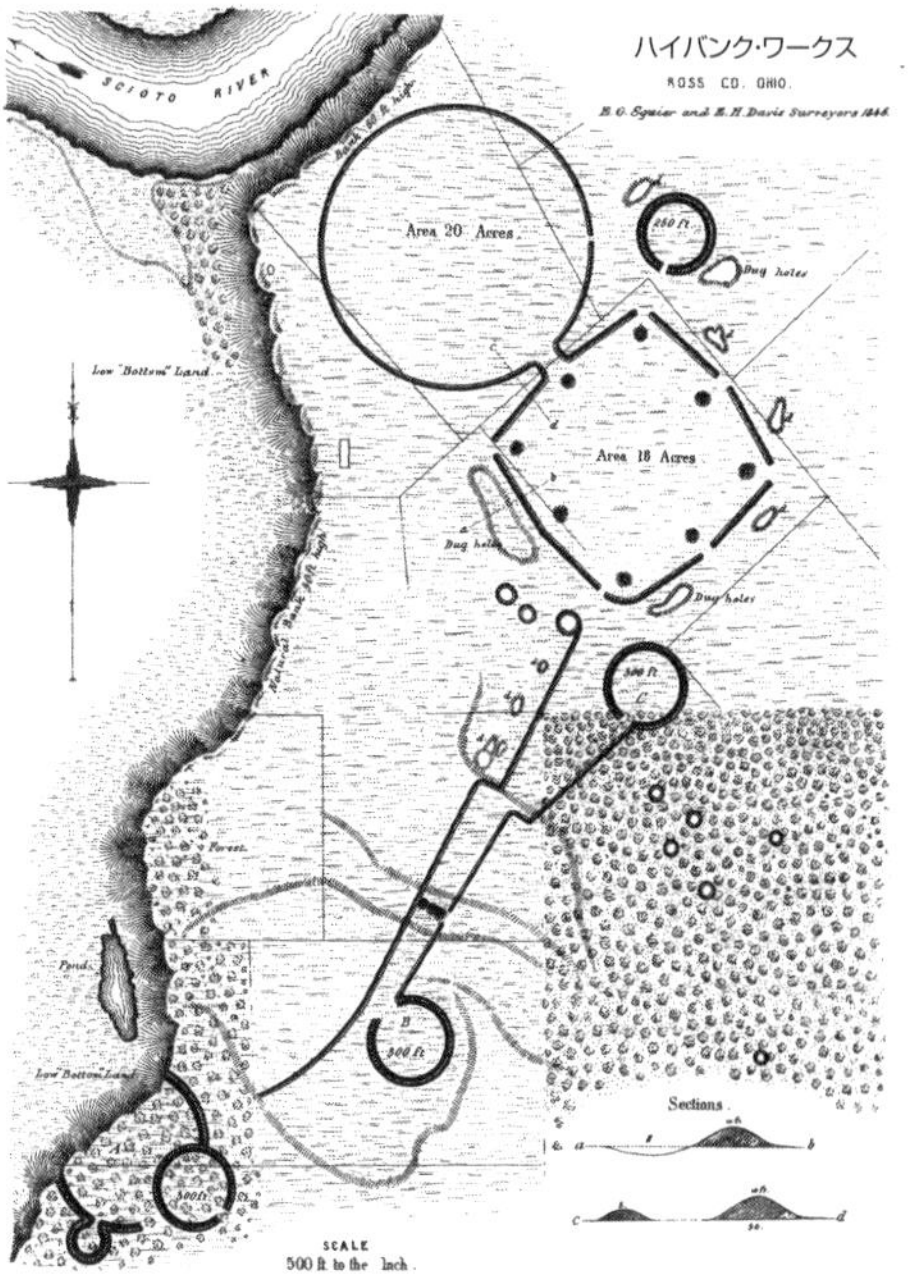
ハイバンク・ワークス
ROSS CO. OHIO.
E.G. Squier and E.H. Davis Surveyors 1846.
SCIOTO RIVER
Area 20 Acres
250 ft
Dug holes
Low "Bottom" Land
Area 18 Acres
300 ft
Forest
Pond
Low Bottom Land
500 ft
Sections
SCALE
500 ft to the Inch.

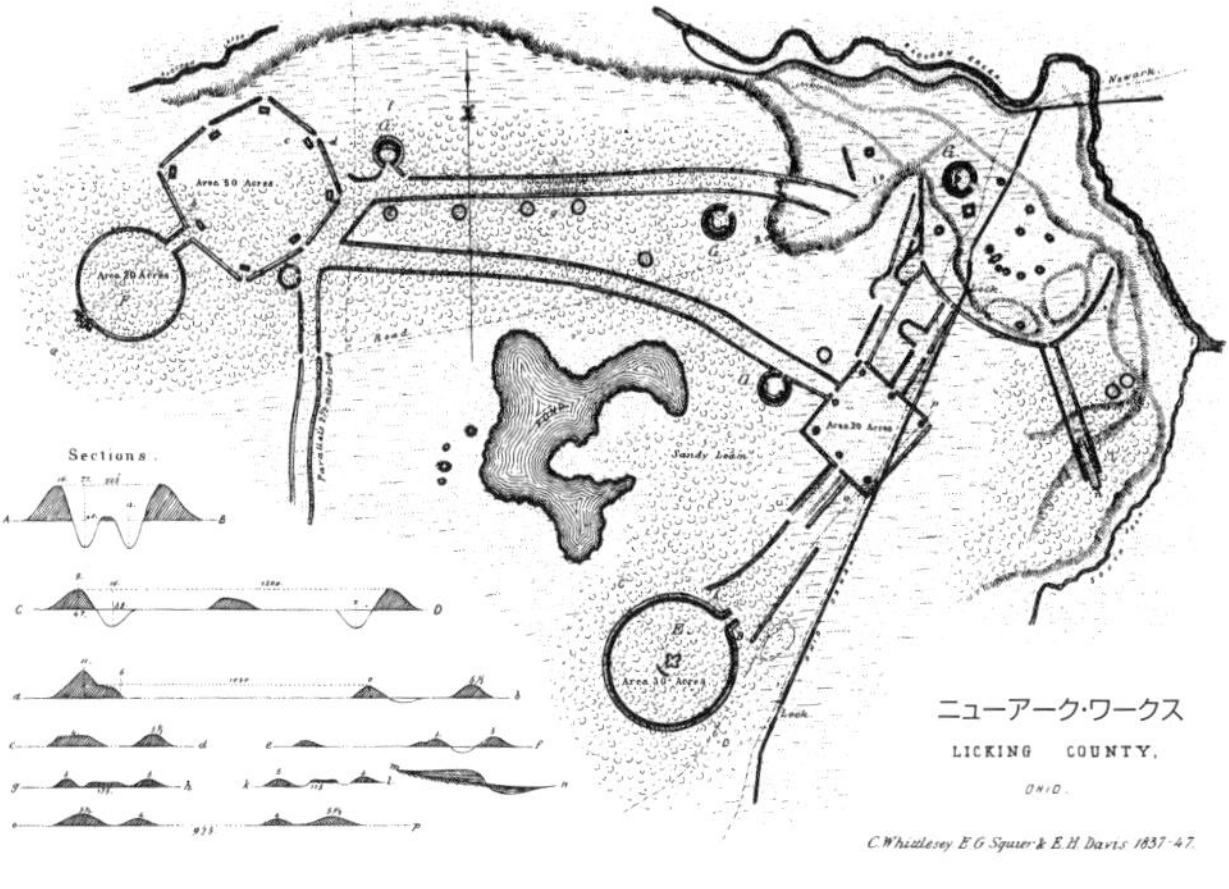
Newark
Area 50 Acres
Area 20 Acres
Road
Sandy Loam
Area 30 Acres
Sections
ニューアーク・ワークス
LICKING COUNTY,
OHIO.
C. Whittlesey E.G. Squier & E.H. Davis 1837-47.

ベル（第15章）のデザインと極めてよく似ている。もっともサンタ・イサベルの幾何学的精度は、オハイオ州の遺跡に比べて落ちる。だが、アマゾンのアースワークの精度が常に劣るわけではない。両方の地域には、幾何学的に極端な精度を持つアースワークも、たいした精度を示さないアースワークもたくさんある。

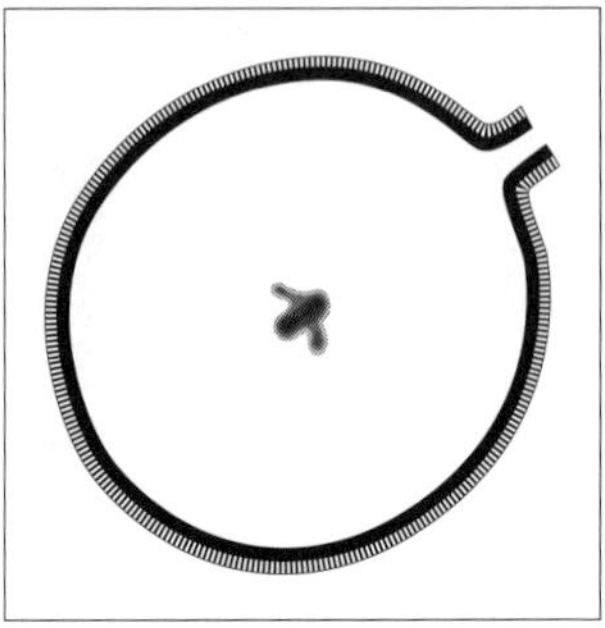
ニューアーク・グレートサークル。フェアグラウンド・サークルとしても知られている。内側には溝が掘られ、中央には三つの分岐がある「イーグル・マウンド」がある。サークルの直径は365.9メートル。

オハイオのニューアーク・オクタゴン（八角形）の精密な線で囲まれた面積は、五〇エーカーになる。八面の壁のそれぞれは、平均して一六七・七メートルの長さだ[10]。隣接する円は一九世紀から「オブザーバトリー・サークル」として知られている。この円の面積は二〇エーカーで、直径は三二一・三メートルだ[11]。現代の測定器を使用したこの遺跡の測量は一九八二年に行なわれているが、その結果は以下のとおりだ。

「円型に盛り土されている壁の正中線は、完璧な円の直径を三二一・三メートルとして、どこを測っても一・二メートル以上の誤差はない。完璧な円ならば、円周の長さは一〇〇九・四メートルになる。オブザーバトリー・サークルの実際の円周は一〇〇八・六メートルだ。したがってオブザーバトリー・サークルは真円に非常に近い」[12]

オブザーバトリー・サークルから南東二キロに、さらに巨大だが、幾何学的には精度が落ちる円が存在する。「グレートサークル」として知られているが、以前は「フェアグラウンド・サークル」と呼ばれていた。それは、一八五四年から一九三三年までリッキング郡のフェアグランド〔定期市の開催場所〕として使用されていたためだ[13]。広さは三〇エーカーだが、乱暴に扱われ、時間の経過と共に劣化している[14]。そのため、現在のアースワークの壁の高さは一・五メートルから四・三メートル、幅は一一メートルから一七メートルと、まちまちだが[15]、それでも本来の姿の巨大さを感じることはまだできる。グレートサークルの中央には三つに分岐されたマウンドの残骸が残っている。これは通常「イーグル・マウンド」と呼ばれる。なぜなら多くの訪問者が、翼を広げた鳥を思わせると感じるからだ[16]。だが考古学者たちは「複数のマウンドが連なっているだけで、特定の何かをかたどっているわけではない」とみなしている[17]。

グレートサークルの直径は三六五・九メートルあるが[18]、これはイギリス諸島の新石器時代のヘンジとほぼ同じ規模だ。ストーンヘンジの直径は一一〇メートルと小型だが[19]、エイブリーのヘンジは直径四二〇メートルあり、かなり大きい[20]。さらにニューアーク・グレートサークルは、第16章で検討したアマゾンのアースワークや、エイブリーのヘンジと同じく巨大な溝を持っている。ここの溝は幅が一二・五メートルもあり、深さも四メートルある[21]。さらに、このような溝が円形の土盛りの外側ではなく、内側にあるのがヘンジの定義だが、グレートサークルの溝は、まさに土盛り壁の**内側**にある。

最盛期におけるニューアークの巨大な遺跡群の内部には、サークルだけでなく溝や土手で囲わ

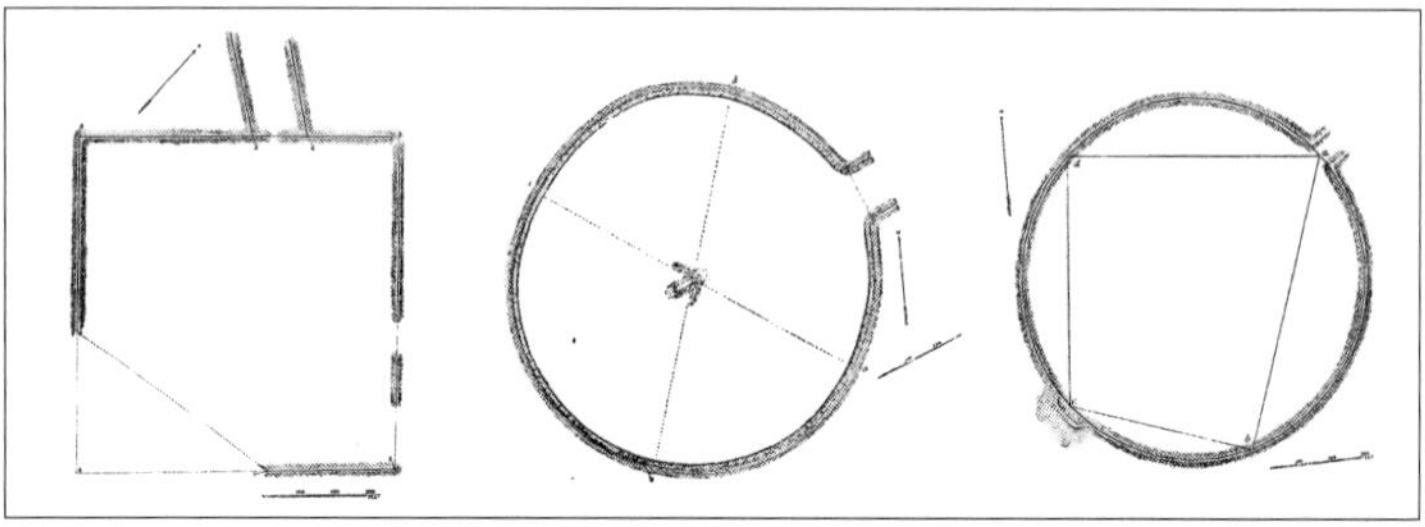

アメリカ民族学局による作図。1894年。この時点で、すでにだいぶ破損していた。

ニューアーク・グレートスクエア（左）は「ライト・スクエア」や「ライト・アースワークス」としても知られるが、
現在は、ほぼ完全に破壊されている。残っているのは四つの壁の一部だけだ。

グレートスクエアの周囲の長さは、グレートサークル（中央）と同じ。

また面積はオブザーバトリー・サークル（右）と同じ。


れた正方形の土地もあった（主要な構造物の多くは、土手道でつながっていた）。この囲われた土地は「幾何学的にほぼ完璧」[22]な正方形であり、一辺の長さは平均二八三・七メートルだった[23]。現在では何も残っていないが、幸運なことにまだ形があった一九世紀に詳細な調査が行なわれている。アメリカ民族学局〔スミソニアン協会〕のスクワイアとデーヴィスが調査を行ない、その後もサイラス・トーマスが精密な測量をしている。

これらの調査と、その後の測量で「正方形のアースワークの周囲の長さは、グレートサークルの円周の長さとまったく同じ」だけでなく、ブラッドリー・レパーによると「その面積はオブザーバトリー・サークルとまったく同じ」であることが判明している。これらの明らかに意図的で注意深く考え抜かれた調和について、ブラッドリー・レパーが「ニューアークのアースワークの建造には、驚くほど洗練された幾何学が組み込まれている」と言うが、これは正しい[24]。

テーマの変化。左:エンシェント・ワークス。オハイオ州パイク郡。
スクワイアとデーヴィスが1848年に地図化。
右:アマゾンのジャコ・サのアースワーク。写真:リカルド・アゾウリ/Pulsar Imagens.

ウィリアム・ロメインはさらに具体的だ。彼の見方によると、この特異でどこか異世界的な遺跡を建造した人々は、「円と正方形の様々な関係の可能性に魅了されたのだろう……そこに表現されている知識《アイディア》は、すべての円には、相応する正方形があることだ……幾何学的な意味で円と正方形を関係させているのだろう」[25]。

「円を正方形化する」というのは、与えられた円と同じ面積の正方形を作ることである。もちろんこれは、古代バビロンやエジプトやギリシャの数学の巨匠たちが、興味をもって取り組んだ幾何学的問題だ[26]。

現代の考古学界における支配的な考え方では、二〇〇〇年前の北米先住民が、このような幾何学的問題を解くのに必要な知識や技術をもっていたと信じることを勧め**ない**。だが、彼らは明らかにもっていた。証拠はニューアークにある。それは手軽な大きさの粘土板やパピルスに書かれているわけではなく、極めて巨大な謎に満ちたアースワーク群として、地面に高度な精度で造られている。

オハイオ州のホープウェル遺跡には、同じテーマの様々なバリエーションがあるが、ここで深く検討するスペースはない。だが、その一つは正方形と円の組み合わせだ。その遺跡は過去にパイク郡に存在していたが、幸運なことに、一八四八年にスクワイアとデーヴィスが調査をしている。その描画が『ミシシッピ川流域の古代遺跡（原題）』の図一一（前ページ）にある。これを見ると構想も配置も大きさに至るまで、第15章で説明したアマゾンのジャコ・サのアースワークとそっくりだ。二つのアースワークが寸分違わないというわけではない。だが、両方とも同一の幾何学の原則を示しているように思える。

第一五章で書いたので、読者の方も覚えていると思うが、イギリス諸島のエイブリーの巨大なヘンジにおいても、正方形化された円の遺跡が発見されている。

ここでもまた、すべては「偶然」という考古学の説明で済ませてよいのだろうか。まったく同じ天文学的・幾何学的な組み合わせのアースワークが、何度も繰り返し複製されている。しかも空間も時間もかけ離れているエイブリーとニューアークとジャコ・サだ。あるいは偶然ではなく、先史時代になんらかの「意図」に導かれて実施されたが、まだ考古学によって気づかれていないのだろうか？

ハイバンクとのつながり

ニューアークの幾何学的にほぼ完璧なオブザーバトリー・サークルの直径が、三二一・三メートルであることはすでに述べた。インディアナ州のアーラム・カレッジの天文学者レイ・ハイヴリーと哲学者ロバート・ホーンは、一九八〇年代にニューアークとハイバンクを詳細に研究したが、その結果がその後の研究の基礎となっている。彼らは、三二一・三メートルという同じ長さを、ニューアークのオクタゴン（八角形）のアースワークを配置した建造者たちが使っていたことに気づいた[27]。

オブザーバトリー・サークルとオクタゴンの組み合わせという幾何学が示唆する結論は、両者とも同じ長さを基礎にして、注意深く見事に建造されていることだ[28]。

この計測単位は、適切とは言えないが妙にすんなりくる造語ＯＣＤ(Observatory Circle Diameter＝オブザーバトリー・サークル直径）として知られているが、この計測単位がハイバンクでも使用されている。ハイヴリーとホーンはハイバンクが「ホープウェル文化が建造したことが分かっている、ニューアーク以外で唯一の円と八角形の組み合わせ」であることを指摘する[29]。これは偶然ではありえない。ハイバンクの幾何学パターンは、〇・九九八OCDという長さを基礎にしているからだ[30]。

さらに、この二つの遺跡の結びつきは、計測単位の共有だけではない。

その中でも、もっとも衝撃的だと思われる事実を、考古学者ブラッドリー・レパーが指摘している。「ハイバンク・ワークス・の主要な軸は、円と八角形の中心を通る線だ。これがニュークのオブザーバトリー・ワークスサークルとオクタゴンを結ぶ軸と直接的な関係を持っている。両者は**九六キロメートルも離れたところに建造されている**が、ハイバンク・ワークスの軸は、ニューアークのアースワーク群と正確に九〇度の角度で交わるように配置されている。これが示唆するのは、幾何学と天文学を駆使して、この二つの遺跡を意図的に結びつけていることだ」[31]

私に言わせれば、単なる「示唆」どころではない！　北米には円と八角形が組み合わされたアースワークは、この二ヶ所しか見つかっていない。その二つのサークルの大きさは九九・八パーセント同じなのだ。さらに二つの遺跡の軸は互いに九〇度の角度で交わる。距離が遠いのに、このような測量をすることは驚くべき偉業だ。この二つを設計した人々が意図的に二つのアースワーク遺跡を結びつけて**いた**と考えて、間違いないだろう。ブラッドリー・レパーも、二つの場所は単なる象徴として結びつけられていたのではないと考えている。彼は二つのアースワーク群を結ぶ土手道が存在していたことも見つけている。一九世紀中頃までは、その並行する土手壁の一部が残っていた。レパーはそれを「グレート・ホープウェル・ロード」と呼ぶ。彼はこれがニューアークとハイバンクを結ぶ、巡礼のための道であったのではないかと考えている[32]。ニューアークと同じように、ハイバンクでも円と八角形の組み合わせが支配的な形になっている。隣接して様々な構造物があり、土手道もある。一九世紀にスクワイアとデーヴィスが遺跡の調査をした時、ハイバンク・オクタゴンの壁は「非常に厚かった」と報告している（その後、ほとんどが破壊された）。「そのなかでもほとんど開墾されていない場所は、土台の幅が一五メートル、高さ三～四メートルもあった。一方、円の壁はそれほど厚くなく、高さは一・五メートルほどだ」[33]。以前は「厚かった」ハイバンク・オクタゴンの壁に囲まれていた面積は一八エーカーだった[34]。これはニューアーク・オクタゴンよりもかなり狭い。すでに述べたように、ニューアーク・オクタゴンの面積は五〇エーカーもある[35]。

この二つの遺跡の円と八角形の主題はよく似ている。円の大きさはほとんど同じだ。アースワークを建造した人々は、すべてを意図的に行なっている。それなのにハイバンク・オクタゴンの大きさが明らかに小さくされているのはなぜなのか？

これから見ていくが、答えは、気味が悪いほど正確な、月の科学的観測だ。

空の知識

世界中に散在する聖なる遺跡と同じで、北米の幾何学的なマウンドやアースワークも、簡単には秘密を明かしてはくれない。それらは私たちの関心をひき寄せるが、理解ができるようになるには、それなりの勉強を強いられる。したがって、たとえばサーペント・マウンドを正確に理解するには、知識が必要となる。夏至や冬至とは何かを知り、年間を通して太陽の昇降がどのような周期で変化するかを知らなければならない。

考古学者たちが言うには、このような知識は、工業化社会以前の農業社会では、すぐに使えたという。旧約聖書の「コヘレトの言葉」は次のようにいう。「すべてに時機がある……植えるに時があり、抜くに時がある」（参考：聖書協会共同訳）。

春分・秋分・夏至・冬至の天体配列を記憶する動機としては、農耕にすぐに役立つからだという議論が優勢だ。だが、多くの遺跡の建設には莫大な労力が使われており、動機としては不十分だ。考えてみれば、カレンダー（暦）としての機能を求めるなら、二本の柱を配置するだけで十分に効果的であり、安価ですむ。

信頼できる農業用カレンダーを求めたことが、空を観察した主な動機とする考えでは説明できないことが他にもある。農耕が**始まる前**から、春分・秋分・夏至・冬至に焦点を合わせている遺跡があるのだ。その一つはアマゾンのパイネル・ド・ピラン遺跡であり、これは一万三〇〇〇年以上前のものだ[36]。

さらに、このような知識を得るには天界の詳細な観察だけでなく、何世代にもわたって綿密な記録を取ることも必要だ。ニューアークやハイバンクの偉大なアースワークで実現されている月観測の配列には、収穫に役立つ明確で実用的な機能などは見当たらない。さらには、ほかの実利性を追求したとも思えない。ここでもまた、さらに深く知りたければ、天界の研究をしなければならない。

一年をかけて空を直接観測するのが一番よい方法だろう。さらによいのは長い年月をかけて観察を続けることだ。だが、いまは無料の優れた天文ソフトウエアが使える。これで学習が加速化され単純化される。これらのソフトウエアは、太陽や月の昇る地点を正確に教えてくれるし、期間も選べる。

このようなソフトウエアを使って、月の動きを観察するとしよう。それも一世紀がよいだろう。そうするとすぐに分かるのは、東西の地平線に沿った月の出入りの位置が、**毎月**、最北から最南に達し、それから最北に戻る周期を持つことだ。さらに時間が経つと、その毎月の月の出入りの「範囲」が、毎年変化していることが観察できる。「範囲」は一八・六年の周期で広くなったり狭くなったりする。「範囲」が一番広

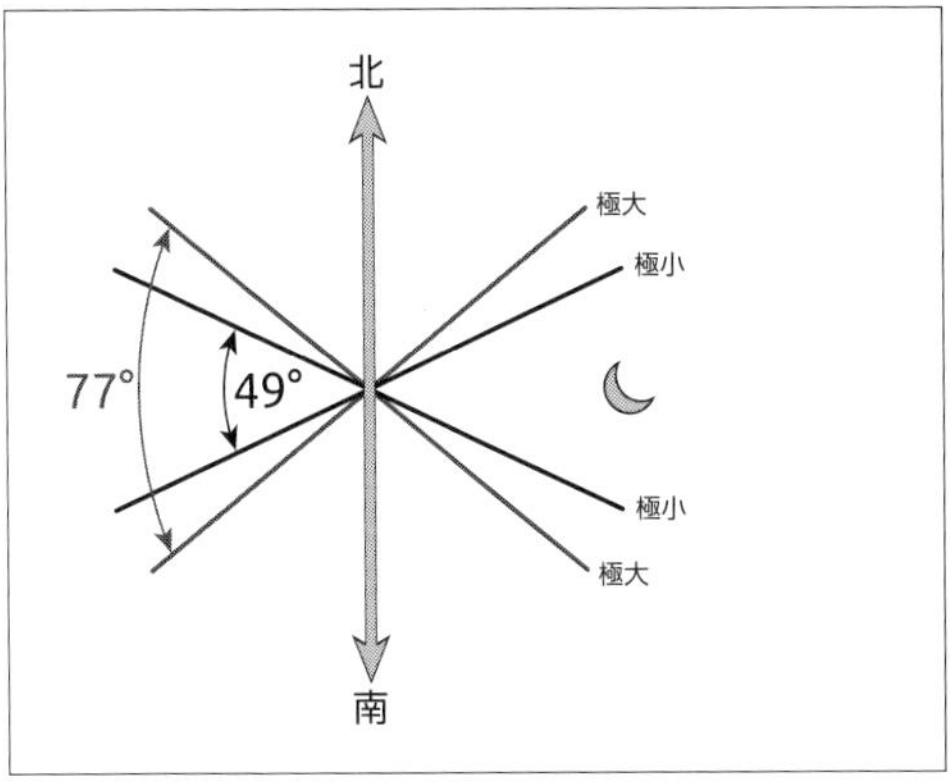

オハイオ州ニューアークから見た月の出と入りの極大の昇交点と降交点。
18.6年周期。月が極大の昇交点と降交点にあるとき、
その月の最南と最北の月の出と月の入りは、77度離れる。
一方、極小の昇交点と降交点にある時は、
月の出と月の入りが49度離れる。

い時（極大期）が現在だとすると、一番狭い時（極小期）は九・三年後に訪れる。そしてその九・三年後が再び極大期となる。

したがって、この天界の出来事に関して、八つの主要な方向があることになる。四つの方向は月が昇る東の地平線に存在する。毎月の北東の極大と極小の地点と、南東の極大と極小の地点だ。他の四つは西の地平線で月が沈む地点だ。月が極大や極小の地点に到達すると、月の動きはいったん停止して留まる。それから反対方向に動きだし次の九・三年間をかけて移動する。

ニューアーク・アースワークスの幾何学は、ハイバンクも同じだが、これらの感知しにくい天界の出来事に綿密に合わされている。この出来事は天文学者たちに「月の停止」として知られているが、この知識が日常生活に実利的な貢献をすることはないようだ。

ニューアークの月の暗号

私たちがニューアーク・アースワークスと月との関係を知ることができたのは、レイ・ハイヴリーとロバート・ホーンのおかげだ。

一九七五年に彼ら二人がニューアークの調査を始めた時、目的は「学部生の専門分野の垣根を越えたコースのため、野外実習を行なってデータを集め、分析すること」だった[37]。このコースには宇宙学、先史時代の天文知識と古代文化も含まれていたが、ニューアークで「特別な幾何学、天文学的パターンを見つける」ことになるとはまったく予想していなかった[38]。「どのようなパターンであっても、それが偶然ではなく、意図的であることを示すのは極めて難しい。だから私たちは、アースワークの設計に関する説得力ある仮説を立てられるとは思っていなかった」[39]という。

だが、驚いたことに……と、彼らは二〇一六年に次のように認めている。

私たちは分析を続けて、アースワークと地形から反復するパターンを見つけた。これらのパターンは、地平線における太陽と月の両方の、出入りの極大点に向けて配列されている。この配列は、巨大な規模で、土で造った囲い地の幾何学的な対称性や秩序と組み合わされている。それが示唆するのは、ニューアーク・アースワークスが、天と地と人間の心の関係を支配していると思える天体の役者や、巨大な力を記録し、祝い、結びつけるために造られたことだ[40]。

彼らの最初の研究は、一九八二年に『アーケオアストロノミー（考古天文学）』誌に掲載された[41]。当時のハイヴリーとホーンは、ニューアークと太陽との配列関係については気づいていなかった[42]。彼らが関心を惹かれたのは、綾取りのように複雑な、月との配列関係であり、これは彼らの探索で明らかにされている[43]。

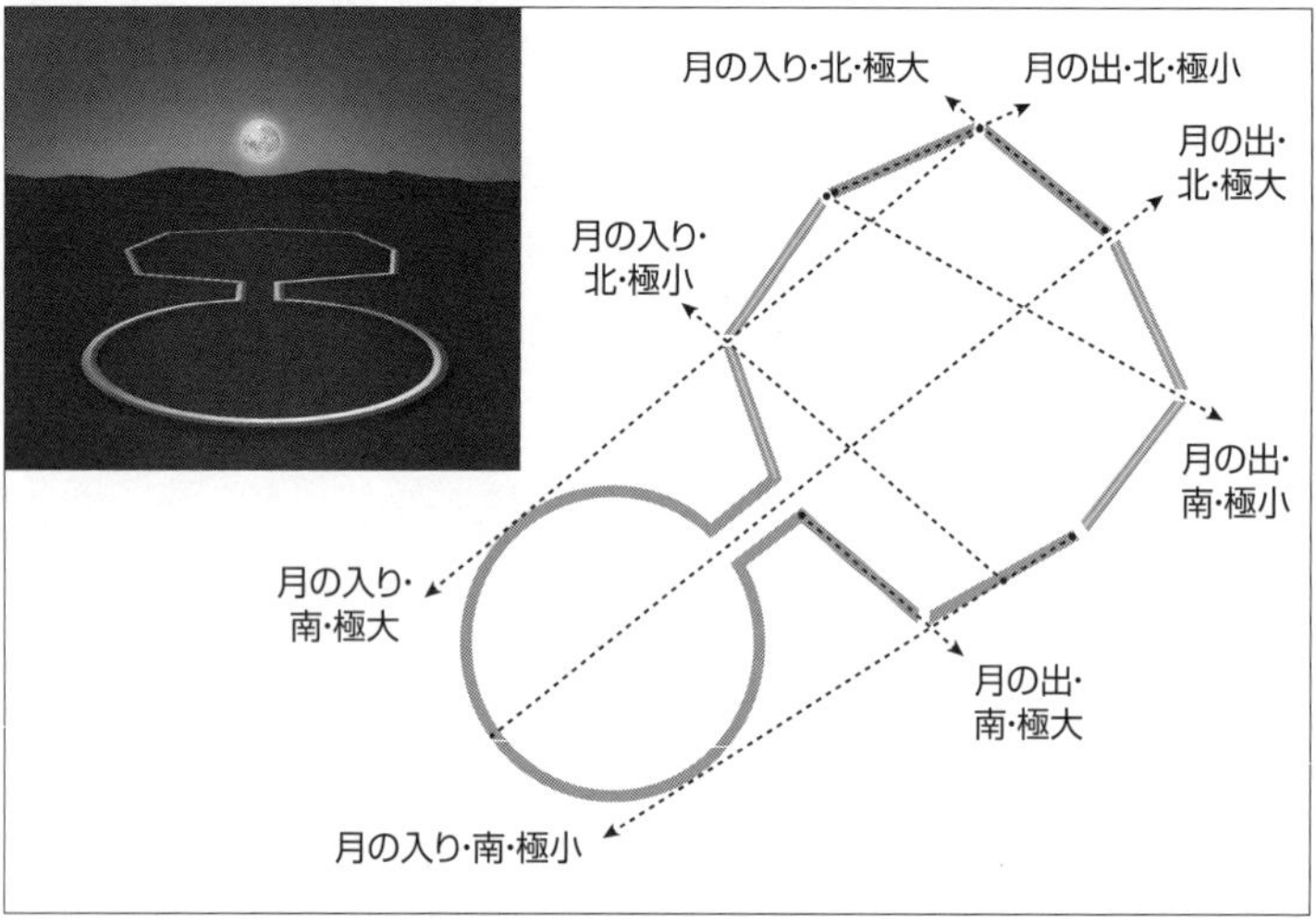

上:ニューアークにおける月の停止周期18.6年における八つの鍵となる位置。
中央軸と四つの壁が標的としているのは、(1)月の出·北·極大、(2)月の入り·北·極大、(3)月の出·北·極小、(4)月の入り·南·極小、(5)月の出·南·極大だ。ハイヴリーとホーンが見つけた残りの3つの配列は、(6)月の入り·南·極大、(7)月の入り·北·極小、(8)月の出·南·極小だ。
左上:ニューアークにおける月の出·北·極大のときのシミュレーション。
オブザーバトリー·サークルからオクタゴンの軸に沿って観察している。

この配列関係は明らかで、特に月と遺跡との関係がいったん認識された後は、見逃しようもなかった。たとえば、「オクタゴンの中央の主軸は、北から昇る月の極大点を向いており、誤差は〇・二度しかない」という事実だ[44]。

この「誤差」は一度の一〇分の二以下であり、どの時代だとしても驚くべき精度だ。特に多くの考古学者たちにとっては、先コロンブス期のアメリカ大陸には、あってはならない科学水準だ。さらに「主軸とオクタゴンの四方向の壁は、月の出入りの八つの極大・極小点のうちの五つを指しており、その平均精度は〇・五度」だ[45]。

残る三つの配列は、それぞれ〇・四度、〇・七度、〇・八度以内の正確度だが、右の図に示してある。

ハイヴリーとホーンは、彼らの見解を別の観察で補強している。ニューアーク・オクタゴンの四つの壁は月の重大な出来事に合わされて**いない**が、極めて対称的に置かれており、平行するペアとなっている。一方、残りの四つの壁は、月の停止の向きに配列**されている**が、平行でもなく対称的でもない。このことから明白に導き出せるのは、より正確な月との配列を達成するため、八角形の対称性が意図的に歪められていることだ[46]。さらに、

八角形の対称性（1）と、月の極大・極小の配列（2）が、ニューアーク・オクタゴンのユニークさを明らかにしている。この地に建設できる八角形は無数にあるが、月の極大・極小を示すには、今ここにある八角形がもっとも正確だ。実のところ私たちも試してみたが、八角形か七辺以下の等辺多角形を使って、ニューアーク・オクタゴンと同じ月の位置をより効率よく、正確に示すことはできなかった[47]。

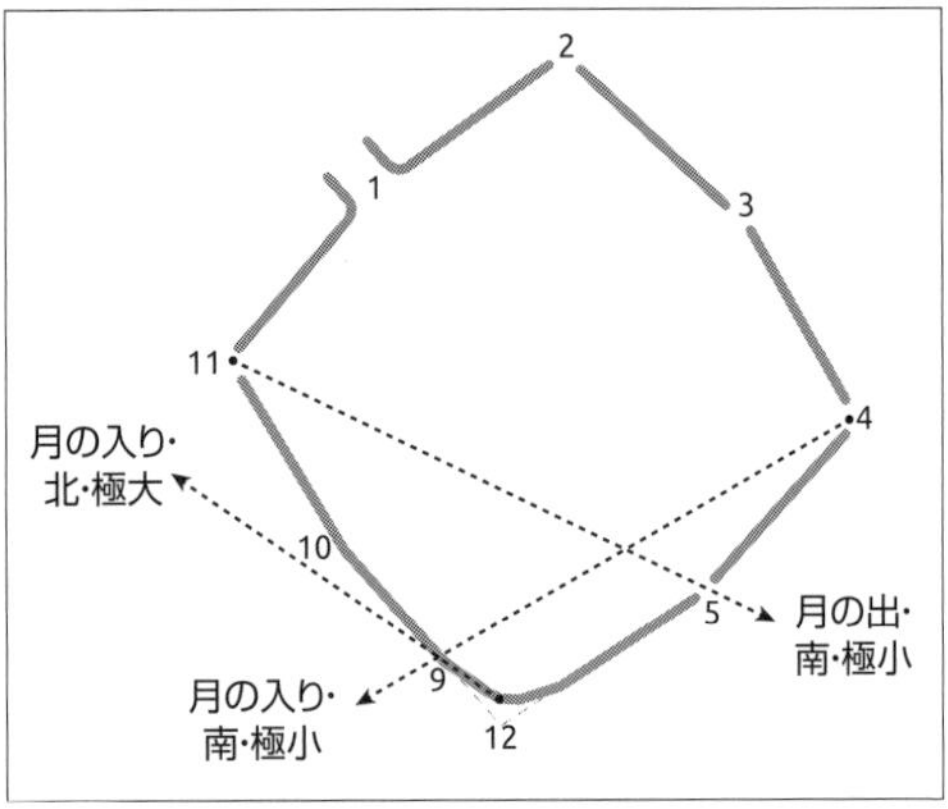

ハイバンク・オクタゴンの場合、
壁11→1は壁10→11よりも16パーセント長い。
交点11の位置をずらすことで、月との配列を作っている。
月の出・南・極小を標的とするのは交点11と交点5を結ぶ線だ。
同じように理想的な交点のはずの12の位置には切れ目がない。
切れ目の場所は北側の位置9に動かされている。
4と9を結ぶ線は、月の入り・南・極小に合わされている。
もう一つの配列は線の向きを変えて作られており、
月の入り・北・極大における停止時に照準が合わされている。

ハイバンクの太陽と月

ハイヴリーとホーンは一九八二年の『アーケオアストロノミー』誌に掲載した論文で、ニューアーク・アースワークが、いかに正確かつ巧妙に月の停止と一体化しているかを示すという大きな貢献をした。

一九八四年に彼らは、同じ雑誌に再び論文を発表し、今度はハイバンクの構造物が、月の出における北と南の極大点を示す明瞭な配列をもつことを証明した。ニューアークでは、月との配列を完璧にするために、八角形の対称性が意図的に変更され、一辺の長さも角度も変えられている。同じようにハイバンクの八角形の八辺の一辺も、一六パーセント長くされており、完璧な正八角形ではない。だがこの「誤り」によって交点への角度が変更され、**月の出・南・極小**の停止位置との配列が生まれている。誤差の範囲は〇・六度に過ぎない。もしも壁が「正確に」対称的な長さだったら、月の出との配列は不可能だった[49]。二つ目の同じような「誤り」によって、**月の入り・南・極小**の停止位置との配列が生まれている[50]。

この場合、さらなる配列は線の向きを変えることで実現している。標的は**月の入り・北・極大の**停止位置だ。

このように、ハイバンクとニューアークには共通点が多い。ある意味では、まるで双子だ。前にも疑問として提示したが、それではなぜ、一つの八角形の面積が五〇エーカーで、もう一つの八角形は一八エーカーしかないのだろうか。

ハイヴリーとホーンによる答えは以下のようなものだ。五〇エーカーのニューアークの八角形は、ほかのどのような八角形よりも、月の極大・極小の位置と適合する。それは、ニューアークが存在する、南北四四・五キロメートルの幅の緯度帯に合わせて設計されているからだという[51]。

言い換えると、アースワークと月の停止を正確に配列することが目的の場合、ニューアークの八角形を、ハイバンクで同じように造ることは**できない**。なぜなら、ハイバンクは九〇キロメートル以上も南の場所にあるからだ[52]。一八エーカーという数字と、異なった交点の角度がハイバンクでは見られるが、これがハイバンクの緯度に見事に適合しているのだ。

ニューアークとハイバンクとの間には、ほかにも違いがあるが、目立つのは、ニューアークには太陽の重要な出来事との配列が見られないことだろう。分点（春分・秋分）や至点（夏至・冬至）だけでなく、その中間点で「クロス・クオーター・デイ（四分日）」と呼ばれる時期も、

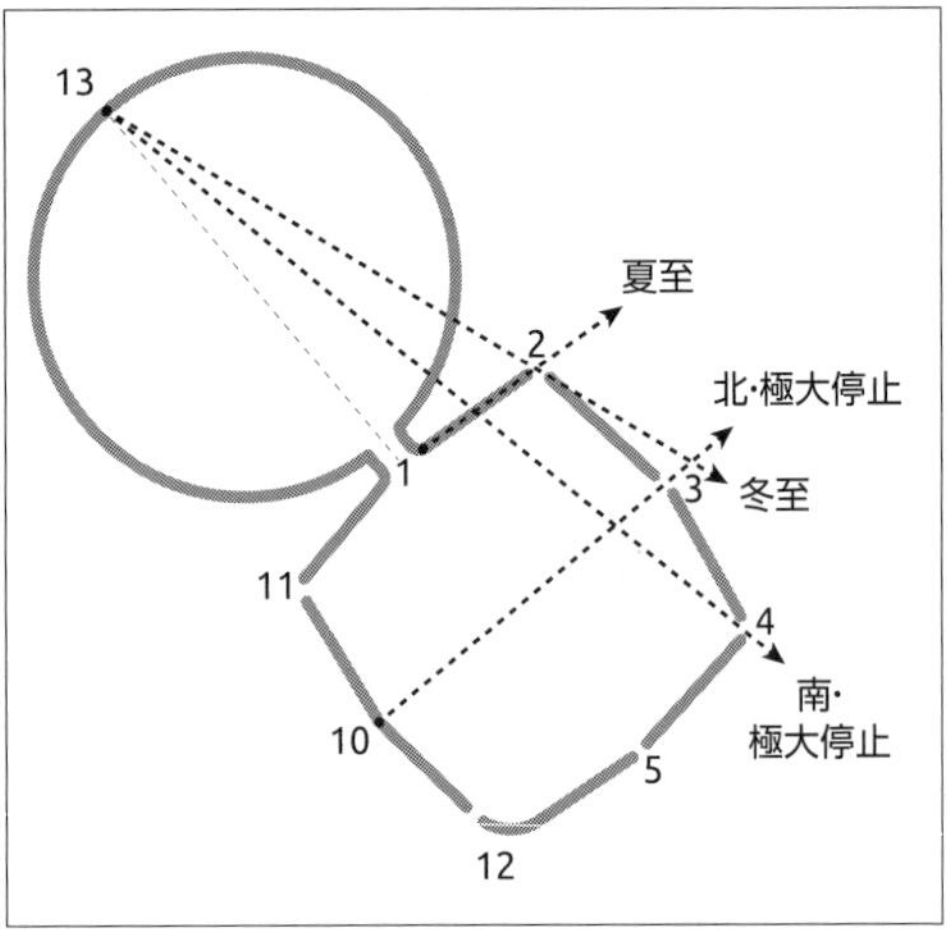

ハイバンクでは月の出・北・極大と、
月の入り・南・極大に照準が合わされている。両方とも極大の停止位置だ。
さらに、壁1→2により夏至の日の出が標的とされている。
誤差は0.5度だ。一方、13→2の配列は冬至の日の出を標的としている。

ニューアークのアースワークでは特定されていない[53]。

だが、この話には続きがある。

ハイヴリーとホーンによる最近の研究から、興味深い可能性が出てきている。ニューアークのアースワークが今の場所に造られたのは、周りによく目立つ「高所の見晴台」が四ヶ所あるからだという。これらがあたかも天然の銃の照星（フロントサイト）と照門（リアサイト）のように機能して、夏至と冬至の日の出・日没を標的としているという[54]。この自然に配列された四つの見晴台の交差点は「アースワークの中央部分にあるだけでなく、オブザーバトリー・サークルとグレートサークルの中心から等距離にある（誤差二パーセント以内）」が、これが偶然である可能性は低いだろう[55]。

したがって、立証することはできないが、ニューアークの自然による配列も、緯度と同じように計算された、意図的なものであると感じる。

さらに、ハイヴリーとホーンの一九八四年の研究によると、ハイバンクの月との配列は、これまで見てきた月の出・南・極小、月の入り・南・極小、月の入り・北・極大だけではない。さらに**月の出・北・極大、月の入り・南・極大**もあり、二つとも極大停止の位置を指し示している。さらに**夏至の日の出**も壁一→二で標的とされ（誤差〇・五度以内）、一三→二の配列で**冬至の日の出**も標的とされている[56]。これは宇宙の謎と幾何学的な魔術というおなじみのミームであり、もっと前の時代のサーペント・マウンドや、もっと後のカホキアの遺跡にも見られる。

同じミームはアマゾンでは少なくとも一万三〇〇〇年前のパイネル・ド・ピラン遺跡で見られる。

北米では、カホキアの前、ニューアークやハイバンクの前、サーペント・マウンドの前のいつ頃まで、ミームの痕跡をたどれるのだろうか？

[1] Ray Hively and Robert Horne, "Hopewellian Geometry and Astronomy at High Bank," *Archaeoastronomy*, no. 7 (1984), S88.

[2] Ohio Hopewell, http://anthropology.iresearchnet.com/ohio-hopewell/.

[3] たとえば Ephraim G. Squier and Edwin H. Davis, *Ancient Monuments of the Mississippi Valley (Smithsonian Institution, 1848*, reprinted and republished by the Smithsonian, with an introduction by David J. Meltzer, in 1998), 六七〜七二ページを参照。

[4] Jonaas Gregorio de Souza and Denise Pahl Schaan, "Pre-Columbian Earth-Builders Settled Along the Entire Southern Rim of the Amazon," *Nature Communications* (March 27, 2018), 3–4.

[5] Martti Pärssinen, Denise Schaan, and Alceu Ranzi, "Pre-Columbian Geometric Earthworks in the Upper Purús," *Antiquity* 83, no. 322 (December 1, 2009), 1087–1088.

[6] Sanna Saunaluoma, Martti Pärssinen, and Denise Schaan, "Diversity of Pre-colonial Earthworks in the Brazilian State of Acre, Southwestern Amazonia," *Journal of Field Archaeology* (July 9, 2018), 7–8.

[7] 同右。

[8] Bradley T. Lepper, "The Newark Earthworks: A Monumental Engine for World Renewal," in Lindsay Jones and Richard G. Sheils (eds.), *The Newark Earthworks: Enduring Monuments, Contested Meanings* (University of Virginia Press, 2016), 41.

[9] Ray Hively and Robert Horn, "Geometry and Astronomy in Prehistoric Ohio," *Archaeoastronomy*, no. 4 (1982), S4.

[10] Bradley Lepper, "The Newark Earthworks," in Richard F. Townsend and Robert V. Sharp (eds.), Hero, *Hawk and Open Hand* (Art Institute of Chicago/Yale University Press, 2004), 75; Mark J. Lynott, *Hopewell Ceremonial Landscapes of Ohio* (Oxbow Books, 2014), 148.

[11] Hively and Horn, "Geometry and Astronomy in Prehistoric Ohio," S4.

[12] 同右、S7-S8。

[13] Lepper, "The Newark Earthworks: A Monumental Engine for World Renewal," 47.

[14] 同右、七五ページ。

[15] 同右、四七ページ。

[16] Ohio History Connection, "Great Circle Earthworks," http://www.ohiohistorycentral.org/w/Great_Circle_Earthworks.

[17] Lynott, *Hopewell Ceremonial Landscapes of Ohio*, 148–149.

[18] Lepper, "The Newark Earthworks," 75.

[19] T. Darvill et al., "Stonehenge Remodelled," Antiquity 86, no. 334 (2012), 一〇二一～一〇四一ページ、特に

一〇二八ページを参照。「ストーンヘンジは最初、円形の土手と外側の溝で構成されており、全体の直径は約一一〇メートルだった」。

[20] L. Falconer, "Interactive Virtual Archaeology: Constructing the Prehistoric Past at Avebury Henge," in the International Conference on Ubiquitous Computing and Communications and 2016 International Symposium on Cyberspace and Security (IUCC-CSS), December 2016, 153– 158. 一五五ページを参照。

[21] Lepper, "The Newark Earthworks: A Monumental Engine for World Renewal," 47–48.

[22] Lepper, "The Newark Earthworks," 75.

[23] Lepper, "The Newark Earthworks: A Monumental Engine for World Renewal," 48.

[24] 同右。 Ray Hively and Robert Horn, "The Newark Earthworks: A Grand Unification of Earth, Sky and Mind," in Lindsay Jones and Richard G. Sheils (eds.) *The Newark Earthworks: Enduring Monuments, Contested Meanings* (University of Virginia Press, 2016), 六四ページも参照。

[25] William F. Romain, *Mysteries of the Hopewell: Astronomers, Geometers and Magicians of the Eastern Woodlands* (University of Akron Press, 2000), 63.

[26] J. J. O'Connor と E. F. Robertson は簡潔な歴史を紹介している。最初はエジプトのリンド（ラインド）・パピルスで、アーメスにより筆写された。原書は紀元前一八五〇年頃か、それ以前。円とほぼ同じ面積の正方形を作るには、正方形の一辺の長さを円の直径の九分の八とすればよい。J. J. O'Connor and E. F. Robertson, "Squaring the Circle" School of Mathematics and Statistics, University of St. Andrews, 1999, http://www-history.mcs.st-andrews.ac.uk/PrintHT/Squaring_the_circle.html を参照。

[27] Ray Hively and Robert Horn, "Geometry and Astronomy in Prehistoric Ohio," S8.

[28] 同右、S9。

[29] 同右。

[30] 同右。

[31] Lepper, "The Newark Earthworks," 七九ページ。強調を追加した。

[32] Lepper, "The Newark Earthworks: A Monumental Engine for World Renewal," 54–56.

[33] Squier and Davis, *Ancient Monuments of the Mississippi Valley,* 50.

[34] 同右、Plate XVI. ただし Cyrus Thomas, *Report on the Mound Explorations of the Bureau of Ethnology* (Smithsonian Institution, 1894), 四七九ページでは二〇・六エーカーに修正されている。円とほぼ同じ面積だ。

[35] Lepper, "The Newark Earthworks," 75; and Lynott, *Hopewell Ceremonial Landscapes of Ohio,* 148.

[36] 本書の第17章で検討している。Christopher Sean Davis, "Solar-Aligned Pictographs at the Paleoindian Site of Painel do Pilão Along the Lower Amazon River at Monte Alegre, Brazil," *PLoS One* (December 20, 2016) を参照。

[37] Hively and Horn, "The Newark Earthworks: A Grand Unification of Earth, Sky and Mind," 63.

[38] 同右。

[39] 同右。

[40] 同右、六四ページ。

[41] Hively and Horn, "Geometry and Astronomy in Prehistoric Ohio."

[42] 同右、S11。

[43] 同右。

[44] 同右、S12。

[45] 同右。

[46] 同右。

[47] 同右。

[48] Hively and Horn, "Hopewellian Geometry and Astronomy at High Bank," S94, S98.

[49] 同右、S95。

[50] 同右、S95 - S96。

[51] Ray Hively and Robert Horn, "A Statistical Study of Lunar Alignments at the Newark Earthworks," *Midcontinental Journal of Archaeology* 31 (Fall 2006), 306–307; Lynott, *Hopewell Ceremonial Landscapes of Ohio,* 一五三ページの議論も参照。

[52] Hively and Horn, "A Statistical Study of Lunar Alignments at the Newark Earthworks."

[53] ハイブリーとホーンによるもともとの観察は以下の論文にある；"Geometry and Astronomy in Prehistoric

Ohio," S11. この観察はその後 Christopher S. Turner によって "Ohio Hopewell Archaeoastronomy: A Meeting of Earth, Mind and Sky," *Time and Mind: The Journal of Archaeology,* Consciousness and Culture 4, no. 3 (November 2011), 三〇八ページで確認された。注記：ただしハイブリーとホーンは、その後、ニューアークにおける至点の配置を確認している。だがそれはアースワーク本体にではなく、周囲の丘の地形的特徴から確認している。その地形の中にアースワークが意図的に配列されているように見える。

[54] Hively and Horn, "A New and Extended Case for Lunar (and Solar) Astronomy at the Newark Earthworks," 102.

[55] 同右。

[56] Hively and Horn, "Hopewellian Geometry and Astronomy at High Bank," S94, S98.

第20章　ポバティ・ポイント・タイムマシン

読者の方々に言っておきたい。私は皆さまを北米のすべてのマウンドやアースワークの旅にお連れする気はない。私が個人的に訪問したすべてのマウンドやアースワークにお連れする気もない。だが、ニューオーリンズからレンタカーを利用して、一三〇〇キロメートルほど、ミシシッピ川流域を通って、シンシナティーか、その先まで北上するのはおすすめだ。途中で時間をとり、脇道にそれて東や西に旅をするのも興味深い経験となるだろう。過去二〇〇年間に無慈悲な破壊が行なわれたにもかかわらず、いくつかの素晴らしい遺跡が各地に残されている。それはルイジアナ州[1]、ミシシッピ州[2]、アラバマ州[3]、テネシー州[4]、イリノイ州[5]、オハイオ州[6]にある。ほかにも貴重な遺跡がフロリダ州[7]、ジョージア州[8]、テキサス州[9]、アーカンソー州[10]、ケンタッキー州[11]、インディアナ州[12]の各州にある。

この他の州にもマウンドやアースワークがある。だが、古代の北米におけるマウンド建造現象は、ミシシッピ川とその大きな支流があるオハイオ州とミズーリ州を中心に起きており、現存する遺跡の分布もそれを反映している。

数多くの「マウンド建造文化」が考古学者たちによって確認され、整理・分類されている。その分類の基準となるのは、時期、場所、陶器の種類、道具の種類、芸術、工芸品などだ。このような類型学についてはすでに触れている。たとえば「アデナ文化」(ほぼ紀元前一〇〇〇年から前二〇〇年)は、サーペント・マウンドの建造者だと考えられている。「ホープウェル文化」(ほぼ紀元前二〇〇年から西暦五〇〇年)は、ニューアークとハイバンクの建造者とされ、「ミシシッピ文化」(ほぼ西暦八〇〇年から一六〇〇年)は、カホキアを建造したと見なされている。

考古学者たちは、このような名称を日常的に使う。だが他の名称も交ぜて使い、それらの名称も教室から一般の人々までもれていき、人々を混乱させる。したがって、たとえば、マウンド建造者について学んでいくと、ウッドランド期という名称と遭遇することになる。ウッドランド期はさらに、ウッドランド初期(紀元前一〇〇〇年から前二〇〇年)、ウッドランド中期(紀元前二〇〇年~西暦六〇〇年から八〇〇年)、ウッドランド後期(西暦四〇〇年~九〇〇年から一〇〇〇年)に分かれている[13]。複雑な状況を単純化しすぎる面はあるが、この分類にしたがえばアデナ文化がマウンドやアースワークを建造したのは、ウッドランド初期となる。ホープウェル文化がマウンドやアースワークを建造したのは、ウッドランド中期。コールズ・クリーク文化はウッドランド後期に興隆した。ウッドランド後期は初期ミシシッピ文化とも重なっている。

だが、これらは人工的な概念にすぎない。整頓好きな考古学者たちが、秩序感を保つにも、手に負えない規模の資料を管理するのにも便利だ。とはいえ疑問もある。ある文化で使われていた日用品や道具の種類が、どのくらい価値のあることを語ってくれるのだろう？　近代文化の重要な情報が、ナイフやフォークやハンマーやねじ回しから得られるとは、誰も思いはしないだろう。そうならば、なぜ古代世界を理解しようとする時に、このような基準を当てはめようとするのだろうか？

明らかに、多くの異なったアメリカ先住民文化が多くの異なった言語を使い、マウンドの建設にかかわっていた。明らかに、彼らの芸術も工芸品も道具も陶器も異なっていた。明らかに、彼らの表現方法も様々だっただろう。それにもかかわらず、アースワーク建設となると、何か謎めいた理由で、みんなが**同じ**ことを、**同じ**やり方で行なっている。彼らは**同じ**ミームを繰り返し強調し、地上にある巨大な幾何学的な構造物を、空の出来事と結びつけている。

ところが、一九世紀から二〇世紀にかけてアメリカ合衆国が急速な発展を遂げた時、アメリカ先住民のアースワークは、徹底的に破壊されてしまった。それが意味するのは、人類の記憶の壊滅的な喪失だ。これは錯乱した人物が、自らの脳をたたきつぶすようなものだ。それでも称賛するべきことは称賛しておこう。考古学者たちの献身的で極めて注意深い優れた処置がなかったら、破壊の中から何も救出されていなかったが、結果的には、極めて多くが救出されている。救出の結果、アデナ文化の手によるサーペント・マウンドを見ても、ホープウェル文化のニューアークやハイバンクを見ても、ミシシッピ文化のカホキアを見ても、まともな知覚力をもつ人ならば、これらがアメリカ先住民たちによる驚異的な規模の偉業であることを疑うことなどはとてもできない。もう一つ疑う余地がないのは、これらの事業の中心に幾何学者と天文学者たちがいたことだ。またこの大事業がいつ終わったかも、疑う余地がない。西暦一六〇〇年頃に大惨事が起こったのだ。ヨーロッパ人による北米の征服だ。

だが、この事業の始まりはいつだったのだろう？

予想外

私はポバティ・ポイントの西の端にいる。ポバティ・ポイントは極めて謎に満ちた考古学的な遺跡で、場所はルイジアナ州東北部にある。私は、北米で二番目に大きいアースワークに登っていた。建造されたのは紀元前一四三〇年頃だ[14]。古代エジプトでツタンカーメンがファラオになる一〇〇年前になる。このアースワークはよく「バード・マウンド」とも呼ばれる。なぜなら、翼を広げて東に飛ぶ鳥の姿に似ているからだ。場所によって沈下したり壊れたりしているが、この遺跡は現在でも鳥の飛ぶ姿に見えなくもない。特に空から見ると鳥に見える。だが、考古学的に復元されたマウンドの全体像を見ると、古代に見えた姿も鳥だったという解釈をとれなくなる。そこでいまでは無味乾燥で平凡だがマウンドAと呼ばれている。

高さは二二メートルだ[15]。北方八〇〇キロに存在するカホキアのモンクス・マウンドは、マウンドAよりも八・五メートルほど高くて、もっと大きい。だが、モンクス・マウンドはマウンドAよりも二五〇〇年ほど後のもので、農業文明によって造られている。一方、マウンドAは狩猟採集民によって造られている[16]。ポバティ・ポイント複合体全体も同じだ。この遺跡でもっとも古いマウンドBが造られたのは、紀元前一七四〇年だとされている[17]。

マウンドAの基部における一辺の長さは、東西二一六・四メートル、南北二〇一・一メートルほどある（モンクス・マウンドは東西二一九・四メートル、南北二七七・四メートル）。マウンドAの体積は二三万七八六一立方キロだが、この数字を視覚化するのは難しい。だが、ポバティ・ポイントに駐在する考古学者ダイアナ・グリーンリーは、うまい例えを教えてくれた。「アメリカン・フットボールの競技場を思い浮かべてください」と彼女。「それに四四・五メートルの高さを与えてください。それが土の量です」[18]。

考古学者たちの中には、いまでもマウンドAが巨大な鳥の姿だという人がいる。なぜなら「鳥は、過去においても現在においても、アメリカ合衆国南東部に住むアメリカ先住民にとって大事な図像《アイコン》だからだ」[19]。だが、つい最近までモンクス・マウンドと同じように、専門家たちはアメリカ先住民を引き合いに出す必要を感じていなかった。それどころかマウンドAを説明するのに人類は必要ではなかった。マウンドAとモトリー・マウンド（ポバティ・ポイント複合体の二キロメートル北にある）は次のように判断されていた。

自然の産物で孤独な離層だ。この辺り数キロメートルで唯一のものだが、ミシシッピ川の東や西にある断崖にある地形だ。現在の渓谷が削られた時に水が引いて島として残されたものだ。このような堆積地層に慣れていない人は、この姿に簡単にだまされてしまう[20]。

この自信に満ちた誤情報は、一九二八年に尊敬されていた地質学者ジェラルド・フォークが発している。これもポバティ・ポイントが正式に遺跡と認定され、調査されることが遅れた要因の一つだ。さらにモンクス・マウンドと同じように、この驚くべき構造が天然物ではないことが明らかになると、アメリカ先住民の業績であることを否定しようとする人々がたくさん出てきた。アメリカ先住民の業績ではなく、先史時代に想像上の白人移住者が住んでいて、彼らが造ったが、「野蛮」なアメリカ先住民に圧倒されたのだという[21]。

現在ではすべての考古学者たちが、ポバティ・ポイントの六つあるマウンドやその他のアースワークが人工物であることに同意している。また同じように、白人の移住者がまったく**関係ない**ことにも同意している。白人移住者が造ったという説は一般大衆の間ではいまでも人気があるが、間違いなくアメリカ先住民たちが造ったのだ。このような論争や議論は、最終的な結論が導かれるまで続いたが、主な論点は遺跡の洗練度が高いこと、建造するのに必要と考えられるマンパワーの量が大きいこと、やり遂げるには、社会経済的な複雑度が必要なことだった。

ここで論点の詳細は語らない。その見方に従えば、私たちはすでに一九世紀や二〇世紀における考古学界主流派の見方を知っている。その見方に従えば、ポバティ・ポイントのマウンドAのような大規模で巨大な建造物を造るには、「大規模な中央集権社会」が存在し「このような偉業を達成する行政力と、労働力確保のために組織化された定住人口を必要とする」というわけだ[22]。そうなると狩猟採集民では、このようなプロジェクトの遂行ができないことになる。これまでの仮説が主張するのは、狩猟採集民の社会では十分な余剰生産物を生むことはなく、必要とされる階層的組織もなく、その日暮らしをしており、生き残りにしか関心がなかったことだ。それと対照的に農耕社会は生産性が高く、十分に豊かで、才能豊かな人々は、日々を生き延びるという重荷からは解放されていた。そしてそのおかげで、建築家、測量士、技術者、天文学者などの専門家階級も出現し、技術力も高まったという。

ポバティ・ポイントは、最初の考古学調査が行なわれた一九五〇年代から、古いものだと認識されていた。だが**非常に**古いとは思われていなかった。それまで、メキシコ以北のアメリカでもっとも古いマウンドはどれもウッドランド初期（アデナ文化）に造られており、紀元前一〇〇〇年から前二〇〇年頃のものだと思われていた。それも前二〇〇年に近い時期が中心だ。

ルイジアナ大学のジョン・L・ギブソン教授は、二つの炭素一四年代測定から「ポバティ・ポイントのマウンド群はウッドランド初期に建造されただけでなく、ウッドランド中期の初め頃のホープウェル文化によるアースワーク建造期とも重なっているようだ」と述べている[23]。結果的に「マウンド建造をポバティ・ポイントの時代までさかのぼらせるのも、それほど劇的な概念的飛躍ではない」という[24]。

考古学者たちが北米で遭遇したそれまでのマウンドと比べると、かなり古いことになったが、ポバティ・マウンドの年代を示す証拠は、比較的容易に受け入れられた。これはいつものような騒々しい喧嘩にもならず、敵対的な主張とも見なされなかったが、それは一九五〇年代から六〇年代の考古学界における一般的な前提が影響しているとギブソン教授は示唆する。

「マウンド建設、陶器、農耕、定住、大きな人口などは……一体化されているという……絶対的な連想を生み……なんの証拠もないのにポバティ・ポイントは農耕を基礎にしていたという推測を生んだ」[25]

だが、その後の発掘で、農耕の証拠は何も出てこなかった。ポバティ・ポイントは農耕民ではなく、狩猟採集民が造ったのだ[26]。これは、それまでのパラダイムを崩壊させるものだった。だが、パラダイムの崩壊を憎む考古学者たちは、これをなんとか切り抜けた。一九九七年の『サイエンス』誌は次のように述べている。

「大規模アースワークの計画は、これまで季節ごとに移動する狩猟採集民の指導力や組織力を超えるものだと考えられてきた。だが、ポバティ・ポイントは例外のようだ。交易が発達しており、洗練された経済社会が存在していた証拠とされている」[27]

　農耕ではなく交易によって十分に複雑で豊かな社会が発展し、マウンドが造られたという考えは、ほとんどの考古学者たちを満足させた。最初の発掘による二つの炭素一四年代測定で判明した若い年代（ホープウェル文化）は、間違いだったことが分かった。現在では、ポバティ・ポイントのもっとも古いマウンドは、ホープウェルの最初のアースワークより一五〇〇年もさかのぼる、紀元前一七〇〇年頃に造られたことに異議を唱える者はいない。なお、このポバティ・ポイント遺跡は六〇〇年間興隆を続け、紀元前一一〇〇年頃には放棄され、朽ちるに任されている[28]。

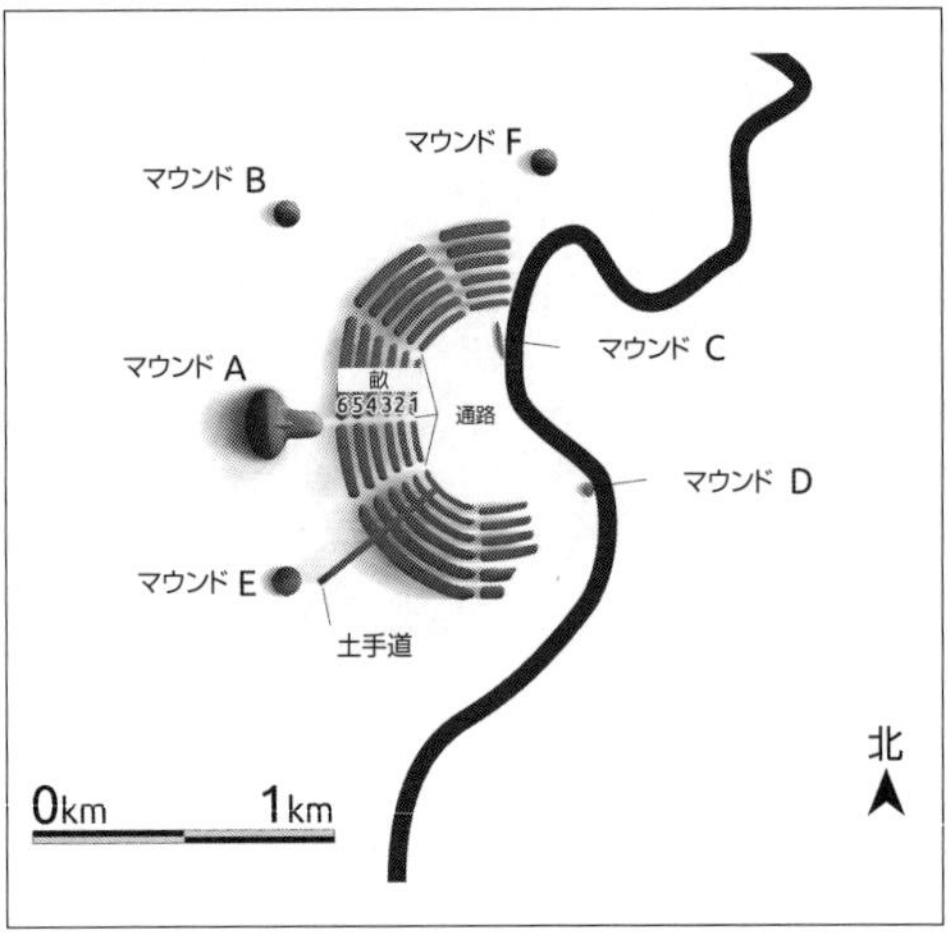

ポバティ・ポイントの構成図。
主要なマウンドと幾何学的な形をしている畝（うね）。

先史時代における世界最大の至点の標識《マーカー》？

ポバティ・ポイントには六つのマウンドがある。A、B、C、D、E、Fだ。この中でもっとも古いのはマウンドBで、すでに見てきたが、おそらく紀元前一七四〇年頃に造られている。マウンドFの建造は紀元前一二八〇年よりも少し後であり[29]、もっとも新しい。マウンドDは「サラのマウンド」としても知られているが、ポバティ・ポイント文化が建造したものではない。西暦七〇〇年以降になって、コールズ・クリーク文化によって付け加えられたものなのだ[30]。

したがって、マウンドA、B、C、Eが古代ポバティ・ポイントの鍵となる高台だ。その中でもマウンドAが、その全体を見下ろすようにそびえている。マウンドAの存在感は大きいが、遺跡の決定的な特徴ではなく、実は、他のマウンドも決定的な存在ではない。決定的な役割を果たすのは複雑なアースワークであり、それは六つの円形の隆起した畝《うね》だ。もともとの畝は三メートル近くの高さがあり、六つを合わせると巨大な幾何学的な姿になる。八角形を半分にしたか、あるいはローマ字のCのようであり、直径は一・二キロにもなる。この畝のすべての長さを足すとほぼ一一・二キロになる[31]。隆起した畝の上の幅は最大で三〇・五メートルもあり、畝の間には溝がある。だが、一九世紀から二〇世紀にかけての耕作により損傷を受け、現在では高さが数十センチ、最高でも一・八メートルしかない[32]。

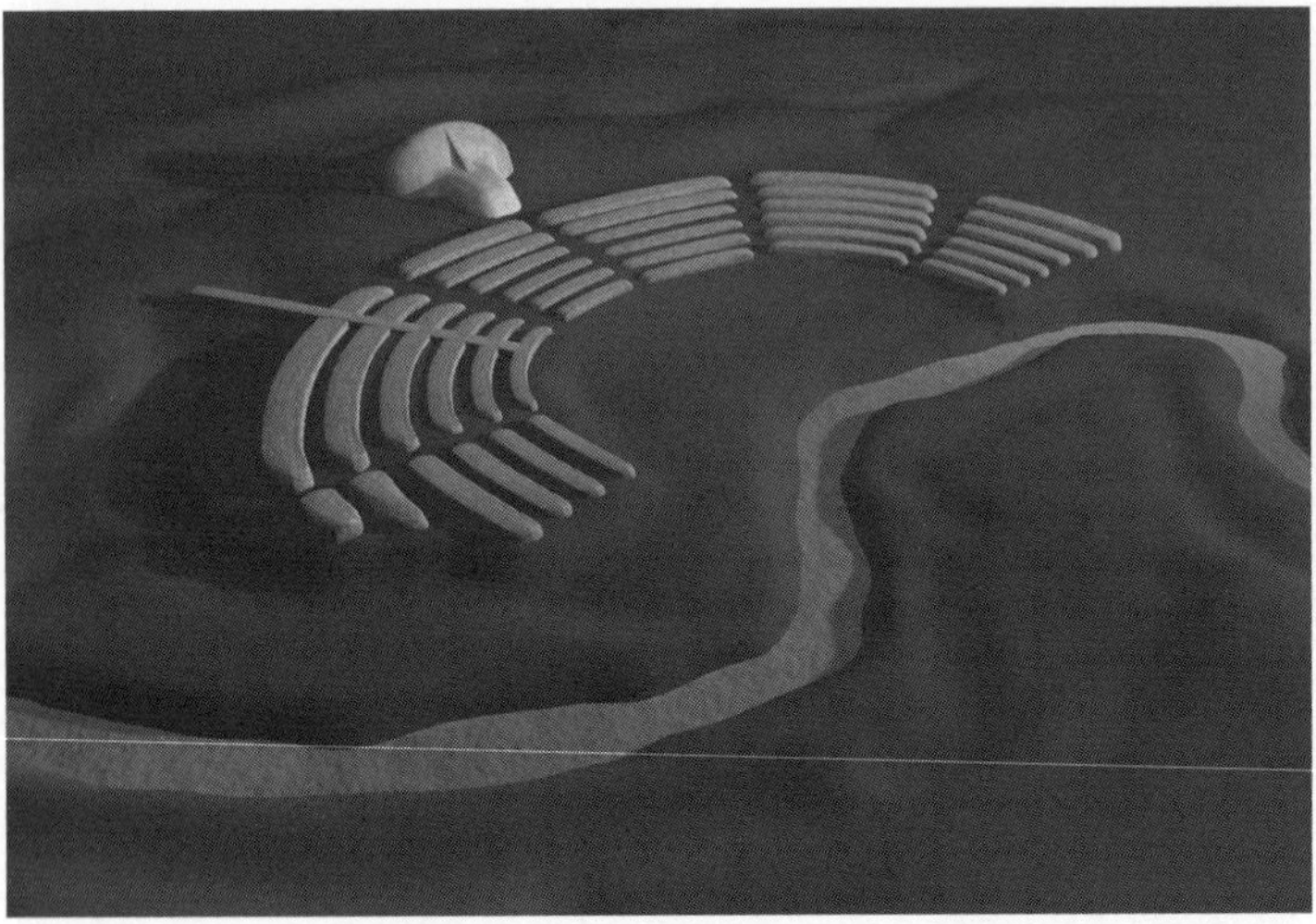

ポバティ・ポイントが最盛期であった頃の、幾何学的隆起システムの再現図。

一九五二年にポバティ・ポイントで最初の考古学調査が行なわれた時、畝に意味はないと思われて、一年間ほどは誰にも気づかれもしなかった。故ウィリアム・G・ハーグは最初の発掘チームの一員だが[33]、初めて航空写真を見た時の率直な感想を語っている。一九五三年に同僚のジェームズ・フォードが、何の写真かを教えずに、ハーグに航空写真を見せたのだ。

「この場所がどこだか分かるかい？」とフォード。

「う〜ん、オハイオ川流域で間違いないな」とハーグ。「こんな複雑なアースワークは、オハイオ川の東側のあのエリアにしかない」

ハーグが思い浮かべたのは、前の章で説明したオハイオの幾何学的アースワークであるハイバンクやニューアークだったに違いない。

だが、彼は驚かされることになる。

「君はこの遺跡を歩いたことがあるよ」とフォード。

「私じゃないな」とハーグは言い張った。「この遺跡には行ったことがない」

だが、疑惑が浮かんだようで、写真を注意深く見直してから最終的に驚きの声をあげた。

「これはポバティ・ポイントだ！」

ハーグは隆起に気づくのが少々、遅かった。だが、彼が天文学者ケネス・ブレチャーと共に一九八〇年に『アメリカ天文学会紀要』に論文を載せた時[34]は、他の人々よりも数十年先をいっていた。論文のタイトルは『ポバティ・ポイント・オクタゴン：先史時代における世界最大の至点の標識』だ[35]。

ハーグとブレチャーは古代における畝は、完全な八角形であったと想定し、その東側の半分が「流された」とみた。だが、

西側の半分は無傷で形もはっきりしている。畝は四ヶ所で幅の広い通路によって区切られている。中心部から放射状に広がっている……西北西と、西南西に伸びる通路の天文方位角は、それぞれ二九九度と二四一度だ。これはこの遺跡の緯度（北緯三二度三七分）においては、正確に夏至と冬至の日没方向を指している[36]。

その後の調査で、ポバティ・ポイントの畝が八角形であったというハーグとブレチャーの想定は、間違いであることが証明された[37]。そのことは夏至や冬至の至点というテーマにはなんの関係もなかった。至点は現存する広い通路の角度にしか関係していないからだ。

彼らが正しければ、天文学と幾何学のミームは、これまで追求してきたミシシッピ、ホープウェル、アデナのアースワークよりも、さらに奥深い過去に由来があることが確認されたことになる。

基本計画

一九八三年一月号の『アメリカン・アンティクィティ』で、ハーグとブレチャーが提唱した広い通路の方位に関して、テュレーン大学の天文学者ロバート・パリントンから疑問が提示された。彼はこの時代のポバティ・ポイントで「至点の日没が方位角二四一度と二九九度で起こる」ことには同意している[38]。だが、西南西、西北西の広い通路の方位角は違うと指摘し、彼の計算ではそれぞれ二三九度と二九〇度になるという。また、彼の結論では、この広い通路は「至点のマーカーとしてはおそまつだ……太陽との明白な配列は何もない」という[39]。

ハーグとブレチャーは同じ一月号で反論している。彼らとパリントンの唱える方位角が異なるのは、「主としてアースワークの中心をどこに定めるかの違いから生じている」という。「パリントンの観測の中心点は、私たちが見つけた中心点から、少なくとも一〇〇メートルほど東北東になっている」と二人は不満を述べている[40]。彼らは再び主張を繰り返し、「ポバティ・ポイントの緯度における夏至と冬至の日没方向は二四一度と二九九度であり、西南西、西北西の広い通路の方位とぴったりと合う。このような至点的な配列がポバティ・ポイントのアースワークにあることは意外ではないし、まず間違いない」という[41]。

パリントンはその後も疑いを解いていないが、少々混乱しており、自己矛盾に陥っている。一九八九年には『アーケオアストロノミー』誌に「ポバティ・ポイント再訪：天文学的配置の再検討」という論文を発表している[42]。この中で、西南西の通路の方位角を再計算して、二三九度から二四〇度に変更した。そこで彼は「冬至の日没（二四一度）とほぼ一致している」[43]と言う。だが、西北西の広い通路に関しては、前と同じで二九〇度だと言う。したがって「夏至の日没の方位角から九度もずれている」。当然、「まず間違いなく太陽停止の至点の標識《マーカー》とはされていない。この遺跡の対称性からみて、両者とも太陽の至点のための配置ではないようだ」と述べている[44]。だが最終的には曖昧で、パリントンは「反論は、冬至の太陽停止がアメリカ先住民にとっては極めて重要だったことが考慮に入れられている」と、譲歩している[45]。

この状態で二〇〇六年まで論争は収まっていたが、考古学者たちが新たに、マグネティック・グラジオメーター（磁気傾度計）を使ってポバティ・ポイントの調査を始めた。二〇一一年に完了したこの調査の結果、三〇以上のサークルが木の柱で造られていた痕跡が見つかった。サークルがあった場所は幾何学的な形をした畝の東側にある広場だ。「いくつかは、以前に立てられていた場所から数十センチ動かされていた。柱は一度立てられて、その後にわずかに離れた場所に移動され、再び立てられたようだ」[46]。

この調査のあらゆる面に深くかかわった考古学者ダイアナ・グリーンリーによると、柱を差し込む穴の内壁は垂直で、底は平坦で、深さ二メートル、幅一メートルほどだった。サークルの大きさは、直径六メートルから六〇メートルまで様々だ[47]。グリーンリーが認めるように、残念ながらこのプロジェクトはほぼリモートセンシング（遠隔測定）だけで終わっている。

私たちは完全なサークルを発掘していない。円弧の大きな部分すら発掘していない。それゆえ、これらのサークルに関しては知らないことが山ほどある。どのような異なった種類の柱のサークルがあったかも知らない。柱の高さも不明だ。柱と柱の間に壁があったかどうかも知らない。屋根の有無も分からない。サークルの内部で何か行なわれていたかどうかも分からない。一時期にいくつのサークルが広場に存在していたかも不明だ。いつか、広場の多くのエリアを発掘したい。そうすれば以上のような疑問に答えが見つかるだろう[48]。

一つの可能性は、この調査で見つけたのが、考古学的な指紋であることだ。ポバティ・ポイントに多数の「ウッドヘンジ」があった可能性をさらに探査することには価値があるだろう。第18章で見たように、カホキアにはウッドヘンジがあった。カホキアでも柱の位置は時折動かされ、調整されていた。ポバティ・ポイントの「ウッドヘンジ」も、他の地形と組み合わせ、夏至・冬至や春分・秋分における天と地の聖なる一致を認識するための照準線を作っていたのではないだろうか。

何はともあれ、サークルを抜きにしても、ポバティ・ポイントが太陽に合わせて配列されている可能性は高まっている。オハイオの考古学者で天文考古学者であるウィリアム・ロメインが、腕まくりして、ことの究明に乗り出したからだ。彼はこの分野におけるもっとも鋭い考察者の一人だ。彼の論文は二〇一一年に『ルイジアナ・アーケオロジー』誌に掲載されたが、共著者はノーマン・L・デーヴィスだ。二人は新しいLIDAR《ライダー》（レーザー光を使ったレーダー）のデータを使い、洗練された天文考古学の計算を駆使して、以下のように結論づけている。

「三〇年以上も前のブレチャーとハーグの査定は正しい。ポバティ・ポイントは、太陽を照準にして配列されている……おそらく世界最大の夏至・冬至の至点マーカーだ」[49]

だが、配列はブレチャーとハーグの最初の提案とは異なったものとなった。新しいデータに基づき、ロメインとデーヴィスは「ポバティ・ポイントの設計にとって特に重要な」二つの場所を見つけている。それらの場所を彼らは設計点1（DP1）と設計点2（DP2）と呼び、次のように指摘した。

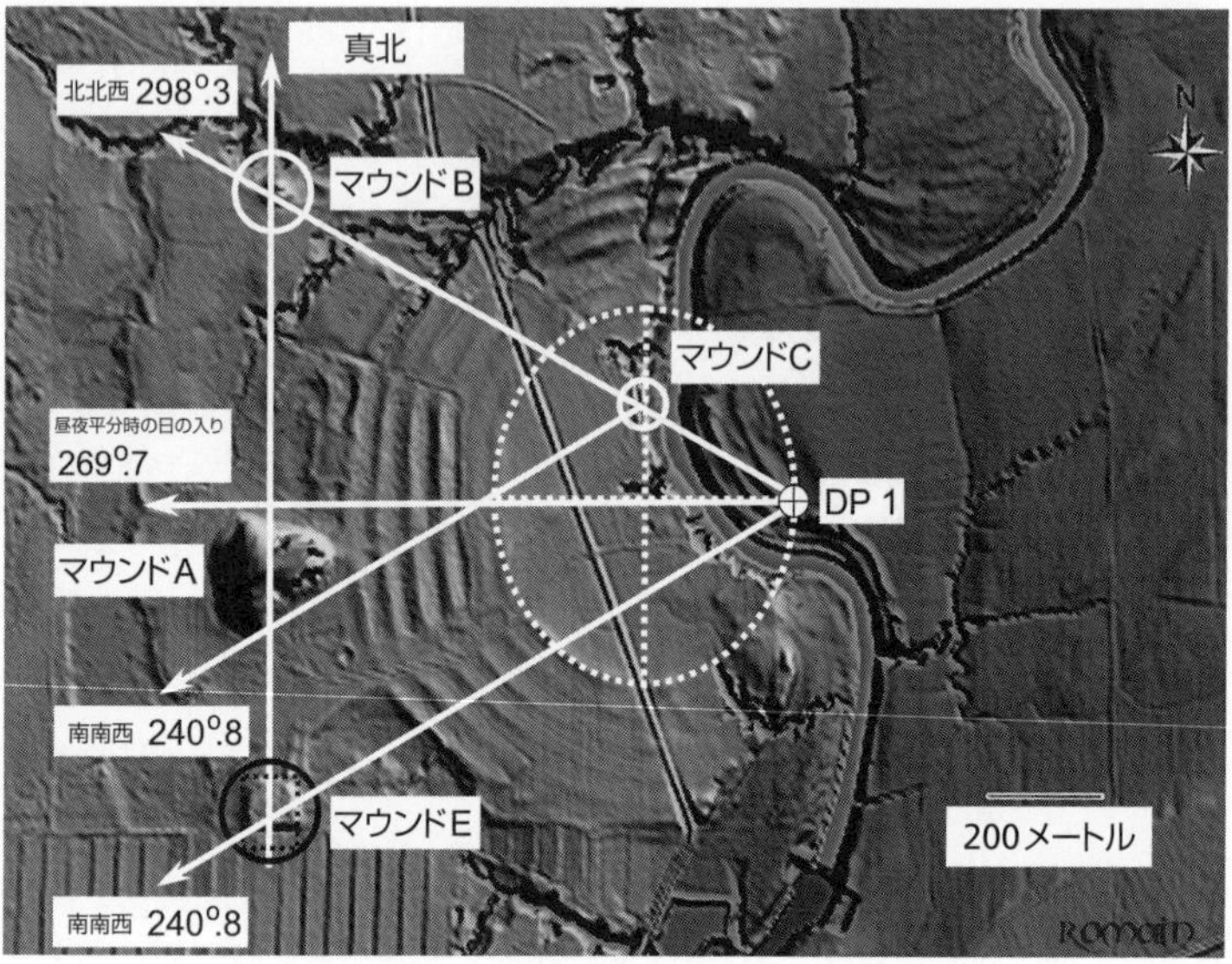

●DP1からマウンドBへの線は、夏至の日没に配列されている。

●DP1からマウンドEへの線は、冬至の日没に配列されている。

●マウンドCから見ると、夏至の太陽はマウンドBの真上に沈む。

●マウンドCから見ると、冬至の太陽は、マウンドAの脇に沈む。真上ではない。マウンドCの配置は……マウンドAへの長い照準線となっているが、マウンドAの場所は全体計画から見ると、均整が取れていないようだ。

●DP1から遺跡の中央広場を抜ける線は、昼夜平分時（春分・秋分）の日没の方向を向いており、

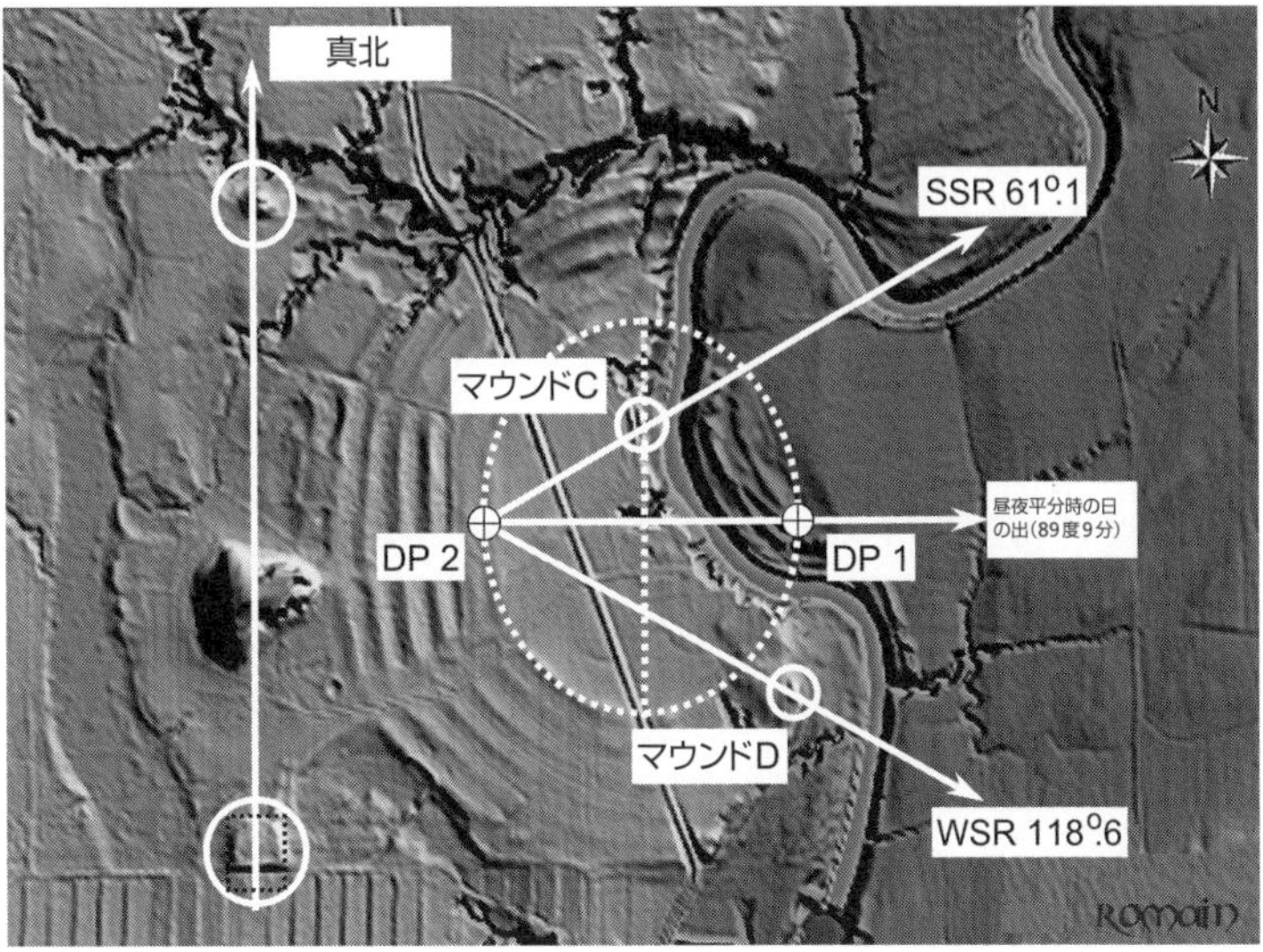

マウンドAの北端を通る[50]。

デーヴィスの目撃によると、昼夜平分時の日没の時、太陽が「西の地平線に沈む前に、マウンドAの北端を転げ落ちる」ように見えるという[51]。

ロメインとデーヴィスは、ポバティ・ポイントが「中心地」であり、「均衡をとる場所であり、日没に配列されているだけでなく……概念的には日の出の配列も見ることができる」と述べる[52]。その詳細は以下のとおりだ。

- DP2から見ると、夏至の太陽はマウンドCから昇る。
- DP2から見ると、冬至の太陽はマウンドDから昇る。マウンドDの建造はポバティ・ポイント最盛期よりも二〇〇〇年以上も後だと考えられている。これが事実なら、コールズ・クリーク文化の人々は、ポバティ・ポイントの設計を理解し、自分たちの目的のために、さらに拡張したことになる。

●DP2から見ると、昼夜平分時の太陽は、DP1に配列されて昇る[53]。

この遺跡が達成しているのは「方位、天文学的配列、左右対称の設計点、多角形の内角を規則的に測定に使うことなどに、途切れない統一性がある」ことだ。これをもとにロメインとデーヴィスは次のように結論づける[54]。

「ポバティ・ポイントはすでに考案されていた基本計画に基づいて建造されている……あるいは設計のひな形がある……それが天文学的配列と、幾何学形とポバティ・ポイントの地形を一体化させている」[55]

彼らの考えでは、次のような疑問に答えが必要だという。

「なぜだ？　なぜポバティ・ポイントはこのように設計されているのだ？　土で造られた幾何学的な構造物と天体イベントとが、こんなに大きな規模で結びつけられているのはなぜか？」[56]

素晴らしい質問だが、その前にすべき質問がある。

「すでに考案されていた基本計画」があったのなら、〝それはどこから来たのか？〟だ。

継続性

ポバティ・ポイントの最南点にあるのはマウンドEだ。これは「ボールコート・マウンド」としても知られている。だがここからさらに南二・六キロの場所には別のマウンドがある。このマウンドもポバティ・ポイント複合体の一部と考えられていた時期がある。これはロウアー・ジャクソン・マウンドと呼ばれ、考古学者のジョー・ソンダーズとサーマン・アレンによって発掘調査されている。ロウアー・ジャクソン・マウンドは太古のもので、彼らの調査結果によると、ポバティ・ポイントが造られた紀元前一七〇〇年頃ではまったくなく、それよりも二〇〇〇年ほど古い紀元前三九五五年から前三六五五年に造られたという[57]。

「ポバティ・ポイントの建造者たちは、疑う余地がなくこの古いマウンドのことを知っていた」とブリガム・ヤング大学の人類学教授ジョン・クラークは述べる。

ポバティ・ポイントの全体配置は、アーケイック中期（八〇〇〇年前から四五〇〇年前）のロウアー・ジャクソン・マウンドの位置に合わせて調整されている。すべての主要なグリッド〔位置を決める縦横の線〕はロウアー・ジャクソン・マウンドを通過している。ここからすべての間隔が計算されているようだ[58]。

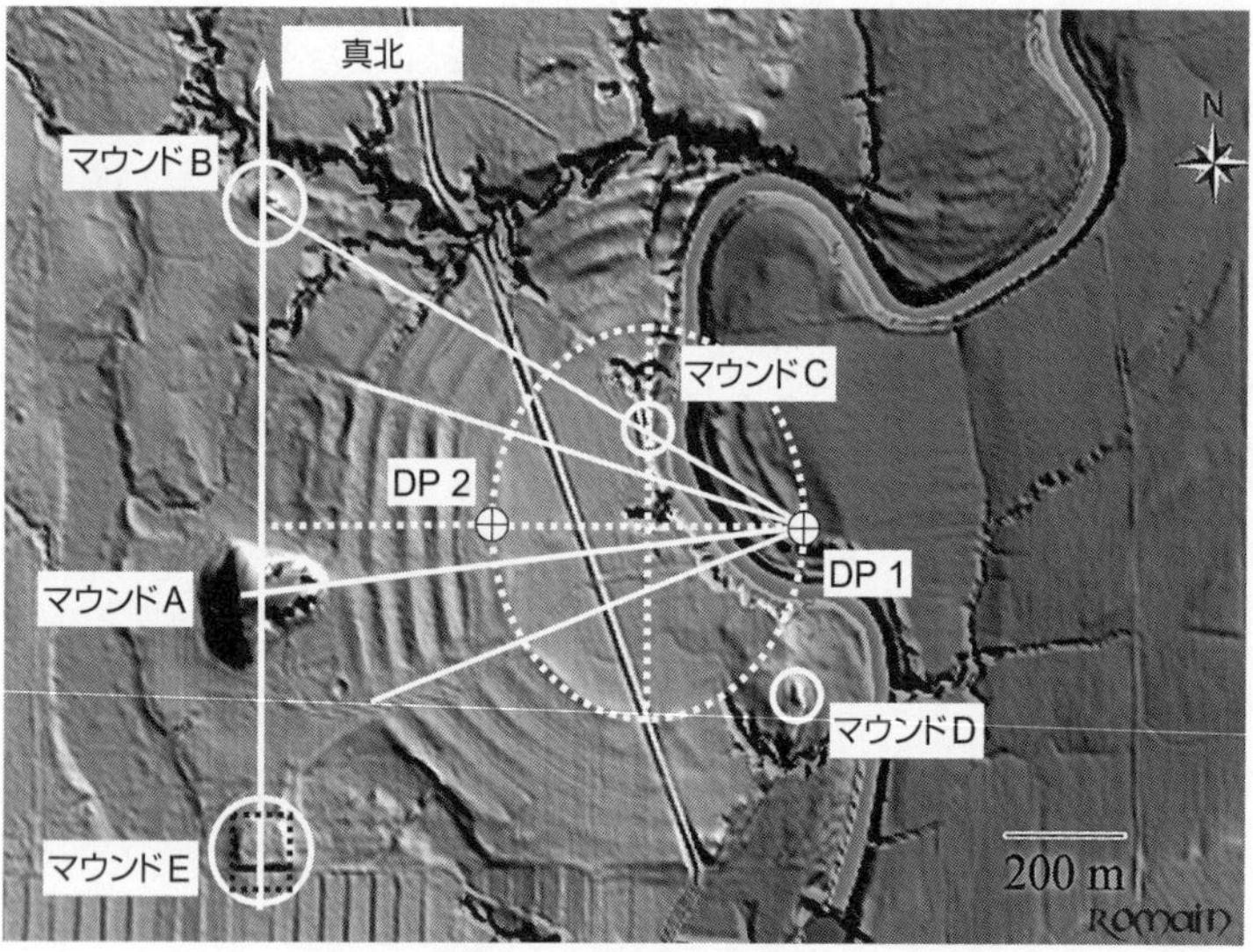

ウィリアム・ロメインのLIDAR調査で確認されたが、マウンドE（ボールコート・マウンド）とマウンドAとマウンドBは、すべて真北に向けて配列されている。

ルイジアナ大学のジョン・L・ギブソンも同じ証拠をみて次のように考えている。「古代の人々とその後の人々を結び付ける永続する伝統があったに違いない。もしかすると直接の先祖かも知れない」[59]。この結びつきは「アーケイック中期のロウアー・ジャクソン・マウンドが、ポバティ・ポイント・アースワークの主要な軸として組み込まれていることで立証されている。だが、ロウアー・ジャクソン・マウンドは、単に組み込まれているだけではない……最初の測量基準点であり、要石《かなめいし》であり、有形無形の記憶が存在していた鮮やかな証拠だ」とギブソンは主張する[60]。

二〇〇四年のクラーク、二〇〇六年のギブソンによる提言は、二〇一一年に

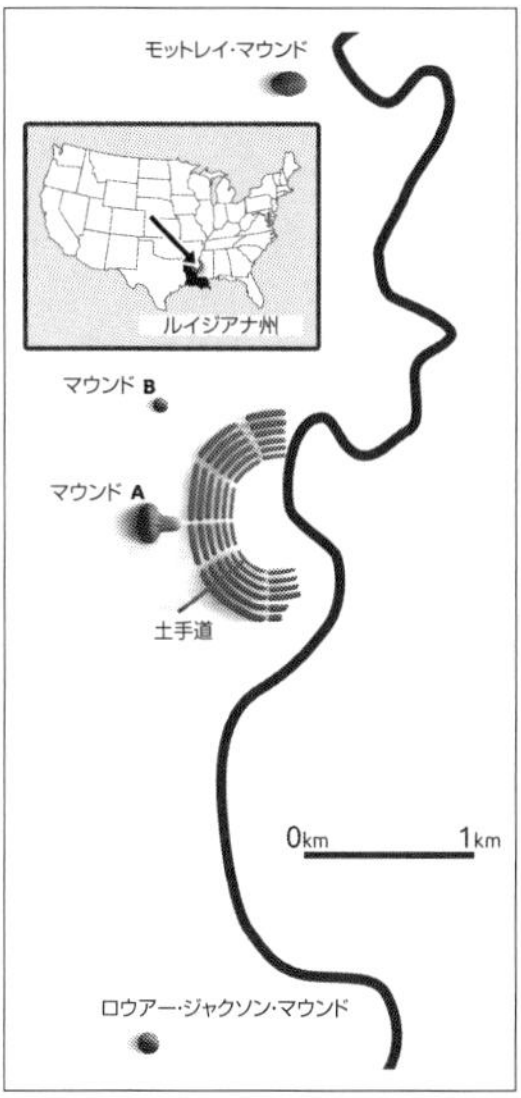

2000年も古いロウアー・ジャクソン・マウンドも同じ方位の線上にある。

ウィリアム・ロメインによって補足された。彼のLIDAR調査の結果は、彼らの見解を大きく強化したのだ。「ポバティ・ポイントの照準線は、意図的にマウンドE－A－Bとロウアー・ジャクソン・マウンドに沿って真北に向けられている」[61]

ロウアー・ジャクソン・マウンドの建造者たちと、ポバティ・ポイントを建造したその後継者たちに結びつきがあったとしたら、多くの理由で興味をそそられる。「後から押し入ってきた」マウンドDは、コールズ・クリーク文化によって建造されているが、ポバティ・マウンドが放棄されてから少なくとも一八〇〇年も後のことだ。ポバティ・マウンドの建造最盛期からだと二〇〇〇年も後になる。さらにマウンドDは、冬至の日の出と合うように意図的に配列されたように思える。すでに見たように、ウィリアム・ロメインの見方によると、コールズ・クリーク文化の人々は「ポバティ・ポイントの設計を理解し、自分たちの目的のために、さらに拡大した」という。

つまりこの提言は、知識が二〇〇〇年以上にわたり継承され、ポバティ・ポイント文化とコールズ・クリーク文化を結びつけていたという。だが、これまでの考古学レーダーでは探知できていなかった。

さらに古い時代となるが、ロウアー・ジャクソン・マウンドと、ポバティ・ポイントの建造者たちの間にも二〇〇〇年以上の間隔があるが、知識が継承されていると、ギブソンは提唱する。

これはどのような結びつきであろうと、維持するには長い時間だ。だが、このような偉業が不可能だということではない。たとえば、ユダヤ教は少なくとも三〇〇〇年前からの伝統や信仰の体系を伝承している[62]。ヒンドゥー教の源泉は、五〇〇〇年以上前のインダス文明だ[63]。これらの宗教は建造物を造っているが、その設計は、それぞれの信仰と伝統から直接的な影響を受けている。

原則からいうと、似たようなことが北米大陸で起こっていたとしても不思議はない。ロウアー・ジャクソン・マウンドとポバティ・ポイントという二つの遺跡には、明らかに意図的に造られた基軸の関係がある。これは一つの思想システムの異なった時代における発現だとしか考えられない。これ以外の考え方としては「偶然」しかない。古いマウンドが後の建造者たちにとって、深い意義がなかったのなら、彼らが巨大な事業を開始する時に、古いマウンドを「要石」として使うことはなかっただろう。

だが、そこには問題がある。ヒンドゥー教やユダヤ教の場合、疑いの余地のない継続の証拠がある。聖なる原典があり、世代を超えて受け継がれた教えがあり、堅持されている力強い伝統もある。この伝達の鎖は一度も切れていない。ヒンドゥー教にしてもユダヤ教にしても、地上から突然に姿を消したこともなければ、数千年にわたった痕跡を消した後に、突然、満開の花を咲かせたこともない。

これから見ていくが、北米では、まさにそのようなことが起こったようなのだ。

[1] たとえばポバティ・ポイント。

[2] たとえばエメラルド・マウンドやウィンターヴィル・マウンド群。

[3] たとえばマウンドヴィル。

[4] たとえばピンソン・マウンド群

[5] 好例は、もちろんカホキア。

[6] ハイバンクやニューアークに残っている分(後者はほとんどが会員制ゴルフコースの中にあり、一般公開されるのは年に四日間のみ)およびマウンド・シティ、セイプ、グレイト・マイアミズバーグ・マウンド、フォート・エンシェントなどの遺跡。

[7] 詳細は Indian Country Today, "Florida's Incredible Indian Mounds" (Indian Country Today, October 13, 2011), https://newsmaven.io/indiancountrytoday/archive/florida-s-incredible-indian-mounds-H8O3ekXxpE2Buote33jInA/ を参照。

[8] 詳細は Explore Georgia, "5 Native American Sites Not to Miss in Georgia" (November 2015), https://newsmaven.io/indiancountrytoday/archive/florida-s-incredible-indian-mounds-H8O3ek XxpE2Buote33jInA/ および "Etowah Indian Mounds State Historic Site," https://www.exploregeor gia.org/cartersville/general/historic-sites-trails-tours/etowah-indian-mounds-state-historic-site を参照。

[9] 詳細は Texas Historical Commission, "Caddo Mounds State Historic Site," http://www.thc.texas.gov/historic-

sites/caddo-mounds-state-historic-site を参照。

[10] 詳細は Arkansas State Parks, "Toltec Mounds Archaeological State Park," https://www.arkansasstateparks.com/parks/toltec-mounds-archeological-state-park を参照。

[11] 詳細は Kentucky State Parks, "Wickliffe Mounds," https://parks.ky.gov/parks/historicsites/wickliffe-mounds/ を参照。

[12] 詳細は Indiana Museum, "Angel Mounds," https://www.indianamuseum.org/angel-mounds-state-historic-site を参照。

[13] たとえば A. P. Wright, and E. R. Henry, *Early and Middle Woodland Landscapes of the Southeast* (University Press of Florida, 2013), 1ページを参照。「ウッドランド期前期とウッドランド期中期は、それぞれ紀元前一〇〇〇〜二〇〇年頃と紀元前二〇〇〜西暦六〇〇〜八〇〇年頃」。注記：年代は小区分ごとにまちまちだが、この著者のいうミッドランド期中期の終了年代は、ほかの文化的枠組とくらべてかなり遅い。その理由はここでは問題としない。このことは、ウッドランド期中期の年代区分に関する以下の概論を見れば明らかだ。M. S. Nassaney and C. R. Cobb, *Stability, Transformation, and Variation: The Late Woodland Southeast* (1991). ここでは西暦六〇〇〜九〇〇年がウッドランド期後期とされている。

[14] Jenny Ellerbe and Diana M. Greenlee, *Poverty Point: Revealing the Forgotten City* (Louisiana State University Press, 2015), 60.

[15] 同右、五七ページ。

[16] Gary Everding, "Archaic Native Americans Built Massive Louisiana Mound in Less Than 90 Days, Research Confirms" (Washington University in St. Louis, January 28, 2013), https://source.wustl.edu/2013/01/archaic-native-americans-built-massive-louisiana-mound-in-less-than-90-days-re search-confirms/.

[17] Mound B. See Ellerbe and Greenlee, *Poverty Point: Revealing the Forgotten City*, 28.

[18] Ellerbe and Greenlee, *Poverty Point: Revealing the Forgotten City*, 57.

[19] 同右、五九ページ。

[20] 同右、五七ページ。

[21] A. M. Byers, *The Real Mound Builders of North America: A Critical Realist Prehistory of the Eastern*

Woodlands, 200 BC–1450 AD (Lexington Books, 2018), 22:「一九世紀の北米の主流派考古学者たちが信じていたのは、アースワークを造ったのは、北米の海岸に「漂着した」旧世界の古代文明だったことだ。「外部から到来したとされるグループの範囲は広い。たとえば古代地中海のフェニキア人植民地の難破船の乗組員、さまよう欲望の塊のバイキングたち、古代イスラエルの失われた十支族のどれか、古代アイルランド、またはスコットランドのケルト王国からのグループ、さらには失われたアトランティスの高度な文明からの旅行者、などと続く」とByersはいう。

[22] Anna C. Roosevelt et al., "Early Mounds and Monumental Art in Ancient Amazonia," in Richard L. Burger and Robert M. Rosenwig (eds.), *Early New World Monumentality* (University Press of Florida, 2012), 257.

[23] Jon L. Gibson, "Before Their Time? Early Mounds in the Lower Mississippi Valley," *Southeastern Archaeology 13, no. 2, Archaic Mounds in the Southeast* (Winter 1994), 163.

[24] 同右。

[25] 同右。

[26] A. L. Ortmann and T. R. Kidder, "Building Mound A at Poverty Point, Louisiana: Monumental Public Architecture, Ritual Practice, and Implications for Hunter-Gatherer Complexity," *Geoarchaeology* 28, no. 1 (2013), 66–86. Amélie A. Walker, "Earliest Mound Site," *Archaeology* 51, no. 1 (January/February 1998), https://archive.archaeology.org/9801/newsbriefs/mounds. html も参照。

[27] Joe W. Saunders et al., "A Mound Complex in Louisiana at 5400–5000 Years Before the Present," *Science 277* (September 19, 1997), 1796.

[28] Ellerbe and Greenlee, *Poverty Point: Revealing the Forgotten City*, 28, 110.

[29] 同右、六九ページ。

[30] 同右、一一一ページ。

[31] Robert C. Mainfort Jr. (ed.), *Archaeological Report No, 22: Middle Woodland Settlement and Ceremonialism in the Mid-South and Lower Mississippi Valley* (Mississippi Department of Archives and History, 1988), 12.

[32] Ellerbe and Greenlee, *Poverty Point: Revealing the Forgotten City*, 42–44.

[33] 同右、四二ページで報告されている。Transcribed by Diana Greenlee from “Bringing the Past Alive,” a seminar recorded in April 1989 at Louisiana State University.
[34] Boston University, “Kenneth Bracher,” https://www.bu.edu/astronomy/profile/kenneth-brecher/.
[35] K. Brecher and W. G. Haag, “The Poverty Point Octagon: World’s Largest Solstice Marker? ” *Bulletin of the American Astronomical Society* 12, no. 4 (1980), 886.
[36] 同右。
[37] 二年後に Kenneth Brecher and William G. Haag, “Astronomical Alignments at Poverty Point,” *American Antiquity* 48, no. 1 (January 1983), 一六一ページで彼ら自身が認めている。Ellerbe and Greenlee, *Poverty Point: Revealing the Forgotten City,* 四三ページも参照。
[38] Robert D. Purrington, “Supposed Solar Alignments at Poverty Point,” *American Antiquity* 48, no. 1 (January 1983), 160.
[39] 同右、一六一ページ。
[40] Brecher and Haag, “Astronomical Alignments at Poverty Point,” 162.
[41] 同右。
[42] Robert D. Purrington and Colby Allan Child Jr., “Poverty Point Revisited: Further Consideration of Astronomical Alignments,” *Archaeoastronomy,* no. 13 (JHA, xx) (February 1, 1989), S49–S60.
[43] 同右、S五四。
[44] 同右、S五四〜S五五。
[45] 同右、S五五。
[46] Ellerbe and Greenlee, *Poverty Point: Revealing the Forgotten City,* 46.
[47] 同右、五〇ページ。
[48] 同右、五一ページ。
[49] William F. Romain and Norman L. Davis, “Astronomy and Geometry at Poverty Point,” *Louisiana Archaeology,* no. 38 (2011), 49.
[50] 同右、四八ページ。

[51] 同右。

[52] 同右。

[53] 同右。

[54] 同右、四六〜四七ページ。

[55] 同右、四七ページ。

[56] 同右、四九ページ。

[57] Joe Saunders et al., "An Assessment of the Antiquity of the Lower Jackson Mound," *Southeastern Archaeology* 20, no. 1 (2001), 75. Jon L. Gibson, "Navels of the Earth: Sedentism in Early Mound-Building Cultures in the Lower Mississippi Valley," *World Archaeology* 38, no. 2 (June 2006), 313 も参照。

[58] John E. Clark, "Surrounding the Sacred: Geometry and Design of Early Mound Groups as Meaning and Function," in Jon L. Gibson and Philip Carr (eds.), *Signs of Power: The Rise of Cultural Complexity in the Southeast* (University of Alabama Press, 2010), Kindle locations 3795–3801.

[59] Gibson, "Navels of the Earth," 315.

[60] 同右、三一五〜三一六ページ。

[61] Romain and Davis, "Astronomy and Geometry at Poverty Point," 47.

[62] D. P. Mindell, *The Evolving World* (Harvard University Press, 2009), 二二四ページ。ユダヤ教がどこまでさかのぼるか、そのルーツが先史時代のいつまで及ぶかについては、議論の余地がある。それは信仰のどの要素をたどるかによって、明らかに異なってくる。だが、ほとんどの学者は、少なくとも鉄器時代のユダ王国の設立時期までさかのぼることに同意している。つまり紀元前一〇世紀頃だ。

[63] ヒンドゥー教のシヴァ信仰とインダス文明の主要な考古学的つながりは、たとえばパシュパティの印章に示されている。この印章にはシヴァの具現である角のある「動物」が描かれている。二〇世紀前半の炭素一四年代測定によれば、紀元前二五〇〇〜前二四〇〇年のもの。Earnest John Henry Mackay, *Further Excavations at Mohenjo-Daro: Being an official account of archaeological excavations at Mohenjo-Daro carried out by the Government of India between the years 1927 and 1931* (Delhi: Government of India, 1937–1938) を参照。

第21章　ベールの背後をのぞき見る

ロウアー・ジャクソン・マウンドが出現したいまから六〇〇〇年前から五〇〇〇年前は、文明の物語において重要な時代だ。同じ時代の終わり頃、古代メソポタミアと古代エジプトの文明が、歴史の舞台にしっかりと足を踏み出している。彼らも同じくマウンドを建造している。たとえばエジプト先王朝時代の「マスタバ」やメソポタミア文明ウルク期の「テル」だ。彼らも同じく建造場所を聖地とするために、幾何学・天文学的配列を採用した。さらに同じく、彼らも初期の建造を、驚異的な勢いで組織的に行なっている。古代エジプトや古代メソポタミアのマウンドと同じように、ロウアー・ジャクソン・マウンドも孤塁《こるい》ではない。北米に拡散されて存在していた多数の構造物群の一つだ。

どれくらい多数で、どれほど拡散していたかは知るよしもない。なぜなら、近代の数世紀において数千を超えるマウンドやアースワークの大規模な破壊が行なわれたからだ。北米の古代巨大構造物は、「近代の神々」である農業や工業の生け贄《いけにえ》にされているが、そのほとんどはミシシッピやホープウェルなどの比較的新しい文化のものだ。だが、その中にはもっと古い時代のマウンドもいくつか……たぶん数多く……含まれていた。五〇〇〇年前かそれ以上前に建造されたマウンドだ。

残されているマウンドから、失った古代の遺跡の損失程度も推測されはじめている。二〇一二年時点では考古学者たちによって、五〇〇〇年以上前のものと思われる遺跡が、九七も残っていることが確認されている[1]。そのほとんどはミシシッピ川下流地域で見つかっているが、いくつかは遠く離れたフロリダ州にもある。これらの遺跡のうち放射性年代測定が実施されているのはごくわずかだが、その一六ヶ所の遺跡には合計五三のマウンドがあり、一三の参道があり、いずれも四七〇〇年以上前のものだ。だが、ほかの遺跡は、それらよりはるかに古い[2]。

その結果、この分野の先端を走る専門家であるジョー・ソンダーズは「アーケイック中期にマウンド建造が行なわれたことには疑いの余地がない」という[3]。

なぜこのように古いマウンドが、ミシシッピ川下流地域に集中しているのかは不明だ。歴史の偶然かもしれない。つまり偶然ほかの場所に比べて、この地域が破壊を免れたということだ。あるいは古代において、より多くの遺跡がこの地域に造られたため、より多くが生き残ったのかも

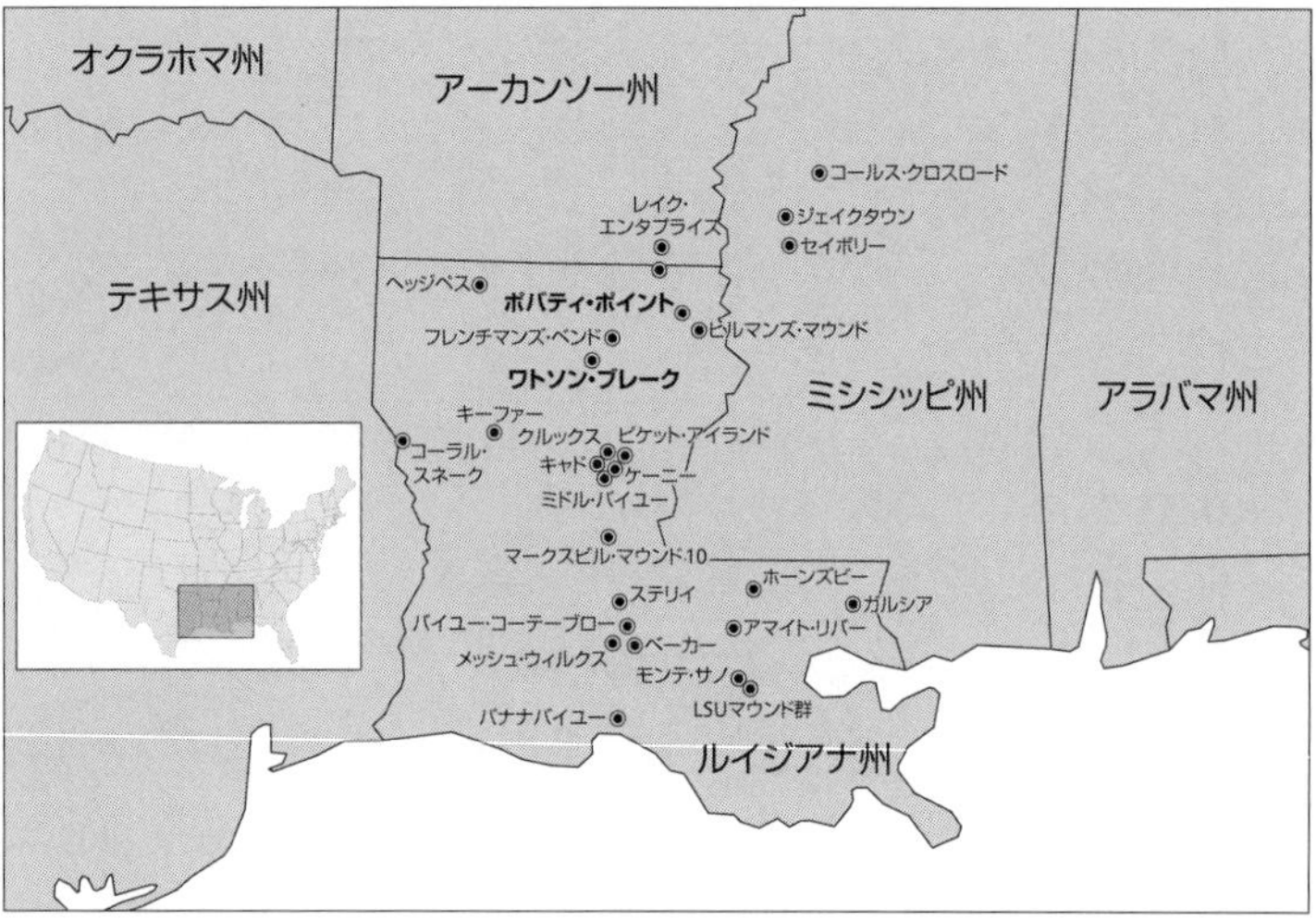

ミシシッピ川下流地域の古代マウンド遺跡

しれない。誰に分かるだろう？　将来の研究によって、北米のより離れた場所に非常に古い遺跡が見つかるかもしれない。だが現在のところ、活発に調査されているのはミシシッピ川下流地域だ。

すべての遺跡の説明は不要だろう。実のところ、ワトソン・ブレーク遺跡一つを詳細に検討すれば、それで十分だ。他の遺跡については地図を掲載して、そのいくつかをリストアップするだけでよいだろう。もっと詳しく知りたい読者の索引としても十分に使えるはずだ。

バナナバイユー・マウンド群と**LSUマウンド群**（ルイジアナ州立大学《STATE UNIVERSITY》の敷地内にある）は紀元前二七〇〇年頃のものだ[4]。世界的に見ると、ギザの大ピラミッドの建造よりも二〇〇〇年ほど古い。

その他のミシシッピ川下流地域の古代マウンドは、さらに古くなる。**ロウアー・ジャクソン・マウンド**（紀元前三九五五年から前三六五五年）についてはすでに説明が済んでいる。他の遺跡は以下となる。

ワトソン・ブレーク

炭素一四年代測定法によると、マウンド建造が始まったのは紀元前三五九〇年頃のようだ。他の年代測定法では紀元前三四〇〇年から前三三〇〇年頃となる[5]。

ケイニー・マウンド群

炭素一四年代測定法によると、年代は紀元前三六〇〇年から前三〇〇〇年[6]。

フレンチマンズ・ベンド

炭素一四年代測定法によると紀元前三五七〇年となる[7]。発掘した炉床から得られた年代は紀元前四六一〇年とさらに古く、ほぼ七〇〇〇年前になる[8]。

ヘッジペス・マウンド群

マウンドの最古の年代は紀元前四九三〇年。ほぼ七〇〇〇年前だ[9]。

モンテ・サノ

マウンドの一つから、火葬台の木炭サンプルが出て、年代測定したところ紀元前四二四〇年という数字が得られた[10]。他の二つの木炭サンプルがさらに小さなマウンドの火葬台から得られたが、それらは、それぞれ紀元前五〇三〇年から前五五〇〇年という年代を示した[11]……七〇〇〇年前よりも古くなって、七五〇〇年前に近づいている。

コンリー

八つの炭素年代法による測定から、この遺跡は七五〇〇年前から八〇〇〇年前のものであることが確定されている[12]。

認識を変えてしまった遺跡

量と質からみて、ワトソン・ブレークは他の五〇〇〇年以上前の遺跡にくらべて、幅広い科学的精査の対象となってきている。さらには、発掘などの考古学的調査と共に、天文考古学的評価が下されているのは、ワトソン・ブレークだけだ。そのため、これまでの章で紹介してきた、アデナ文化やホープウェル文化、ミシシッピ文化の遺跡との比較もできる。

そこでワトソン・ブレークに焦点を合わせることにする。

最初に言っておきたいことがある。そうすれば読者の方も幻想を持たないで済むと思う。ワトソン・ブレークの発掘で、発展した物質文明の存在を示唆するものは、何一つ見つかっていない。このマウンドを建造した人々は、一〇〇〇年以上もこの場所に断続的に住んでいたようだ。あるいは定住していたかもしれない。彼らはアーケイック中期時代の典型的な石器や尖頭器を使用していた。彼らは狩猟採集民であり、農耕民ではなかった。彼らは後に栽培されることになる植物を採集していたが、彼ら自身は栽培を始めてはいない。つまり彼らは質素な人々で、土地に密着して生きており、五〇〇〇年前から六〇〇〇年前の北米の、この地方における平均的で代表的な人々だ[13]。

すべての面においてそうだが、例外がある。

彼らはマウンドを建造している。

先に示した古代のマウンド遺跡について（私がリストに載せなかったいくつかの遺跡も含むが）、ジョー・ソンダーズは次のように書いている。

もっとも古い……ミシシッピ川下流地域のアースワークは、自立した社会によって造られたように見える。実際のところ、一六のアーケイック中期のマウンドが、先史時代の一〇〇〇年間に、ルイジアナ州内の三地域で造られているが……自立した社会のようだ。

だが、自立した社会の間には、何らかの交流があったはずだ。なぜなら、ミシシッピ川下流の広大な地域には、共通する特徴があまりにも多いからだ。一方、このようなマウンドは、他の地域では造られていない。もしも、アーケイック中期のすべてのマウンドが、自然発生的に創造されていたのなら、ほかの場所でも自然発生していたはずではないだろうか？[14]

残念なことに、ソンダーズは二〇一七年九月四日に亡くなった。地元の考古学者であり、ルイジアナ大学の地球科学部の教授だった彼は、ワトソン・ブレークの著名な専門家であり、主要発掘者だった。彼の論文「ルイジアナのマウンド群。五四〇〇年前から五〇〇〇年前に建造」は一九九七年九月一九日の『サイエンス』誌に掲載され[15]、ワトソン・ブレークは注目を集めることになった。彼は論議を呼びそうな遺跡の年代などに関しても、綿密で包括的な広範囲にわたる大量の証拠を提出した。

「疑問の余地はなかった」と当時、ジョン・ギブソンは述べている。「ソンダーズは、あまりにも多くの異なった角度から検証していたからだ」[16]。

ノースカロライナ大学のヴィンカス・ステポナイティスも次のように述べている。「極めて珍しいことに、考古学者たちが何かを見つけ、過去に何が起こったかについての認識を、全面的に変えてしまった。この場合はそれが起こっている」[17]

確かにワトソン・ブレークは、考古学者たちの過去に対する認識をまったく変えた。くたびれた古い偏見はポバティ・ポイントですでに痛手を受けていたが、それにとどめが刺された。狩猟採集社会は本質的に、複雑で大規模な建造物を造る能力を持たないという偏見だ。

いまや判明したのは、素朴な物質文化なのにもかかわらず、遺跡は洗練されており、早い段階から巧妙に造られていることだ。

聖なる楕円

サーペント・マウンドと同じように、ワトソン・ブレークも自然の高台に造られている。ワトソン・ブレークの場合、台地は氷河時代の古くから存在しており、一万二〇〇〇年前につくられたウォシタ川氾濫原を見下ろしている。そこには支流のワトソン・バイユー川が流れる[18]。サーペント・マウンドがブラッシュクリーク川の上にあるのと同じように、ワトソン・ブレークもワトソン・バイユー川の上にある[19]。それにより、マウンドが実際よりも五メートルか一〇メートルほど高いような錯覚が生まれる[20]。

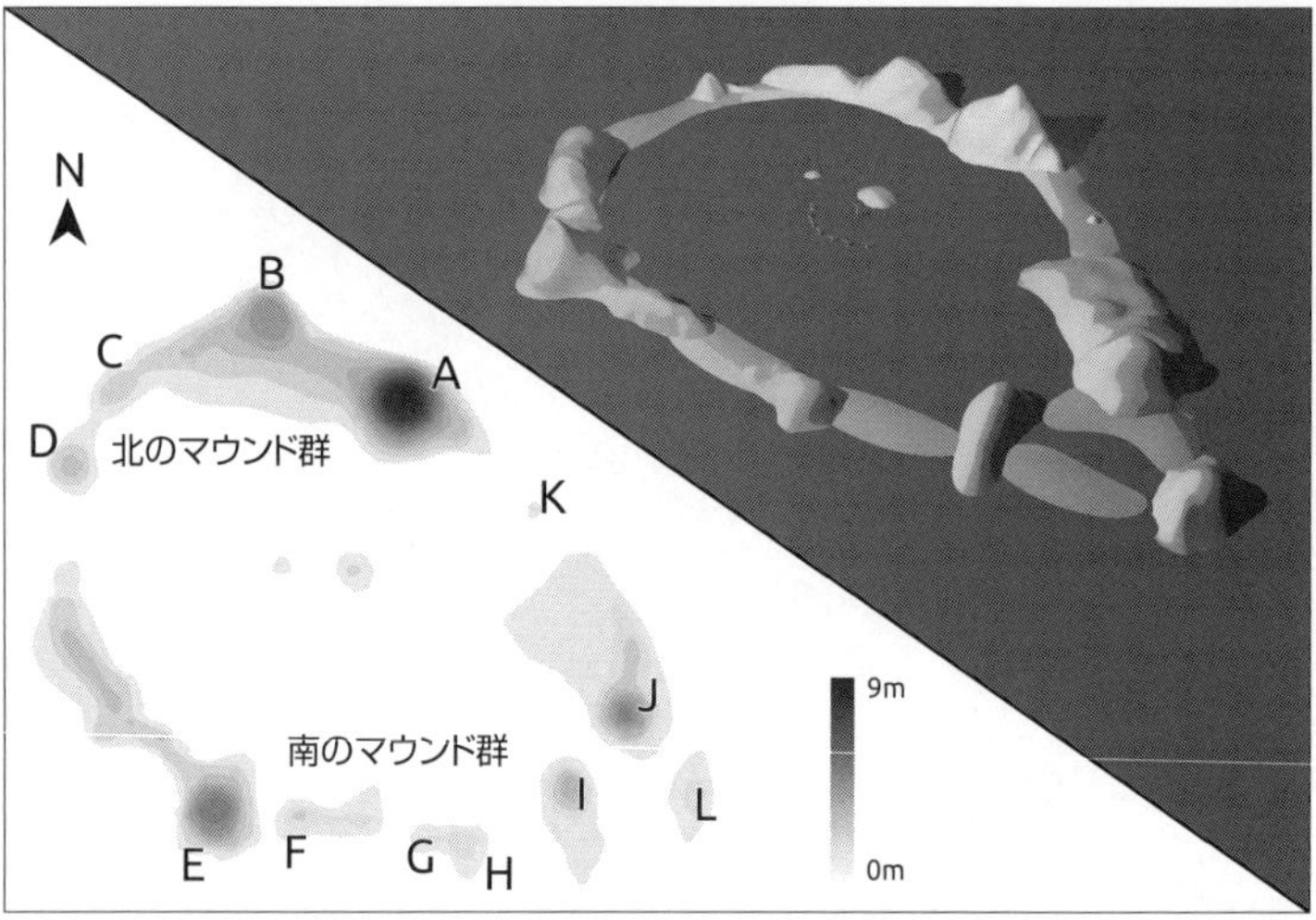

左:ワトソン・ブレークの遺跡図。右:3D模型。ワトソン・ブレーク。

サーペント・マウンドの場合、大蛇の開いたあごの前には、読者の方も覚えていると思うが、アースワークの囲い地がある。形は巨大な楕円形だ。ワトソン・ブレークも紛れなく独特な楕円形をしているが、マウンドによってその形が作られており、規模もはるかに大きい。ワトソン・ブレークの楕円形の長軸は三七〇メートルで、短軸は二八〇メートルだ[21]。

ワトソン・ブレークのマウンドの総数については、一一なのか一二なのか同意されていない。なぜならマウンドLのさらなる考古学的な検証が必要だからだ。マウンドLは、楕円形の外に存在しており、他の一一のマウンドとは一線が画されている。一一のマウンドは幅二〇メートル、高さ一メートルの土手によって相互に連結されているが、マウンドL

は連結されていないのだ[22]。土手に囲まれた広場は、九ヘクタール（二二エーカー）[23]の広さがあり、人工的に平坦にされているようだ[24]。発掘者たちは、この広場で遺物や廃物をほぼ何も見つけておらず、「祭儀の場として使われていたと思われる」という[25]。「囲い地では日常活動が行なわれていなかったことが明らかだ」とソンダーズ[26]。一方、居住者集団によると思われる「日常活動」は、囲い地の周りの幅広い土手で行なわれていたようだ。特にそれは北東側で見られる[27]。

二〇〇五年に『アメリカン・アンティクィティ』に掲載された重要な研究で、ソンダーズは最初にこの辺りに人々が住み始めたのは紀元前四〇〇〇年頃だと報告している[28]。さらに……、

> 最初の居住者たちは、毎年、季節になると、魚捕り、鹿狩り、植物採集のためにワトソン・ブレークにやってきたが、やがて長く逗留するようになったのだろう……最初の小規模なアースワークの建設は、紀元前三五〇〇年にマウンドKとB（Aも同時期かもしれない）で始まっている。続いて、ゴミが堆積され、マウンドDとC、南のIとJとEが建造された。これが示唆するのは、このマウンド複合体が、紀元前三五〇〇年までに意図的にレイアウトされたことだ。主要な建造は紀元前三三五〇年頃に始まったが、既存のアースワークもさらに高くされ、北側のマウンド列に沿って延長された。マウンドJは紀元前三〇〇〇年頃に、南側に建造された。

この遺跡の居住エリアは台地の急斜面に集中しているが、建造を開始する前から居住が始まり、アースワーク建造が終わった後まで続いている[29]。

ワトソン・ブレークは、証拠から見て比較的「居住の安定性と自立性」があったとソンダーズは結論づけている。これが可能となったのは、この地域の「資源が多様で豊富だったからだ」という[30]。

だが、言うまでもないことだが、このような資源や安定性は、マウンドを建造**しなくても**得られたことだ。実のところ紀元前四〇〇〇年から前三五〇〇年の五〇〇年間も、同じ場所に人間が住んでいて資源を活用していた。だが、彼らはマウンドを建造していない。

それから突然……マウンドだ。

なぜだ？ 何がこのような巨大な建設事業を誘発させたのか？ 目的はなんだったのか？

「まるで禅問答のようになってしまうが……」とソンダーズは、この質問を一九九七年に受けて、「たぶん、建造すること自体が目的だった」と答えている[31]。

三角測量

そうなのかもしれない。だが、共同体のリーダーや影響力を持つ人たちが、どのように人々にマウンド建造を売り込んだのかを考えてみたい。「みんなでマウンドを造ってほしい。なぜならマウンド建造はみんなにとってよいことだからだ」では説得力がないように思える。さらに同時期にほかの様々な場所でもマウンドやアースワークが築かれていることも無視できない。造ったのはミシシッピ川下流全域の、それぞれが自立した共同体社会だ。そうなると、明瞭になるのは、広範囲に及ぶ、パワフルな社会現象が発生していたことだ。

　数十年にわたって現地調査と発掘と測量を行なったサウスイースタン考古学研究所のケネス・サスマンと、フロリダ大学のマイケル・ヘッケンバーガーは、少なくとも三つの遺跡が同じ基本設計によって造られていると確信している。ワトソン・ブレークと、ケイニー・マウンド群と、フレンチマンズ・ベンドだ[32]。

　古代のマウンドの空間的配置から推論すると、計画は一連の均整や幾何学的な規則に基づいている。（1）は「台地」の線で、土で造られた三つ以上のマウンドが沖積土（堆積した土砂）の台地斜面に沿って並んでいる。（2）台地線〔一一四ページ下図のB→KやA→C〕に位置するマウンド群においては、それぞれの遺跡で最大のマウンドが中央に配置されている。（3）最大と二番目に大きいマウンド間〔一一四ページ下図のA→EやB→F〕の距離は、台地線の長さのほぼ一・四倍となる。（4）最大のマウンドと二番目に大きいマウンドを結ぶ線（これを基本線と呼ぶ）は、台地線と直交しておらず（直角ではなく）、一〇度ほどずれている。（5）基本線に重点を置く正三角形の線が、複合体の他のマウンドの上を通り抜ける。これが均整の基本単位となっているようだ[33]。

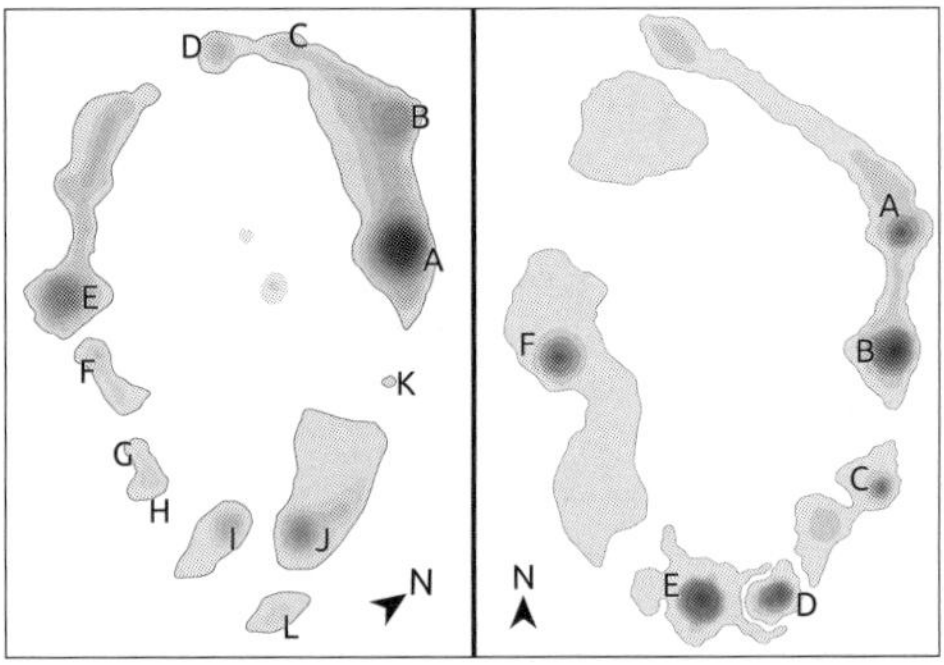

ワトソン・ブレーク（左）とケイニー・マウンド群の全体的配置と計画と方向の比較。

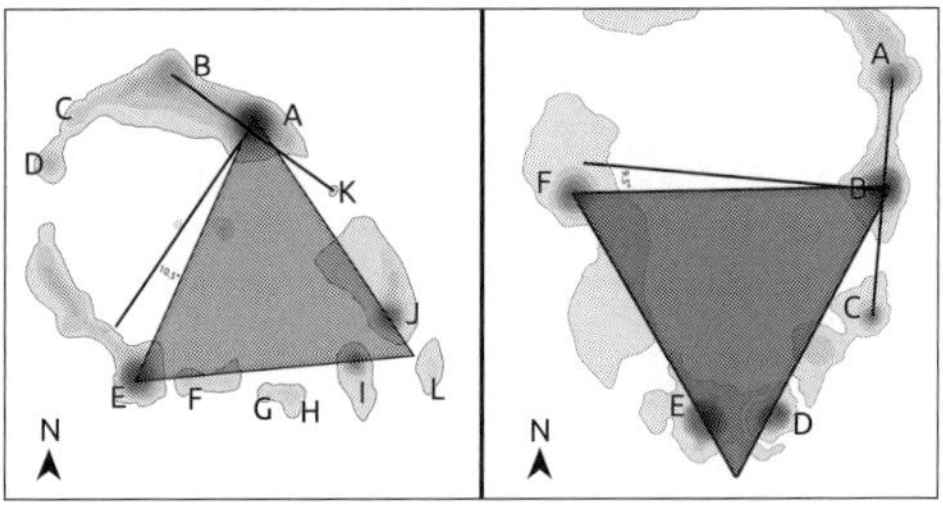

ワトソン・ブレーク（左）とケイニー・マウンド群が同じ幾何学システムを共有している証拠。

ここではフレンチマンズ・ベンドの解説はしない。さらにサスマンとヘッケンバーガーは、ほかにもいくつかこのパターンを踏襲する遺跡があると言うが、それも解説しない[34]。ワトソン・ブレークとケイニー・マウンド群だけで、すべてを代表できるので、長い話を短くする。サスマンとヘッケンバーガーの研究でもっとも衝撃的なのは、二つの遺跡が同じ幾何学的計画を採用している明確な証拠だろう。この幾何学的計画に含まれるのはワトソン・ブレークではマウンドA、E、I、Jで、ケイニーではマウンドB、F、E、Dだ。

両者とも、サスマンとヘッケンバーガーが「基本線」と呼ぶ線が、正三角形の一辺を形成している。基本線は最大のマウンドと二番目に大きいマウンドを結ぶ線だが、ワトソン・ブレークではAとEで、ケイニーではBとFだ。両者とも正三角形の残りの辺は、ワトソン・ブレークの場合はIとJ、ケイニーではEとDを通ってから線が交わる。さらに両者とも、「基本線」から出る線が、二つのペアとなるマウンドの間を二等分している。ワトソン・ブレークではBとKで、ケイニーではAとCだ[35]。

正三角形のすべての内角は六〇度だ。だが、サスマンとヘッケンバーガーの発見を検討したノーマン・デーヴィスは「なぜ、アーケイック中期の建造者たちは六〇度の三角形を採用したのだろう。四五度とか六五度とか、七五度を使った三角形でもよかったはずだ」と、疑問をもつ[36]。デーヴィスの考えるこの疑問に対する答えは、すべて太陽と関係する。

偶然ではないだろう。ワトソン・ブレークにおいて、冬至の日の出(あるいは日没)が起こる地平線の位置と、夏至の日の出(あるいは日没)が起こる地平線の位置の円弧は五九度になるからだ……六〇度の三角形にしたのは、たぶんこのためだ[37]。

指揮者たち

サーペント・マウンドやカホキアやニューアークやハイバンクやポバティ・ポイントと同じように、ワトソン・ブレークの設計者たちも、一年のうちで鍵となる時期に起こる天と地の融合を視覚化し、記念し、完結させることが主要な関心だったようだ。この天と地の霊的な交わりという概念は、旧世界のヘルメス的（秘儀的）な格言では「上のごとく下にも」と表現されているが、世界的に流布されている天文学的、幾何学的なミームの一部だ。天と地の融合には月と地球、特定の星や星座と地球、その他の惑星と地球、天の川と地球、太陽と地球などが含まれる。

ワトソン・ブレークでの主役は、太陽と地球であり、ノーマン・デーヴィスが二〇一二年に『ルイジアナ・アーケオロジー』の一八ページを費やして見事に論証している[38]。デーヴィスが主張した夏至・冬至や昼夜平分時の配列については、時の試練に耐えて主要な天文考古学者たちの支持を得ている[39]。

簡単に言うと、デーヴィスは既知の一二のマウンドを調査している。一一四ページの図AからLだ。だがさらに、改変されている可能性がある二つの自然の小山も調査対象にしている[40]。彼の考えでは、この小山は古代において楕円形の広場が平坦にされた時に、意図的に楕円形の中央付近に残されているという。これらを彼はマウンド1とマウンド2と命名している。

彼が見つけた重要な発見の中でもすぐに目立つのは、五つもの配列が遺跡に存在することだ。いずれも重複して夏至の日没に照準を合わせていないとしても、「配列が太陽を的にしていないとしても、完璧に平行で、ほぼ同じ長さの照準線を数百メートルにわたって造る能力だけでも注目に値する。照準線の設定は、建造が始まる前であったはずだ。このパターンは、遺跡に基本計画があったことを示唆する。この計画に基づく建造には数十年かかっただろう。あるいは数世紀かもしれない」とデーヴィスは言う[41]。

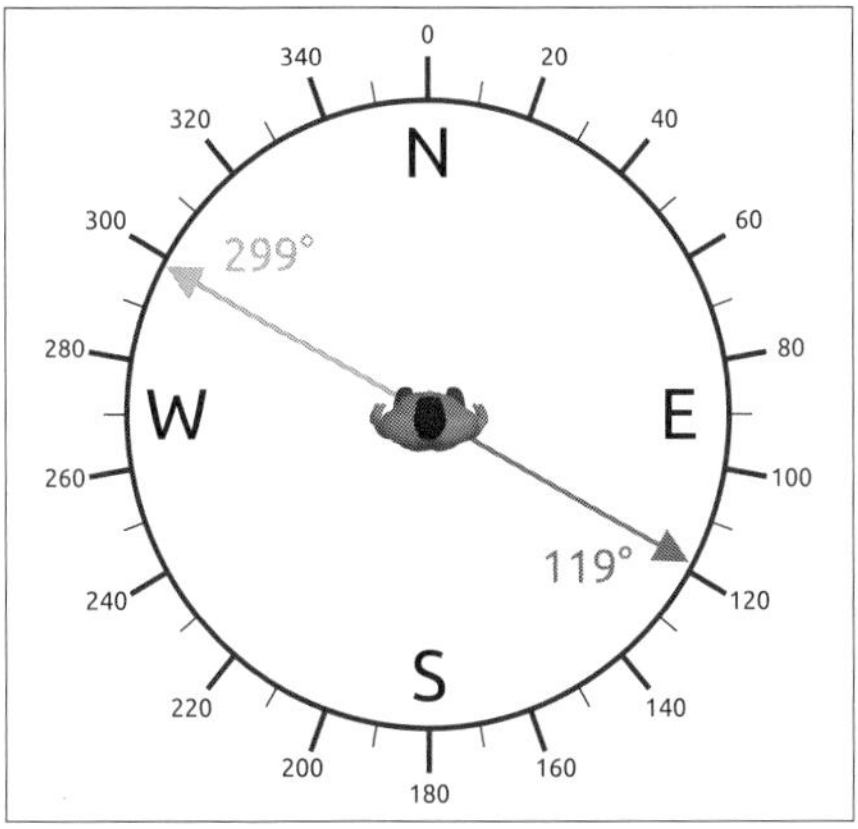

「方位角」は真北からの距離で決まるが、時計回りの度で示す。真北は0度だ。したがって方位角90度は真東になり、方位角180度は真南、方位角270度は真西となる。つまり方位角299度は真西の北29度となる。方位角119度は真東の南29度だ。

印象深いのは、太陽を的とする配列が、現在の日の出や日没の位置に合わされていないことだ。紀元前三四〇〇年当時における太陽の昇降位置に合わされている。当時のワトソン・ブレークの緯度における冬至の日の出の方位角は一一九度だ。一方、夏至の日没は方位角二九九度だった[42]。読者の方も覚えていると思うが、夏至・冬至の配置は相関関係にある。あなたが夏至の日没を眺めていたら、六ヶ月後の冬至の太陽は、その正反対の方向から昇る。つまり「方位角の時計」で見ると、

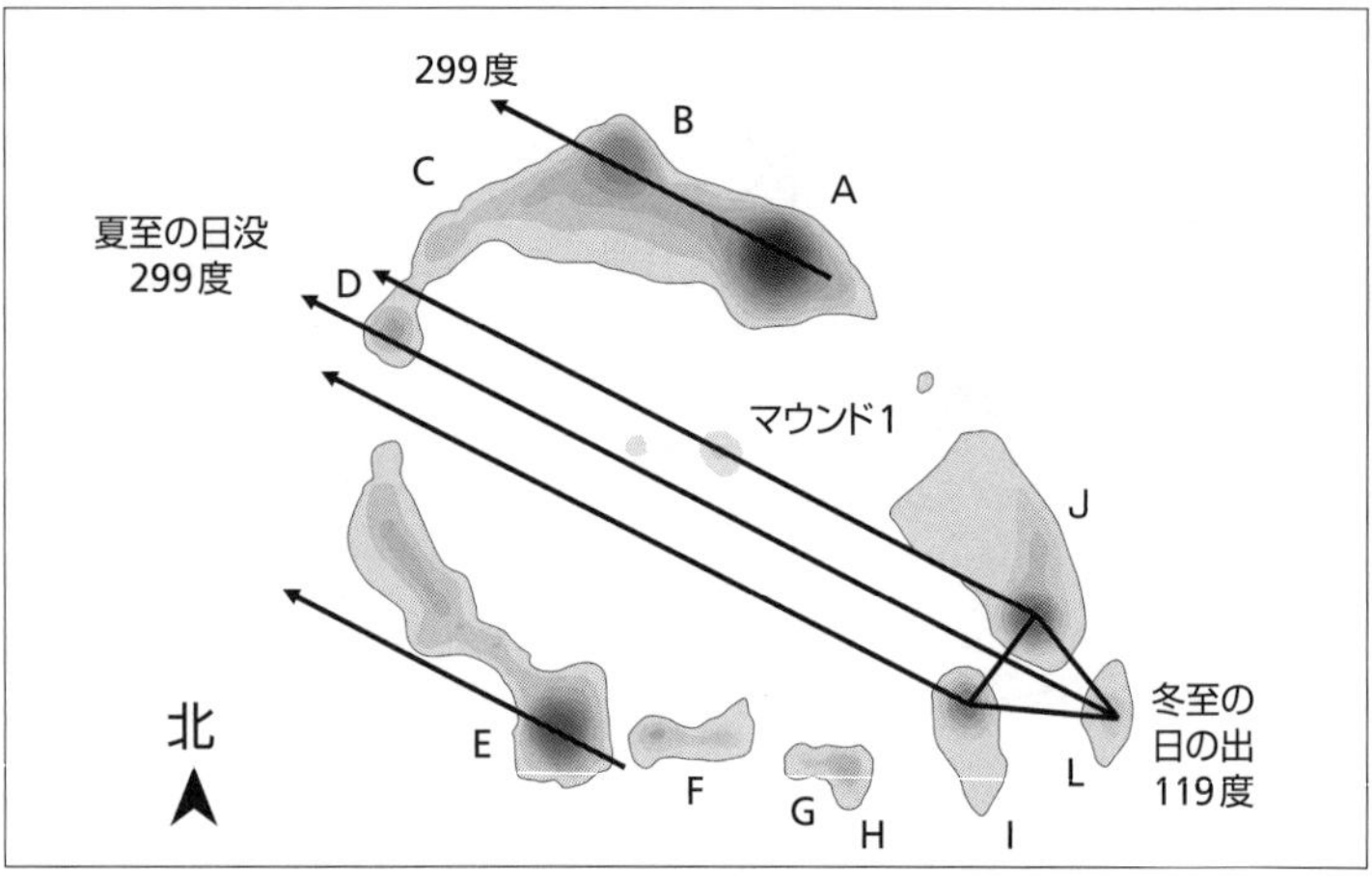

一八〇度の違いとなる。

ワトソン・ブレークには**夏至の日の出**の配列も、**冬至の日没**の配列も存在しない。だが、**夏至の日没**と（方位角二九九度）と**冬至の日の出**（一一九度）の明瞭な配列は、デーヴィスが次のように確認している。

- ●マウンドAからマウンドB
- ●マウンドJからマウンド2
- ●マウンドDからマウンドL
- ●マウンドIからマウンドDの南端
- ●マウンドEからマウンドE台地の二重の膨らみの外端[43]

「マウンドJからマウンド2への照準線はそのまま伸びて、マウンドCとDの間の中央を通る」とデーヴィスは続ける。「マウンドDからLへの照

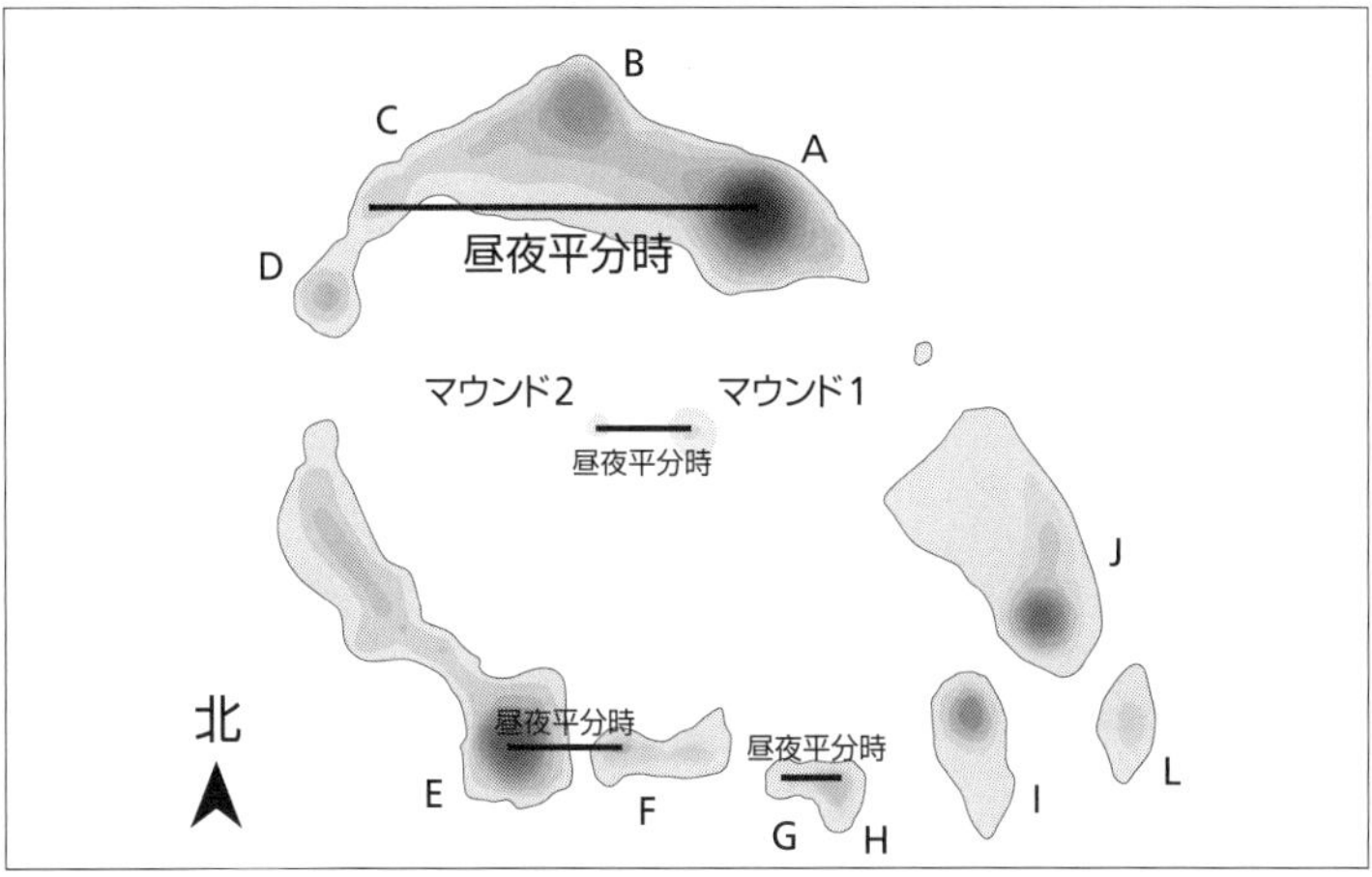

準線はマウンドIとJの間の中央を通る。照準線は方位角一一九度と二九九度を指している」[44]。

ワトソン・ブレークの夏至の日没と冬至の日の出に照準を合わせる複数の配列は偶然にできたのだろうか？　すでに偶然の可能性はほとんどないように思えるが、さらに決定打となるのは、この遺跡は夏至・冬至だけでなく、昼夜平分時にも関連があることが分かっていることだ。毎年、三月二一日と九月二一日における昼夜の長さが同じになる特別な時だ。この時、太陽は真東から昇り真西に没する。デーヴィスは、以下のように、ワトソン・ブレークで四つの配置を見つけている。

- ●マウンドAからマウンドC
- ●マウンド1からマウンド2
- ●マウンドEからマウンドF
- ●マウンドGからマウンドH[45]

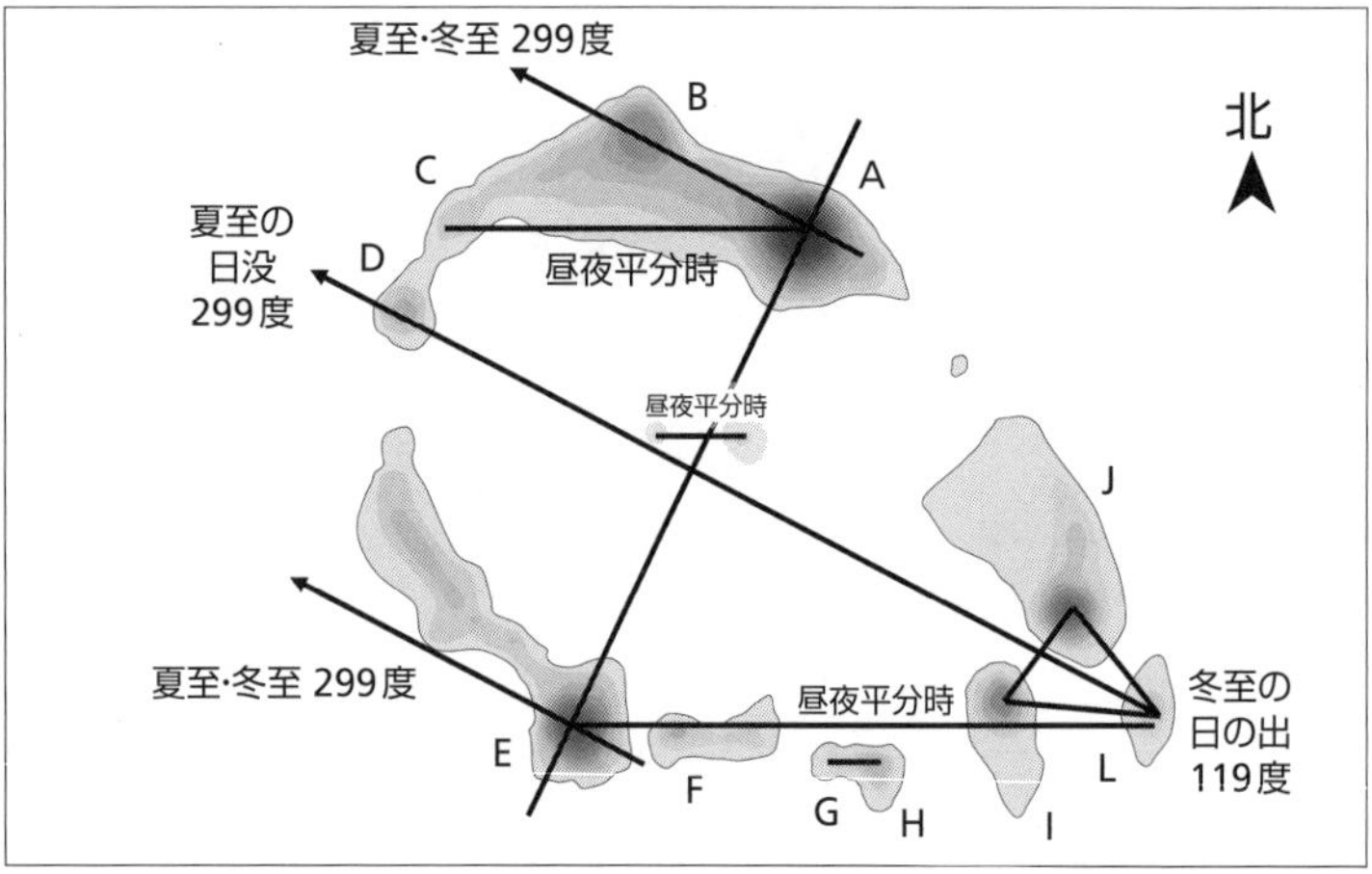

さらに、昼夜平分時のマウンドE－FとG－Hの照準線は、他のマウンドにも及んでいる。その様子からデーヴィスは、東西の配列は「建造前から考慮されていたに違いない。これが示唆するのは、昼夜平分時の配列が……遺跡の設計に使われたことだ」[46]。

使われていたのは昼夜平分時の配列だけではない。

ワトソン・ブレークのアースワークの長さは、主軸を形成する南東のマウンドLと北西のマウンドDの端となる。この主要な軸の向きは夏至の日没の方向に合わされている。幅はマウンドEとマウンドEがある台地の端の配列によって一方が定められ、もう一方はマウンドAとマウンドBの配列で定められている。そして、この幅を示すラインは両方とも同じように夏至の日没方向を向いて

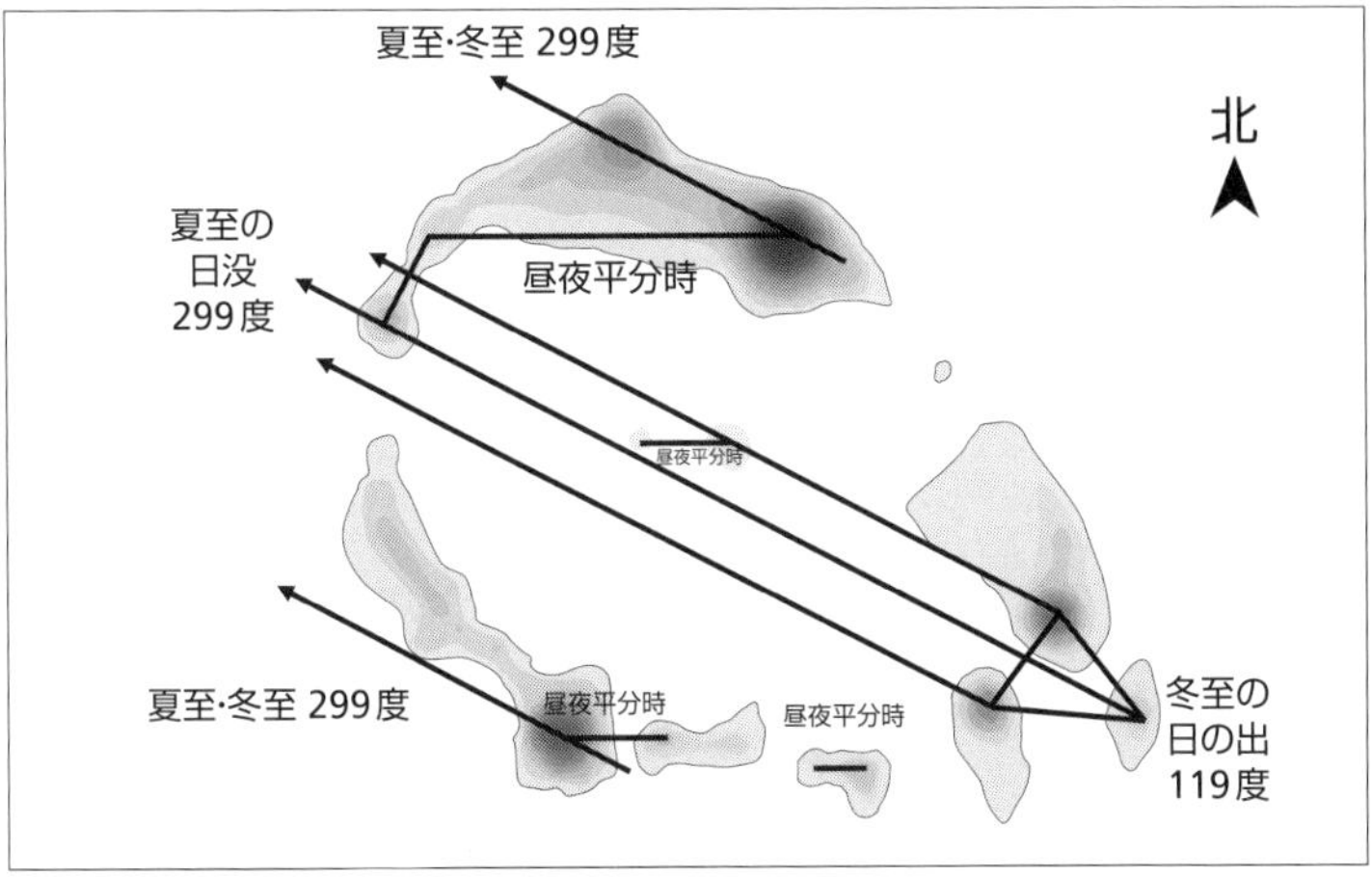

天と地の融合。ワトソン･ブレークにおける夏至･冬至と昼夜平分時のすべての視線軸。

いる[47]。

これらすべてを合わせてデーヴィスは、この遺跡のすべての設計が、夏至・冬至と昼夜平分時の配列に基づくという説得力のある主張をしている。設計が先だった。その他はすべて後から従った。

だが、それでもまだ疑問が残る……なぜそうしたのか？　デーヴィスは答えを避けている。彼の仕事は「ワトソン・ブレークに夏至・冬至と昼夜平分時の配列があることを示すことだ」というのみだ[48]。彼は仕事に成功していることは間違いない。彼の発見どおりに、夏至・冬至と昼夜平分時の配列があることは、より高い技術精度を持つLIDAR《ライダー》調査を行なった、天文考古学者のウィリアム・ロメインによって確認されている。

デーヴィスの発見をもとにしたロメインの結論は、特筆すべきものだ。

ワトソン・ブレークには洗練された幾何学デザインが織り込まれているが、それが様々な形で宇宙に視線を伸ばす軸となっている。主としてホープウェル文化の考古学の分野にたずさわってきた身として、いまだに事態を理解しようと頭を悩ませている。ワトソン・ブレークはアデナ文化やホープウェル文化の先取りをしていたことになる。それも数千年も前にだ。これらの発見の重要性は、ワトソン・ブレークが、天体的配列をもつ北米最古のマウンド群であることだ。これまでに知られている中で、もっとも古いが、これはすごいことだ[49]。

このすごさは、まだ答えられていない「なぜ？」への回答をより緊急のものとしている。だがデーヴィスは「なぜこの遺跡が太陽に照準線を合わせるように設計され、建造されなければならなかったのか、その実際的な理由は思いつかない」と認めている。「実際のところ、建造を難しくするだけ」だからだ[50]。

論理的結論としてデーヴィスは「太陽の方位角を使ってワトソン・ブレークを設計し、建造したのは、天文学（天界の科学的研究）よりも宇宙論（宇宙の性質と起源に関する信念）と関係があるのではないか」と示唆している[51]。

他のアーケイック中期の遺跡では、まだ徹底的な天文考古学的調査が行なわれていない。ワトソン・ブレークではデーヴィスが調査を行ない、その後にロメインも行なっている。だが、デー

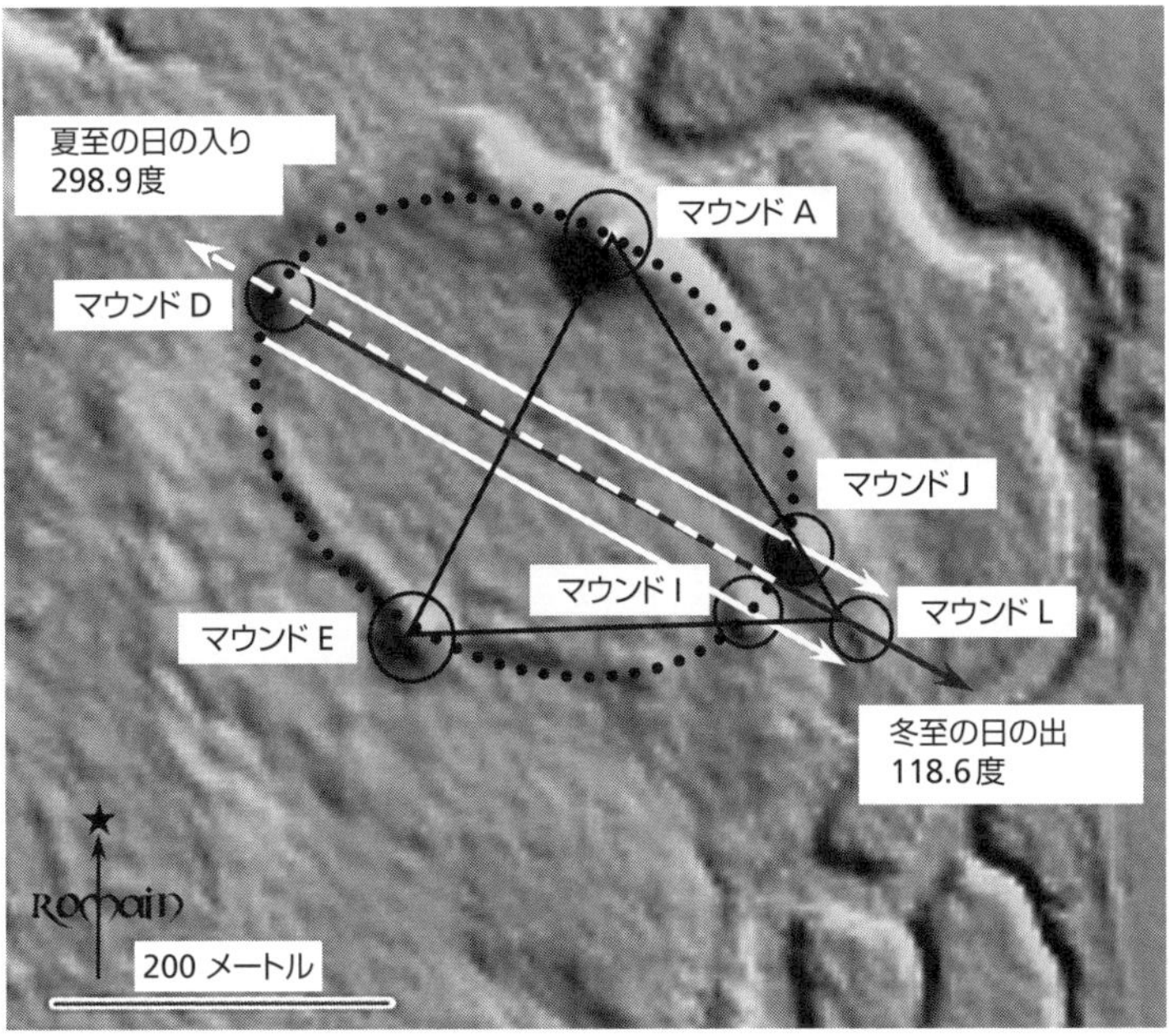

ウィリアム・ロメインによるLIDAR調査での確認。
デーヴィスによる夏至・冬至の配列に関する調査の精度が高まっている。

ヴィスはほかの遺跡の地図分析をしている。それによると、方位角の誤差はプラス・マイナス共に二パーセントあるが、「ケイニー・マウンド群には昼夜平分時の配列が一つあり、夏至・冬至の配列が二つある。フレンチマンズ・ベンドには昼夜平分時の配列が一つあり、冬至の配列が一つある」という[52]。

これまでの遺跡調査からいえることは、ここに謎があることだ。「時間をかけて天文学的な知識を発展させた証拠が見つからない[53]。ワトソン・ブレークの建造を指揮した人々は、太陽の周期に深い知識を持っていた。たぶん月の周期についても同じだろう。彼らはその知識を使ってこれらの遺跡を設計し建造したが、指揮者たちは何者だろう？　どうやって人々を鼓舞し、この遺跡を建造するために土を運ぶという面倒な仕事をさせたのだろう？」[54]。

生まれ変わり

他にも質問すべきことがある。「指揮者たち」はどのようにして幾何学的・天文学的知識を目に見える形にすることができたのだろう。この二つを高度に組み合わせているが、五〇〇〇年以上も前の話だ。これほど昔の北米にこのような能力が存在したという証拠は他にはない。いまは、作業者たちにやる気をださせて管理するのに必要な、高い組織力については棚上げにしておこう。もっと大きな問題は、このようなアースワークを造るために必要な、科学技術と知識がどこからともなく現れたように見えることだ。技術が進化したり、築き上げられてきた様子は見られない。一瞬前に、それらはなかった。だがマジックのように現れた。そして直ちにアーケイック中期のマウンド建造の現象は、満開を迎えた。

これらのことはかなり前から起こっているが、便宜的にワトソン・ブレークの全盛期を基準としよう。紀元前三四〇〇年頃だ。

その後、ほぼ七〇〇年にわたって、この遺跡でも他の遺跡でも安定期が続いた。それらの遺跡は似ているから、お互いにコミュニケーションがあり、結びつきがあったとみてよいだろう。すでに述べたが、これらの遺跡はすべて異なった文化に属する。だが、マウンド建造へのこだわりは共通しており、継続してそのこだわりを表明している。

それが紀元前二七〇〇年頃まで続いた。

この頃に、理由は不明だが、古代の遺跡は放棄され、マウンド建造事業のすべてが突然、完全に停止された。ここで、このテーマの著名な専門家であるジョー・ソンダーズに、アーカイック中期のマウンド建造の謎の終焉について語ってもらおう。

新しい放射測定データが示すのは、ルイジアナ州北東部におけるマウンド建造の広範囲にわたる突然の停止だ。四つの遺跡の七つのマウンドから、停止時期の一〇の年代を集めてみたが、驚くべきことが分かった。一〇のサンプルのうち七つの確率的な中央値を見ると、停止されたのは紀元前二八八四年から前二七三九年の間となる。同じように注目に値するのは、マウンド建造の停止が一〇〇〇年間も続いていることだ。ポバティ・ポイント文化が出現するまで停止されていた……これまでのところ、ミシシッピ川下流地域で、アーケイック後期(紀元前二七〇〇年から前一七〇〇年)に建造されたマウンドは一つも見つかっていない[55]。

ソンダーズは、北米における早期のマウンド建造現象の性急な終わりについてのいかなる推測も断っている。彼は、一部の人々が提言する、環境変化に影響された可能性については否定していないが、見解は異なる。

「同時発生の出来事を説明するには、社会的現象であったと理解するほうがよいかもしれない。それまでのイデオロギーを放棄したか、エートス（社会的な心的態度）が変わった可能性がある。これならば様々な環境下にあっても同時に発生しうる。環境的な変化がなかったことは、アーケイック初期から後期までの経済活動の継続が確認されていることからも明らかだ。つまりマウンド建造の前も、最中も、後も環境的な変化は見られない」[56]

理由が何であれ、事実に疑いはない。洗練された幾何学と天文学に基づくマウンド建造は、紀元前二七〇〇年頃に急停止されている。その後の一〇〇〇年間、マウンドは一つも造られておらず、アースワークも造られていない。幾何学的な巨大建造物の片鱗もない。唯一の理にかなった結論は、このような技術が、完全に失われたことだ。

だが、「マウンド建造運動」が突然、不可解な消え方をしたように、紀元前一七〇〇年頃になって再び、突然、謎のように出現している。それは壮大で洗練されたポバティ・ポイントという姿で現れた[57]。昔の幾何学や天文学の技術がここで再び採用されている。それも熟練した腕で造られている。まるで、いつも造っていたかのような腕前だ。

ポバティ・ポイントはそれから六〇〇年ほど繁栄したが、紀元前一一〇〇年頃に放棄された。それからマウンド建造は停止されたようだが、考古学者たちがアデナと呼ぶ文化が発達した後、だいぶ経ってから再開された。「アデナ」という名称は、実のところオハイオ州の田舎の農園の名前で、ここで「遺跡」が見つかったのだ[58]。この文化が、自分たちのことを何と呼んでいたのかはわからないが、起源は紀元前一〇〇〇年頃までさかのぼれる[59]。だが、初期のアデナ文化はマウンドを造っていない。年代測定されているアデナ文化の標準的なマウンド遺跡[60]群は紀元前二〇〇年頃に集中している。サーペント・マウンドは紀元前三〇〇年なので[61]、これまた特別に早いともいえない[62]。

その頃にもう一つの中断期が存在したようだ。ポバティ・マウンドの建造停止から、アデナ後期にマウンド建造運動が始まるまでには、一〇〇〇年とまではいかないが、八〇〇年という期間があった。つまりマウンド建造はホープウェル文化とその後のミシシッピ文化で再び最盛期を迎えたが、ヨーロッパ人による征服によって、終わりを迎えている。

事実上、異なった文化が異なった時期にマウンド建造を再興しているのにもかかわらず、この復活には必ず、同じ幾何学的、天文学的なミームの繰り返しと再現が見られる。

これは「たまたま」でも「偶然」でもない。

たとえば、ロウアー・ジャクソン・マウンドを測量基準点として、ポバティ・ポイントのすべての幾何学的な配列が計算されているのを見てほしい。

あるいはもっと人間じみた話もできる。きれいに磨かれた赤鉄鉱の重球〔建設に使う道具〕は貴重品だが、これが紀元前一五〇〇年頃にポバティ・ポイントで造られている。それを巡礼者のような誰かが注意深く運んで、当時すでに放棄されて誰もいないワトソン・ブレークの、マウンドEの頂上近く、深さ五〇センチに埋めている[63]。

このような行動は、太古の遺跡を新しい遺跡に組み込むもので、巡礼であり、奉納であり、宗教のおもむきがある。宗教機関は、歴史を通してミームの保存と伝達の優れた〝乗り物〟であることを証明してきた。伝達は数千年を通じて行なわれている。

そこで、なんらかの「天と地」の宗教が、ワトソン・ブレークや他の太古の遺跡の、夏至・冬至、昼夜平分時の配列の背後にあってもおかしくはない。その宗教は極めて堅固で、幾何学と天文学と建築のシステムを、数千年以上にわたって成功裏に伝承することを保証できた。

ジョン・クラークは以下のように確信している。「証拠が示唆するのは、非常に古くから広範囲に伝播された知識があったことだ。それはどのように巨大な遺跡を造るかについての知識だ。建造の知識は驚くほど損なわれずに大変に長いこと維持された。そこで私たちは、その特別な知識が宗教的な儀式の実践と結びつけられていたことを想定できるし、想定しなければいけない」[64]。

ワトソン・ブレークに現れる前からあった、この特別な知識はどこからきたのだろう。

本当のところ、どのくらい古いのだろう？

さらに、なぜ数千年間も消え去ってから復活するという特異な能力をもっているのか。まるで大蛇が脱皮するようでもあり、不死鳥が灰の中からよみがえるようでもある。クラークは次のように言う。「明らかな歪みもなく、測定精度が失われることもなく、計算方法も変化していないのはなぜか？」[65]。

ミシシッピ川流域の古代文明の中で、宗教儀式として伝播されたのなら、はるか昔に失われた人々の霊的な思想の中に、この知識の起源や目的のヒントが見つかるのではないだろうか。

[1] Joe Saunders, "Early Mounds in the Lower Mississippi Valley," in Richard L. Burger and Robert L. Rosenwig (eds.), *Early New World Monumentality* (University Press of Florida, 2012), 26–27.

[2] 同右、二八ページ。

[3] 同右。

[4] Robert C. Mainfort Jr. (ed.), *Archaeological Report No 22: Middle Woodland Settlement and Ceremonialism in the Mid-South and Lower Mississippi Valley* (Mississippi Department of Archives and History, 1988), 9.

[5] Joe W. Saunders et al., "A Mound Complex in Louisiana at 5400–5000 Years Before the Present," *Science* 277 (September 19, 1997), 1797; Saunders, "Early Mounds in the Lower Mississippi Valley," 36; Joe W. Saunders et al., "Watson Brake, a Middle Archaic Mound Complex in Northeast Louisiana," *American Antiquity 70, no. 4* (October 2005), 665.

[6] Kenneth E. Sassman and Michael J. Heckenberger, "Crossing the Symbolic Rubicon in the Southeast," in Jon L. Gibson and Philip Carr (eds.), *Signs of Power: The Rise of Cultural Complexity in the Southeast*

(University of Alabama Press, 2010), Kindle location 4198.

[7] Joe W. Saunders et al., “A Mound Complex in Louisiana at 5400–5000 Years Before the Present,” 1798.

[8] Saunders, “Early Mounds in the Lower Mississippi Valley,” 39.

[9] Joe Saunders and Thurman Allen, “Hedgepeth Mounds: An Archaic Mound Complex in North-Central Louisiana,” *American Antiquity* 59, no. 3 (July 1994), 471.

[10] *Cultural Resources Evaluation of the Northern Gulf of Mexico Continental Shelf, Vol I: Prehistoric Cultural Resources Potential,* Office of Archaeology and Historic Preservation, National Park Service, Washington DC, 1977, 243.

[11] Saunders, “Early Mounds in the Lower Mississippi Valley,” 39.

[12] David G. Anderson, “Archaic Mounds and the Archaeology of Southeast Tribal Societies,” in Jon L. Gibson and Philip Carr (eds.), *Signs of Power: The Rise of Cultural Complexity in the Southeast* (University of Alabama Press, 2010), Kindle location 5180.

[13] たとえば以下を参照：Joe W. Saunders et al., “A Mound Complex in Louisiana at 5400–5000 Years Before the Present,” Science 277 (September 19, 1997), 1796–1799; Joe W. Saunders, et al., “Watson Brake, a Middle Archaic Mound Complex in Northeast Louisiana,” 631–668; Saunders, “Early Mounds in the Lower Mississippi Valley,” 三五〜五三ページ、特に三三と四三ページ。

[14] Saunders, “Early Mounds in the Lower Mississippi Valley,” 46.

[15] Saunders et al., “A Mound Complex in Louisiana at 5400–5000 Years Before the Present.”

[16] Heather Pringle, “Oldest Mound Complex Found at Louisiana Site,” *Science* (September 19, 1997), 一七六一〜一七六二ページに引用。

[17] 同右。

[18] Saunders et al., “A Mound Complex in Louisiana at 5400–5000 Years Before the Present,” 1797.

[19] Norman L. Davis, “Solar Alignments at the Watson Brake Site,” *Louisiana Archaeology,* no. 34 (2012), 97.

[20] Saunders, “Early Mounds in the Lower Mississippi Valley,” 35.

[21] Sassman and Heckenberger, “Crossing the Symbolic Rubicon in the Southeast,” Kindle location 4176.

[22] Davis, "Solar Alignments at the Watson Brake Site," 97は、一二のマウンドがあるという見解を支持している。Saunders, "Early Mounds in the Lower Mississippi Valley," 35は、「遺跡は一一の土製マウンドで構成されている。たぶん一二番目のマウンドが（検証が必要だが）」囲い地の外」のすぐ南東にある、と述べている。

[23] Pringle, "Oldest Mound Complex Found at Louisiana Site."

[24] Davis, "Solar Alignments at the Watson Brake Site," 97.

[25] Saunders et al., "Watson Brake, a Middle Archaic Mound Complex in Northeast Louisiana," 631.

[26] Saunders, "Early Mounds in the Lower Mississippi Valley," 37.

[27] 同右、三六〜三七ページ。

[28] Saunders et al., "Watson Brake, a Middle Archaic Mound Complex in Northeast Louisiana," 665.

[29] 同右。

[30] Saunders, "Early Mounds in the Lower Mississippi Valley," 43.

[31] Pringle, "Oldest Mound Complex Found at Louisiana Site" に引用。

[32] この見解は他の知識豊かな考古学者たちからも、かなりの支持を得ている。たとえばSaunders et al., "Watson Brake, a Middle Archaic Mound Complex in Northeast Louisiana," 六六二ページを参照。

[33] Sassman and Heckenberger, "Crossing the Symbolic Rubicon in the Southeast," Kindle location 4170. たとえばInsley Mounds。

[34] Sassman and Heckenberger, "Crossing the Symbolic Rubicon in the Southeast," Kindle locations 4185–4191 and 4195–4205.

[35] Davis, "Solar Alignments at the Watson Brake Site," 110.

[36] 同右。

[37] 同右、九七〜一一五ページ。

[38] ウィリアム・ロメインもその一人で、*Louisiana Archaeology* の編集者に次のように書いている。「ワトソン・ブレークにおける調査結果はNorman L. Davisの論文（二〇一二年にLouisiana Archaeologyに掲載）の中心である、遺跡には全体的に至点の配列があるとする説を裏づけている」。"William F. Romain,

letter to Dennis Jones, Editor, *Louisiana Archaeology, in Louisiana Archaeology,* no. 36, 2013 (2009), 3, https://www.laarchaeologicalsociety.org/product-page/number-36-2009-published-2013.

[40] Davis, "Solar Alignments at the Watson Brake Site," 97.

[41] 同右、一〇四ページ。

[42] 同右。

[43] 同右。

[44] 同右。

[45] 同右、一〇五ページ。

[46] 同右、一〇五～一〇六ページ。

[47] 同右、一〇六～一〇七ページ。

[48] 同右、一一〇ページ。

[49] William F. Romain, letter to Dennis Jones, Editor, Louisiana Archaeology, in *Louisiana Archaeology,* no. 36, 2013 (2009), 3–4.

[50] Davis, "Solar Alignments at the Watson Brake Site," 110.

[51] 同右。

[52] 同右。

[53] 同右、一一三～一一四ページ。

[54] 同右、一一四ページ。

[55] Saunders, "Early Mounds in the Lower Mississippi Valley," 45–46.

[56] 同右。

[57] Ellerbe and Greenlee, *Poverty Point: Revealing the Forgotten City,* 28.

[58] Ohio History Connection, "Adena Culture," http://www.ohiohistorycentral.org/w/Adena_Culture.

[59] たとえば D. W. Dragoo, "Adena and the Eastern Burial Cult" in *Archaeology of Eastern North America* 4 (Winter 1976), 一～九ページを参照。「近年の東部全域での広範囲な調査により、アデナは紀元前一〇〇〇年から西暦二〇〇年の期間に存在したいくつかの地域文化の一つであることが明らかになった」。この見

方は二一世紀になっても維持されている。たとえばS. M. Rafferty, "Evidence of Early Tobacco in Northeastern North America?" *Journal of Archaeological Science* 33, no. 4 (2006), 四五三〜四五八ページの特に四五三ページを参照。この論文はバーモント州にあるBoucher Moundの年代について、次のように述べている。「この遺跡は広範囲にわたって放射性炭素年代が測定されている。それによる年代は、紀元前八八五年プラスマイナス三五年から紀元前四九年(未較正)という幅広い結果だった。較正値によると、この遺跡は紀元前第一千年紀のほとんどにおいて継続的に使用されている。一番古いものが紀元前一〇三六年であり、一番新しいものが紀元前四九年だ。この遺跡からは豊富で多彩な副葬物が出土するが、その中にはアデナ関連の遺物も多い」。

[60] 私の調査助手ホリー・ラスコとCouncil for West Virginia ArchaeologyのBob Maslowskiとの、二〇一八年五月二五日のやりとり。「私が知っているアデナ文化のマウンドは、ほとんどが紀元前四〇〇年から紀元前二〇〇年のものです」。B. Lepper, "How Old Is the Adena Mound?" Ohio History Connection Archaeology Blog (January 12, 2014), https://www.ohiohistory.org/learn/collections/archaeol ogy/archaeology-blog/2014/january-2014/how-old-is-the-adena-moundを参照。この記事は*Midcontinental Journal of Archaeology*に掲載された論文に基づいている。その要約によれば、紀元前二〇〇年というアデナ・マウンド(標識遺跡)の年代は、放射性年代測定されたアデナ文化の諸遺跡の中央値に近い。この論文の参照文献はBradley T. Lepper et al., "Radiocarbon Dates on Textile and Bark Samples from the Central Grave of the Adena Mound (33RO1), Chillicothe, Ohio," *Midcontinental Journal of Archaeology* (2014).

[61] Edward W. Herrmann et al., "A New Multistage Construction Chronology for the Great Serpent Mound, USA," *Journal of Archaeological Science 50* (October 2014), 121.

[62] アデナ文化のマウンドの年代で信頼できる最古のものは、おそらく紀元前四〇〇〇年頃だ(確実ではない)。これはCresap Moundの最近のAMS年代測定に基づいている。William H. Tippins, Richard W. Lang, and Mark A. McConaghy, "New AMS Dates on the CRESAP Mound (46MR7)," *Pennsylvania Archaeologist* 86, no. 2 (2016), 2–20, Table 4, 一七ページを参照。

[63] Jon L. Gibson, "Navels of the Earth: Sedentism in Early Mound-Building Cultures in the Lower Mississippi Valley," *World Archaeology* 38, no. 2 (June 2006), 316.

[64] John E. Clark, "Surrounding the Sacred: Geometry and Design of Early Mound Groups as Meaning and Function," in Jon L. Gibson and Philip Carr (eds.), *Signs of Power: The Rise of Cultural Complexity in the Southeast* (University of Alabama Press, 2010), Kindle location 3741–3747.

[65] 同右、Kindle location 3770.

第6部

旅の準備／死の謎

第22章 消滅？

二〇一七年五月、この本のためにアメリカ南西部を横断して調査旅行をしていた時、ホテルの部屋で目が覚めた。場所はニューメキシコ州の小さな町ブルームフィールドだ。真夜中で非常に暗かった。私は吐き気を催し、どこかでお腹に虫でも寄生させてしまったかと、推測した。深刻な状況だとは思ってもいなかった。覚えているのはサンサに悟られることなくベッドから降りたことだ。太陽の下で一日中、写真を撮っていたサンサは、深く眠っていた。私はバスルームへの道を見つけ、電灯をつけ、便器の上で背中を丸め、吐くのを待っていた。

次に覚えているのは、意識が戻って、深く混乱して、点滴をされながら病院のベッドに横たわる私だった。真昼でサンサがそばに立ち、不安そうな顔をしていた。

「ここはどこだ？」と聞いた。私の声は不明瞭で、舌が口の中で厚く感じる。言葉をしゃべるのが難しかった。「いったい何が起こったんだ？」。

「発作を起こしたのよ。マイラブ」とサンサ。「でも医者は大丈夫だと言っているわ」

病院はニューメキシコ州ファーミントンにあるサンファン地域医療センターだった。ブルームフィールドの町からは西に二四キロほどだ。救急救命士が来たことも、救急車で運ばれたことも、緊急治療室で何が行なわれたのかも、まったく思い出せない。私が知っているのは、後になってサンサが教えてくれたことだけだ。朝の三時三〇分頃、サンサは私がいないことを感じて、目を覚ました。バスルームに電灯がついているのを見て、私の名前を呼んだ。返事がなかったので、サンサはまた呼んだ。それでも返事がないので、急いでベッドから降りて、床に倒れ込んでいる私を見つけた。半身がバスルーム内で、半身が外だった。私は制御不能でのたうち回っていた。筋肉は痙攣《けいれん》しており、口からは大量の血が流れ出ていた。舌を噛んでしまっていたのだ。

私を横向きにさせて、窒息しないようにさせてから、サンサは緊急番号九一一に電話してから、旅行を共にしていたランドール・カールソンとブラッドリー・ヤングを起こした。彼らは近くの部屋に寝ていた。

これらすべてを私は憶えていない。だが、救急室で私は容態が安定したようだ。それから病室のベッドに移され、そこで意識を取り戻し、すぐに頭も回るようになってきた。その夜には退院ができ、ブルームフィールドのホテルに戻れ、処方内容を見ることができた。それによると、これまで気づいていなかった心房細動と呼ばれる心臓の問題があるという。そこで毎日、抗凝固剤を飲むことになった。そうすれば一過性脳虚血発作の再発をしなくて済むという。別の言葉で言えば「軽い脳卒中」だ。発作が起こる前の数週間の出来事の記憶が一部消えるという症状はあったが、スキャンをしても明らかな神経の損傷はなかった。ファーミントンの医師や看護師は素晴らしい仕事をしてくれた。彼らの効率的で迅速な手当てに深く感謝している。

確かに私は心房細動を抱えている。これは心臓で血液が滞留したり、凝固したりして脳卒中の発作を引き起こす原因となる。いまでも抗凝固剤を飲んでいる。だが、私に下された診断は決して完璧なものではなかった。それがはっきりしたのは、二〇一七年八月一四日（月曜）の昼頃だった。イギリスのバースの自宅で、再び、さらに激しい発作に襲われたのだ。

再び救急室に運ばれ、集中治療室に移された。バースのロイヤル・ユナイテッド病院だったが、ここでも医療スタッフの働きは素晴らしかった。業務の範囲をはるかに超えて手を尽くし、対処してくれた。今回の痙攣は並外れた激しい苦痛が長く続いた。そのためサンサは神経科の専門医に呼ばれ、最悪の事態に備えるようにいわれたという。医療チームは私の発作を抑えられず、私は死ぬか、脳が損傷を受けて意識が戻らなくなる瀬戸際にあった。

最後の手段として、私は意図的に昏睡状態にされた。挿管されて人工呼吸器とつながれた。その後の四八時間で私の状態は安定して、医者たちはチューブを外すことができ、自ら呼吸するようになった。わたしがなんとか意識を取り戻し始めたのは八月一六日（水曜）の夜だった。ベッドの脇にはショーンとシャンティがいたので私は戸惑った。二人は成人した息子と娘で、サンサと一諸にベッド脇にいるため、それぞれロサンゼルスとニューヨークから飛んで来ていた。レイラとガブリエルもいた。二人とも成人してロンドンに住んでいる。長いこと何が起こったのか理解できなかった。なぜカテーテルにつながれているのか、なんで頭が朦朧《もうろう》としているのかが分からなかった。

少しずつ意識が戻ってきた。神経科の病棟に移動させられたのは木曜の夜で八月一七日だ。安堵したのはカテーテルが外された時だ。金曜日の一八日は、神経科病棟に一日中いたが、フラフラよろめきながらも杖を使ってトイレに行けるようになった。金曜日の夜には気分がずっと良くなった。最終的に土曜日に退院を許されて自宅に帰った。

何が起こっているかについてはまだ謎が残っていた。だが、様々なテストの結果、明らかになったのは、癲癇《てんかん》性の発作の原因は心房細動から来る血液凝固によるものではないことだ。原因は、スマトリプタンという偏頭痛薬の長期にわたる過剰摂取だった。私は一ヶ月に一二回以上も注射しており、それを二〇年以上も続けている。偏頭痛自体が癲癇のリスク因子であることも判明した。さらに研究から確定されていたのはトリプタン系の薬剤を使い過ぎると脳卒中になるリスクがあることだ。まず間違いないのは、スマトリプタンが私を死の扉まで連れていったことだ。これで忌まわしい不快な頭痛に耐えていかなければならないことがはっきりした。または昏睡状態か死を迎えることになる。この原稿は二〇一八年に書いているが、いまだに大量の痙攣防止の薬であるレベチラセタムを服用している。これを飲んでいれば、痙攣を再び起すことはまずない。

体外離脱

四八時間にわたる強制的な昏睡状態は、サンサにとっても、子どもたちにとっても、私にとっても、まったく悲惨な状況だったが、興味深い疑問が湧き上がってきた。失った四八時間、「私」はどこにいたのだろう？　人工呼吸器の菅が咽に押し込まれたことを覚えている。侵略され、窒息させられたパワフルな感覚だ。だが、その後、何が起こったのだろう？　時折混乱した記憶がよみがえるが、あまりにも曖昧で断片的なので、正確には語れない。それらの記憶は臨死体験のものではないと思う。なぜなら、結局、私は死んでいなかったのだから。単に薬物によって、私の意識が待機モードに変えられたのだと思う。このことを思い返せば返すほど、この四八時間の間、私はただ不在であり、どこかに行っていたのだと思う。この奇妙な時間帯を視覚化するとしたら、私が見て感じていたのは……暗闇だ。

閉所恐怖症を引き起こす、閉ざされた、厚い闇だ。

前回に私が「死んだ」時とはまったく違う。それは一九六八年五月のことで、ほぼ正確に四九年前のことだ。強烈な電気ショックに襲われた後のことだった。

その当時、私は一七歳で、まだ両親と一緒に住んでいた。私は一人っ子だ。兄弟の一人は死産だった。それは私が生まれる数年前のことだ。他にも兄弟姉妹が二人いたが、女の子のスーザンも、男の子のジミーも、一歳になる前に亡くなっている。一九六八年の五月の週末、両親は別荘に行って、私は家に一人で残った。当然ながら、この機会を逃すはずもなく、私は土曜日の夜にパーティーをわが家で開いた。

わが家は一棟二軒のうちの一軒で、小さな庭があるが、民家が建ち並ぶ閑静な通りの端にあり三〇〇人の騒々しい一〇代の若者が大音響の音楽を流し、おおっぴらに酩酊《めいてい》状態になるのに理想的な場所とはいえない。しかも、パーティーは夜通しになってしまった。最後のはぐれ者たちは、日曜日の午後早くまで帰らなかった。憤慨した隣人たちの訪問があり、警察が呼ばれなかったのがせめてもの幸いだったことがわかった。当然、何があったのか、夜に帰ってくる両親は知ることになる。

不安な気持ちのまま、その日の午後は家の掃除をした。家の中はメチャクチャな状態で、体裁を整えるのに数時間かかった。だが、夕闇が迫る頃に残されていたのは台所だけだった。両親が帰ってくるのは夜遅くなので、まだ時間がある。そこで袖まくりして、台所の流しに積み重なるお皿やカップ、グラスに取りかかった。流し台の周りには空のボトルが散らかっている。床には多くの水もこぼれていた。モップを探し、お皿が片づいたら、床に取りかかる予定だった。

私は素足だった。手も腕も濡れていた。そのうえ流し台の足もとの床にできた水たまりに立っていた。その時、冷蔵庫のプラグがきちんと差し込まれているか、チェックしなければ、と思いついた。私は心配しすぎるところがあり、冷蔵庫のプラグがソケットにちゃんと差し込まれているかどうか、確認することがよくあった。これまで何度も確認してきたから、プラグはすぐ近くだし、どこにあるかもよく分かっていた。そこでプラグを見もせずに手を伸ばした。

私が気づいていなかったのは、プラグの裏が夜の間に壊されており、電極端子がむき出しになっていたことだ。水たまりに素足で立ったまま、濡れた手で端子に触れた瞬間、途方もなく大きなドカンという音がして、焼けつくような巨大な衝撃が体を走り抜けた。私は台所の反対側にふっ飛び、背後の壁に打ちつけられ、床に崩れ落ちた。

私は身体が床に崩れ落ちたことを知っていた。なぜなら自分の体をまったく別の視点から、はっきりと見ていたからだ。私は体の「中」にはいなかった！　天井の照明のところに、鳥のように空中停止して、自分の体を眺めていた。

「ふーむ」と「これは面白い」と思ったことを記憶している。下に横たわる私の体は重たそうで、厄介なものに思えた。まったく不要だと思った。そんなものなくてもよいと思った。軽さと自由な感覚が好ましく感じた。

「次は何が起こるのだろう？」と、不思議に思った。

だが、次に起こったことは、肉体を離れた時と同様に突然だった。選択の余地もまったくなかった。再び体に戻ったのだ。私は床で意識を取り戻し、動き始め、うめいていた。

私に問題はなかった。実のところ、なんの問題もなかった！　不愉快な電気ショックに襲われた……それだけだ。

当時はまだ若くて強健だった。すぐに立ち上がって、皿洗いを終え、台所の床をモップで拭き、家の中を最終チェックした。結局、夜の一〇時頃になっても、まだ両親が帰ってこないので、アイリッシュ・テリアの愛犬ラスティを散歩に連れていった。夜空には大きな満月が輝き、冷たく澄んだ月明りで星をかすませ、地上に不気味な影をつくっていた。電気ショックを受けたのが一九六八年のいつだったのか、はっきりとした日付は覚えていないが、インターネットで調べてみたら、五月一二日の日曜日に間違いないようだ。この日が満月だった。

私の偏頭痛が始まったのはこの出来事のすぐ後からで、いまも続いている。どうやら偏頭痛は他の時よりも、満月の時に悪化するパターンがあるようだ。だが、私は詳細な記録は取っていないので、この考えを確認も否定もできない。私が単に関連を想像しているだけなのかもしれない。

だが一つ学んだことがある。一九六八年の臨死体験と二〇一七年の発作と昏睡状態から教わったことだ。一つだけ私が確信を持って言えるのは、生と死の境界線は、フィルムのように薄く、はかなく、空気のように透過性があることだ。

私たちは生命に堅く結びつけられていると感じている。だが、誰でもいつでも反対側に行く可能性がある。

まれにだが、時折、戻ってくることもある。

戻ってこなければどうなるのか？　その後に何が起こるのか？　それが私たちの終わりなの

か？　それとも世界中の宗教が主張するように、私たちの一部である非物質的存在は、死なないのだろうか？

一部の科学者は（リチャード・ドーキンスやダニエル・デネットが有名だが）、私たちには必ず滅びる物質的な存在以上のものがある、という考え方を嘲弄《ちょうろう》する。彼らは正しいかもしれない。宇宙に特別な意味はないのかもしれない。人間の経験にも目的がないのかもしれない。魂などというものもないのかもしれない。そうなると「死後の世界」などの可能性もすべて消える。だが、はっきりさせておきたいことがある。そのような考え方が**正しいとは証明されていない**ことだ。実験や観察などの調査による、証拠に基づく科学的な「事実」ではなく、ただの推測にすぎない。そこで、著名な人物であるドーキンスやデネットが言ったからといって、同じく証明されていない宗教による主張よりも、優れた価値があるわけでも、劣っているわけでもない。

このような主題に対する意見がどうであれ、誰もが同意できる明白な事実がある。それは古代文明も私たちと同じように宗教を持っており、その宗教も、現代の宗教と同じように、死の問題に深い関心を寄せていたことだ。

死者の領域

私はキリスト教徒の家庭で育った。もともと反逆児的な傾向を持つ私は、一五歳頃から無神論者になった。

その後、スピリチュアル（霊的）な事柄にはまったく関心がなかったといってよいだろう。だがそれも、四〇歳代になって古代エジプトの『死者の書』に出会うまでだった。私が二〇歳代や三〇歳代の頃は、まだこのような本への準備ができていなかったのだと思う。私は本の内容に興味をそそられ、その後も広範な探究を続けることになった。内容に魅せられて、さらに古いピラミッド・テキスト〔ピラミッド内壁に書かれた葬礼に関する文書〕や、知名度の低いコフィン・テキスト〔棺の内部やパピルスに書かれて副葬された葬礼に関する文書〕を読み、『門の書』や『あの世にあるものの書』『生命の息の書』を研究した。

これからもこれらの本を引用するが、その場合には本のタイトルを使ったり、集合的に『死者の書』とか『葬祭文書』と呼んだりする。これらの文献は現存する古代の秘宝であり、「現実の不思議な性質」を奥深く探究している。これらの本から学んだことを述べたのは、一九九五年に出版された『神々の指紋』（小学館文庫）が最初だ。さらにその後の二冊でさらに詳しく述べる機会を得た。一九九六年発刊の『創世の守護神』（小学館文庫）と一九九八年発刊の『天の鏡』（翔泳社）だ。

これらの本で追求した謎は、『天の鏡』にもっとも詳細に書かれている。古代エジプト人による文書は、霊的な概念とシンボルリズムを伝えているが、これが世界中に広がっている痕跡がある。直接的な接触があったはずのない文化が、この考え方を共有しているのだ。したがって、文化から文化へと単純に拡散されたというのでは解答にならない。あまりにも詳細が似ているので、偶然も考慮に値しない。私見だが、もっとも適切に説明できるのは、私たちが遺産を見ていることだ。世界中で共有されているこの遺産は、太古の一つの源泉から伝わっているのだ。

この遺産には多面性がある。だがその中でも顕著な特徴は、読者もすでに分かっていると思うが、思想のシステムだ。この思想では、幾何学と天文学と魂の運命のすべてが奇妙にもつれて存在する。幾何学的、天文学的なミームによって、このシステムは時代と文化を超えて、自己複製する。このミームは、アマゾンのジオグリフや、ミシシッピ川流域の巨大なマウンドにおいて、円や正方形、長方形、三角形、夏至・冬至、昼夜平分時や月との配列など、様々な形で示される。

だが、魂の運命はどうなのだろうか？

この疑問は三〇〇〇年以上も続いた驚くほど高度な古代エジプト文明とその特異な宗教において、もっとも重要視されていた。古代エジプトの宗教は、紀元前四千年紀の終わり頃のナイル川流域で、完成された姿で誕生したようだ。『死者の書』に詳しく述べられているこの宗教には、よく目立つ、いくつかの鍵となるシンボルや思想がある。それらは主にオリオン座や天の川に関するものだ。この二つのシンボルと密接につながる信念があるが、それは死後の魂が危険な旅をしなければならないというものだ。この旅で霊魂はいくつかの挑戦や試練に出会うが、魂の運命は生きていた時に何を選択したかで決まるという。

『葬祭文書』は、秘伝を授けられた人々が死後の旅を準備するために書かれたようだ。このことはロバート・ボーヴァルと私の共著『創世の守護神』で示した。だが同時に、『葬祭文書』は幾

オリオン座は天の川の西岸にある。古代エジプトでは、
冥界の主であるオシリス神の天界における姿とされてきた。
大ピラミッドの中を通り抜ける狭いシャフト（傾斜抗）の一つは、
オリオン座のベルトを形成する三つの星の一番下にある
ゼータ星に照準を合わせている。イメージ:ロバート・ボーヴァル

何学的で天文学的な配置を持つ大規模な建物の建造を勧めている。それは天界のドゥアトと呼ばれる領域を地上に転写・模倣するためだ。ドゥアトは古代エジプト語であり、翻訳すると「あの世」となる。つまり死者の領域だ[1]。

ドゥアトの領域の支配者はオシリス神であり、冥界の主だ。天界におけるその姿は、堂々とした星座であり、古代エジプト人たちは「サフ」と呼んでいた。現在ではオリオン座として知られている[2]。

そこで、エジプトのギザのネクロポリス（死者の都）にある三大ピラミッドが、オリオン座のベルトにあたる三つ星の姿で地上に配置されていても驚くことではない。「上のごとく下にも」という宇宙論に基づいているのだ。この相互関係を最初に発見して、公式記録に残したのは、親しい友人のロバート・ボーヴァルであり、一九九四年に画期的な書『オリオン・ミステリー：大ピ

ラミッドと星信仰の謎』（ＮＨＫ出版）を刊行した[3]。だが、それより前の一九六〇年代中頃に、エジプト学者アレクサンダー・バダウィと天文学者ヴァージニア・トリンブルは、大ピラミッドの謎の狭いシャフト〔傾斜坑。スター・シャフトとも〕が、オリオン座のベルト星に照準を合わせて造られていることを、確認していた。このシャフトはほぼ四五度の角度で大ピラミッドを貫いているが、四五〇〇年前に、オリオン座が子午線〔地球の真北と真南を結ぶ線〕を通過した時に照準が合わされている[4]。一九九二年にロボットを使っての探索を行なったロバート・ボーヴァルは、より正確な傾斜計のデータを使用して、バダウィとトリンブルの研究に磨きをかけた。その結果、確認できたのはピラミッド時代である紀元前二四五〇年頃に、このシャフトが正確にオリオン座のゼータ星に照準を合わせていることだった。ゼータ星はオリオン座における三つ星ベルトの一番下の星で、地上における大ピラミッドの、天界における相手役[5]だ。

　これもまた、古代エジプト人の信仰から見て完璧に筋が通っている。ピラミッド・テキストによく出てくる亡くなったファラオへの祈願は、次のようなものだ。

　　おぉ王よ、あなたはこの偉大な星であり、オリオンの仲間だ。オリオンと共に天界を旅する人だ。オシリスと共にあの世を航行する……おお王よ、航行して到達せよ[6]。

　このシャフトは大ピラミッドの「王の間」と呼ばれる場所から延びているが、その位置は花崗岩でできた空《から》の石棺から数メートルしか離れていない。したがって、造られた目的に関する現代の学者たちの優勢な意見に反対することは難しい。シャフトは「門」として造られていると彼らはいう。つまり「スター・シャフト」であり、そこを通って、死者の魂はオリオン座に向けて上昇し、ドゥアトの航行を始めたという[7]。

古代エジプトがアラバマに？

二〇一七年五月のニューメキシコ州における不快な初めての発作の後、サンサと私はニューオーリンズに飛んだ。ここで数日間休養を取り、気晴らしをして、おいしいケイジャン料理を楽しんだ。ニューオーリンズは世界でもっともノンビリした街の一つで、私も力強さを取り戻した。それからまた旅に出た。北に向かって車を走らせ、ミシシッピ川下流地域のマウンド建造遺跡を探索するためだ。最終的には、オハイオ州のサーペント・マウンドを夏至の頃に訪問する予定だ。最初に車を停めたのは、ニューオーリンズから四時間ほどのポバティ・ポイントだった。ここには第20章で述べた、幾何学的で天文学的な巨大アースワークがあった。

続いてミシシッピ州のエメラルド・マウンドを訪問し、ウィンターヴィル・マウンド群を訪れ、四日目にはアラバマ州のマウンドヴィルに到着した。

ここでは、予想どおりの幾何学と天文学だけでなく、驚いたことに古代エジプトのデジャヴュ

（既視感）に遭遇することになった。それはマウンドBの頂上に登った後に起こった。マウンドBはサンサが写真を撮影するにはうってつけの、見晴らしがよい場所だった。このマウンドはピラミッド型で、高さ一八メートルほどあり、ブラックウォリアー川から南に広がる壮大な遺跡を見下ろしている。足もとの地上には広々とした広場があり、周りを二〇以上のマウンドが取り囲んでいる。その大きな楕円のパターンは、ワトソン・ブレークを思わせる。広場の中央には、サンサがカメラの焦点を合わせている巨大な長方形の台型マウンドが立っている。マウンドAだ。彼女が写真を撮っている間に、私はそばを離れ、公式の考古掲示板を読んだ。

そこに書かれていることは、大部分が遺跡の建造に関することでありふれた内容だった。この遺跡のほとんどは一二世紀から一三世紀の一〇〇年間で造られたという。宗教が関与したはずだという当たり前の推測も書かれていた。このような構造物を建造するには、人々をおどしたりすかしたり、あるいは、その必要性を確信させなければならないからだ。だが、そこから事が面白くなってきた。「マウンドヴィルにおいては……」と書かれていたのだが――、

手と眼のモチーフが、強力な宗教イメージの好例だ。この掲示板に描かれているマウンドヴィルの「ラトルスネーク・ディスク」は、もっともよく知られているが、数多くの異なる手と眼のモチーフが、陶器や鋼や石や貝の遺物に描かれている。

様々な部族に伝わっている物語では、死者は、空に描かれた偉大な戦士の手の中に

マウンドヴィル:ラトルスネーク・ディスクには
「手と眼」のシンボルがある。
写真:アラバマ州タスカルーサにある
アラバマ大学博物館の好意により掲載。

ある開口部を通って、死後の世界に入る。その物語の一つによれば、手は現代でいうオリオン座で、手首がオリオン座のベルトであり、手の指が下側を示すという。手のひらの中央には星の塊が微かに見えるが、そこが門であり、魂が通り抜けて死者の地へ向かう通り道となる。研究者たちは手と眼のモチーフがこの星座を示すと憶測している[8]。

私は途方に暮れた。準備は万端だと思っていた。

だがどうやら、重要なことを旅行前の事前調査で見逃していたらしい。

オリオン座と死者の国とのつながりは古代エジプトの宗教の土台ともいえる。だからまるで家に戻ったような奇妙な感覚になった。私にとって古代エジプトの宗教は、くつろげる親しみのある領域であり、それを北米の先住民の宗教の中で見つけたのだ。

だが、このことについては、知っているべきだった！

ラトルスネーク・ディスクのある博物館は、この遺跡に来る前に短時間だが訪問している。遺跡を訪ねた後で詳細に見学するつもりだった。

だが今やそれが、もっとも重大なことになった。そのため私たちは、一〇分後には展示ケースの前に立っていた。

直径は三二センチの、ダークグレイの砂岩には謎に満ちた、複雑なイメージが描かれていた。ディスクの縁《ふち》にある、一七カ所の切り込みは、等間隔で刻まれており、歯車のような印象を与える。さらに沈み彫り〔彫り込んだ部分が背景（＝盤面）より沈んでいる彫刻の技法。レリーフ（浮彫）の逆〕の二匹のラトルスネーク（ガラガラヘビ）が絡み合っている。二匹の蛇の長い舌は、前方に飛び出て、胴体は一体になるよう結ばれている。興味深いことに、これらの大蛇には角がある。楕円形にとぐろを巻いた中心には、人間の手があるが、その中央には眼が彫り込まれているようだ。

「手と眼は——」と続く説明文を私は読み始めた。


——マウンドヴィルの有名なモチーフだ。これは私たちがオリオン座と呼んでいる星座の一部だと考えられている。結ばれた大蛇たちと手と眼は、グループとして夜空を示すと信じられている。大蛇は天と地を結ぶロープだ。手のひらは門でありドアであり、ここから死者の霊魂は上昇して魂の通り道に入れる……光の帯、または光の道は天の川で、旅する魂の前に横たわっている。この光の川には……魂が集積しており、魂たちはいくつかの試練を経てから死者の領域に入るマウンドヴィル地域の家族たちは、全域から死者の体をここに運び埋葬する。なぜならマウンドヴィルは霊魂が魂の通り道に従って旅を始めるのに適切な場所だと信じているからだ。そこで、時間の経過と共に、人々はここが死者の領域への象徴的な入口であるだけでなく、聖なる領域の地上における姿だと思うようになった[9]。

そうなると、マウンドヴィルの物語は、オリオン座だけではないことになる。その一部は死者の領域への旅も含まれる。だがそれだけでなく、旅には試練が待ち受けていることが分かった。それには天の川も関与している。さらに最後になるが、大事なのはマウンドヴィルそのものが、地上における死者の領域のイメージでありコピーだと思われていることだ。このすべてが、私が二〇年以上も魅了されている古代エジプトの『葬祭文書』の重要なシンボルであり、概念であり、物語なのだ。これらの概念のうち二つでも、遠く離れた無関係の文化に存在していたら、それだけでも驚くべきことだろう。だが、すべての概念が古代北米にも存在しており、しかも、古代エジプトとまったく同じ結論に到達しているのは、極めて異例だ。

博物館の中には、ほかにもマウンドヴィルの芸術や図像の素晴らしい例があった。そのすべては議論の余地なくアメリカ先住民の芸術品であり、カホキアを造ったミシシッピ文化のものだ。これらすべての展示品は西暦一一五〇年から一五〇〇年の間に作られ、西暦一五〇〇年頃にマウンドヴィルは放棄されている。考古学者たちは見事な仕事をしており、この年代に疑いの余地はない。そこで、古代エジプトの影響を直接受けた可能性は、まったくなくなる。なぜなら、古代エジプトの息の根が止められたのはローマ帝国による征服の時であり、西暦五〇〇年だ。したがってミシシッピ文化の始まりより少なくとも五〇〇年も前となるからだ。

そうなると、マウンドヴィルと古代エジプトで実践されていた宗教の、特に魂の死後の旅に関する根本的なシンボルや思考が、まったく同じに見えることをどう説明すればよいのだろうか？

[1] Robert Bauval and Graham Hancock, *The Message of the Sphinx: A Quest for the Hidden Legacy of Mankind* (Crown, 1996), 79（グラハム・ハンコック、ロバート・ボーヴァル『創世の守護神』大地舜訳、翔泳社／小学館）。イギリスでは *Keeper of Genesis* の書名で Heinemann 社から刊行されたが、ページ番号は同じ。

[2] O. Neugebauer and Richard A. Parker, Egyptian Astronomical Texts: 1. *The Early Decans* (Brown University Press, 1960), 24–25 and 112ff. Jane Sellers, *The Death of Gods in Ancient Egypt: An Essay on Egyptian Religion and the Frame of Time* (Penguin Books, 1992), 39ff.

[3] Robert Bauval (with Adrian Gilbert), *The Orion Mystery: Unlocking the Secrets of the Pyramids* (Heinemann, 1994)（ロバート・ボーヴァル、エイドリアン・ギルバート『オリオン・ミステリー：大ピラミッドと星信仰の謎』近藤隆文訳、日本放送出版協会）。

[4] Virginia Trimble, "Astronomical Investigations Concerning the So-called Air Shafts of Cheops's Pyramid," *Mitteilungen des Deutschen Archaeologischen Instituts*, band 10 (1964), 183–187 および Alexander Badawy, "The Stellar Destiny of the Pharaoh and the So-called Air-Shafts in Cheops's Pyramid," *Mitteilungen*

des Deutschen Archaeologischen Instituts, band 10 (1964), 189–206.
[5] Bauval, *The Orion Mystery,* 191.
[6] Pyramid Texts, Lines 882–885 in R. O. Faulkner (ed. and trans.), *The Ancient Egyptian Pyramid Texts* (Oxford University Press, 1969), 154.
[7] たとえばI. E. S. Edwards, *The Pyramids of Egypt* (Penguin, 1993), 二八五ページの議論を参照。(『エジプトのピラミッド』豊島一夫訳)
[8] 現地の掲示からの情報、Mound B, Moundville Archaeological Park, Alabama.
[9] ラトル・スネーク・ディスクの展示の説明、museum, Moundville Archaeological Park, Alabama.

第23章 入口《ポータル》と通り道

マウンドBの頂上にあった掲示板には、私たちがオリオン座として知る星座と「天界の偉大な戦士の手」を結びつける伝承は「一つだけ」と書いてあった。だが、これは間違いであることが判明した。実際には二〇を超える伝承が存在する。それらの伝承は、古代アメリカ先住民の星座観では、オリオン座のベルト星が、手の手首を形成しているという。この手は時には偉大な戦士である部族長の手とされ、時には害を及ぼす天界の存在である「ロングアーム（長い腕）」の手だといわれる。「ロングアーム」は天と地の間にある入口を手で塞ごうとしたが、人間の英雄によって切り落とされて手を失ったのだ[1]。

調査の結果、この掲示板は伝承の数を少なく見積もっているだけでなく、この話は、確かな研究を基にしており、この分野における主要な学者たちの見解であることが判明した。マウンドヴィルで表示されていた、ミシシッピ文化の死後の世界についての信仰に関する情報はそれほど多くなく、グーグル検索で一時間もかからないで確認できた。

天の川、オリオン座との関係、魂の危険な死後の旅、死者の領域のイメージあるいはコピーを地上につくるという概念は、ミシシッピ文化の宗教すべてに、紛れもなく存在している。古代エジプトの宗教に存在しているのと同じだ。ピラミッド・テキストや『死者の書』に親しんでいる人なら、明らかな類似に気づかないわけがない。気づいたのは私が最初ではない。二〇一四年にアンドルー・コリンズとグレゴリー・リトルが、わずかだが言及している。二〇一二年にも、この問題に気づいた人がいる[2]。だが、この文章を書いている時点では、私の知るかぎりだが、実際に二つの文化に結びつきがあったかどうかを決定できる、綿密な比較研究はまだ行なわれていない。この二つの文化は、非常に異なるだけでなく、地理的にも時間的にも遠く離れている。

これはすべて、単なる偶然なのか？

あるいは、偶然は否定されるのか？

私が思うにこの問題は、徹底的な究明に値する重要性を持つ。私はすでに古代エジプトの『葬祭文書』などを……楽ではなかったが……ホームグラウンドとしており、すでによいスタートを切っている。これらの文書を、これまでの著書を出版するために、たびたび読み通している。そのため、再読することも難しいことではない。さらにありがたいことに、長年かけて作った何百ページにもなる詳細なメモがあり、重要な鍵となる注釈がすべて網羅されている。このメモのほとんどには、ページが記載されており、本棚に揃っている印刷物には多くのアンダーラインがあり、付箋が貼られており、デジタルで検索できる。

古代エジプト人たちは、美しい絵文字ヒエログリフで書かれた膨大な資料を残してくれているが、それを私たちは読むことができる。一九世紀にシャンポリオンがロゼッタ石を解読してくれたおかげだ。私たちは古代エジプト人とその宗教について、古代に書かれた歴史的な記録ももっている。たとえばヘロドトスが目撃した古代エジプト文明だ。そこで、私たちは多くを知ることができる。

一方、北米の場合は、先コロンブス期の歴史を記録する目撃者の報告がない。しかも北米の先住民たちは文字をもたなかったので、資料を残していない。彼らが資料をもっていたとしても、スペイン人のメキシコ征服者たちがマヤの写本を組織的に焼き払ったようなことが起これば、貴重な資料がわずかに残るだけになってしまう[3]。そのような北米の先住民文化の大規模な破壊が行なわれていることを考えると、絵や彫られた図柄が、陶器や石や銅や貝殻や骨に、少しでも生き残ったことは奇跡だ。

何が失われたかは推測するしかないが、残されたものは研究できる。この点について、人類学者マーク・シーマンは次のように説明する。ワトソン・ブレークやサーペント・マウンドはもちろん、ホープウェルのアースワークにしてもかなり古い。そこで「歴史的な関連を調べるのは極めて難しい」。だが、ミシシッピ文化は別だと言う。

「時間的に近いので、古代のチカソー族、クリーク族、カド族、オセージ族の宗教的実践や口承とミシシッピ文化を結びつけることは、十分に可能だ」[4]

同じような結びつきは、ラコタ族、マンダン族、ヒダーツァ族、クロー族、アラパホ族、オグララ族などのスー語を話す人々、さらにはオジブワ族などのアルゴンキン語を話す人々にもあり、この探究に重要な情報を与えている[5]。

このような情報源をもとに、考古学者、人類学者、民俗学者たちによって、専門分野の垣根を越えて難問の解明が行なわれた。その結果、ミシシッピ文化の思想や図像学の暗号が徹底的に解読されている。人類学者ケント・ライリーとジェームズ・ガーバーは、彼らが気づいた重大なポイントについて次のように述べる。ほとんどのイメージは「民族誌学的な題材と結びついている。その題材とは、死者の領域の場所と、死後の魂による冥界の旅だ」[6]。

そこには「当然のことだが、部族グループによって民族誌学的な詳細については違いがある」とジョージ・ランクフォード教授は言う。ランクフォードは、国際的に著名なアメリカ先住民の民話や人類学、宗教研究、民族歴史学の権威だ[7]。それでも――、

同じ概念をもつ寓話がある。これは東部森林地帯から大平原地帯にかけての全域に共通する信仰の核を捉えているが、もっと広い地域に及んでいるかもしれない。同じ

概念とは、天の川は死者の魂が歩まねばならない通路である、という考えだ[8]。

別の箇所でもランクフォードは、この信仰体系は大平原や東部森林地帯やミシシッピ川流域に限定されるものではないと強調している。彼はこれを北米全体で見つかる「あまねく行き渡った宗教パターン」の一部だと、理解したほうがよいと主張している。さらに「「文化が多様化していく傾向よりも、もっと強い」とも言う[9]。実のところ証拠が示唆するのは、「古代北米に、諸部族共通の宗教が存在していたことだ[10]……それは共通する民族的な天文学であり神話だ。このような様々な文化に見られる現実は、部族間の交易ネットワークで結ばれる多様な文化という外観の背後に、共通する知識が横たわっていることを強烈に暗示している。一つのありそうな可能性は、この共通する知識が、死に関する信仰と……死にまつわるシンボルに焦点を合わせていることだ」[11]。

古代エジプトの魂

古代北米でも古代エジプトでも、宇宙は「層をなしている」と考えられていた。つまり、人間が暮らす、日常的な物質的世界であるこの世は、下の地下世界（地下水の印象が強いことが多い）と上の天界に挟まれている、ということだ。古代北米と古代エジプトの両方で、死後の旅は天界の星の間で行なわれると見なされていた。だが両方の地で、明らかに上の世界の環境なのに、天界とは矛盾する下の世界の特徴をもつ。その特徴とは、大量の水とか、様々な障害物を乗り越えるとか、構造物の空間を航行するとか、怪物のような敵に遭遇することだ。

古代エジプトの魂の概念に初めて接すると、ひどく複雑に思える。このテーマに関する権威であるE・A・ウォリス・バッジ卿（元大英博物館古代エジプト遺物管理者）によると、古代エジプトでは人間の魂は一つではなく複数あるという。そして、そのすべてが独自の姿をもつが、同時に「腐敗を避けることができないカート（肉体）」と結びついているという[12]。

バッジの要約によると、それらの個別の非物質的な「魂」には……「魂の複数の側面」といったほうがよさそうだが……以下のものがある。

●カーまたは「ダブル〈生き霊・分身〉」は死後も地上に留まり、遺体や墓のすぐ近くにいる
●バーは、鳥や人間の頭を持つ鳥として描かれるが、自由に「墓と地下世界の間」を往来できる
●カイビット、「影」
●クー、「霊的な魂《スピリチュアル》」
●セクヘム、「パワー」
●レン、「名前」

魂(バー)は死者の遺体を離れて、自由に飛べる。

●サウ、「霊的な肉体」で魂の居場所

●アブ、あるいは心臓。「霊的で思索的な人生の中心だと見なされており……良心という言葉が意味するすべてを表している」。心臓であり、持ち主が生前に何を選択し、何を心臓に刷り込んだかが、冥界で審判を受ける時の具体的な対象となる[13]

古代エジプトにおける魂に関する複雑な信仰については、一冊どころか数冊の本を書くことができるだろう。だが私の意見では、過度な装飾や、劇的な要素や反復を省くと、すでに述べた八つの「魂」や「魂の側面」は、二つの要素に煮詰めることができる。古代エジプトの見方によると、人間は根本的に二元的性質をもつ。それは霊的存在と物質的存在だ。

一方には、非物資で霊的な側面を持つ私たちがいる。霊的な存在としての私たちは、潜在的に永遠かつ不死であり、『葬祭文書』によると「数百万年の生命をもつ」。まるで服を着るかのように肉体をまとった「魂」は、死によって解放され、星に昇ることができる。場所はオリオンの星座であり、そこから次の旅が始まる。

もう一方には物質的な肉体があり生気を与える力がある。この力が人生において肉体を機能させる重要な役割を果たしているとされ、この力も「魂」の一種であり、独自の超自然的な存在だとされている。この幽霊のようで非物質的な存在は、カー（生き霊）とカイビット（影）の性質を合わせ持つが、遺体と共に地上に残る。

したがって、このような思想システムでは、天と地が二元性を持って対峙することになる。シンボル的に死者の物質的領域が地上に置いていかれ、潜在的に不死で非物質的な存在である霊的な領域が天に上昇することになるのだ。そこでピラミッド・テキストを読むと――、

王は地上を嫌う……王は天に向かう[14]。
魂は天に向かう、遺体は地上に残る[15]。
王は、決して天から地に落ちてこない存在だ[16]。

似たような調子で、「影」の活動の複雑さに関して『ドゥアトにあるものの書』は次のようにいう。

あなたの魂を天に置こう……影には、秘密の場所に入り込ませよう、肉体は地に置こう[17]。

ほかにも多くの例を挙げられるが、要約すると古代エジプト人たちは、二つの魂の存在とか、魂には二つの根本的側面があることを信じていた。その一つは、遺体と墓にしばられたままでいる（様々な化身について細かいことをいうのはやめておく）。もう一つは、これまた様々な姿を取るが、天に自由に昇っていくことができ、死者の領域の旅を始める。

古代アメリカの魂

それでは北米先住民の魂の概念はどのようなものなのか？
ここでも私たちは、最初にその多数性に困惑させられる。
米国の北西部沿岸に住むクイルート族の人々は、すべての生きている人間の体には、いくつかの魂が存在するという。それらは「見た目はまったく生きている本人と変わらない。そして、まるで蛇が脱皮するように、それを脱ぐことも着ることもできる」という[18]。

それらの魂のうちの一つは、内部の魂で「主たる強き魂」と呼ばれる。外側の魂は「外の影」と呼ばれる。生命の魂は「生きている存在」と称される。さらに生きている人の「霊体《ゴースト》」でもあり、「成長していく存在」がある[19]。

併せて古代エジプトの『死者の書』が一六四章で述べていることを書いておこう。

あなたのために皮膚をつくった。名は聖なる魂だ[20]。

話を北米に戻そう。オクラホマ州のユチ族の間では、次のようなことが信じられていた。「個人は四つの霊魂をもつ……そのうちの一つは死ぬと体から離れてその場に残る。他の二つは、部族仲間や親戚の近くで浮かんでいる……四番目は四日間の旅に出る……魂の天国への旅だ」[21]

民族誌学者ヴァーノン・キニエッツが、北米北東部に広く住むオジブワ族から集めた話もある。キニエッツは人間には七つの魂があると聞かされている。そのうちの一つだけが「真の魂」であり、死者の領域に行くという[22]。別のオジブワ族グループの伝承によると、人間は三つの部分で構成されているという。

肉体（ウィヨ）は死後に腐敗する。魂（ウジチョグ）は、死ぬと西方にある死者の領域に旅立つ。そして、影（ウジボム）は死後に墓の幽霊となる[23]。
表現は少し異なるが、ウィスコンシン州のメノミニ族も、人間それぞれに二つの魂があるという。

一つは「横切る影」と呼ばれる。これは頭にあり、知性だ。死後、これが墓場の幽霊となる。もう一つは真の魂（チェバイ）で、心臓に存在し、死ぬと死者の領域に赴く[24]。

チョクトー族の場合も、人間はシロンビシュ（外の影）とシルップ（内部の影）という、二つの魂を持つという。シルップは死後に幽霊の国に行き、シロンビシュは地上に残る[25]。
不要な細部と、紛らわしくて曖昧な学術用語を取り除くと、広大な地域に住む北米先住民の信じていることも、二つの魂の存在であることがはっきりする。これは根本的に古代エジプト人が信じていたことと同じだ。一つの魂は肉体と地上に留められる。もう一つの魂は自由に天界に昇れる。著名なスウェーデンの人類学者オーケ・フルトクランツは、今でもよく引用される大著の研究書『北米インディアンにおける魂の概念（原題）』のなかで、「魂の二重性」は「北米における、魂に対する信念の主要な型」と結論づけている[26]。

この広く拡散されている思考体系の中心には、フルトクランツが「自由な魂」と「肉体の魂」と呼ぶ二つの概念がある。後者の「肉体の魂」は、時に「生命の魂」とも呼ばれるが、「肉体を生かし、活動させる力」を意味している。一方、「自由な魂」は「肉体を超越した本人」であり、無制限に動く力をもっている[27]。

この自由に動く力は、何に使われるのか？

古代の北米先住民の間では、次のように信じられていたと、ジョージ・ランクフォードは述べている。

死の正念場で、死者と同一の個性を持ち、自己認識できる「自由な魂」は、肉体を離れる。その時に、生きている人々にとって危険な、心をもたない「生命の魂」を遺体の中に封じ込めるか、そのそばに置いていく。「自由な魂」はしばしの間、近くにいる。そして……最後の旅のため西方に旅立つ……そのルートの途中で、自由な魂が力を得れば、あるいは地上の生活に戻る意思があれば、来た道を戻って、肉体の中に戻ることもできる……そのため葬儀は、少なくとも二つの仕事を含む。つまり、二つの異なる魂の世話をするのだ」[28]。

古代エジプトの葬儀においても、「二つの異なった魂」に関心と注意が払われている。理由もまったく同じだ[29]。どうやら明らかなのは、古代エジプトの二つの「霊」が、本質的に北米の「肉体の魂」と「自由な魂」の概念と同じであり、交換可能なことだ。

西方への道

古代エジプトのピラミッド・テキスト一一〇九行によると、死者の領域に到着した魂は、以下のような声を聞くという。

向きを変えろ。おぉ、お前はまだ来るべき日数に達していない[30]。

オタワ族はアメリカ先住民であり、ミシガン州とオハイオ州に住んでいたが、いまは部族のほとんどがオクラホマに移住している。彼らの伝承には、生きたまま死者の領域に入った男の話がある。そこでは、「そよ風」のような声が、その男の耳元でささやいた。

あなたの土地に戻りなさい。まだあなたの時は来ていませんよ[31]

自由な魂が肉体から離れるのは、死の時だけではない。夢の中や幻覚や、昏睡状態でも離れる。

アメリカ先住民の見方では「死」が起こるのは、不在中の自由な魂が戻ってこないことが、確認された時だ。そのため、「死者がすぐに埋葬されることはほとんどない。特別な儀式を行ない一定の時間待つ」と、ランクフォードは言う[32]。オジブワ族は特に「四日間待つ習慣があることで知られている。霊の世界にいる魂が体内に戻り、生き返ることを期待しているためだ」[33]。だが魂が戻らない時、それはどこに行ってしまい、また、どのようにそこまで行くのだろうか？

アメリカ先住民タチ・ヨクツ族の伝説によると、ある男が、心から大切にしていた妻を亡くした。悲しみに暮れた男は彼女の墓に行き、そのそばに穴を掘った――、

その場で彼は、何も食べずに見つめ続けた……夜が二日過ぎた時、妻が出てきて、体から土を払いのけ、死者の「国」に歩みはじめるのを見た[34]。

同じようにエジプトのピラミッド・テキスト七四七行から七四八行には、死者への次のような祈願が述べられている。

起き上がれ、土を除き、埃を振るい落とせ、立ちあがれ、霊たちと共に、旅に出られるように[35]。

古代エジプトにおける死者の領域への旅の第一段階は、葬儀が正しく行なわれることにあった。葬儀の目的は、ウォリス・バッジによると、「肉体から離れた霊が……墓を通り抜け、ナイル河岸のすぐ西に連なる山に行くことを可能にすることだった。連山は一つの山と見なされ、マヌあるいは日没の山と呼ばれた」という[36]。

アメリカ先住民の死後の旅についてランクフォードは次のように要約する。

道は西方に向かう。それは、太陽が沈む場所で、東西に走る宇宙の通路の終点であり、昼が夜に変わる地点だ[37]。

古代エジプトに話を戻すと、死後の旅の最初の舞台は地上であり、魂は西にある特別な場所に行く。そこは「日没の山」を越えた場所だと述べられている。この場所では……とバッジは続ける——、

多くの霊が集められ、誰もが祝福された人々の住むところに行こうと決心している。この霊たちはその日に肉体を離れた者たちである[38]。

アメリカ先住民の世界でも、「地球面」の西端に到達すべき場所がある。死者たちはここに集まり、正しい時を待たなければならない。夜の帳がおりてから、地上から天界に移動するのだ。「ここは自由な魂がキャンプする場所なのだろう」とランクフォードは言う。

なぜなら、旅を続ける正しい状況ができるまで、彼らはここで待たなければならないからだ[39]。

古代アメリカにおけるオリオン座、「跳躍」、そして入口

古代エジプトでは、天の川西岸で目立つオリオン座が、オシリス神の天界における姿だと見なされていた。オシリスは死者の領域の主であり、『葬祭文書』は、魂が天に昇りオリオンと融合することを、明瞭に繰り返し奨励していた。以下がその例だ。

あなたはオリオンとして天に達する[40]。
あなたのために、冥界への階段が、オリオンのいる場所に用意されますように[41]。
私はオリオンに足をかけて梯子を昇った[42]。

冥界はあなたの手を握った。その場所にはオリオンがある[43]。
オリオンが私に手を差し伸べてくれますように[44]。

ここに見られる意図は、大ピラミッドの星にスター・シャフトの構造から見ても間違いない（前章参照）。地球面において西方への旅を終えて、ほかの魂たちと出発拠点に集まった死者の霊たちは「オリオンのある場所」への道を見つけなくてはならない。そこから死者の領域への残りの旅が始まるのだ。

だがどのようにしてオリオンに到達するのだ？

右引用した「節」に示された手段のなかには、階段と梯子と星座そのものの「手」がある。ほかの節では、もっと曖昧で、「それらは彼の前に天界に昇るために、もってこられた」[45]とあり、さらにその五〇行後には次のように書かれている。

上昇する人がやってきた、上昇する人がやってきた！　登る人がやってきた、登る人がやってきた！　飛ぶ人がやってきた、飛ぶ人がやってきた[46]。

アメリカ先住民たちの死後の旅では、どのように天界に移動したのだろう？　魂はまず地球面の端にある出発拠点に到達する。ランクフォードは、このテーマに関する膨大な民族誌学的知識

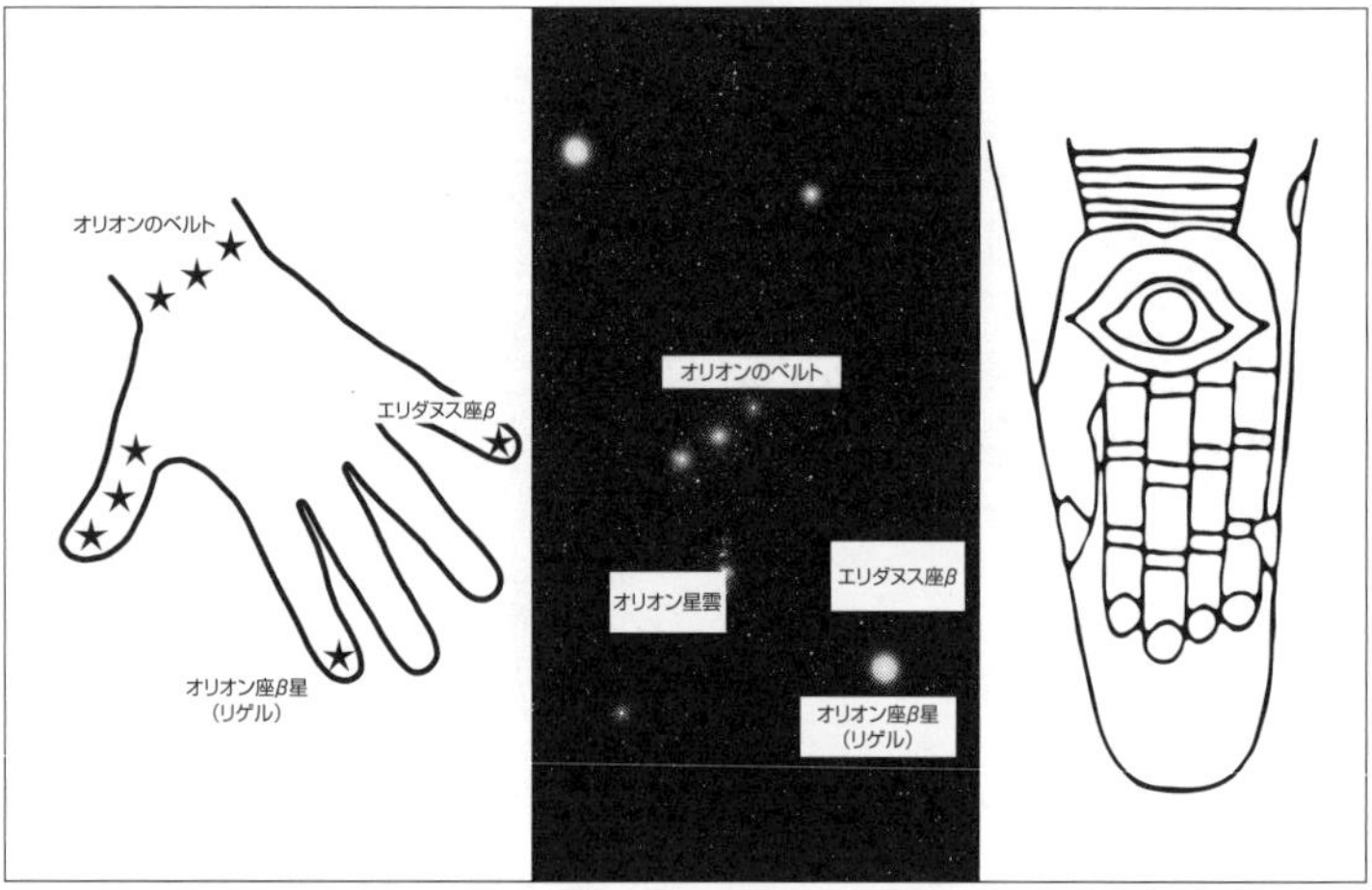

左:アメリカ先住民の「手」の星座。これではオリオン座のベルトの三つ星が手首となっている。
中央:オリオンのベルトとオリオン星雲。
右:マウンドヴィルの「手と眼」のモチーフ。オリオン星雲が「眼」となっており、
魂が死後の旅路に飛び込む入口だと見なされている。
図の中の星:エリダヌス座β星、オリオン座β星（リゲル）

から、次のように語る。死者の領域への旅を続けるために――、

　自由な魂がしなければならないことは……恐ろしい跳躍だ。死者の領域へは……魂の通り道である天の川を歩いて夜空を横断して到達するしかない。死んだ時に自由な魂に示される入口は、魂の通り道の端に見える。それは手の姿をした星座であり、入口はその手のひらにある[47]。

　私がマウンドヴィルで学んだとおり、アメリカ先住民の「手」の星座は、私たちがいうオリオン座にほかならない。そ

のベルトの三つ星が手首とされている。それらの星の下には、ギリシャ人によって剣の一部と見なされていた明るい天体がある。それはメシエ四二、またはオリオン星雲として知られている。「手と眼」のモチーフでは、この星雲が「眼」を示している。この星雲では常に新しい星が生まれているため、現代の天文学者たちから「星のゆりかご」と呼ばれている[48]。

この「眼」だという説明は、誤解を招くし、今も使われているのは習慣になっているからに過ぎない。真相は、現代の学者たちが同意しているとおり、ミシシッピ文化の図像学におけるオリオン座は「眼」ではなく、「天界の穴であり、入口」なのだ[49]。自由な魂は、死者の領域に到達するために、ここを通らなければならない。

ジョージ・ランクフォードはその混乱を明らかにしている。

> 天の穴は、裂け目が左右に引っ張られた形で示される。これが天空にあるため、その中に星の環《わ》やドットが丹念に描かれることが多い。その結果として生まれる二重の印が眼を思わせるのだが……これは偶然、似ているに過ぎない。「眼」は、その中央に星がある「入口」なのだ。したがって手と眼の組み合わせは、霊の旅の始まりであり、魂がオリオンのある天の川に入ることを示す[50]。

古代エジプトの冥界ドゥアト（同じようにオリオン座と天の川を経由して到達する）を表す絵文字

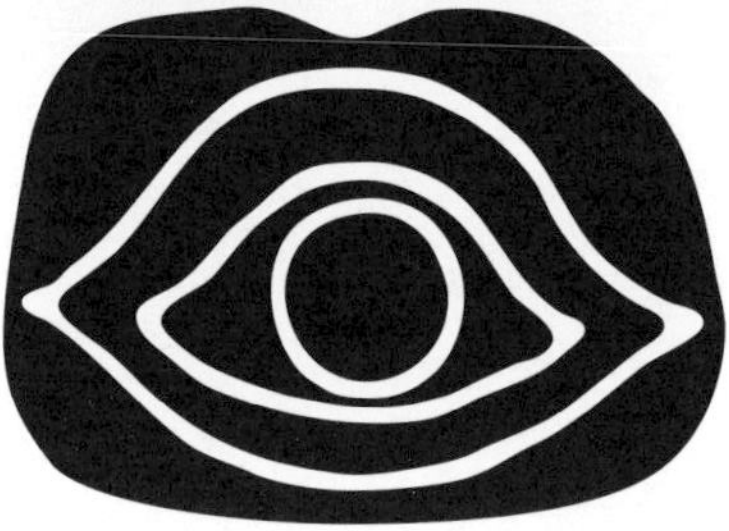

上:古代エジプト:
冥界ドゥアトを表すヒエログリフは、
天界の穴で、中央に星がある。
下:古代アメリカ先住民:
「天界の穴は裂け目が、
左右に引っ張られた形で示される。
これが天体であるため、
その中に星の環やドットが
丹念に描かれることが多い」

ヒエログリフも、まったく同じ概念を、エジプトにふさわしいシンボルを使って表現している。ミシシッピ文化の芸術では、星を円や点で示すのが普通だ。一方、古代エジプトにおける星のシンボルは現在と同じで、五つの先端を持つ姿で描かれている。また、ミシシッピ文化の芸術における天界の入口は、切り裂かれた開口部として描かれる。一方、古代エジプトでは円で表現されている。

古代エジプトにおけるオリオン座、「跳躍」、そして入口

オリオン座の半分を占める、ベルト星から上の部分は、古代エジプトの星座「サフ」にとって、大事な場所だ。だが、北米の「手」の一部ではまったくない。ナイル川流域とミシシッピ川流域で語られた物語の背後にあるイメージも大きく異なる。それでも同じ星座が古代エジプトと古代アメリカの、死後の旅に関する信仰で重大な役割を果たしているのは奇妙だ。

さらに、古代エジプトの『葬祭文書』では魂が「上昇する手段」として、梯子や階段が示されているが、それだけが昇る方法ではない。アメリカ先住民の概念に近い「跳躍」することもピラミッド・テキストの四七八節の九八〇行に登場する。そこでは死者が述べる――、

私は天に跳躍する。神の存在する場所へ[51]。

同じように、四六七節の八九〇行から八九一行では――、

ある者は飛んでいく。私もあなたから飛んでいく、おぉ人々よ、私は地上ではなく、天に向かう[52]。

また、二六一節は、まるでテクノロジーを思わせる――。

王は炎であり風の前を動く、天の果てまで[53]。

このような引用だけでなく、他の多くの例も示すことができるが、誤った解釈をする余地はない。アメリカ先住民と同様に、古代エジプト人も、なんらかの方法で地球面からオリオン座へ「跳躍」することが、死後の旅における必須の段階だったのだ。

異論があるとすれば、星座サフ＝オリオン座のことだろう。古代エジプト人にとってオリオン座は死者の領域の主・オシリスの天界における姿であり、アメリカ先住民の感覚による「入口」とは異なるかもしれない。だがそれでも、古代エジプトの『葬祭文書』は深遠なシステムをもっており、そのシンボルには、複数レベルの意味が暗号化されている可能性がある。文書を詳細に研究すると、魂が天の入口を通過することは、古代エジプトの死後の旅においても重要な段階であることが判明する。

再び、ピラミッド・テキストだ。

底知れぬ深い穴の入口へ、あなたのために来た。ここを開けてほしい[54]。

天の扉はあなたのために開いている。星空の扉はあなたのために大きく開いている[55]。

鉄の扉が星空にあり、私のために開け放たれている。私はそこを通っていく[56]

底知れぬ深い穴にある門を開けよ[57]。

天の窓の隙間があなたに開いている[58]。

地平線にある天空の入口が、あなたに開いている[59]。

私は、天で扉を開く者だ[60]。

地平線にある天の扉があなたに開かれる[61]。


新たにピラミッド・テキストを研究したスーザン・ブリンド・モローは、「オリオン星雲が天の扉だ」と言う[62]。

これでもまだ疑問が残るだろうか？　そうならば冥界ドゥアトに入るために死者が通らなければならない天空における入口の場所も、ピラミッド・テキストには何度も出てくる。

たとえば――、

ドゥアトがあなたの手をつかんだ、オリオンのいる場所で[63]。

あるいは、すでに述べたが、

あなたのために、冥界への階段が、オリオンがいる場所に用意されますように[64]。

「跳躍」のタイミング

古代エジプト人にとっては、比喩的な「階段」の最上段に達したら、「神の前」で空に「跳躍」しなければならない。これはある瞬間と同時に行なう。それは――、

オリオンがドゥアトに呑み込まれる時[65]。

ピラミッド・テキストの翻訳者R・O・フォークナーによると、これが起こるのは、「夜明けに星々が消える時」だという[66]。もっとおおまかにいえば、ドゥアトによってオリオンが「呑み込まれる」時は、オリオン座が西に沈む時に結びついており、夜でも昼でもそれは起こりうる。

ここでジョージ・ランクフォードによる、ミシシッピ文化における死後の旅と魂の跳躍に関する、信頼のおける記述に戻ろう。魂はオリオン星雲の入口に跳躍するが、オリオン座を北米先住民は「手」と呼ぶ。跳躍を試みることができるのは、この星座が地球面の端に近づき、天の川の

下で、西の地平線近くに沈んで消える直前のみだ。まさにこの瞬間、天の扉である「地平線にある天空の入口」が開かれると信じられている。これは古代エジプト人とアメリカ先住民に共通している。ランクフォードは次のように明確に述べる。

「手」の入口から入るには跳躍をするが、最適の時でなければならない。その時とは「手」が夜明けに西の空に消えてしまう一一月二九日から、「手」が夕暮れに沈んでしまう四月二五日までの間であり、毎晩一〇分ほど窓が開く。その後、六ヶ月間、この星座は見えなくなってしまう。この冬の期間に、入口は毎晩、わずか数分間ほど地平線上にある。自由な魂はこの瞬間に入り込まなければならなく、これを逃すと迷子になる。この移行ができなかった自由な魂は、西に留まることになり、生者の領域にとっては不幸であり、脅威となるかもしれない[67]。

古代エジプトでも事情は同じだとバッジは言う。死後の旅の備えが十分でなかった人々の魂は、地上に捕らえられて残ることになる。その一団は「オシリスの審判の間に出席できず」、不幸な魂となる[68]。

さらに古代エジプトでも古代北米でも、無事にオリオン座に上昇できた魂は、長期にわたって困難な旅を続けることになるが、場所は地球面から上の世界に変わる。その旅で魂たちは怪物に

オリオン座と天の川が西の地平線に沈む寸前
（ジョージ・ランクフォードの『魂の進路。古代の物と聖なる領域』
テキサス大学出版／2007年刊／205ページから）

出会い、恐怖に怯えることになる。どうやら古代エジプトの『死者の書』も、ミシシッピ文明における口承や図像の言伝えも、この困難な旅に備えるためにあるようだ[69]。

ミシシッピ川流域とナイル川流域の、まったく結びつきがないとされる宗教の相似についてさらに追求する前に、アマゾンのジャングルで発展した「死者の蔓《つる》」アヤワスカの霊的システムにも触れておこう。

読者の皆さんも、この名前の由来を覚えているだろう。「本来の意味」におけるアヤワスカは「死との密接な関係」があるのだ[70]。アヤワスカによって起こされる幻覚の世界は、死の世界に類似しており、死者の過程についての予備知識を与えると見なされている。したがって、学ぶというよりは経験をするレベルだが、「死者の蔓」は

『死者の書』と同じ機能を果たしているようだ。

アマゾンのアヤワスカのシャーマンたちは、この煎じられた混合物を飲むことを「死ぬ」と表現する。第17章で見たように飲んで、「一回の飛翔」で「天の川に昇る」(「跳躍」とそっくりだ)というが、これもまた隠された関連性を示唆している。天の川に昇るのは「天の川の先」にある「異世界」に達するためだ。

このような旅をする時、アマゾンのシャーマンたちは、試練や敵に遭遇することがある。これは試験をされているのだ。


恐ろしい怪物たち……ジャガーや大蛇が迫って人を呑み込もうとする。人は恐怖におののき、苦悶の叫び声をあげる[71]。

古代エジプトの冥界における恐怖と障害物

北半球に住む人で、冬の夜空に関心を向けたことがある人ならば、堂々としたオリオン座の存在に気づくはずだ。冬の季節、この星座が霊妙な光が輝く帯の西側にあることに気づくだろう。輝く光の帯の西岸といってもよいだろう。この光の帯は、私たちの円盤状の銀河を内側から見たものであり、私たちはこの光の帯を天の川と呼ぶ。古代エジプト人たちが「曲がりくねった水路」と呼んでいた偉大な天空の川だ[72]。ウォリス・バッジは次のように言う。

「曲がりくねった水路」は、ナイル川がエジプトを流れるように、ドゥアトの中を流れている。両岸には住民がおり、ナイル川の両岸に人間が住むのと同じだ[73]。

さらに、魂がオリオン座に跳躍しても、それで終わりではない。それは天界に入ったことを意味するだけだ。そこに到達すると、死後の旅の次の段階に入るが、旅する場所は「曲がりくねった水路」となる。「私を連れて、曲がりくねった水路に昇ってくれ」とピラミッド・テキストには書かれている[74]。

興味深いのは、古代北米でも天の川が「魂の通り道」として広く知られていることだ[75]。オリオン座の入口を通り抜けた死者の霊は、この通り道にいることに気づく。ランクフォードは次のように話を続ける。

自由な魂が天界の領域に入ると、その前には魂の通り道が横たわっている。そこは、ほとんどの場合、地上に残してきた領域とよく似ている。いくつかの伝承では、光の川に沿って自由な魂が留まっているという。自由な魂は、この道を通って、死者の領域に旅をしなければならない[76]。

巨大な川が流れるドゥアトは、当然ながら「渓谷」の形をしている[77]。だが、よく似ているナイル川流域とは異なり、古代エジプトの死者の領域は、「陰うつな夜の暗闇に覆われた……恐怖と戦慄の場所だ」[78]

さらにここは障害物に満ちあふれる恐ろしい試練の場所だ。

暗黒の深淵、残忍な刃物、煮えたぎる川、悪臭、火を吹く大蛇、動物の頭をもつ醜悪な怪物、化け物、残酷な死をもたらす様々な形をした生き物[79]。

挿絵や墓の壁画を数時間も見ると、だんだんと理解ができてくる。

ドゥアトは非常に薄気味悪い並行宇宙なのだ。そこは星がきらめく「異世界」だが、奇妙に物質的な領域でもあり、狭い通路や暗い回廊があり、悪霊と恐怖の種が棲みつく部屋がある。そこには「魂を細かく叩き切る」ことを仕事とする存在がいる。巨大な蛇もおり、足のある蛇、多頭の蛇、翼を持つ蛇もいる。炎を吐く蛇もいて、炎が回廊を埋め尽くす絵も描かれている。そこには怪物的な大蛇アペプがおり、アペプを殺すことを仕事とする、特別に専門化された九人の神々がいる。そこには炉もあり魂が焼かれるが、時には頭から焼かれる。場所によっては水の溜まっ

『ドゥアトにあるものの書』の中の挿絵。
E・A・ウォリス・バッジはこの絵の中にある
ヒエログリフの翻訳をしていないが、
状況を説明している:
「女神が直立しており、両手を伸ばし、
跪く男の頭のてっぺんに手を置き、
手斧が男の頭を割っている」。
左は挿絵の詳細。
右は挿絵の全体。

ているところを渡らなくてはならないが、さらに「底知れぬ深さの暗闇」もある。拷問の場所もある。ドゥアトには刃物で武装した神々がいて、準備が足りない魂を切り捨てる[80]。さらに、特別に興味深い挿絵では「女神が直立しており、両手を伸ばし、跪《ひざまず》く男の頭のてっぺんに置き、手斧が男の頭を割っている」[81]

この挿絵に興味を引かれた理由について説明しよう[82]。ウォリス・バッジはこの挿絵についての意見を述べていない。そのうえ、私は絵文字ヒエログリフが読めないので、この絵で何が起こっているのかが、正確にはわからない。私が思い浮かべた解釈の一つは、跪く男が己の頭を叩き割るのを、女神が**止めよう**としている状況だ。だがこの場面には薄気味悪い、不吉な趣《おもむき》があり、まったく別の可能性を示唆している。女神の伸ばされた腕と手を見て感じるのは、女神が男に、自らの頭に手斧を当てることを、

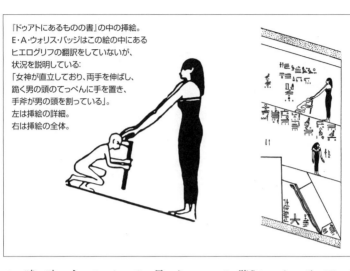

勧めていることだ。あるいは聖なる力を使い、男にそのような行動を**強制している**ようにも見える。

北米先住民たちの死後の旅には、威嚇的な女性がたびたび出てくる。彼女は通常、「脳を砕く者」あるいは「脳を奪う者」と呼ばれる。そこで気がついたのは、古代エジプトと古代ミシシッピ川流域の霊的システムには、深い構造的結びつきがあるという、私の「進化」してきている持論の検証をするチャンスがあることだ。そこで、エジプト学者を見つけて挿絵の中に書かれているヒエログリフを翻訳してもらうことにした。その翻訳文の中に、エジプトの女神とアメリカ先住民のいう「脳を砕く者」との関係がまったく見つからなければ、私の持論はぐらつくことになる。一方、明白な関係がみつかれば、持論は強化される。

一般的にエジプト学者は、私を避ける。だが幸運なことに大英博物館のルイーズ・エリス＝バレットが、この仕事を引き受けてくれた。彼女は、なぜ私が、この個所の翻訳をほっしているかに興味津々だった。だが私は、これはきちんとした目隠しテストであるべきだと決めていた。つまり、仕事を始める前に翻訳者に先入観を与えたくなかった。そこで翻訳理由の説明はしなかった。

数週間後、この件を精査したルイーズは、この場面における女神の役割を説明するヒエログリフの翻訳を渡してくれた。

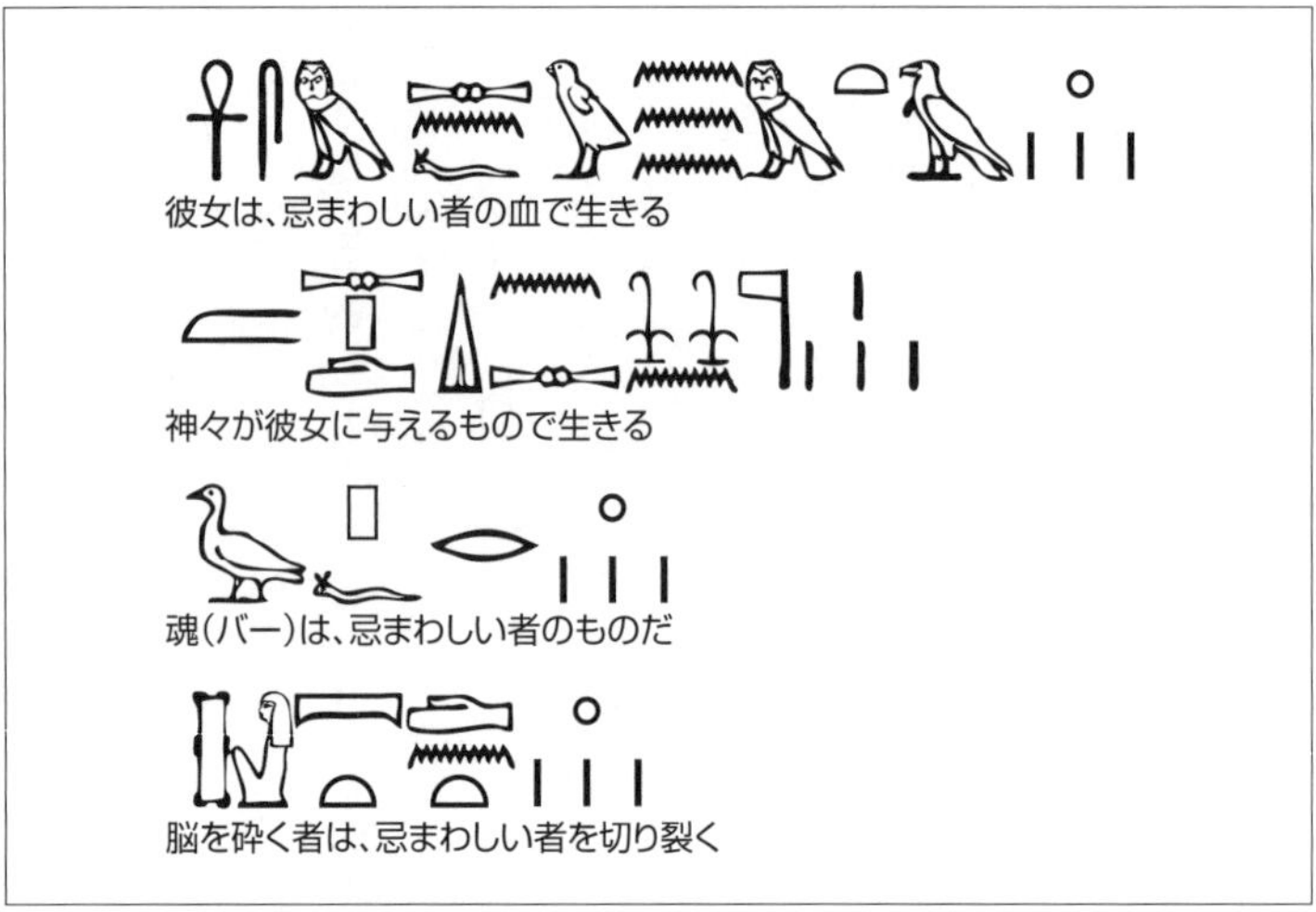

彼女は、忌まわしい者の血で生きる
神々が彼女に与えるもので生きる
魂（バー）は、忌まわしい者のものだ
脳を砕く者は、忌まわしい者を切り裂く

ルイーズはこの翻訳を分かりやすくするため『ドゥアトにあるものの書』は「時間ごとに分けられている……それぞれがテキストと挿絵の組み合わせになっている」と付け加えている。この挿絵はドゥアトを巡る旅の第五時〔ドゥアウトは12の部門にわかれていて、それぞれが12時間に割り振られている〕に現れる（ドゥアトの第五部門ともよくいわれる）。これから見ていくが、この第五時には古代エジプトの審判の間も登場するが、この挿絵は審判の場面には属していないが、第五時のすべての主題は次にあると、ルイーズは私にくれた資料の中で説明してくれている。

主題は、生命の転換点を示すことです。ここで、生命が復活するか消滅するかの、どちらかになります。最後の場面の上部には（ここに挿絵がある）、魂を消滅させる責任を負った神々たちの任務が描かれています。また、忌まわしい者を女神がどのように扱うかも示されています。

忌まわしい魂がどのように扱われるかというと、古代アメリカ先住民の信仰システムと同じで、脳みそが砕かれるのだ。

古代アメリカの冥界における恐怖と障害物

人類学者オーケ・フルトクランツは、オジブワ族とヒューロン族の伝承について以下のように述べる。

脳を砕く者と呼ばれる存在は……死者の土地に向かう旅人の脳を粉砕して滅ぼす……一般的に脳を奪う番人にはどこか悪魔的な感じがある……ソーク族とフォックス族の終末観だと……脳を砕く者から身を守らないと、死者は完全に消滅してしまう[83]。

ジョージ・ランクフォードはこのような神話が、北米全体にあることについて概観を述べ、「脳みそ粉砕者という恐ろしいイメージ」が広く浸透していることを示している。「脳を砕く者は通常女性で、その仕事は脳みそを奪い、あるいは粉砕して記憶（と人間性？）を破壊することだ」[84]。

この話の興味深いバリエーションについて、民族学者アランソン・スキナーが一九二〇年代に報告している。それはソーク族の伝承であり、彼らによると、天界の川を渡らなければならない魂の通り道には、障害物があるという。

> 橋は丸太だ。橋は「ポーキタパワ」あるいは「頭に穴を開ける者」あるいは「脳を奪う者」と呼ばれる番人によって守られている。脳を奪う者は番犬を飼っており、新しい魂が近づくと吠えて知らせる。はかない存在である魂は脳みそを獲られないために、敏速でなくてはならない。獲られてしまったら、その魂は破壊され、永遠に失われる[85]。

したがって、アメリカ先住民の「脳を砕く者」と古代エジプトのドゥアトの第五時にある挿絵に描かれる女神は、まったく同じ役割を果たしていたように思える。その役割とは、死後の旅を続ける価値のない魂を消滅させ、永遠に破壊することだ。もちろん伝承の中には違いもある。だが、これが数千年も前の共通する祖先から、伝えられてきたもので、別々に発展してきたのなら、少々異なっても当然だろう。だが、役割の根本的な相似性は疑う余地がない。

　ソーク族の資料から得られるそれ以外の点は、死後の旅をする魂が直面する試練と艱難《かんなん》のより一般的な問題に関連する。たとえば障害物の詳細な性格が、古代エジプトと古代アメリカ先住民たちとの間で異なることは、当然ながら予想できる。それでも「物語」の核となる構造は驚くほど似ている。それらは肉体的な死であり、地上における霊魂の旅であり、オリオン座がからむ天界への跳躍であり、その後の天の川流域の旅で危険と困難に直面することなどだ。これらすべては、まだ説明できていない結びつきがあることを語っている。

　アメリカ先住民の場合、民族誌学の文献には橋がよく出てくる。この橋は不安定で、時には刃《やいば》のように薄く、魂は落ちやすく、落ちると下を流れる奔流によって永遠に消滅してしまう[86]。もう一つよく出てくるのは犬だ（すでに紹介した脳を砕く者の伝承には、橋と犬の両方が登場している）。犬は多くの場合、怪物のようで恐ろしい。アルゴンキン族は「血にまみれた口で、魂を貪り食ってしまう」と表現している[87]。

翼を持つ怪物的な大蛇。古代アメリカの冥界。

別の言い伝えでは、橋は大蛇に変化《へんげ》する能力をもつといわれる[88]。これが、魂の通り道をゆく霊魂にとっては、さらなる困難となる。アメリカ先住民の死後の旅は、怪物のような大蛇で満ちあふれており、古代エジプトのドゥアトと同じだ。この点から、もっとも注目すべきなのは、「巨大な角のある水棲の大蛇」がいることだ。この大蛇は「地下世界の主」とも述べられている。あるいは「額に赤い宝石をもつ巨大な蛇」ともいわれる[89]。

自由な魂がこの大蛇との対処方法を知っていて、通過を許されれば、死者の領域に入れる[90]

古代エジプトの伝承でも、ドゥアトの様々な門の守護者は、大蛇の姿をしており、魂に通過の許可を与える。ただし魂は通過をするために「ある祭文、あるいは力を持つ言葉、さらには魔術の名前」を知っている必要がある[91]。

水中の豹《ひょう》と大スフィンクス

その他の興味深い点は、すでに述べているが、ドゥアトの大蛇に翼があることが多いことだ[92]。さらに時おり、足も描かれている[93]。同じことは「巨大な角を持つ水棲の大蛇」にもいえる。

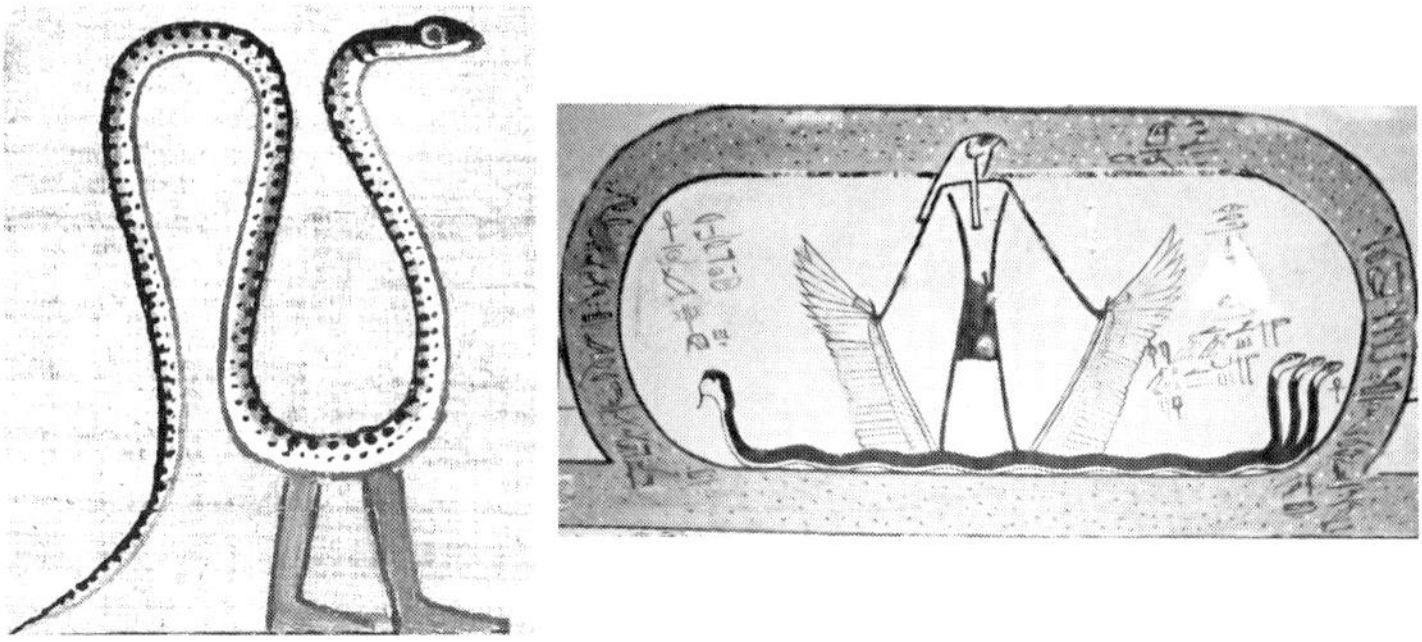

古代エジプトの冥界におけるモンスターのような大蛇。右側は翼を持ち、左側は足をもつ。

水棲の大蛇のほとんども翼を持つ[94]。さらにスー族の伝承では「水棲の怪物は……ガラガラヘビを思わせるが、短い足がある」という[95]。

ドゥアトの描写に関しては、古代エジプトから現代まで伝えられた大量の資料があり、絵もあり、彫刻で残されたイメージもある。これらは活き活きとしており詳細だ。一方、アメリカ先住民に伝わる魂の通る道については、口承しかなく、ドゥアトの描写ほど鮮明ではない。それにもかかわらず、ドゥアトの怪物や悪鬼や大蛇と同様な存在が、アメリカ先住民の死後の旅にも存在することが確認できる[96]。

この面で特に興味深いのが、「水中の豹《ひょう》」だ。異様なハイブリッドで、オジブワ族は「豹とガラガラヘビと鹿と鷲の興味深い交配種」だと述べる[97]。さらに「巨大な角のある水棲の大蛇」の分身、化身だとも理解されている[98]。

アメリカ先住民の部族は、水中の豹に様々な名前や特質を与えている。そのなかでも「ミシェベシュ」や「ミシビシ」がもっとも普通の名前だ。だが、アルゴンキン語を話す部族では「ピーザ」として知られている。意味は「豹」だ[99]。「ピーザ」の古代におけるイメージは、イリノイ州オールトンのミシシッピ川の絶壁の上部によく見えるよう描かれていた。この「水中の豹」に興味を持ったヨーロッパ人の旅人たちには「ピアザ」として知られるようになったが、「トラ」や「ドラゴンの一種」などと、説明は混乱していた[100]。一八三九年にデュッセルドルフのアレンツ商会が、「ドイツの画家によって現場で描かれた」という線画を出版しており、それを上に掲載した。オリジナルのペトログリフ（岩面彫刻）はすでに失われている。断崖の表面のすべてが一八四六年から一八四七年に切り出され運ばれてしまったからだ[101]。

水中の豹の別のイメージは、すでにだいぶ前に失われているが、ニコラ・ペローが一六六四年に見ている。彼は「巨大な豹」と呼ぶ。現代のオジブワ族は「海のトラ」と呼ぶが、水との関係を維持している。また「巨大な茶色の猫」とも呼んでいる[102]。別の伝承によると「ピアザ」は人間の頭をもつという[103]。

あまりにも多様な描写で困惑するかもしれないが、驚くことでもないだろう。なぜなら冥界の話をしているのだし、そこの住人たちは姿を変えるのが得意だ。「水中の豹」は、ネコ科の特徴をもつことは、いまに残るこの生物の多くのイメージから、まず間違いないだろう。

その中には陶器の像があるが、その写真を次ページに掲載した。これは私自身がマウンドヴィルの博物館で見たものだ。サイズは大きく異なるが、この姿はギザの大スフィンクスとよく似ていると私は思う。単なる偶然とは思えない。大スフィンクスは、もちろん人間の頭を持っている。猫の頭ではない。だが伝承では、「ピアザ」も人間の頭を持っていたとされている。さらに適切だと思えることがある。一万二〇〇〇年前という先史時代に造られた大スフィンクスは、ライオンの頭と胴体をもっていた証拠がある。数千年にわたる厳しい浸食で傷んだライオンの頭は、初期王朝時代に人間の頭に修正されている[104]。最後に大事なのは、アメリカ先住民の伝承が、「水中の豹」は「四頭いた。それぞれが四つの方位と関連づけられていた」時代があったと語ることだ[105]。

ギザの大スフィンクスは「水中の豹」によく似ているが、やはり方位に合わされていることは偶然だろうか？　大スフィンクスは方位を示す指標となっており、四つの方位の一つである真東に、正確に向いている。昼夜平分時に真東に昇る太陽と向き合っているのだ。

犬とその他の「偶然」

凶暴な犬が、アメリカ先住民の死後の旅における障害物あるいは試練として登場するが、古代

上:水中の豹。マウンドヴィル。前足と尾の位置を見てほしい。／写真:サンサ・ファイーア
下右:ギザの大スフィンクス。／写真: albi、dreamstime.com［21951］. 尾と前足の位置に注目。
下左:大スフィンクスの尾を拡大した。水中の豹の尾とくらべてほしい。

エジプトのドゥアトの怪物の中にも似た存在がいることが、古代エジプトの『死者の書』に述べられている。たとえば「虐殺をして生きる神」だ。コフィン・テキストの呪文三三五には「その顔は猟犬だ」とある[106]。

犬の興味深い関連性は、これだけではない。

アメリカ先住民の伝承には例外もあり、たとえばチェロキー族は、天の川を「魂の通り道」とは呼ばない。彼らは「犬が逃げた場所」と呼ぶ[107]。これは神話の伝承で、巨大なひき臼が地球面の一方に建っている。そこではトウモロコシが粗びき粉にされている。粉は巨大などんぶりに入れて貯蔵される。ところが数日間にわたって、朝になると粉が減っていることを、ひき臼で働く人々が発見した。盗みが続いたので、調べたところ犬が通った跡を見つけた。次の夜――、

彼らは見張っていた。そして犬が来て……どんぶりに入っている粗びき粉を食べ始めると、飛び出して、犬を叩いた[108]。

すると、もともと地球面の反対側に住んでいた犬は、空に跳躍して吠えながら棲み家に向かって逃げた。

口から粉をこぼしながら逃げたので、白い跡が残ったが、これを私たちは天の川と

呼ぶ。それをチェロキー族は、今でも「Gi' li-utsun' stanun' yi」と呼ぶ。「犬が逃げた場所」の意味だ[109]。

奇妙なのは、古代エジプトでも天の川は「曲がりくねった水路」だとする例があることだ。興味深い「呪文」がコフィン・テキストにある。そこには犬は出てこないのだが、死者が**次のように明言する**。

私は霊となった……秘義の責任者だ……私は魔術が使えるようになった。喉の渇きもそれで抑えられる。私は「曲がりくねった水路」を満たす白いエンマーを食べて生きている[110]。

白いエンマーとは、もちろん、栽培されるようになった小麦の一種だ。これは特に古代エジプトで好まれていた小麦だ[111]。アメリカ大陸におけるトウモロコシのように、この小麦も食用にするには製粉が必要だ。この古代エジプトの伝承の変わり種においても、チェロキー族の伝承の変わり種においても、死後の旅が行なわれる天界の通路は、製粉された粉の白い道だと例えられている。

ほかにも興味深い点がある。

「バードマン」として知られる英雄神の場合、ミシシッピ川流域では複数の描写が残されている。彼は体の一部がハヤブサで、一部が人間で、ナイル川流域のホルス神とよく似ている。ホルス神と同じで、バードマンの空における立場は、明けの明星であり、太陽だ[112]。そしてホルスのように、バードマンの根本的役割は、死に打ち勝つ生命のシンボルだ。「誰でもいつかは死ぬが……」と、ノースウェスタン大学のジェームズ・ブラウン教授は説明する。

生命とは勝者のもので、誰かの子孫が生き残った結果だ。避けられない死に直面して、再生しようと苦闘する生命の化身がハヤブサであり、その仮装の一つが明けの明星だ。夜明け前に、明けの明星は暗闇を打ち破り、生命を支える太陽の昇る道をつくる。（アメリカ先住民の神話における）バードマンには、一日の昼と夜の進行、天体の通過、主要方位などの要素が含まれるが、この事実が語るのは、彼らが特定の宇宙観に属することだ。これらの要素は、ゆるく結びつけられているわけではない[113]。

ここではバードマンの神話に深入りするのはやめておこう。ホルス神を取り巻く伝承についても触れない。ホルス神は古代エジプトの神々の中でも、もっとも有名であり、かつ複雑な存在だ。この両者についてはそれぞれ厚い本が書けるし、すでに書かれてもいる。この二者の間には大きな違いもあるが、驚くような相似性もある。解決しなければならないのは、この相似が純粋に偶然なのか、あるいは、深く隠された、まだ見つけられていない関連性があるのかどうかだ。
さらに小人やドワーフの問題もある。古代エジプトでは両者を特別に珍重していた。多くの墓には小人のミイラが残っている。彼らは人間を超える力を持つとされていた。ベスという名の小人の神もいた。彼らは『葬祭文書』において大事な地位を与えられている[114]。たとえば、『死者の書』の一六四章にある挿絵では、女神の両脇に小人が配置されている。それぞれの小人には頭が二つあり、一つは人間で、もう一つはハヤブサだ[115]。ピラミッド・テキストでは死後の旅に出た死者が、次のように述べている。

天界でも地上でも私は正義と見なされている……私は小人で「神の踊り子」。偉大な玉座の前で神を楽しませる[116]。

同様に、ドワーフも小人も、古代アメリカ先住民の間で特に愛され、尊敬されている。フルトクランツの報告によると「この地には小人に関する信仰が広がっている。時には絶滅した先史時代の種族だといわれ、時には霊的な存在と結びつけられている」[117]。
古代エジプトと同じように、小人の骸骨が古代アメリカ先住民の墓からも見つかる。そして古代エジプトと同じように、小人は超人的な魔法の力をもつとされている。ミシシッピ川流域では、小人のシャーマンがいた証拠も残っている[118]。

左:エゾバイ貝の貝殻に彫られた古代ミシシッピ文化の英雄的な神で、
考古学者たちは「バードマン」と呼ぶ。/写真:スミソニアン協会アメリカ・インディアン国立博物館。
右:古代エジプトの英雄神ホルスの彫像。両者の根本的な役割は、
死に打ち勝つ生命を象徴すること。/写真:ラウル・キーファー。

さらに明記に値するのは、霊魂の姿と現れ方だ。すでに見てきたように、古代エジプトでは、自由に飛べる魂(バー)がおり、鳥または人間の頭を持つ鳥として描かれている。「彼はあなたのために天空の扉を開ける」とピラミッド・テキストは言明している。

彼は天空の扉をあなたのために開け放つ。彼はあなたのために道もつくるので、あなたはそれを使って神々のもとに昇ることができる。あなたは鳥の姿で生きている[119]。

古代アメリカ先住民の場合、自由な魂は鳥として描かれ、語られている。たとえばモドック族の間では、シャーマンになる訓練をしていた少年が、死を思わせる変性意識状態に陥った。この状態で少年は、女性の霊に出会ったが、彼女に心臓を取り出された。それから少年は霊が心臓に話しかけるのを聞いた。心臓はまだ彼女の手の中にあった――、

しばらくして彼女は手を開き、心臓を手放した。その時少年は、鳥が西から来るのを見たと思った。鳥は彼のところに来て、胸に降りた。その瞬間、少年は飛び起きた[120]。

フルトクランツの報告によると、ホワイトナイフ・ショショーニ族の間で、魂は鳥の姿をしているという。一方、「ウイチョル族は、小さな白い鳥だとし、ルイセーニョ族は鳩だという。クートネー族の信じる自由な魂は、小鳥でありカケスにもなれるという[121]。……ベラクーラ族の自由な魂は卵（肉体）の中にいる鳥のようだという。卵の殻が破れれば、魂は離れ、持ち主は死亡する」[122]。

そうなると再び、古代アメリカと古代エジプトにおける死の過程に関する根本的な考えやイメージには共通点があるように思える。そこで再び、決断すべき問題は一つになる。これが偶然なのかどうかだ。

審判

古代エジプト人と古代アメリカ先住民の両者における死後の旅には、審判の強い要素が見られる。実のところ、ある意味で両者のケースにおけるすべての試練には、魂の選択に対する判断が関係してくる。一時的に肉体を得て、人生という贈り物が与えられていた期間に、何をして、何をしなかったかという選択だ。両者の場合とも、価値のない魂は、旅のどこの時点においても、神々や悪鬼や怪物によって消滅させられてしまう（たとえば「脳を砕く者」の手によるかもしれない）。さらに両者とも、たとえ冥界まで到達できても特別な審判が待っている。

古代エジプトの宗教システムにおける審判の場面は、ドゥアトの第五部門（第五時）に現れる。ここはオシリスの審判の間、あるいはマアトの間として知られている。ここまで来られるのは、霊的な加護を受けて最初の四部門を通り抜けた魂だけだ。以前に書いた本で、審判の状況については詳しく解説しているので、ここでは詳細には触れないが、要約しておこう。

死者は大ホール、あるいは広間に招き入れられる。この部屋の主《ぬし》として鎮座するのは、一部がミイラ化したオシリスだ。死と再生を司る高位の神オシリスは、古代エジプトの天界の宗教においてオリオン座と同一視されていた。さらにそこには羽飾りを頭につけた、真理と法と正義の女神マアトがいる。さらに四二人の公平な人物が、書記官の作法でしゃがみ、パピルスを熱心に読

んでいる。彼らは真理を意味するマアトの羽を身に付けており、死者の査定をする。死者は彼らの前に立って、道徳的な不正を犯していないことを宣言しなければならない……たとえば殺人を犯していないかどうかだ。

この審問の段階を終えると、魂は巨大な天秤台の前に立つ。そのアームの下には、ジャッカルの頭をもつ魂の案内役アヌビスがいる。さらにはハヤブサの頭を持つオシリスの息子ホルスもいる。天秤の一方の皿には、小さな骨壺のようなものが載っている。これが象徴するのは死者の心臓だ。「心臓は知性の鎮座するところと考えられており、したがって、その人の行動と良心を駆り立てる」[123]。もう一方の皿には、真実を象徴するマアトの羽根が載せられている。

審判において魂が勝利するためには、天秤上の心臓と羽根が均衡を保たなければならない。それができると、オシリスの死者の王国における永遠の命という褒美を得ることになる。だが、人生という贈り物をムダにしており、心臓が邪悪で重たく、真実の羽根との均衡が保てなければ、永遠の消滅が待っている。このことを思い起こさせるように、審判の場面に必ず描かれているのが、天秤の先にある魂を消滅させる存在だ。それはハイブリッドの怪物で、一部がワニ、一部がライオン、一部がカバのアメミトだ。アメミトは「貪り食う者」「死者を食べる者」と呼ばれ、よだれを垂らすあごで「不正義」な魂を徹底的に破壊する[124]。

古代北米先住民の死後の旅にも、審判の場面がある。だが、古代エジプトほど儀式的でも、精巧でもない。だが、それにもかかわらず、間違いなく審判は行なわれる。たとえば、一九〇〇年代初めにネブラスカ州とアイオワ州西部のオマハ族の一員であるフランシス・ラ・フレシュが、ハーバード大学ピーボディ博物館のアリス・C・フレッチャーによる伝承の調査に協力している。その結果はアメリカ民族学局によって一九一一年に出版されている。その中には、死後の旅における決定的瞬間について、次のような記述が含まれている。

死者の通路(天の川)の分かれ道には「バッファローのローブを羽織った年寄りが座っている。死者の霊が通ると、その霊魂が善良で温良ならば、歩みを変えさせ、短い道を通って親族の墓に行けるようにする。一方、反抗的な霊魂には長い回り道を行くように導く。その霊魂は当てもなく歩き、疲れ果てることになる……」古代からの素朴な信仰においては、天の川が死者の通路だったようだ。さらに殺人を犯した者の霊は「親族のいるところには行き着けない。休むこともできず、永久に探し続けることになる」[125]。

同じように、インディアナ大学でアメリカ先住民研究プログラムを創設した故ジョゼフ・エペス・ブラウンは、スー族の死後の旅について次のように記述している。

解放された魂は、「霊の道」（天の川）に沿って南に向かい、分かれ道に出会うまで旅をする……と云われている。ここには「河岸から突き落とす」老婆「マヤ・オウィチャパハ」が座っている。魂たちの判定をする彼女は価値ある魂には、右に行く道を旅することを許すが、価値がなければ、河岸の左側から「突き落として」しまう[126]。

一九六七年にオーケ・フルトクランツは、フレッチャーやブラウンに続いて、このような伝承を以下の事実と結びつけている。

魂の通り道が常に一つで、分岐がないというわけではない。北半球から見える天の川は二つに分流している。意外でもないが、インディアンはこの現象を別の世界への異なる通路という概念や、死後の異なる運命と結びつけている。伝承によると、一つの道は……祝福された死者の地に向かい、もう一つの道は転落と消滅へ導くという[127]。

このことについて、ジョージ・ランクフォードは、フルトクランツが見逃した点に関する重要な洞察をしている。「明るい星、つまりデネブが、分岐する通路の支点に位置している。したがって、決断をする場所の目印であったのではないか。あるいは決断する人物を示しているのではないか」[128]

長い話をここでも短くするが、ランクフォードは次のように続けている。獰猛《どうもう》な鳥……かぎ状に曲ったくちばしをもつ猛禽《もうきん》が、死後の旅における「対抗者」であり「敵対者」であることは明らかで、マウンドヴィルで出土した陶器にも描かれている。ランクフォードによると、この「マウンドヴィルの猛禽」は、ミシシッピ文化における、魂を河岸から突き落とす老婆であり、殺人者の魂を断罪して、休息のない永久の放浪に向かわせる年寄りだという。これらの解釈を補強する意味で、ランクフォードはアラバマ族とセミノール族に関心を向けろと言う。「この二つの部族は、先史時代にマウンドヴィルに住んでいた人々の子孫である可能性が高い」が、彼らは天の川を通る魂たちにとって最大の「敵対者」の役割を、ワシに果たさせている[129]。

デネブはもちろん白鳥座のα星であり、白鳥座の主要な一等星だ。ギリシャ人はこの星座を鳥、特に白鳥だと考えた。ランクフォードは「これは偶然である可能性もあるが、マウンドヴィルの人々も同じように鳥だと見なしていた。だが白鳥ではなく、ワシだ」と書く[130]。

ランクフォードの専門はアメリカ先住民の宗教であり、古代エジプトのピラミッド・テキストを研究する理由はなかった。だが、もし研究していたら、三〇四節に衝撃を受けていたことだろう。ここでドゥアトを旅する魂は、鳥という敵に遭遇している。この鳥は、明らかに通路を塞ぐ力を持っている。それ以外の解釈は難しい。ドゥアトを旅する魂は次のようにいっている。

おーい、ダチョウが曲がりくねった水路の河岸にいる！　道を空けてくれ、私が通れるように[131]。

ダチョウは白鳥ではない。白鳥はワシではない。それにしても、古代エジプトと古代ミシシッピ文化の宗教の両方で、鳥と遭遇していることは注目に値する。鳥たちは、天の川の岸に陣取り、霊魂をその先に行かせない力をもつ。
もう一つ、天の川にこのような分岐があることは、アメリカ先住民の神話では極めて不吉であるとされているが、ピラミッド・テキストの六九七節にも、次のように出てくる。

西の水路を旅してはいけない。そちらを旅する者は戻ってこない。東の水路を旅することだ[132]。

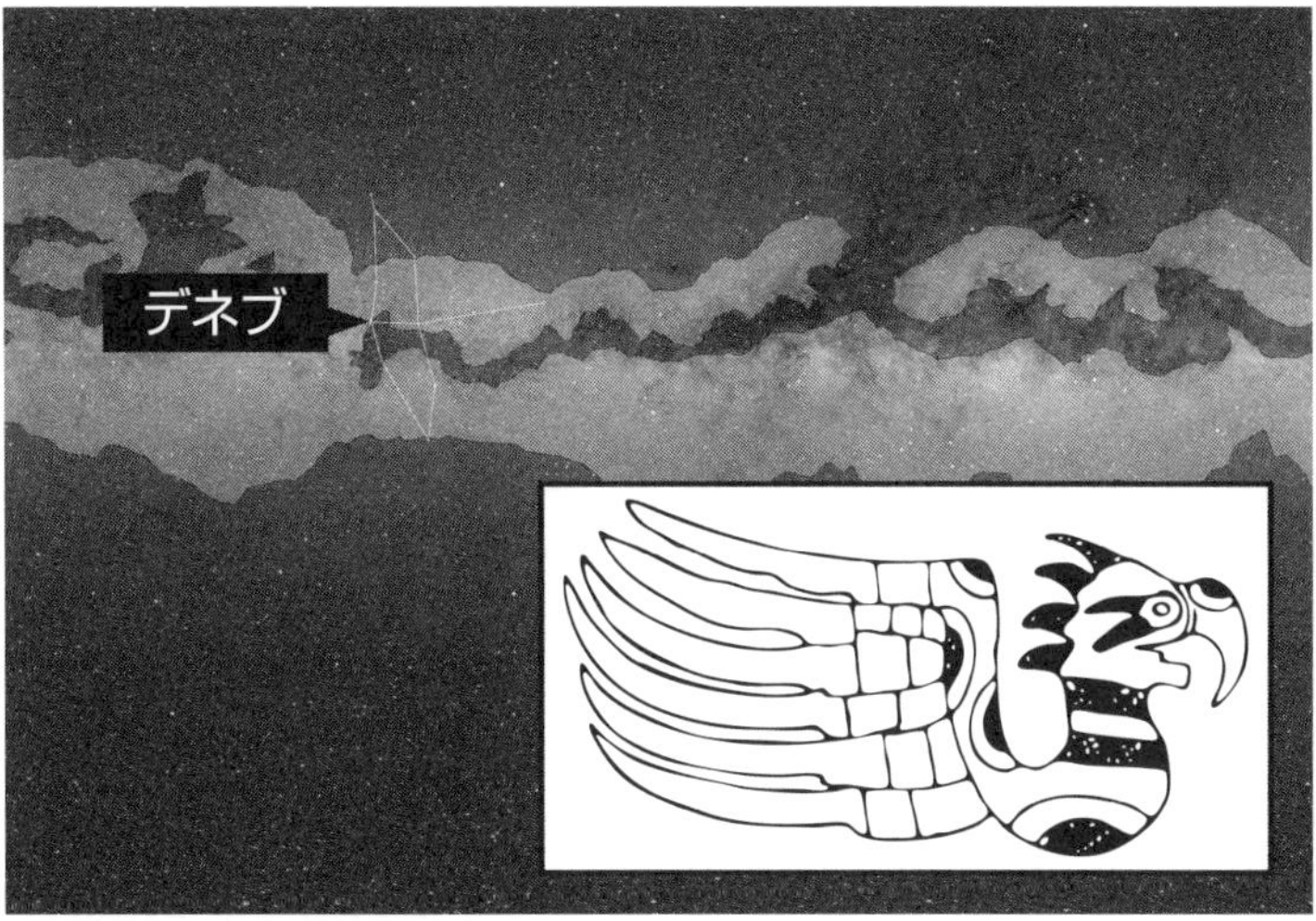

デネブ星は私たちが白鳥座と呼ぶ星座にある。星座は天の川河岸の分岐点に位置しており、
ここからもう一つの「道」が分岐しているが、その先は行き止まりだ。
ジョージ・ランクフォードは、デネブと白鳥座全体が、
魂の旅の敵対者である、マウンドヴィルの猛禽（挿図）の姿だと指摘する。

天文学者の部族長たち

コフィン・テキストには死者について次のような文章がある。

あなたの魂が天界にあることを認識できますように。あなたの肉体・死体が「オン」にある間に[133]。

「オン」の地は、現在ではカイロ市から二〇キロメートルほどの近郊で、古王国の巨大な墓地や世界的に有名なギザの大ピラミッド群からは北東にあたる。ここは太古にギザ・ネクロポリスを造った宗教的な集団の中心地だ。この中心地を

「オン」と呼んだのは、旧約聖書時代のヘブライ人で、創世記とエレミア書とエゼキエル書にその記述が見られる[134]。古代エジプトの言語では「インヌ」と呼ばれていた……「柱」という意味だ。ギリシャ人はこの都市を「ヘリオポリス」と呼んだ……「太陽の都市」だ[135]。

ピラミッド・テキストは、コフィン・テキストなどその後の葬祭文書の母体なのだが、たびたび「ヘリオポリス校訂版・死者の書」[136]と呼ばれている。なぜなら、ピラミッド・テキストは、もともとヘリオポリスの宗教組織の古文書館にあったと思われているからだ。古文書館は数千年という年月を生き残れなかった。だが、ピラミッド・テキストの存在そのものが、そのような保管場所が存在していたことの確かな証拠となっている。なぜなら、この中には「文法的な面から判断して、古代エジプト文明の最初期に作成されたことが確実な祭文や文節が含まれており、実際に書かれたのも、この時期かもしれない」からだ[137]。

ついでに触れておくと、ヘリオポリスの大神官は「天文学者の長」という肩書きをもっていた。それは墓の絵にも示され、絵でも星で飾られたマントを着ている[138]。したがって興味深いのは、一九世紀のオクラホマ州のスキディ・ポーニー族の習慣や信仰の記録だ。その記録によると部族長になったシャーマンの専門は天文学だったという。スミソニアン協会のアーカイブには、そのような人物の写真があるが、名前は「太陽の部族長」であり、星で飾られたマントを着ている[139]。同じようにスキディ・ポーニー族の習慣では、新生児を斑点入りの山猫の皮で包んでいた。これに関して、民族誌学者は次のように聞いている。

左:古代エジプトの神官は豹の皮のマントを着ていた。斑点は星々を示す。
神官は死者に死後の旅の準備をさせるための葬儀で重要な役割を果たしていた。
イメージはツタンカーメンの墓から。
中央:ギザのピラミッド群の宗教組織の中心地であるヘリオポリスの大神官。
肩書きは「天文学者の長」であり、このような星が飾られた服を着ていた。
写真:フェデリコ・ダヴェルニとニコラ・デッラクイラ。トリノ・エジプト博物館。
右:スキディ・ポーニー族の天文学者の部族長。
写真:国立人類学アーカイヴ(NAA)。スミソニアン協会。[bae gn 01285]

これは「子どもを天で包んだ」と言っているようなものだ。なぜなら、この獣皮は天界と星々を示しているからだ[140]。

ヘリオポリスの「天文学者の長」の場合、残っている描画から、彼らが羽織っている星模様のマントが、実は豹の皮であることがはっきりと分かる。豹の皮に星が装飾されていない場合、豹の斑点そのものが星を象徴すると信じられていた[141]。セムと呼ばれる特別な階級の神官たちもまた、豹の皮のマントを羽織っている。彼らは死者の葬儀で中心的な役割を果たしていた[142]。

誰からも異論が出ないのは、カホキアやマウンドヴィルのような偉大なミシシッピ文化の宗教中心地が、死者の儀式《カルト》に主要な焦点を当てていたことだ。これらの遺跡のマウンドのすべてに墓があるわけでも、共同墓地になっているわけでもないが、多くの場合は埋葬が行なわれている。北米大陸のほかの多くのマウンドやアースワークでも、同じことがいえる。モンテ・サノなどの最初期の場所でも、遺体に死後処置を施した証拠が見られる[143]。アデナ文化のマウンドは、主として埋葬地だ[144]。そしてホープウェルのアースワークに関しては、ウィリアム・ロメインが次のように書く。

これまでに知られている遺体のほとんど全部が、幾何学形の囲い地の中にあるマウンドに埋葬されていた。したがって、死者の遺体と囲い地には物理的関係があることになる。これが語るのは、ホープウェル文化が、幾何学形の囲い地と、個人の生から死への通り道とを結びつけていたことだ[145]。

「さらに」と、ロメインは付け加える。

ホープウェル文化は、幾何学的な囲い地を異世界への実際の入口、または戸口と見なしていた。当然ながら、来世への入口を創るための構造物という考えは、北米全体で知られていた。たとえば、オジブワ族の「シェーキング・テント〔揺れる天幕。宗教儀式に使用〕」には、上部に円形の穴があり、「天の穴へ魂が飛んで、障壁を乗り越え、霊の領域に旅ができる」ように特別に作られていた[146]。

工学的に必要なレベルには違いがあるが、オジブワ族のテントに開けられた穴と、大ピラミッドの星を照準とするスター・シャフトは本来の性質において同じだ。大ピラミッドのシャフトも、天界への魂の旅のためにあり、障壁を乗り越え、霊の領域へ到達させるものだった。

同じように、程度の差は大きいが、ギザ台地の幾何学的・天文学的に配列された建造物と、ミシシッピ川流域の幾何学的・天文学的に配列された構造物は、本質的には同じものだ。これらのすべてが、死を乗り越える魂の勝利という一つの目的と、それを達成する手段に結びつけられている。

だがそもそも、なぜ建造物が必要なのだろうか？　さらになぜ、特定の種類の構造物が必要なのだろうか？

[1] たとえば以下を参照：Robert L. Hall, *An Archaeology of the Soul: North American Belief and Ritual* (University of Illinois Press, 1997), 21 and 162–163; George F. Lankford, "The 'Path of Souls,'" in Kent F. Reilly III and James F.Garber (eds.), *Ancient Objects and Sacred Realms: Interpretations of Mississippian Iconography* (University of Texas Press, 2007), 193ff; George Lankford, "World on a String," in Richard F. Townsend and Robert V. Sharp (eds.), *Hero, Hawk and Open Hand: American Indian Art of the Ancient Midwest and South* (Yale University Press, 2004), 212; and Ray A. Williamson and Claire R. Farrer (eds.), *Earth and Sky: Visions of the Cosmos in Native American Folklore* (University of New Mexico Press, 1992), 219–220.

[2] Andrew Collins and Gregory Little, *Path of Souls: The Native American Death Journey* (ATA Archetype Books, 2014), 7–9を参照。Above Top Secret, "Southern Death Cult (Eye in the Hand),"(December 27, 2012), http://www.abovetopsecret.com/forum/thread912520/pg1 in conjunction with "The Mystery of Mayan and Egyptian Common Creation Myth," December 18, 2010, http://www.abovetopsecret.com/forum/thread909246/pg1.

[3] 征服前に存在していた数万冊の古写本のうち、生き残ったのはたったの四冊だった。たとえばMichael D. Coe, *The Maya*, 4th ed. (Thames and Hudson, 1987), 161（マイケル・D・コウ『古代マヤ文明』加藤泰建、長谷川悦夫訳、創元社）およびUniversity of Arizona Library, "Mayan Codex Facsimiles," http://www.library.arizona.edu/exhibits/mexcodex/maya.htm を参照。

[4] Mark Seeman, "Hopewell Art in Hopewell Places," in Richard F. Townsend and Robert V. Sharp (eds.), *Hero, Hawk and Open Hand: American Indian Art of the Ancient Midwest and South* (Yale University Press, 2004), 57.

[5] たとえばReilly and Garber, *Ancient Objects and Sacred Realms*, 一一二、一一五、一一八、一二五、一九三、一三〇ページほかを参照。

[6] 同右、五ページ。

[7] Lankford, "*The 'Path of Souls*,'" 175.

[8] 同右。

[9] George Lankford, "The Great Serpent in Eastern North America," in Reilly and Garber, *Ancient Objects and Sacred Realms*, 134–135.

[10] George Lankford, "Some Cosmological Motifs in the Southeastern Ceremonial Complex," in Reilly and Garber, *Ancient Objects and Sacred Realms*, 8.

[11] Lankford, "The Great Serpent in Eastern North America," 134–135.

[12] E. A. Wallis Budge, *The Book of the Dead* (Arkana, 1985), lxv.（E・A・ウォリス・バッジ『死者の書』）

[13] 同右、lxv–lxxi および Ian Shaw and Paul Nicholson, *British Museum Dictionary of Ancient Egypt* (British Museum Press, 1995), 四七、一四六ページからの情報。（イアン・ショー、ポール・ニコルソン『大英博物館古代エジプト百科事典』内田杉彦訳、原書房）

[14] Pyramid Texts, Lines 312–313 in R. O. Faulkner (ed. and trans.), *The Ancient Egyptian Pyramid Texts* (Oxford University Press, 1969), 68.

[15] 同右、九四ページ、第四七四行。

[16] 同右、二九四ページ、第二〇五七～二〇五八行。

[17] E. A. Wallis Budge, *The Egyptian Heaven and Hell* (Martin Hopkinson, 1925)（3 volumes in one edition, page numbers reset to 1 with each volume), vol. 2, 196.

[18] Ake Hultkrantz, *Conceptions of the Soul Amongst Native American Indians* (Ethnographical Museum of Stockholm, 1953), 七〇ページに引用。

[19] 同上。

[20] Budge, *The Book of the Dead*, 542.

[21] Hultkrantz, *Conceptions of the Soul Amongst Native American Indians*, 116.

[22] 同右、七七ページ。

[23] 同右。

[24] 同右、七九ページ。

[25] 同右、八八ページ。

[26] 同右、一一二ページ。

[27] Ake Hultkrantz, *Shamanic Healing and Ritual Drama: Health and Medicine in Native American Religious Traditions* (Crossroad, 1992), 32. Hultkrantz, *Conceptions of the Soul Amongst Native American Indians,* 二六～二七ページも参照。

[28] Lankford, "The 'Path of Souls,'" 175–176, 181.

[29] F. Dunand and R. Lichtenberg, *Mummies and Death in Egypt* (Cornell University Press, 2006), x:「葬式の間、魔法の祭文が唱えられ、それらの言葉は死者の書に写された。死者の書は死者と共に墓の中に置かれる。遺体に添えられるのは、小さな立像や儀式の用具、魔よけの飾り、この人生で使った道具などだ。ひとたび墓に安置されると魂は死者のいる領域を動き回ると同時に、太陽の毎日の日没と復活の道を共にする。機動性のある「魂」であるバーは日光に向かって急上昇してから棺の中の防腐処理された遺体の中に戻る。もう一つの「魂」であるカーは、肉体の非物質的な側面であり、遺族が葬式の場に持ち込んだ食べ物や飲み物を摂取した。遺族は石碑に刻まれた死者の名を声に出して呼ぶことで、その名を永続させた。こうすることで、死者に神の潜在的能力を与えることができると信じられていた。ということは人類学的に見ると、生きるということに関して、私たちよりもはるかに複雑な考えを持っていたことになる。典型的な石棺は、神のイメージにふさわしいマスクと大きなカツラをかぶったミイラ形だが、より優れた尊厳を示す象形文字でもある（エジプト語ではサフ）」

[30] Pyramid Texts, Line 1109, in Faulkner, *The Ancient Egyptian Pyramid Texts,* 183.

[31] Ake Hultkrantz, *The North American Indian Orpheus Tradition* (Ethnographical Museum of Stockholm, 1957), 一二一ページに引用。

[32] Lankford, "The 'Path of Souls,'" 181.

[33] 同右に引用。

[34] Hultkrantz, *The North American Indian Orpheus Tradition, 61* に引用。

[35] Pyramid Texts, 138, Lines 747–748 in *The Ancient Egyptian Pyramid Texts*.

[36] Budge, *The Egyptian Heaven and Hell,* vol. 3, 103–104.

[37] Lankford, "The 'Path of Souls,' 176.

[38] Budge, *The Egyptian Heaven and Hell,* vol. 3, 104.

[39] Lankford, "The 'Path of Souls,'" 176.

[40] Pyramid Texts, in *The Ancient Egyptian Pyramid Texts,* 135, Line 723. 41. 同右、253, Line 1717.

[42] 同右、二五九ページ、第一七六三行。

[43] 同右、一四四ページ、第八〇二〜八〇三行。

[44] 同右、二三六ページ、第一五六一行。

[45] 同右、七〇ページ、第三二六行。

[46] 同右、七八ページ、第三七九行。

[47] Lankford, "*The 'Path of Souls,*'" 176–177.

[48] オリオン星雲は、空でもっともよく研究されている対象の一つ。たとえば F. Palla and S. W. Stahler, "Star Formation in the Orion Nebula Cluster," *Astrophysical Journal 525,* no. 2 (1999), 772 を参照。「私たちはオリオン星雲の密集した星団で星が形成される活動を記録し研究している、このモデルでは、星が一定の速度で作られ、星と場の初期質量関数にしたがって分布することを前提にしている」。

[49] Lankford, "*The 'Path of Souls,*'" 193.

[50] 同右、二〇三〜二〇四ページ。

[51] Pyramid Texts, in *The Ancient Egyptian Pyramid Texts,* 166, Line 980.

[52] 同右、一五六ページ、第八九〇〜八九一行。

[53] 同右、七〇ページ、第三二四行。

[54] 同右、七九ページ、第三九二行。

[55] 同右、一三五ページ、第七二七行。

[56] 同右、一五八ページ、第九〇七行。

[57] 同右、二三八ページ、第一五八三行。

[58] 同右、二四九ページ、第一六八〇行。

[59] 同右、一四四ページ、第七九九行。

[60] R. O. Faulkner, *The Book of the Dead* (British Museum Publications, 1972), 62, Spell 42.

[61] Pyramid Texts, in *The Ancient Egyptian Pyramid Texts,* 253, Line 1720.

[62] Susan Brind Morrow, *The Silver Eye: Unlocking the Pyramid Texts* (Head of Zeus, 2016), Kindle location 433.

[63] *The Ancient Egyptian Pyramid Texts,* 144, Line 803.

[64] 同右、二五三ページ、第一七一七行。

[65] 同右、四四ページ、第一五一行。

[66] 同右。

[67] Lankford, "*The 'Path of Souls,*'" 177.

[68] Budge, *The Egyptian Heaven and Hell,* vol. 3, 104.

[69] George Lankford は、アメリカ先住民の伝統と、死者の書には明瞭な類似点があることを指摘する。George Lankford, *Reachable Stars: Patterns in the Ethnoastronomy of Eastern North America* (University of Alabama Press, 2007), 204. F. Kent Reilly III, "The Great Serpent in the Lower Mississippi Valley" も Visualizing the Sacred の中で同じ考えを表明している。*Visualizing the Sacred: Cosmic Visions, Regionalism and the Art of the Mississippi World* (University of Texas Press, 2011), 122–123.

[70] Benny Shanon, *The Antipodes of the Mind: Charting the Phenomenology of the Ayahuasca Experience* (Oxford University Press, 2002), 132.

[71] G. Reichel-Dolmatoff, *Beyond the Milky Way: Hallucinatory Imagery of the Tukano Indians* (UCLA Latin America Center Publications, 1978), 13.

[72] Faulkner, *The Book of the Dead,* 90. R. O. Faulkner, "The King and the Star-Religion in the Pyramid Texts," in *Journal of Near Eastern Studies 25* (1966), 154n7 も参照。Virginia Lee Davis は Archaeoastronomy 9 (JHA xvi) (1985), 一〇二ページで、天の川と「曲がりくねった水路」を結びつけている。天文考古学者でエジプト学者の Jane B. Sellers も、V. L. Davis と同じ結論に達している（J. B. Sellers, *The Death of Gods in Ancient Egypt* [Penguin Books, 1992], 97）。詳しい議論と追加の情報源については、Bauval, The *Orion Mystery*, 119–121 も参照。

[73] Budge, *The Egyptian Heaven and Hell*, vol. 3, 90.

[74] Pyramid Texts, 258, Line 1760.

[75] Ake Hultkrantz, *The Religions of the American Indians* (University of California Press, 1979) (originally published in 1967 as *De Amerikanska Indianernas Religioner*), 133.

[76] Lankford, "The 'Path of Souls,'" 177.

[77] Budge, *The Egyptian Heaven and Hell*, vol. 3, 89.

[78] 同右、八九〜九〇ページ。

[79] 同右、xii。

[80] 出典はすべて同右、特に一三〜一四、五九〜六〇、一一〇〜一一五、一三六、二四九〜二五一、二八二〜二八三ページ（"the Slaughterers of Apep"）。

[81] 同右、一〇九ページ。

[82] 同右、一一三ページ。

[83] Hultkrantz, *The North American Orpheus Tradition*, 97–98.

[84] Lankford, '*The Raptor on the Path*," in Visualizing the Sacred, 243.

[85] Alanson Skinner, *Observations on the Ethnology of the Sauk Indians* (Greenwood Press, first published 1923–25, reprinted by Greenwood Press 1970), 36.

[86] たとえば Hultkrantz, *The North American Indian Orpheus Tradition*, 54, 75; Lankford, '*The Path of Souls*,'" 178, 182–183, and Lankford, '*The Raptor on the Path*," 244–245.

[87] Hultkrantz, *The North American Indian Orpheus Tradition*, 80; Lankford, '*The 'Path of Souls*,'" 178, 182–183 および Lankford, '*The Raptor on the Path*," 244–245 も参照。

[88] Hultkrantz, *The North American Indian Orpheus Tradition*, 54. Lankford, '*The 'Path of Souls*,'" 178 も参照。

[89] Lankford, '*The 'Path of Souls*,'" 206–207 および Lankford, '*The Great Serpent*," 108–114 の議論を参照。

[90] Lankford, '*The 'Path of Souls*,'" 178.

[91] Budge, *The Egyptian Heaven and Hell*, vol. 3, 37.

[92] 同右、vol. 1, opposite 102, Vignette "The Kingdom of Seker."

[93] たとえば同上、Vignette "The Kingdom of Seker," opposite 七〇ページおよび七四ページを参照。Faulkner, *The Book of the Dead*, 86—the Sa'Ta snake も参照。

[94] Lankford in *Ancient Objects and Sacred Realms,* 107ff and 174–175ff.
[95] 同右、一一二ページに引用。
[96] Hultkrantz, *The Native American Orpheus Tradition,* 78–81 の議論を参照。
[97] Frances Eyman, “An Unusual Winnebago War Club and an American Water Monster,” *Penn Museum Expedition 5,* (1963), no. 4: 33, https://www.penn.museum/sites/expedition/an-unusual-winnebago-war-club-and-an-american-water-monster/.
[98] Lankford in *Ancient Objects and Sacred Realms,* 107–119.
[99] 同右、一一一ページに引用。
[100] 同右に引用。
[101] G. Elliot Smith, *The Evolution of the Dragon* (Manchester University Press, 1919), 94.
[102] Lankford in Ancient Objects and Sacred Realms, 109–110.
[103] 同右、一一一ページ。
[104] たとえば Graham Hancock, *Fingerprints of the Gods*（Crown, 1995）（グラハム・ハンコック『神々の指紋』大地舜訳）四二三～四二四ページの議論を参照。
[105] F. Kent Reilly III, “Visualising the Sacred in Native American Art of the Mississippian Period,” in *Hero, Hawk and Open Hand,* 一二八ページ中の報告。
[106] R. O. Faulkner (trans. and ed.), *The Ancient Egyptian Coffin Texts* (Aris & Philips, 1973), vol. 1, 261.
[107] James Mooney, *Myths of the Cherokee* (Government Printing Office, Washington DC, 1900, reprinted by Dover Publications 1995), 二五九ページに引用。
[108] 同右。
[109] 同右。
[110] Faulkner, *The Ancient Egyptian Coffin Texts,* vol. 1, 190, Line 326.
[111] F. F. Leek, “Further Studies Concerning Ancient Egyptian Bread,” *Journal of Egyptian Archaeology* 59, no. 1 (1973), 一九九～二〇四ページ特に一九九ページを参照。「上エジプトと下エジプトのどこの遺跡でも、もっともよく見つかる穀物は小麦と大麦だった。その中でもエンマー小麦（フタツブコムギ）はもっとも

重要な品種だった」。二〇一ページも参照。「テーベのミイラ化した腹部から採取された二つのサンプルによると、食べていたパンの唯一の成分はエンマーだった。別のサンプルでは他の穀物も混じっていた。それらの遺体はテーベから来ているので、エンマーが上エジプトで一般的に使用されていたことを示唆している」。

[112] Christopher Knight and Robert Lomas, *The Hiram Key: Pharaohs, Freemasons and the Discovery of the Secret Scrolls of Christ* (Arrow Books, 1997), 152（クリストファー・ナイト、ロバート・ロマス『封印のイエス：「ヒラムの鍵」が解くキリストのミステリー』松田和也訳、学習研究社）：Knight と Lomas は、古代エジプト人がホルスを「明けの明星」と見なしていたと示唆している。オシリスがピラミッド・テキストの一〇〇〇～一で次のように言うからだ。

天の葦舟が私のために用意されている
私がそれで地平線のラーのところへ渡れるように
私は彼らの間に立つ、月は私の兄弟で
明けの明星は私の子だからだ

著者らはさらに、ピラミッド・テキストの三五七節、九二九節、九三五節、および一七〇七節でも死せる王の子であるホルスは明けの明星とされている、と示唆し、一五三ページで次のように述べる。「エジプトでは、新しい王ホルスは明けの明星であり、一時的・比喩的な死からよみがえる（高位のフリーメーソンのように）」. Rolf Kraus, "Stellar and Solar Components in Ancient Egyptian Mythology and Royal Ideology," in Michael A. Rappenglecuk et al. eds., *Astronomy and Power: How Worlds Are Structured*, Proceedings of the SEAC 2010 Conference, BAR International Series 2794 (2016), 一三七～一四一ページも参照。

[113] James Brown, "On the Identity of the Birdman within Mississippian Period Art and Iconography," in Reilly and Garber, *Ancient Objects and Sacred Realms*, 71.

[114] E. A. Wallis Budge, *The Gods of the Egyptians* (originally published 1904, reprinted by Dover Publications, 1969), 二八四～二八七を参照。*The British Museum Dictionary of Ancient Egypt*, 八八、二二〇ページも参照。

［115］ Budge, *The Book of the Dead,* 538. Faulkner, *Book of the Dead,* 一六三ページも参照。

［116］ Pyramid Texts, 191, Lines 1188–1189.

［117］ Hultkrantz, *The Religions of the American Indians,* 64.

［118］ William F. Romain, *Shamans of the Lost World: A Cognitive Approach to the Prehistoric Religion of the Ohio Hopewell* (AltaMira Press, 2009), 48–51 を参照。

［119］ Pyramid Texts, Utterance 667A, 281, Line 1943.

［120］ Hultkrantz, *Conceptions of the Soul,* 97.

［121］ 同右、二六七ページ。

［122］ 同右、四三二ページ。

［123］ Veronica Ions, *Egyptian Mythology* (Newnes Books, 1986), 136.（ヴェロニカ・イオンズ『エジプト神話』酒井伝六訳、青土社）

［124］ 詳細は Graham Hancock and Santha Faiia, *Heaven's Mirror: Quest for the Lost Civilization* (Penguin, 1998), 六八～七五ページを参照。（グラハム・ハンコック、サンサ・ファイーア『天の鏡：失われた文明を求めて』大地舜訳、翔泳社）

［125］ Alice C. Fletcher and Francis La Flesche, *The Omaha Tribe, Twenty-Seventh Annual Report of the Bureau of American Ethnology* (Smithsonian Institution, 1911), 590.

［126］ Joseph Epes Brown, *The Sacred Pipe* (University of Oklahoma Press, 1953, 1989), 29n13.

［127］ Hultkrantz, *The Religions of the American Indians,* 133–134.

［128］ Lankford in Reilly and Garber, *Ancient Objects and Sacred Realms,* 208.

［129］ 同右、二二〇ページ。

［130］ 同右、二二一ページ。

［131］ Pyramid Texts, 93, Line 469.

［132］ Pyramid Texts, Utterance 697, 305, Line 2175.

［133］ Coffin Texts, vol. 1, 36, Line 185.

［134］ E. K. Holt et al. (eds.), *Concerning the Nations: Essays on the Oracles Against the Nations in Isaiah,*

Jeremiah and Ezekiel (vol. 612) (Bloomsbury, 2015), 三五。著者らはイザヤ書・エレミア書・士師（しし）記・ヨブ記の死海文書訳に基づいて、ヘブライ語の「太陽の都市」「太陽の家」がヘリオポリスを意味すると理解している。古代エジプト名はイウヌだ。創世記四一：四五やエゼキエル書三〇：一七では「オン」と呼ばれている。たとえば、

彼はまた、エジプトの地にある太陽の神殿のオベリスクを破壊し、エジプトの神々の神殿を火で焼き払う。（エレミア書四三：一三）

ファラオは、ヨセフの名をツァフェナト・パネアとし、オンの祭司ポティ・フェラの娘アセナトを妻として与えた。ヨセフはエジプトの地に知れ渡った。（創世記四一：四五）

オンとピ・ベセトの若者たちは剣に倒れ、女たちは捕らわれて行く。（エゼキエル書三〇：一七）

［135］同上。

［136］Budge, *The Egyptian Heaven and Hell,* vol. 3, 12.

［137］同右、三～四ページ。

［138］I. E. S. Edwards, *The Pyramids of Egypt* (Penguin, 1993), 286.

［139］Von Del Chamberlain, *When Stars Come Down to Earth: Cosmology of the Skidi Pawnee Indians of North America* (Ballena Press/Centre for Archaeoastronomy, University of Mary- land, 1982), 20 に複製が掲載。

［140］同右、二四、一三〇ページ。

［141］P. Lacovara, *The World of Ancient Egypt: A Daily Life Encyclopedia* (2 volumes)（ABC-CLIO, 2016), 183. Anke Napp, "Priests of Ancient Egypt," http://www.ancient-egypt-priests.com/AE-Life-en glish.htm:「大神官は帯を着けた。帯にはたぶん、ファラオのものと似た金の飾りが付いていた。また、豹の皮をまとっていた。豹は神聖な動物であり、古代の天空の女神マフデトの化身と考えられていた。おそらく古代エジプト人は豹の皮の斑点を見て、星を思い起こしたのだろう。豹の皮を模した布には、斑点の代わりに星形の模様があった。豹の皮は死後の世界における復活や再生の信仰や、太陽神ラーとも結びついていると見なされた。このことは第五王朝のピラミッド・テキストまでさかのぼることができる。特にセム神官は、葬式の前にミイラに魂を吹き込む儀式を行なったが、この特別の衣服を着ていた。さらには死者も着ていた。この場合は洗礼服のようなものと見ることができる。こちらは帯のほかに装飾品は身に付けなかった」

Anand Balaji, "Sem Priests of Ancient Egypt: Their Role and Impact in Funerary Contexts-Part 1" (Ancient Origins, May 6, 2018), https:// www.ancient-origins.net/history/sem-priests-ancient-egypt-their-role-and-impact-funerary-con texts-part-0010007 および part 2: https://www.ancient-origins.net/history/sem-priests-ancient-egypt-service-king-and-country-part-ii-0010009 も参照。

http://www.ancient-origins.net/history/sem-priests-ancient-egypt-their-role-and-impact- funerary-contexts-part-0010007 および http://www.ancient-origins.net/history/sem-priests-ancient-egypt- service-king-and-country-part-ii-0010009 も参照。

[142] M. Verner, *Temple of the World: Sanctuaries, Cults, and Mysteries of Ancient Egypt* (American University in Cairo Press, 2013), 29; Anand Balaji, "Sem Priests of Ancient Egypt: Their Role and Impact in Funerary Contexts," parts 1 and 2. ［WEB SITE:ANCIENTORIGINS］

[143] *Cultural Resources Evaluation of the Northern Gulf of Mexico Continental Shelf, Vol I: Prehistoric Cultural Resources Potential,* Office of Archaeology and Historic Preservation, National Park Service, Washington, DC, 1977, 243.

[144] Don W. Dragoo, "Mounds for the Dead: An Analysis of Adena Culture," *Annals of the Carnegie Museum 37* (1963) の議論を参照。

[145] William F. Romain, *Mysteries of the Hopewell: Astronomers, Geometers and Magicians of the Eastern Woodlands,* 204.

[146] 同右、二〇四～二〇五ページ。

第24章　死後の天文学と幾何学

私が言いたいことは、古代エジプトの宗教が古代北米に持ち込まれたことでは**ない**。古代北米の宗教が古代エジプトに持ち込まれたことでも**ない**。私は旧世界と新世界が、互いに孤立していたという科学的同意に賛同している。一万二〇〇〇年以上にわたって、遺伝子的にも文化的にも重要な接触は、確かになかった。さらに、古代エジプトと古代北米の宗教システムはよく似ているが、直接的な「宣教」や「改宗」活動で説明できるとも思っていない。その時期が最近だろうと、太古だろうと同じだ。直接的な接触があったとするには、あまりにも多くのよく目立つ、明らかな違いがあり、その土地の状態や文化にあまりにも深く順応している。

それでは前の章で説明した衝撃的なほど似ている信仰やシンボルについては、どう考えたらよいのだろう？　両方の宗教が、魂の旅の最初に西方に赴き、足場をつくっている。次にオリオン座の入口に「跳躍」する。その入口を抜けると天の川に入る。天の川に沿って旅を続けると、挑戦や試練に直面する。そして審判があり、魂の運命が決定される。

多くの違いが直接的な影響を否定しているのと同じように、私の考えでは、似ている面があまりにも多く、あまりにも明らかなので、たんなる「偶然」だとするわけにもいかない。もっと優れた説明を探す必要がある。その面で助けとなるのは、遺伝子でも似たようなことが起きていることだ。たとえば、二つのまったく異なるグループに属する人々が、はるか遠く離れて暮らしており、その間には地理的に越えがたい障壁があり、DNAを交換する機会はゼロのはずなのに、よく目立つ遺伝子グループを共有していることがある。このような場合、解答は古代人類に求めることが多い。現代に生きてはいない人々、つまり「幽霊」集団だ。彼らこそが両者に共通する大昔の祖先となる。その結果、まったく関係がないと思われる人間集団に、驚くような遺伝子の類似が見つかるのだ。

考古学の領域では、E・A・ウォリス・バッジが似たような問題に直面している。古代メソポタミアの神シンと、古代エジプトの神トトは両者とも「月」の神だが、よく似ている。バッジの見解では、「偶然にしては類似性が多すぎる。だが、エジプト人がシュメール人から取り入れたとか、シュメール人がエジプト人から拝借したと考えるのも間違いだ。一つの納得できそうな解釈は、両方の文明の知識人たちが、神学的システムを、極めて古い共通する源泉から借りてきたことだ」[1]

いまは亡きロンドン大学エジプト学科長ウォルター・エメリーも、古代エジプトと古代メソポタミアの類似性を検討している。彼は一つの文化からもう一つの文化に直接的な影響があったと説明することは不可能だと悟った。そして次のように結論している。

私たちが得ている感触では、間接的な結びつきだ。たぶん第三者がいたと思う。その影響がユーフラテス川流域とナイル川流域の両方で広がった……現代の学者たちは、まだ見つかっていない仮説的な地域から、両地域に移民があった可能性を無視する傾向が強い。だが、第三者がいて、その文化的偉業が、個別にエジプトとメソポタミアへ伝えられたという考え方のほうが、二つの文明の共通点と根本的な違いを説明するには適切だ[2]。

私が提唱していることも本質的に同じだ。共通する特徴と根本的な違いが、古代エジプトと古代北米の二つの宗教の間に見られる。この不可解な状態を説明できる最適の仮説は、さらに古い、まだその起源も確かではない宗教があり、それが共通の祖先となっていることだ。エジプトと北米に、この「DNA」があることには、年代的な意味もある。証拠から見て、旧世界と新世界は、氷河期の終わりからコロンブスの時代まで、一万二〇〇〇年以上にわたって互いに孤立していた。

ペルーのアマゾン地域に住むシピボ族のアヤワスカに影響された芸術。
複雑かつ幾何学的なイメージで著名。／写真:左上と下はルーク・ハンコック
上中央はスミソニアン協会アメリカ・インディアン国立博物館［19/5940］.上右は“DADEROT.”

したがって、ナイル川流域とミシシッピ川流域で栄えた宗教の共通する祖先は、一万二〇〇〇年よりも前に存在していたはずだ。この先祖の宗教は……宗教システムのほうが適切な言葉だが……天文学と幾何学のミームを利用していた。このミームを伝えるのは建造物のプロジェクトであり、建造物は文化を超え、時代を超えて自らを再生させている。このシステムの特質は、休止状態を数千年間も続けられることだ。それから謎のように姿を現し、再び、満開に咲き誇れることだ。

この件についてここで議論することが目的ではない。だが、このシステムが、二一世紀の現在も、なんらかの姿で冬眠中である可能性も否定できない。さらには、再び時機を捉えて目覚める可能性す

らある。

現在、世界中で、偉大な教師としての植物・アヤワスカへの興味が爆発的に高まっているが、もしかすると、冬眠からさめる最初の告知を見ているのかもしれない。同時に、アヤワスカに刺激された幾何学的芸術が人目に触れることも多くなったように思える。

この宗教システムが拡散する背後には、推進する人々がいるという考えも、アヤワスカへの興味の高まりと矛盾しない。それどころか、この宗教システムの起源自体が、幻覚の経験に基づくのかもしれない。そうであった場合、拡散をしている人々は、間違いなく、幻覚を起す植物を見つけ次第、「植物という同盟者」を活用していることだろう。

答えは予想外の場所に？

アレキサンドリア図書館は焼かれ、五世紀から六世紀の狂信的なキリスト教の暴徒たちは、血迷って神殿を破壊した。その結果、古代エジプトを「世界の光」とした知恵の蓄積の多くが失われた。だがそれでも古代エジプト人は、多くを石に彫刻し、パピルスなどの媒体に多くを書き残している。さらには、三〇〇〇年以上にもわたり偉大な建築家であり、多作の芸術家でもあった古代エジプト人たちは、霊の考え方に関する膨大な知識という財産を私たちに残してくれている。

一方、北米では、ヨーロッパ人の征服により、計り知れない破壊、民族虐殺、先住民文化のほぼ完璧な抹殺が繰り広げられたが、その規模はまったく違った。それは徹底的な、急速に起こった文化的大激変だった。その結果、なんの記録も残っていなかったり、あるいは膨大な記録の欠落が起こっている。したがって、ミシシッピ川流域の偉大なアースワークやマウンドが、死や来世に関する信仰と結びついていることは分かっているが、**なぜ**この信仰にジオグリフやマウンドの建造が必要なのかを説明する神話や伝承が残されていない。あるいは、これらの建造物がなぜ、複雑な幾何学や、天文学的な配列を必要とするのかも不明だ。

それにしてもカホキアやマウンドヴィルやニューアーク・アースワークスやワトソン・ブレークを創造するには、莫大なエネルギーと努力と、創意と、労働力を組織化する能力を必要とする。したがってこのようなプロジェクトを遂行するには、参加者を鼓舞できる、極めて重要な動機を必要とする。この動機に関する証拠は、北米には残っていない。そこで古代エジプトの様々な『葬祭文書』の中に、その答えがあるかどうかを探ってみよう。

正方形、長方形、楕円、円

これまでに様々なテキストを読んできたが、そこには幾何学的な引用がたくさんあったことを覚えていた。さらにその索引も作ってあったので、それを調べることにした。いくつかの例を挙げよう。

『死者の書』の一〇八章には「東の空には……日の出の山がある。長さは三万キュービット〔肘から中指の先端までの長さ〕で幅は一万五〇〇〇キュービットだ」とある[3]。

この長さと幅の比率であれば、どんな計測単位であっても二対一の完璧な長方形になるが、メートル法で表すと、それぞれ約一万五〇〇〇メートルと約七五〇〇メートルとなる。

奇妙な「山」だ！

一八章には、「ラーの領域の四面と地球の幅の四倍」という曖昧な幾何学的な表現がある[4]。ラーは太陽神で、「地球の幅」を知ることは「幾何学」の仕事であり、文字どおり「地球の計測」だ。

死者の書の一一〇章を見てみよう。

> 神ホルスはタカのように自らを強くする。それは長さが一〇〇〇キュービットで幅が二〇〇〇キュービットだ[5]。

書記は古い原書から写本したようだ。長さと幅の概念を取り違えている。それにしても、これは二対一の長方形であり、辺はほぼ一〇〇〇メートルと五〇〇メートルに相当する。

『ドゥアトにあるものの書』には別の長方形の区域が出てくる。名前はセケト＝ヘテペトで、縦横はほぼ同じ長さで、次ページの挿絵を見ても正方形に見える。この正方形は水が満杯の堀でつ

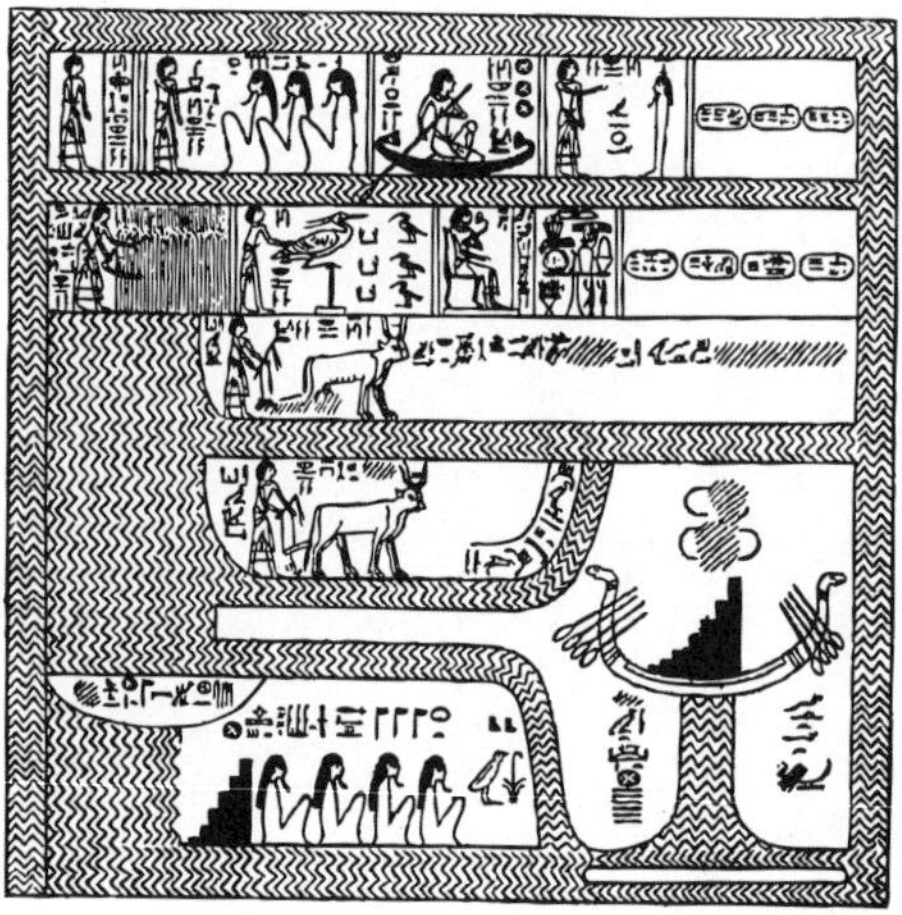

セケト＝ヘテペト（ネブセニのパピルス。大英博物館）

くられていて、その内部の陸地は運河で区分けされている[6]。

ドゥアトの第二部門の名前は「チャウ」だが、長さが四四〇キュービットで、幅も四四〇キュービットだ[7]。

これはどのような計測単位を使っても正方形だ。だいたい二二〇メートル×二二〇メートルとなる。その後に出会うドゥアトの第七部門も、同じ寸法を持つ正方形の囲い地だ[8]。

ソカルの地は、審判の間が出てくる第五部門の一部だが、「頂点の女神」と遭遇することになる[9]。同じ部門で「角度の神」にも遭遇するが、この神のヒエログリフには直角三角形が組み込まれている[10]。直角三角形は測量や三角法の基礎だ。ソカルの地の中心部は、人間の頭を持つ二頭のライオン型スフィンクスの上に横たわっている。背中の上には細長い楕円形があるが、その上にはピラミッドがそびえ、その頂点には女神の頭が載っている[11]。

今度はコフィン・テキストを見てみよう。そこには、巨大な船というか「帆船」の寸法が記されている。

帆船の半分の長さが一〇〇万キュービットある。右舷、船首、船尾、左舷で四〇〇万キュービットになる[12]。

これは「帆船の半分の長さ」で五〇〇キロメートルになり、ほかに記述されたところ全部で二〇〇〇キロメートルとなる。つまり、幾何学的には一対四の比率となる。

古代エジプトの星空の冥界には正方形や長方形や楕円形でなく、完璧な円も至るところにある。

コフィン・テキストに戻ると「サークル状にホルスの柱がある。暗闇が明ける場所の北にある」という[13]。

『死者の書』では「クエルティの神」に出会うことになる。それは正に「円」だ。死後の旅に出た魂は、この円の神に出会うと、誉めたたえる賛美の歌を唄う義務がある[14]。

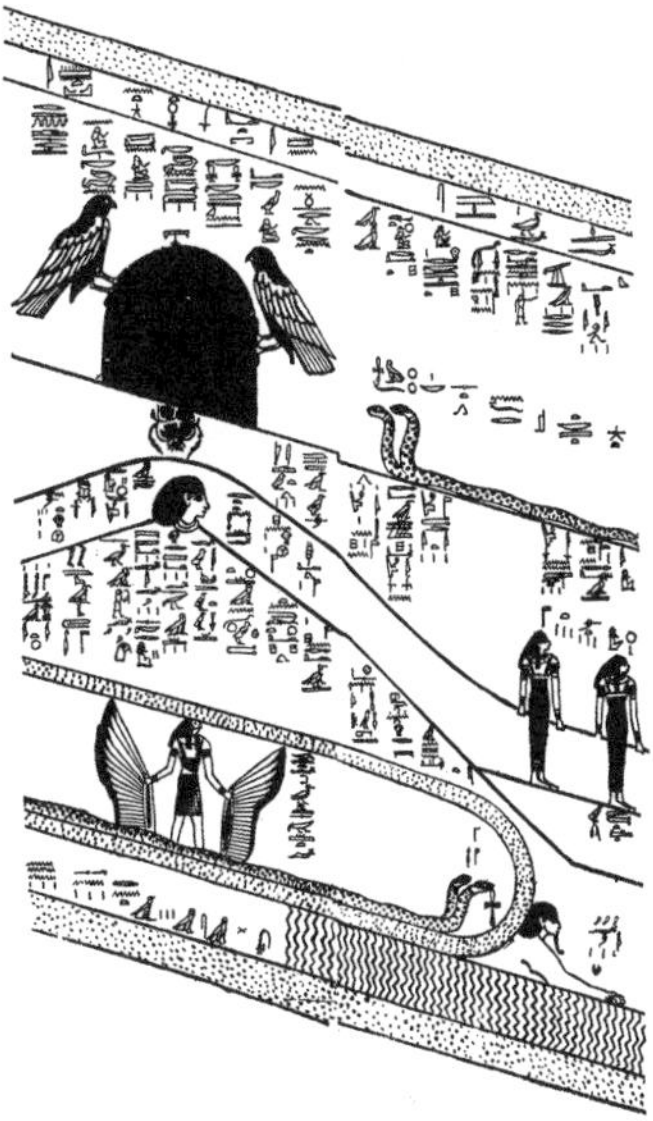

ピラミッドが楕円形の囲い地の上に載っている。
ソカルの地。

『ドゥアトにあるものの書』における第五部門では、太陽神ラーと関係づけられた「円」は「ドゥアトの道と一体化している」と語られる[15]。第七部門の旅は「オシリスの円の道」で行なわれる[16]。第八部門では「隠れた神々が円陣をつくり、砂地にいる」という[17]。さらに五つの「ドゥアトの円」があり、「扉」から入ることが述べられている[18]。

さらにこれから見ていくが、テキスト全体で極めて重要な場所である「ドゥアトの隠された円」が何度も語られる[19]。これらはドゥアトそのものが円形であることを示している。

ドゥアトは円形。

ウォリス・バッジは『門の書』に描かれる場面が「オシリスの体が丸く折られて円を描き、その中のヒエログリフは、これがドゥアトだと宣言している」と指摘する（右図）[20]。

太陽と月

『葬祭文書』類のテキストには星と星座への言及があまりにも多く、そのことをここで特に語るまでもないが[21]、ドゥアトを通り抜ける旅では、たびたび「月」と出会う。たとえば、第二部門の挿絵には船が出てくる。その目的についてバッジは、「船は満月の円盤を支えるためにある……円盤の隣には神が膝をつき、マアトを保持している。マアトは羽根で象徴されているが、さらにMAATという言葉で説明されている」と述べている[22]。

前の章で述べた古代エジプトの審判の場面でも重要なのは、法と正義、調和、均衡の考えを大事にする女神マアトの概念だ。この概念と月を関係づけるのは適切だ。なぜなら、月は地球の「均衡」と「安定」において重要な役割を果たしているからだ[23]。

太陽もまた、たびたび船に乗せられて描かれるが、ドゥアトでも重要な目立つ存在だ。ドゥアトにおける太陽は、赤々と燃え、毎夜の恐怖を乗り越えて不屈の道を進む希望と復活のシンボルだ。死者の魂も、運が良ければ同伴者として、この船に乗せてもらえる。この程度までは想定内だろう。だがテキストの一節で興味深いのは、古代エジプト人たちが、至点（夏至・冬至）に特別な関心を払っていたことだ。ナイル川流域の偉大な神殿のいくつかは、至点に合わせて壮大な配列をしている。特にルクソールにあるカルナック神殿が有名だ。

至点の特別な性格は六月二一日頃と、一二月二一日頃に見られる。この時、太陽は日没や日の出の地平線で到達可能な最北と最南から昇降する。太陽は地平線で振り子の揺れのように動いているが、この日には太陽の円盤が、それ以上、南にも北にも行けないことでその場で「停止」しているように見える。それが三日間ほど続く。この関連で、幾何学的で奇妙な「日の出の山」をもう一度、検討してみよう。これは『死者の書』の一〇八章に出てくるが、前に述べた引用〔二三二ページを参照〕を続けよう。

山の崖には大蛇がいる。その長さは三〇キュービットだ。その長さの最初の八キュービットは、固い石と輝く金属で覆われている……ラーが立って停止して大蛇を見つめた。そのためラーの船が停止することになった。そして偉大な眠りが船上のラーに訪れた[24]。

この文章は至点のことを語っているとしか思えない。色彩豊かで抒情的で、詩的に夏至・冬至に起こることを述べている。

同じようにコフィン・テキストには、次のように書かれている。

私は地平線の上昇する場所に来ている。私はラーに天空の門を示す……ラーのために通路を準備する。ラーが停止をする時のために[25]。

これもまた夏至・冬至の至点のことに違いない。ラーという全能の太陽神が停止する時は、ほかにはない。

アースワーク

古代エジプトの冥界には土手道がある。

「私はあの偉大な土手道を旅する」とコフィン・テキストの呪文六二九で死者が宣言している。「その上を、偉大な者たちは旅を続ける」[26]。

ピラミッド・テキストの六七六節には、行脚《あんぎゃ》する人に、遺品について注意を促す文がある。

彼の兄弟オシリスに行なったことを、彼にもせよ。骨を整え、魂を正しくし、土手道を旅する日に[27]。

七一八節では、

喪中の女性はイシスとしてあなたを呼ぶ。係留柱にいる人は、ネフティスとしてあなたに呼びかける。あなたが、土手道に現れた時に[28]。

非常に多くの場合、土手道が出てくるとマウンドも関係してくる。この文章は次のように続く。

あなたが、ホライト・マウンド群（ホルス神に捧げられたマウンド群）に旅されますように。あなたがセトイテ・マウンド群（セト神に捧げられたマウンド群）に旅されますように。あなたはあなたの霊をおもちだ。おぉ、王なる父よ……あなたが霊になりますように[29]。

四七〇節では、死者が母の魂「秘密の地の婦人」に情報を与える。

「私は天にまいります。父に会うかもしれません」

「ハイ・マウンドですか？」と婦人。「それともセトのマウンド群ですか？」

「ハイ・マウンドです」と死者は答えた。「そこからセトのマウンド群に行きます」[30]

これは非常に興味深いが、明らかに暗号のような言葉であり、明快に翻訳をすることは難しい。これが様々な『葬祭文書』の中で続けられる。

ホライト・マウンド群だけでなく、セトイテ・マウンド群もあり、さらにはオシリスのマウンド群もある[31]。また南方のマウンド群や北方のマウンド群もあり、魂はこれらを訪問し、ドゥアトを通る旅を続けなければならない[32]。またバッジが述べているドゥアトの第五部門のピラミッドは、時おり、「空洞のマウンド」[33]や「土のマウンド」[34]とも呼ばれている。コフィン・テキストには「マウンド群の上にいる神々」[35]という言葉もあり、その後に「マウンド群は町となり、町がマウンド群になる」とも書かれている[36]。「神々の都市群」という言葉も頻繁に出てくる。たとえば——、

聖なる都市が私のために造られた。私はそれを知っているし、名前も知っている。セケト=アアルが、その名だ[37]。

あるいは、

私は神の都市から来た。それは原初の領域だ[38]。

なぜ「都市」に言及するかというと、町はマウンド群であり、マウンド群は町であるからだ。そうならば「都市群」も町でありマウンド群ではないだろうか？　さらに、この全体像がすぐに複雑になる。神は「星々をその場所に設置する」[39]と書かれているからだ。翻訳者は初めに「場所」という言葉を選んだが、それは「町」という意味だと説明する。したがって、この神の行なっていることは、翻訳者にとっては理解しがたい内容だが、言葉どおり、星々を地上の「町」

として設置することだ。

すでに私たちが知っているように、町はマウンドであり、マウンドは町でもある。この両者とも星々でもあるのだが、矛盾はまったくない……エジプト人のように考えればよいだけだ！

霊にいかに旅の準備をさせるのか

古代エジプト人たちは、人生をチャンスだと考えていた。死んだ後には魂となってドゥアトの旅をすることになるが、そこで出会う試練に対する準備ができるからだ。旅の結末は永遠の消滅か、不死だから、賭けていることは重大事だった。すでに見てきたように「審判」には間違いなく、倫理的な側面があった。だが、ほかにも満たさなければならない条件があった。それはある種の霊的・直感的な認識であり、深い理解だった。極めて奇妙なことに、本気で永遠の不死を得たい人は……つまり「数百万年の命」を得たい人は、「ヌートの体（天空）にある、ドゥアトの隠された円」の完璧な複製を地上に建造しなくてはならなかった[40]。

その姿を知り、完璧な複製を造る者は、天と地においてよく準備された霊であり、失敗することもなく常に永遠となれる[41]。

複製を地上に造り、これを知る者にとって、この複製は、地上においても天界においても、魔法のような保護者となる[42]。

このような複製が、隠された家〔図面を補完する秘密の家〕の規定に基づいて造られ、隠された家で定められているとおりであれば、その複製は造った者にとって、魔法のような保護者となる[43]。

ドゥアトの秘密の概念の一部を知らない者、あるいはすべてを知らない者は、破滅の憂き目にあう[44]。

誰でも秘密のイメージを知る者は、旅に出かける準備ができた霊である[45]。

古代のカラフルな言語に要約されているのは、一つの信念、あるいは、繰り返して教え込まれた信仰だ。それによると、魂の不死の運命は建築プロジェクトによって影響されるという。造られる建造物は、天界に「隠され」ている「秘密」のドゥアトの、地上における複製でなくてはならなく、その配置は、「隠された家」にある古い記録で規定されているという。

エジプト学者たちは、すでに天の川とその西岸にあるオリオン座が、ドゥアトの天界における場所の鍵となるマーカーであることを認めている。一九九六年にロバート・ボーヴァルと私は『創世の守護神』という著書のなかで、獅子座《ししざ》もドゥアトの一部であることを示している。長い話を短くすると、私たちは今でもこの立場を維持しているが、『葬祭文書』に記されていることが建造物として実現されているのだ。それらは大ピラミッド群やライオン姿の大スフィンクスであり、これらの巨大建造物の地下にある部屋や回廊だ。

このギザ複合体は、ドゥアトの極めて幾何学的な第五部門のシミュレーションか三次元複製、あるいは模型として建造されていると思う。ドゥアトは「ソカルの王国」としても知られ、特別に隠された秘密の場所なのだ[46]。さらに私たちが提示したのは、人々がこのような巨大なプロジェクトを支援した動機だ。それは「魔法のような保護」を得られるという約束により、「旅ができる霊」になる力をもつことだ。その力があれば死後のドゥアトを通過する旅にも成功できる。

このような信仰の善し悪しについて議論する必要はないと思う。古代エジプトにはこのような思想があったというだけで十分だ。それも恐ろしく長い期間にわたって維持されており、その証拠は『死者の書』の中にあり、ギザの建造物群を見れば分かる。さらにこのようなテキストや巨大建造物に表現された信仰システムが、古代ナイル川流域の驚くべき文明全体が動き出す最初から存在しており、組織化されていたとつけ加えても議論の的にはならないだろう。それ以降、この文明は三〇〇〇年にわたり、生き長らえ、人々に食料を与え、霊的な面を支えていた。さらに明らかなのは、根本的なレベルで、このシステムがうまく機能していたことだ。

質問と解答

それではなぜなのか、という質問に戻ろう。北米のミシシッピ川流域のいたるところで、数千年にわたり、時には長い文化的断絶を伴う停止期間もあったが、莫大な数の建造プロジェクトが実行された。この北米のプロジェクトは魂の死後の旅という独特な一連の信仰に、結びつけられており、古代エジプトの霊的な宇宙観の多くを、核心部分で共有している。

この類似性が偶然ならば、古代エジプトの様々な『葬祭文書』テキストが、ミシシッピ川流域の巨大建造物に対する様々な疑問に、すぐに適切な答えを与えてくれることは期待できない。だが、私の考えでは、実のところ、答えは与えられている。したがって、私たちが本物の結びつきに直面している可能性は高まっている。

なぜ、ミシシッピ川流域の遺跡は、このように巨大な規模に造られているのか？　なぜ、重要な天体的な配列が認められるのか？

古代エジプトの『葬祭文書』で述べられているナイル川流域の天と地を結ぶ建築物の建造と同じ理由からだ。天は巨大であり、建築の目的は、天を崇めることであり、天と結ばれることであり、特に「天界を模倣」することだった。

なぜオリオン座と天の川が、ミシシッピ文化の埋葬のシンボルとして、それほど重要なのか？　なぜ天の川が「魂の通り道」なのか？

古代エジプトの『葬祭文書』に書かれているのと同じ理由からだ。星が輝く天界においては、オリオン座に入口がある。魂が「曲がりくねった水路」に達するには、そこから入らなくてはならず、それ以降も魂は死者の国への旅を続けることになるからだ。

ミシシッピ川流域の遺跡には特に長方形、正方形、円、楕円形の囲い地がたくさん存在するが、なぜ幾何学形がそれほど重要なのか？

古代エジプトの『葬祭文書』に書かれているのと同じ理由からだ。ナイル川流域にある天と地を結ぶ建造物は、明確に幾何学的な性格をもっている。幾何学形は死者の国の基本的な特徴だ。長方形、正方形、円、楕円形の囲い地は、天界の「区域」の典型であり、魂は死後の旅でそれらを通り抜けなければならないからだ。

なぜミシシッピ川流域の遺跡には土手道やマウンドがあるのか？

古代エジプトの『葬祭文書』に書かれているのと同じ理由からだ。ナイル川流域の天と地を結ぶ建造物にも土手道とマウンドがある。特に土手道とマウンドは天界における死者の国の特徴であり、地上に同じものを建設することが目的となっているからだ。

なぜミシシッピ川流域の人々は、莫大な富とエネルギーを使って、マウンドヴィル、カホキア、ニューアーク・アースワークスなどの、壮大な遺跡を造ったのか？　なぜ、これらの遺跡に幾何学的な特徴を、真剣かつ注意深く組み込んだのか？　なぜこれらの遺跡は、天と親密に結びつくという「共通点」をもつのか？

古代エジプトの『葬祭文書』に書かれているのと同じ理由からだ。そこでは天の「隠された」あるいは「秘密」の側面が、地上において複製されなければならないとされている。さらに、生きている間に、様々な方法で、その場所を探検し、旅して、熟知しなくてはならないという。このような成すべき仕事ができなかった魂は、「秘密の知識」をもっていないとされ、「破滅が宣告」されてしまうからだ。

天と地上

動機づけの方法となると、ローマ・カトリック教会が中世を通じて証明してきたように、永遠の罰が与えられる見通しを示すのは、極めて効果的だ。私が言いたいのは、古代エジプトでも、魂の「破壊」と「消滅」の見通しが示される一方、そのような運命を避けることができる可能性も、『葬祭文書』に詳しく書かれていたことだ。それがナイル川流域に天と地を結ぶ神殿やピラミッド群を造る動機となっている。これらすべてはある意味で、石で造られた巨大な死者の書だ。

そして、そのいくつかは……特にギザの複合体は……間違いなく、「異世界への実際の入口、または戸口」だと見られていた。

この「異世界への実際の入口、または戸口」という言葉は、ウィリアム・ロメインがホープウェルのアースワークについて述べたものだが、前章の終わりに記した。これを再び引用したのは、ナイル川流域とミシシッピ川流域の、霊への信仰が、奇妙なことに相互交換できることを示したかったからだ。時間と空間が大きく離れてはいるが、この二つの地域の古代の住民たちは、魂の死後の使命に関して、一連の核となる思想を共有していた。さらには、この思想を建造物によって眼に見えるようにしなければいけないだけでなく、この建造物がもつ様々な性格や、建造物が果たす目的についても、ほぼ同じ考えのようだ。

一方は、オリオン座のベルト星と獅子座を模写し、もう一方は、建築位置を複雑に変えて、月や太陽の停止時に合わせる配列をしている。両者の主要な目的は、死者の魂が通れるように天と地上に入口を開くことだ。

ミシシッピ川流域の巨大建造物のいくつかが、「星座の配置」になっている可能性を、私は否定しない。あるいはギザの巨大建造物のように、「星座の配置」の一部なのかもしれない。実のところ、ロス・ハミルトンは、第一部で見たとおり、サーペント・マウンドは竜座《りゅうざ》の地上における姿だという見解を長く維持している。一方、ジョージ・ランクフォードは、さそり座を示していると、説得力ある主張をしている[47]。誰が正しくて、誰が間違っているかを問題にしているのではない。二人ともマウンドとアースワークが星座を示している可能性があると思っていることが重要なのだ。

私たちは、真相を知ることができないかもしれない。なぜなら北米の先コロンブス期の遺産はほとんど破壊されているからだ。それにもかかわらず、真相を知るための努力は続けられている。たとえば、ウィリアム・ロメインはミシシッピ文明より古い、ホープウェル文化を詳細に研究し始めた。その結果、彼はこの遺跡を造った人々の心の中には、以下のようなものがあったと結論している。

ニューアーク・アースワークスは、異世界への入口であり、霊魂が別の次元に入ることを可能にした。だがそれは、太陽や月の恒星の、ある相対的な配列が実現した間だけだった[48]。

ロメインは、さらに「グレート・ホープウェル・ロード」があったという。それは古代の土手道で、ニューアークとハイバンクの間を結ぶ一〇〇キロメートルの直線道路であったという（第19章参照）。「この道路は地上における天の川であり魂の通る道だ。死者の領域を旅する魂に方向を示す要素がある」[49]

さらにロメインはジョージ・ランクフォードに賛同し、サーペント・マウンドを、さそり座と結びつけて、以下のように結論している。「サーペント・マウンドは死者の領域を守る偉大なる下界の大蛇の一族だ」[50]。

そうなるとホープウェル文化で私たちは何に直面しているのか。それは古代エジプトやミシシッピ文明と同じものであるようだ。それは天における死者の領域であり、建造物はその地上における表現だ。このような建造物の優れた面は、宇宙のドラマにおいて複数の役割を果たせることだ。たとえば、大スフィンクスは獅子座の地上における片割れともいえ、その視線は昼夜平分時における日の出を見つめ、天と地の融合を神聖化している。またサーペント・マウンドは、さそり座の地上における双子かもしれず、その開いたあごと、その中にある楕円形のアースワークも、夏至の日没において、天と地を統合させる。

これに関連して、前に『死者の書』から引用した文を再考してみよう。それは巨大な大蛇が山の崖にいて、ちらっと見ただけで、太陽神ラーを「偉大な眠り」に落ち込ませ、ラーの船を停止させたという話だ[51]。もちろんこれはただの偶然かもしれないが、この描写は興味深いことにサーペント・マウンドの状態と共鳴する。ブラッシュクリーク川の上の断崖で起こることは、巨大な大蛇の頭が、真夏の「停止時」に太陽を凝視することだ。これはすでに述べたとおり、この時に地平線で太陽の円盤が沈む地点が三日間も同じとなる。こうした、大蛇のひとにらみで眠るような出来事は、神話的な言い回しでは「偉大な眠り」と表現されてもおかしくはない。

さらに死者の書の巨大な大蛇は、「その長さの最初の八キュービットは」……これはつまり、

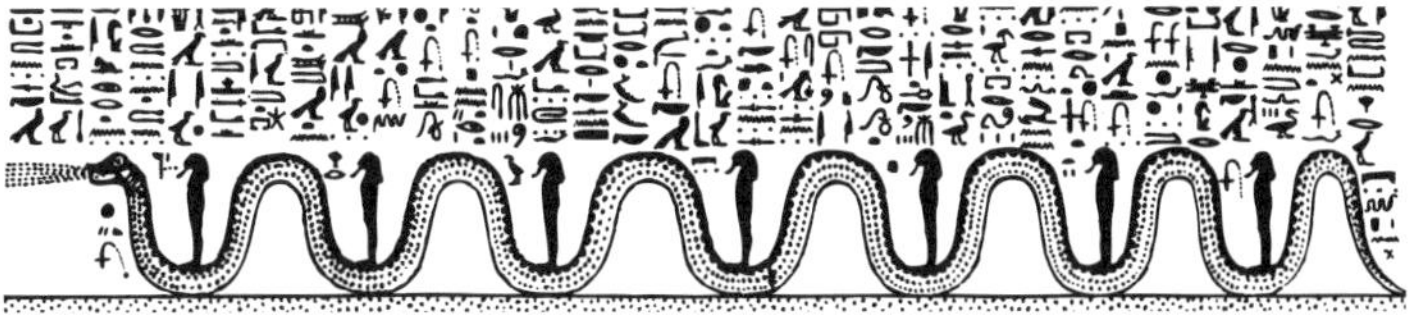

ドゥアトの大蛇、ケティ。

頭と首のことだ……「フリントと輝く金属で覆われている」[52]。これで思い起こすのは、ジョージ・ランクフォードのアメリカ先住民の「巨大な角のある水棲の大蛇」の伝承研究だ（第二三章参照）。この大蛇は、時には「地下世界の主」といわれ、時には「額に赤い宝石をもつ巨大な蛇」といわれる。この表現は、古代エジプトの表現とそれほどかけ離れてはいない。こちらのほうは頭と首が「フリントと輝く金属で」ピカピカ光ると描写されている。ランクフォードの結論によると、この巨大な宝石を持つ大蛇が、魂の通り道における敵だという。この大蛇は、マウンドヴィルのデザインに、非常に多く登場するが、それは死後の旅に関するイメージと直接的に結びついている。さらにランクフォードは、サーペント・マウンドがこの超自然的な存在の立体的な表現であると、説得力のある主張をしている[53]。さらに興味深い比較も行なっている。それはチェロキー族の神話に出てくる「大きな蛇で、木の幹のような胴体をもつ」ウクテナだ。

明るく赤く燃える頂《いただき》は、まるで額にダイヤモンドがあるようだ。またウロコは炎の火花のようにきらめいている[54]。

この神話では、この大蛇の凝視には人々を「眩惑」する力があり、そのため人々は歩みを止められ、大蛇から逃れることができないという[55]。ここにも『死者の書』の巨大な大蛇と、似たところが認められる。大蛇の凝視によって、太陽神までも「偉大な眠り」に陥るのだ[56]。

復活と再生

学者たちは、古代エジプトの様々な『葬祭文書』に述べられている魂の死後の旅という思想は、現存する銘刻文よりもはるかに古く、無文字社会であった五五〇〇年前の先王朝時代に、すでに口承されていたことを疑っていない[57]。

一方、北米にはヒエログリフも碑文もない。だが、二三〇〇年前にアデナ文化が造ったとされるサーペント・マウンドと、五五〇〇年前に造られたワトソン・ブレークが、両者とも夏至の日没に照準を合わせ、同じような幾何学的関心を持っていることは注目に値する。さらにマウンド建造とアースワークの工事が六〇〇〇年前から五〇〇〇年前に突然、ミシシッピ川流域で大規模に始まっているが、これも謎であり説明ができていない。エジプトの高度な文明も突然、完成した姿で登場している。それと同じように北米のマウンドプロジェクトも、何もないところから生まれ、先行する文化もないのに、すでに発展した知識を所有していた。

私たちが知っている北米最古のマウンド遺跡は、たぶん八〇〇〇年前ぐらいまでさかのぼるが[58]、それ以降、何も起こっていない時期がある。

だからといって、驚くことはあるだろうか？　ワトソン・ブレーク時代の終わりから、ポバティ・ポイントが始まるまでも、痕跡が一〇〇〇年間も消えている。その後も数回、痕跡が消えたが、だいぶ経ってから、再び現れ、再生し、更新されている。このように停止と開始の過程が繰り返されるということは、これまで最古だったものが、この伝統の始まった最初だとは断定できないことだ。

第一に考古学は完成からはほど遠い学問だ。それに、先史時代の証拠の多くが破壊されているので、決して完成されることもないだろう。したがって、北米の過去に、何が起こったのかについて正確に知ることは極めて難しい。八〇〇〇年前よりも前には、マウンド建造が、まったく行なわれていなかったのかもしれない。だが同じ割合で、もっと古くからマウンド建造が行なわれていたのだが、その証拠が単純に失われていることもありうる。

第二に、私たちが扱っている思想システムは、完成した姿で出現しては消えて、また出現するという能力を持っている。そこである可能性を考慮しなくてはならない。考古学者が「最古」のマウンド遺跡だと見なしたものが、実は「再出現」したものである可能性だ。言い換えれば、非常に古い遺跡に見られる技能は、友人の故ジョン＝アンソニー・ウェストが、古代エジプト文明について述べたように「遺産であり、発展したのではない」ことだ。

だが、遺産といってもそれは何だ？　いつ頃からの遺産だ？　さらに、常に核となる思想を表現し実現するこの遺産は、どのようにして世界中の異なった地域、異なった時機に姿を見せ続けるのか。

ここでもまた古代エジプトのテキストが、いくつかの答えを示唆してくれる。

失われた世界の再生

今回は『葬祭文書』ではなく、エドフ・ビルディング・テキストを取り上げる。このテキストは上エジプトのエドフにあるホルス神を祭るエドフ神殿の壁に刻印されている。

テキストは悠久の太古に存在した「原初の神々の時代」と呼ばれる時期に私たちを連れていく[59]。これらの神々は、もともとエジプト出身ではない[60]。彼らは聖なる島である「原初の人々の故郷」に住んでいた。それは広大な大洋の中にあった[61]。

その後、時期が明らかではない過去に、巨大な大災害が地球を揺さぶった。この島も洪水に呑み込まれた。そこには「神々の最初の大邸宅」が造られていたが[62]、すべて破壊され、聖地はすべて水面下に沈み、聖なる住民のほとんども亡くなった[63]。だが何人かが生き残り、生存者たちは船に乗り（このテキストから「神々」は間違いなく航海者たちであったことが分かる）[64]、世界中を「放浪」したという[65]。彼らがこのような行動に出た目的は、失われた故郷の本質を再生

し、復活することだった[66]。簡単に言うと――、

神々の以前の世界を復興すること……[67]。

破壊された世界の再生[68]。

読者の方で、エドフ・ビルディング・テキストになじみのない方や、もっと詳しく知りたいという方は、私の著書『神々の魔術』（KADOKAWA）で詳しく分析をしているので、読んでほしい。ここで同書の主張や証拠の内容を繰り返すことはしない。肝心なのはこのテキストが、失われた文明の生き残りたちがいて、世界のすべてが絶滅するような大災害の後に、世界中を「放浪」した可能性を示していることだ。

彼らは「神々」のようだと思われていたが、実は人間だった。一方、偶然の巡り合わせで「洪水の苦難を逃れた」のは、主に狩猟採集民だった。山に住む人々、密林や砂漠に住む人々だ[69]。プラトンがアトランティスの滅亡の話で、雄弁に語っているように「無学・無教養の人々」だ。そのような人々の間に移住した放浪者たちは、彼らの高度な文明を再生したいというはかない希望をもっていた。少なくとも、知識や知恵や霊的な思想の一部だけでも伝え、残したいと考えた。そうすれば大災害後の世界でも人類が「昔に何があったのかについて、まったく無知な子どものように、再開を始めなくても済む」からだ[70]。

このエドフ・テキストに出てくる放浪の民に関して、私は第17章で取り上げたトゥカノ族の創造神話を強く思ってしまうのだが、間違っているだろうか？　この神話では「操舵手」や「太陽の娘」が、アマゾンに住んでいた初期先住民に、火や園芸学、陶器製作などの知識を贈与したという。また他の「超自然的な存在」は、すべての川をカヌーで旅し……遠くの丘陵地帯まで探検し、居住に適した場所を見つけ、「土地を準備し、死ぬ運命の人間たちが生き残れるようにした」という。

「超自然的な存在」と呼ばれる人々は、帰る前に――、

　将来の世代のために、多くの場所に持続する印を残した。彼らが地上にいた日々の消すことのできない証拠を残したのだが、永久に彼らとその教えを忘れさせせないためだ[71]。

それらの場所には、多くの場合、ペトログリフ〔岩の表面などに刻まれる彫刻〕が残されており、現代のトゥカノ族も聖地としている。人類学者ヘラルド・ライヘル＝ドルマトフも、次のように認めている。「文化の伝統に聖なる起源がある証拠だ。その基礎は霊的な存在によって築かれている。彼らは当時、まだ地上にいたのだ」[72]

古代エジプトとエドフ・テキストに戻ろう。そこには「原初の者たちの島」における生存者の

ことが書かれている。彼らは……、

原初の時代の土地を旅した[73]……彼らが移住した場所には新たな聖域がつくられた[74]。

したがって、彼らの使命の一つは洪水前の宗教を再び広めることだったと思われる。次に私たちが知るのは、建造物が……初期は土によるマウンド建造だが……彼らの使命の中心にあったことだ。あまりにも重要なことなので、彼らは『原初の時代のマウンドの仕様書』という書物を持ち歩いていた。この本にはナイル川流域のどこにマウンドを設置するか、それぞれのマウンドの性格や外観まで指定されていた。これらの最初の土台となるマウンドは、将来、エジプトに建造されるすべての神殿やピラミッドの設置場所になると理解されていた[75]。

そのため、エドフ・テキストに出てくる「神々」の仲間に、「創造」にたずさわる神々のグループである「シャブティ」がいるのも不思議ではない[76]。「建設する神々」は「実際に建造の仕事」を行ない[77]、「七賢人」は名前から分かるように知恵を授けるが、それだけでなく、土台の設置や建造物の配置にも関与していた[78]。

私が長いこと主張しているのは、エドフ・ビルディング・テキストには実際の出来事が反映されていることだ。それは一万二八〇〇年前から一万一六〇〇年前に起こった、真の大変動だ。古代気候学者たちは、この時代をヤンガードリアス期と呼ぶが、テキストでは「原初の時代」と呼ばれている。

私の提案は次のようなものだ。最終的にエジプト王朝となる「種《たね》」がナイル川流域に植えられている。それは遠い昔である一万二〇〇〇年よりも前のことで、失われた文明を生き残った者たちによるものだ。この時に、大スフィンクスとその周りにある巨石神殿群と、大ピラミッドの地下にある部屋が造られている。さらに提案してきたのは、宗教の一派のような存在があったことだ。それは僧院かもしれない。彼らは何世代にもわたって、秘儀を伝える人々を採用してきた。幾何学と天文学というミームを採用し、「上のごとく下にも」という思考システムを拡め、このシステムを尊重せず、奉仕をしない人々には、永遠の消滅が訪れると教えた。これが創建者たちの思想を運ぶ〝乗り物〟になったと思える。そのシステムが数千年経って、ピラミッド時代に満開となったのだ。

亀の島

エドフ・ビルディング・テキストを真面目に受け止めると、船に乗った使節団が世界中に送り出されたと記述されている。世界的な大災害の後に、文明を復活させるためだ。もし古代エジプト文明がそのような使節団の一つの、年月が経った後裔《こうえい》であったなら、世界のほかの場所にも年月を経た後裔が見つかることが期待できる。

この本で私が主張しているのは、ミシシッピ川流域に、そのような後裔の文明が見つかっていることだ。古代エジプト同様に、ここでもはるか太古の「幽霊」文明のDNAが引き継がれている。カホキアやマウンドヴィルの遺跡があり、その一〇〇〇年前にはニューアークとハイバンクの遺跡がある。さらにその一〇〇〇年前にはポバティ・ポイント遺跡があり、さらに二〇〇〇年さかのぼるとワトソン・ブレーク遺跡がある。これらの遺跡では、同じ天と地の幾何学的・天文学的なシステムが機能しているのが分かる。その起源は過去へと深く後退し続けるが、その軌跡は八〇〇〇年前頃から見えなくなる。北米全体の連続する古い遺跡の場合、初期の頃からオリオン座に特別な地位が与えられていた証拠がある[79]。だが、造った人々が死後の世界について、どのような信仰をもっていたかについては、不十分な情報しか得られていない。さらには彼らの死後の世界が、後期の遺跡で頻繁に示される「魂の道」の観念と関連していたかどうかも不明だ。

一方、このような信仰の存在は、比較的新しいミシシッピ文化の遺跡であるカホキアやマウンドヴィルなどでは確認できている。これらの遺跡では、考古学的な証拠が、民族誌学的な資料によって強化されている。さらにホープウェルやアデナの遺跡であるニューアークやハイバンクやサーペント・マウンドにも同じ信仰が強く関与している事実がある。そのことは同じ天と地を結ぶ幾何学や天文学の「セットになった文化」が、魂の死後の旅の一組の信仰と結びつけられ、北米のマウンド建造事業の最初から終わりまで継承されていたことを強く示唆している。

さらにアマゾンの問題がある。アマゾンのアースワークにも幾何学的で天文学的なミームが組み込まれている。これは古代ナイル川流域で見られるものや、古代ミシシッピ川流域で見られるものと同じだ。アマゾンのアースワークは、ジャングルから現れはじめているが、伝統的な「幾何学の神」と手を携えている。さらに古代から幻覚を起こす植物を使用して、死者の領域の知識を得てきた証拠もある。

同時に、アメリカ大陸への定住がいつから始まっているかという話にも、まだ結論が出ていない。新世界が旧世界から分離されたのは、海面が高くなった氷河期の終わり頃で、一万二八〇〇年前から一万一六〇〇年前だ。その頃の新世界は巨大な島だった。その時代から、五〇〇年前にヨーロッパ人によるアメリカ大陸の征服が始まるまで、新・旧世界の間に重要な文化的な接触も、遺伝子交換もなかったことは分かっている。したがって安全に結論できることは、過去五〇〇年間に起こった混合以外に、旧世界と新世界で文化的あるいは遺伝学的に共通することがあるなら、それは偶然か、あるいは少なくとも一万一六〇〇年前よりも前の時代に起こったことだ。だが、もちろん、それよりもはるか古くに起こったこともありうる。

これまで見てきた古代エジプトと古代北米の間にある驚くべき類似性を「偶然」の力で説明することはできない。だからといって、直接的な影響もありえない。ナイル川流域とミシシッピ川流域の文明は、異なることも多く、物理的な距離も遠く、時代的にも離れすぎている。残されているのははるか昔の第三者……失われた文明だ。それはあるいは「島」かもしれない。

それはエドフ・テキストが「原初の人々の故郷」と呼ぶ、一万二八〇〇〇年前の世界的な大災害で破壊された場所かもしれない。

北米大陸は、アメリカ先住民たちの伝承では「亀の島」と呼ばれている。これまで、北米の文化は他所《よそ》から持ち込まれたと、ほぼ自動的に想定されてきた。だが、その基準を変えてみよう。たとえば、北米本体が「原初の人々の故郷」だったらどうなるだろう？　魂の死後の旅に関する特徴ある思想体系と、この旅に出てくる特別な仕様を持つ建造物が、北米に**持ち込まれた**のではなく、ここが起源だったらどうなるだろうか？

いまでは「クローヴィス・ファースト」というナンセンスは、ようやく葬られ、アメリカ大陸には二万五〇〇〇年前から人間が住んでいたことが確実になった。さらには、五万年以上前から住んでいたという有力な証拠もある。トム・デメレとそのチームが、セルッティ・マストドン遺跡の手がかりを正しく読み取っていれば、最初のアメリカ人が新世界に住んでいたのは一三万年前となる。それもサンディエゴというかなり南の場所だ。

だが、たとえこの大陸には、二万五〇〇〇年前まで人々が住んでいなかったとしても、最初のマウンドが建造された証拠がある八〇〇〇年前までには、非常に長い期間がある。この長い期間は、人間の文化で偉大なイノベーションを発生させるのに十分な時間だ。だが、イノベーションが起こっていたとしたら、なぜその痕跡がないのだろう？

すでに見てきたが、アメリカ先住民文化の真実に関する膨大な伝統や、彼らが知っていたことや信じていたことは、過去五〇〇〇年間のヨーロッパ人による征服で、徹底的に抹殺された。このことに関しての異論はないだろう。記録が寄せ集めで、大部分がすっかり失われている理由の一つはそこにある。

第二の理由はトム・デメレが説明するように（第2部参照）、考古学者たちはつい最近まで、太古の堆積物を調査する気にならなかった。なぜなら、先入観があり、そこを探しても何も見つからないと確信していたからだ。

だが、最初の二つよりもさらに重要かもしれない第三の理由がある。それは一万二八〇〇年前に地球が経験した絶滅レベルの大災害と関係している。全世界が影響を受けたが、すべての証拠はこの大災害の震源地が北米だったことを示している。当時の氷冠は厚さが二キロメートルもあり、南方のミネソタ州まで拡大していたが、極端に不安定となり、その後に起こった崩壊は広大な地域を襲い、その地にあった考古学的な記録は事実上、すべてぬぐい去られている。

北米大陸に何が起こったのか？

［1］ E. A. Wallis Budge, *From Fetish to God in Ancient Egypt* (Oxford University Press, 1934), 155.

［2］ W. B. Emery, *Archaic Egypt: Culture and Civilization in Egypt Five Thousand Years Ago* (Penguin Books, 1987), 31, 177.

[3] E. A. Wallis Budge, *The Book of the Dead* (Arkana, 1985), 315.
[4] 同右、二六六ページ
[5] 同右、三二八ページ。
[6] E. A. Wallis Budge, *The Egyptian Heaven and Hell* (Martin Hopkinson, 1925)（全三巻、ページ番号は各巻が1から始まる）、第三巻、四三ページ。
[7] 同右、第一巻、一四二〜一四三ページ。
[8] 同右、第三巻、一五二ページ。
[9] 同右、一三五ページ。
[10] 同右、第二巻、一四二ページ。
[11] 同右、第三巻、一三五ページ。
[12] R. O. Faulkner (ed. and trans.), *The Ancient Egyptian Coffin Texts* (Aris & Philips, 1973), vol. 2, 290.
[13] 同右、第三巻、一〇四ページ。
[14] Budge, *The Book of the Dead,* clxxv.
[15] 同右、第一巻、八九ページ。
[16] 同右、一四一ページ。
[17] 同右、一六一ページ。
[18] 同右、一七〇ページ以降。
[19] 同右、たとえば第二巻の一二三、二一五、二四〇ページ、第一巻の二五八ページ、および一三、三六ページを参照。ドゥアトは時にアメンテトとも呼ばれ、「ドゥアトの隠されたサークル」「アメンテトの隠されたサークル」、あるいは「ドゥアトの秘密のサークル」「アメンテトの秘密のサークル」と言及されている。
[20] 同右、第三巻八九ページ、第二巻三〇三ページの挿絵も参照。
[21] 古代エジプトの宗教の天文学的や星に関連した面に関する詳細は、Graham Hancock, *Keeper of Genesis/The Message of the Sphinx and Heaven's Mirror.*（グラハム・ハンコック『創世の守護神』大地舜訳／翔英社『天の鏡』大地舜訳／翔英社）を参照のこと。
[22] Budge, *The Egyptian Heaven and Hell,* vol. 1, 22.

[23] J. Gribbin and M. Gribbin, *From Here to Infinity: A Beginner's Guide to Astronomy* (Sterling, 2009), 40–41:「地球と月の両方が……地球と月の機構の均衡点の周りを周回している。それは重心であり……シーソーの均衡点のようなものだ」。

[24] Budge, *The Book of the Dead*, 315.

[25] Faulkner, *The Ancient Egyptian Coffin Texts*, vol. 3, 140–141, 吹文 1060 to 1063.

[26] 同右、第二巻、二一二ページ、第二五〇行

[27] R. O. Faulkner (ed. and trans.), *The Ancient Egyptian Pyramid Texts* (Oxford University Press, 1969), 290, Line 2016.

[28] 同右、三〇九ページ、第二二三二行。

[29] 同右、第二二三三行。

[30] 同右、一五九ページ、第九一六行。

[31] Faulkner, *Book of the Dead*, 113, Spell 118.

[32] Faulkner, *Pyramid Texts*, 289–290, Line 2011.

[33] Budge, *The Egyptian Heaven and Hell*, vol. 1, 89.

[34] 同右、九三ページ。

[35] Faulkner, *Coffin Texts*, vol. 3, 133, Line 291.

[36] 同右、一六八ページ、第四六八行。

[37] Budge, *The Book of the Dead*, 318.

[38] Faulkner, *Book of the Dead*, 184, Spell 183.

[39] Budge, *The Egyptian Heaven and Hell*, vol. 2, 277–278.

[40] 同右、第一巻、二五八ページ。

[41] 同右、二四〇ページ。

[42] 同右、二五八ページ。

[43] 同右、九ページ。

[44] 同右、第二巻、三八～三九ページ。

〔45〕同右、三九ページ。
〔46〕たとえば「砂の上にいるソカル神の、この秘密のサークル」（同上、一六ページ）のように。
〔47〕George Lankford, "The Great Serpent in Eastern North America," in Kent F. Reilly III and James F. Garber (eds.), *Ancient Objects and Sacred Realms: Interpretations of Mississippian Iconography* (University of Texas Press, 2007), 107–135.
〔48〕William Romain, "Adena-Hopewell Earthworks and the Milky Way Path of Souls," in Meghan E. Buchanan and B. Jacob Skousen (eds.), *Tracing the Relational: The Archaeology of Worlds, Spirits and Temporalities* (University of Utah Press, 2015), 54.
〔49〕同右。
〔50〕同右。
〔51〕Budge, *The Book of the Dead*, 315.
〔52〕同右。
〔53〕Lankford, "The Great Serpent in Eastern North America," 107–135.
〔54〕James Mooney, *Myths of the Cherokee* (Government Printing Office, Washington DC, 1900, reprinted by Dover Publications 1995), 297.
〔55〕同右。Lankford, "The Great Serpent in Eastern North America," 一一四ページの議論も参照。
〔56〕Budge, *The Book of the Dead*, 315.
〔57〕同右、xxviii–xxix; Faulkner, *The Ancient Egyptian Pyramid Texts*, v.
〔58〕たとえばコンリーの場合。第21章を参照。
〔59〕E. A. E. Reymond, *The Mythical Origin of the Egyptian Temple* (Manchester University Press, 1969), 8.
〔60〕同右、一五一ページ：「私たちが分析している神話の状況が明らかにしているのは、別の場所で生まれた伝統であることだ」。
〔61〕同右、五五、九〇、一〇五、二七四ページ。
〔62〕同右、五五ページ。
〔63〕同右、一〇九、一一三～一一四、一二七ページ。

[64] たとえば 19: “The crew of the Falcon”を参照。二七、一七七、一八〇、一八一、一八七、二〇二ページも参照。エドフ・テキスト全般で、船の乗組員と航海について繰り返し言及されている。たとえば一八〇ページ「Shebtiw が航海した……」や一八七ページ「彼らは原初の世界の別の場所へ航海したと信じられている」がある。

[65] 同右、一九〇ページ。

[66] 同右、二七四ページ「彼らは原初の時代の無人の土地をくまなく旅し、聖なる領域を創立した」。

[67] 同右、一二二ページ。

[68] 同右、一三四ページ。

[69] Plato, *Timaeus and Critias* (Penguin Classics, 1977), 36.

[70] 同右。

[71] G. Reichel-Dolmatoff, *Beyond the Milky Way: Hallucinatory Imagery of the Tukano Indians* (UCLA Latin America Center Publications, 1978), 2.

[72] 同右。

[73] Reymond, *The Mythical Origin of the Egyptian Temple*, 274.

[74] 同右、一九〇ページ。

[75] 同右、八～一〇ページ。

[76] 同右、24: “the Shebtiw whose function is described as din iht, to name (= create) things.” 180 も参照。

[77] 同右、四一ページ。

[78] 同右、たとえば二八、六六、二三六ページ。

[79] たとえばRobert L. Hall, *An Archaeology of the Soul: North American Indian Belief and Ritual* (University of Illinois Press, 1997), 一六三ページ。オリオンのベルトのイメージを身を守る道具として使用する歴史は、北米の場合、少なくとも紀元前一〇〇〇年までさかのぼる。なぜなら、米国北東部の一部でその時代の、三つの穴が空けられた石版や貝殻が見つかるからだ。穴の一つはどうやら意図的に他の二つと一直線に並んでいない。これはオリオン座の三つ星と同じだ」

第7部

地獄の黙示録／大変動の謎

第25章　エロイーズ

二〇一七年一〇月初めの焼けるように暑い朝、私たちはアリゾナ州トゥーソンから、一三〇キロメートルのドライブに出発した。目的地はマリー・スプリングス。トゥームストーンの町から南西に約二二キロメートル、メキシコ国境から北に三二キロメートルの、非常に豊かで複雑なクローヴィス遺跡だ。州間高速道路一〇号と州道九〇号を経由して半砂漠地帯を走っていると、周囲の灌木《かんぼく》がどんどん干からびた様相になっていく。空は無慈悲なほどに晴れている。だがマリー・スプリングスに着いて車を停め、ゲートでレンジャーたちに挨拶して遺跡周りのトレイルを三キロメートルほど歩くと、オアシスのような場所に出た。曲がりくねったアロヨ（降雨があった時だけ水が流れ、普段は水のない涸れ谷）の両側にメスキート（常緑の低木）が丈高く生い茂り、心地よい日陰をつくっている。いまもときどき鉄砲水が発生するが、噂によれば、現在の緑豊かな環境は、この辺りに放出される下水処理水に負うところが大きいという。

地球物理学者のアレン・ウェストとナンシー夫人が、サンサと私に同行してくれた。アレンはカリフォルニア大学で地球科学と海洋学を研究するジム・ケネットや、ローレンス・バークリー国立研究所の核分析化学者リチャード・ファイアストーンと一緒に仕事をしている。二〇〇七年から様々な分野の科学者六〇人以上がゆるやかに連携してヤンガードリアスの深遠な謎に取り組んでおり、彼はその中心人物の一人だ。ヤンガードリアスとは地球の気候が激変した期間だ。この同時期に後期更新世の大量絶滅が起き、北米大陸の巨大動物三五属（一つの属には複数の種が含まれる）が姿を消した。いまから約一万二八〇〇年前のことだ。クローヴィスの人々と、「フルーテッド・ポイント」と呼ばれる縦溝付きの石の武器に代表されるクローヴィス文化も、同じ運命をたどった。

アロヨはこの地点では深さ二メートル、幅一二メートルほどだ。下に降り、涸れた川筋に沿って歩きはじめると、すぐにアレンが足を止め、「エロイーズはこの辺りで発掘された」と言った。一万二八〇〇年前のマリー・スプリングスでクローヴィスの人々に襲われて殺された、一頭の雌のマンモスだ。アレンの説明によれば、エロイーズの骨格はほぼ完全な形で発見された。ただ後ろ脚だけは死んだ直後に切り落とされ、一本は頭の横に置かれていた。もう一本は数百メートル離れた、古代の焚き火跡の近くで発見された。同じ焚き火のそばで、壊れたクローヴィス尖頭器

（先のとがった石器）の一部も見つかった。残りの部分は「エロイーズの中」にあった。

このマンモスを一九六〇年代に発掘し、後年アレン・ウェストやリチャード・ファイアストーンをこの遺跡に連れてきた考古学者が、アリゾナ大学の名誉指導教授で、米国科学アカデミーの上級会員でもあるヴァンス・ヘインズだ。読者はご記憶と思うが、彼が「クローヴィス・ファースト」に固執したことが、いまでは完全に否定された理論が生き長らえた大きな要因であり、アメリカ大陸にはクローヴィスよりずっと前から人間がいたという他の研究を妨げた。

とはいえ、マリー・スプリングスを発見し、率先して発掘したヘインズの功績は認めるべきだ。この遺跡の非常に奇妙で興味深い一面を最初に指摘したのも彼だった。それは特徴的な黒っぽい土の層で、アレン・ウェストの言葉を借りれば「密封フィルムのように」クローヴィスの遺物やエロイーズや、他の絶滅した巨大動物を覆っていた。

ヘインズは、彼が「ブラック・マット」と命名したこの土の層を、マリー・スプリングスだけでなく北米各地の遺跡数十ヶ所で同定し[1]、後期更新世の大量絶滅との明らかな関連を、誰より早く認識した。そして、この大量絶滅を取り巻く「特筆すべき状況」について、次のように述べた――すべての大型哺乳類が突然に、大陸規模で死に絶えたのは「ブラック・マットの……堆積直前」で、その後は「マンモス、マストドン、ウマ、ラクダ、ダイアウルフ、アメリカライオン、バクなどの巨大動物も、クローヴィス人もまったくいなくなった」[2]。

ヘインズは「ブラック・マットの最下部とその下の地層の接点は、大規模な気候変動のしるしだ。アレレード期末期の温暖で乾燥した気候から、氷期並みに寒冷なヤンガードリアス期への変化を表している」とも指摘している[3]。

これに先立って、約一万八〇〇〇年前からの数千年間、地球の気温はゆっくりと、だが着実に上昇した。氷床は溶けつつあった。私たちの祖先が、地球の長い冬がやっと終わり、快適な気候の新時代が近いと希望を抱いたとしても、無理はない。温暖化は約一万四五〇〇年前から特に顕著になった。ところが、いまから約一万二八〇〇年前、気候変化の方向が突然逆転し、世界はあっという間に劇的に寒冷化した。それより何千年も前の、氷河期のピークに匹敵する寒さだ。この極度の酷寒（現在はヤンガードリアス期として知られている謎の時代）は約一二〇〇年間続いた。だが、いまから約一万一六〇〇年前になると、気候は再び逆転し、地球各地の気温は急速に上昇した。残っていた氷冠は溶けて崩壊し、海に落下し、世界は現在と同じくらい暖かくなった[4]。

ヴァンス・ヘインズはマリー・スプリングスのほかにも、次のような発見を報告している。

米国内の少なくともあと四〇ヶ所に、ヤンガードリアス期のブラック・マットが堆積[5]……この層つまりブラック・マットは、クローヴィス期の地表、つまり更新世末期の巨大動物の痕跡が記録された最後の層を覆っている。地層学的・年代的に見て、この大量絶滅は壊滅的だったと思われる。あまりに突然かつ大規模なので、人間による捕食や気候変動が主因だったとは考えにくい。この突然の……絶滅……は、アレレード期の温暖化からヤンガードリアス期の寒冷化への転換と同時期に起きたように見える。近年出てきている地球外から来た何かとの衝突の証拠は、まだ決定的ではないが、さらなる検証を要する。なぜなら、並外れた異変が実際に起きた……その説明が求められているからだ[6]。

ヘインズはこうした考察を、二〇〇八年五月の『米国科学アカデミー紀要（PNAS）』に発表した。彼の言う（だが「まだ決定的ではない」と考えている）「地球外から来た何か」との衝突は、エイリアンとは無関係で、ある真面目な科学理論を指している。「ヤンガードリアス衝突仮説」だ。初めて公式に発表されたのは、やはりPNAS誌上で、二〇〇七年一〇月のことだった[7]。アレン・ウェスト、リチャード・ファイアストーン、ジェームズ・ケネットほか二十余名の科学者が共著したこの論文は、いまから約一万二八〇〇年前に巨大彗星の複数の破片、いわば破片の大群が地球に衝突し、壊滅的な結果をもたらした証拠を提示している。衝突は地球全体に影響したが、〝爆心地〟は北米氷冠だ。氷冠が衝突によって不安定化したことが、ヤンガードリアスの寒冷化と巨大動物絶滅の引き金を引いた[8]。

ヘインズが二〇〇八年に述べたとおり、この斬新な仮説はさらなる検証を必要とした。検証は行なわれたが、科学者たちの解釈は真っ二つに分かれ、現在まで激しい論争が続いている。様々な分野の優秀かつ経験豊かな専門家の多くが、約一万二八〇〇年前の彗星の破片群との邂逅《かいこう》が世界規模の大変動を引き起こしたと確信し、その影響をもっとも強く受けたのは北米大陸だったと考えている。その一方で、少数だが声が大きく影響力のある懐疑派は、この説を否定している。両者の論争については、私の著書『神々の魔術』に詳しく書いたので、ここでは繰り返さない。本書を執筆している二〇一八年の時点では、過去一〇年間の絶え間ない批判や反論の嵐にもかかわらず、ヤンガードリアス衝突仮説（ＹＤＩＨ）は時の試練に耐え、科学者の間で徐々に広く受け入れられている。約一万二八〇〇年前に大変動と大量絶滅という「並外れた異変」が起きたことは間違いない。ヤンガードリアス衝突仮説は現在も、それを単独で説明できる最も筋の通った説なのだ。

アレン・ウェストは、この壮大なミステリーの研究の最先端で、ヤンガードリアス衝突仮説を深く考察する四〇本以上の論文を共著している。

だから、マリー・スプリングスで合流してくれたのは、大変ありがたいことだった。

ブラック・マット

アレンを先頭にアロヨの側壁へ向かう途中、歩きながら彼の説明を聞いた。この一帯の様子は、一万二八〇〇年前にはまったく違っていたはずだという。特に、いまより「はるかに湿潤」で、「数珠つなぎに並んだ湖沼」が巨大動物の水飲み場になっていた。その動物たちを狙ってクローヴィスの狩猟採集民もやってきた。アロヨ自体は比較的最近できた地形だが、非常に役に立つという。というのも、ヤンガードリアス期到来前後の二メートルほどの堆積物が縦に断面を見せているため、まるで発掘溝のように、重なり合った層を見ることができ、その中にあるものもよく見える。

はっきりした黒い地層が、ちょうどケーキの層のように水平に走っているのが、アロヨの両側の壁に見て取れる。現在の地面から一メートルほど下だ。この辺一帯に広がる層なのは明らかだが、ここでは鉄砲水がアロヨを削ったために露出している。先ほどのたとえを続ければ、丸いケーキを切って一切れ取り除いたら、中の様子が見えるようになったのだ。

層の厚さは手のひらの幅ほどある。

「これがブラック・マットだ」とアレンが私の考えを裏づけた。

大変動の跡には見えないが、見た目は当てにならない。

小惑星や彗星が衝突したら、その最初の、そして一番明らかな痕跡はクレーターだ。もし、多数が衝突したら、いくつものクレーターができる。だが地球の表面は変化が激しいので、クレーターは浸食などの地質作用によって消滅したり、堆積物に覆い隠されたり、海面上昇によって水没したりする。ヤンガードリアス衝突仮説の天体は、厚さ二キロメートルの北米氷冠に衝突したと考えられている。氷がえぐられてできたクレーターは、その後、溶けて流れてしまい、地面にはほとんど証拠が残らない。

そこで科学者たちは別の手を考えた。クレーターほどは目立たない天体衝突の痕跡を、地質記録の中から探すことにしたのだ。たとえば、強い衝撃と高圧と高熱という特殊な条件下で形成される、肉眼では見えないほど微小なダイヤモンドだ。このナノダイヤモンドは、彗星や小惑星の激しい衝突に特徴的な指紋（科学用語では「プロキシ」）の一つと認知されている[9]。プロキシにはほかにも、メルトグラス（トリニタイトに似た物質）、溶けたしずくが空中で急速に冷えてできる炭素スフェルール（小球体）、磁性のマイクロスフェルール（微小球体）、炭、煤《すす》、プラチナ、希少なヘリウムの同位体「ヘリウム3」を含む炭素分子、イリジウムを含む磁性粒子などがある[10]。ガラス質や金属質のプロキシの中には、形成に摂氏二二〇〇度以上の高熱を要するものもある。そんな高熱を瞬時に発生させる現象は、自然界においては天体衝突の熱と衝撃以外に存在しない[11]。ほかのいくつかのプロキシについては、別の説明も可能かもしれないが、それらが同時かつ大量に存在するとなると、やはり天体衝突がもっとも証拠に合致する[12]。

さらに、現在に至るまで、「いくつもの大陸に広く分布し、ナノダイヤモンド、高温急冷スフェルール、高熱メルトグラス、炭素スフェルール、イリジウム、房状炭素〔数十ナノメートルの炭素微粒子がブドウの房状に連結したもの〕等の、天体衝突を示す物質が揃って存在し、同時期にピークに達している」[13]。堆積層は、いまから六五〇〇万年前の白亜紀と古第三紀との境界と、一万二八〇〇年前のヤンガードリアス境界層の二つしか知られていない。なお、前者については、メキシコ湾で大規模な天体衝突が発生し、恐竜絶滅の原因となったことが定説になっている[14]。

私はアレンに質問した。

「ブラック・マットはエロイーズを〝密封パック〟のように直接覆っていたと、言いましたね。ということは、ブラック・マットの生成が始まったのは、エロイーズが殺された直後で、肉は取られたが死骸の大部分はまだその場に残されていた時、ということですか?」

「私たちに分かっているのは、そのブラック・マットの層の一番下の部分、エロイーズの骨に触れている文字どおり最初の部分に、衝突由来のスフェルール、イリジウム、プラチナ、それにメルトグラスの小さな粒が含まれていることだ。だからといって衝突が起きた時エロイーズが生きていたことにはならないが、直前まで生きていたのは間違いない。死後せいぜい数週間だろう」

私はアレンに、ブラック・マットとは何かを説明してほしいと頼んだ。「一番下の部分に衝突プロキシが多量に含まれていて、それはマットの生成が始まった時に積もったものだ、というのは理解しています。でもプロキシはマットそのものではない……」。

「ブラック・マットはプロキシの層の上に生成された」とアレンは答えた。「下のこの部分には炭が多量に含まれている。だが藻類の死骸もあるから、火災だけではない。ヤンガードリアスで気候が変化して、この辺りは以前よりずっと湿潤になった。湖沼の縁に沿って藻類が育ちはじめたんだ」。彼はアロヨの壁に沿って走る黒い縞に片手を置いた。

「約一〇〇〇年分の藻類の死骸や炭やその他もろもろが、ここに埋まっている。一番下が衝突の起きたところだが、そこにはイリジウム、プラチナ、それに溶けたスフェルールが見つかる。現在の自動車が溶けて、金属が水たまりのようになるほどの、ものすごい高温だったはずだ」

「では、衝突はまさにこの場所で起きたんですか？　マリー・スプリングスで？」

アレンは、話はそれほど単純でないと答えた。

「大爆発は、もっと北で起きた。ここでは、むしろ空中爆発だ。彗星の破片が文字どおり空で爆発して、その後、地面に落ちてきた……」

「そして、その結果……何が起きたんです？」

「その時ここに立っていたら、まるで空全体が燃え上がったように見えただろう。中心は太陽より明るかったはずだ。なのに音はまったくしない。光は音よりずっと速く伝わるから、最初は何も聞こえなかっただろう」

私の想像力がフル回転した。「クローヴィスの狩人たちがエロイーズを解体している最中に起こった可能性もありますか？」。

アレンは首を横に振った。「一瞬の出来事ではなかった。それは確かだ」と念を押した。「彼らはエロイーズの脚を切断し、一本を離れた場所へ運んで焼いたのだからね。だが同じ日に起きた可能性はあるし、さっきも言ったが、二、三週間以内だったのは間違いない。その根拠は、現代のアフリカで象を殺した場合のデータだ。すぐスカベンジャー（屍肉を食べる動物）がやってきて、骨格を関節からバラバラにしてしまう。でもエロイーズは、そうなっていなかった」。なんだか、死体の後始末を途中でやめたように聞こえた。

「もう一方の脚は、エロイーズの頭のそばに残されていましたね」と、私は考えながら言う。「それ以外は全身が原形を保っていた。ということは、狩人たちはまだ近くにいて、後で戻ってきて解体作業を終えるつもりだったが、なんらかの理由で戻らなかったのでは？」

アレンはその考えに乗った。

「うん。もちろん単なる推測だ。一万二八〇〇年前に何が起きたのか、正確に知るすべはないからね。でも証拠に基づいて、こんな場面を思い浮かべるのは不合理ではない――狩人たちがのんびり座り、焚き火でマンモスの脚を焼いている。その時突然、空が爆発する……」

「だからエロイーズの残りの部分を取りに戻らなかったんでしょうか？　全員死んでしまったから？」

「ありうる話だ」とアレンは言って、指でブラック・マットの底部をつつきながら続けた。「確実なのは、彼らの物語はその瞬間に終わったということだ。というより、一つの時代が終わったというほうが正しいな。北米大陸中どこを探しても、このブラック・マットより上の地層では、クローヴィス尖頭器はただの一つも発見されていない。すべてブラック・マットの中か、それより下だ。マンモスの骨格も、北米大陸のどこであれ、ブラック・マットより上では一体も出土していない。大量絶滅の大半は、衝突そのものの直接の結果かもしれない。だが氷冠以南で起きた天体衝突や空中爆発は、特にニューメキシコ州ほど南になると、山火事も引き起こしたはずだ。ヤンガードリアス期初頭に大規模な山火事が猛威を振るったという確かな証拠がある。実際、ヤンガードリアス境界層では、白亜紀と古第三紀の境界を上回る大量の煤《すす》が見つかっている。私たちの計算では、地球上の可食バイオマス（食べられる植物等）のなんと二五パーセント、バイオマス全体の九パーセント前後が消失した。ＹＤＢ（ヤンガードリアス境界）発生後の数日から数週間の間にだ。多くの地域の動物は、仮に即死しなかったとしても、生き残れるだけの食物を探せなくなっただろう。草は焼き尽くされ、木の葉もなくなった……。しかも、それだけではない。彗星の破片は信じられないような猛スピードで飛んできたので、大気圏に文字どおり穴を開けた。破片は空気を押しのけて、そこに宇宙から超低温の冷気を引き込んだ。破片が空中爆発した後も、冷気の塊はそのまま伸びて地面に達した。近くにいたものはその場で凍り付いた。一分足らずの間にまずに焼かれ、次に凍った可能性もある」

複数回のプラチナ注入

アレンに、ヤンガードリアス期到来の引き金を引いた一連の衝突はどれくらい続いたと思うかと訊いてみた。一晩だけか？　数日か？　それとも数週間だったのか？

彼は、いくつものレベルで不確実な点や変数があるので、おそらく将来的にもはっきりした答えは出ないだろうと前置きしてから、次のように答えた。

「そうした限界はあるが、証拠は数日や数週間単位でなく、二一年という期間を示している。破壊と恐怖と大変動が、一万二八三六年前から一万二八一五年前まで続き、いまから一万二八二二年前にピークを迎えたと考えられる」

一万三〇〇〇年近く前の出来事を二一年間という精度で絞り込めるのは、グリーンランドの氷床コアという驚くべき科学資源のおかげだ。深さ三キロメートル超まで届く筒状のドリルで採取された氷のサンプルは、一〇万年分の連続した記録だ。その中には、世界のどこかで起きてグリーンランドの氷冠に影響を与えた環境事象や気候事象のデータが含まれる。アレンが言っているのは、この氷床コアが示している、金属元素プラチナの謎の急増のことだ。「二一年間、プラチナが増加している」と彼は言う。「だから、それが衝突の継続した期間だと分かる。なぜならプラチナは、いったん氷床に降ったら、まずそこから動かない。ほぼ間違いなく、その場に固定される」。

アレンの言うことを裏づける論文を、私はすでに知っていた。著者はハーバード大学地球・惑星科学部のミハイル・ペタエフおよび同僚のシーチュン・ファン、ステイン・ジェイコブセン、アラン・ジンドラーだ。「グリーンランド氷床コアに異常に大量のプラチナ　ヤンガードリアス期初頭の大変動を示唆」というそのものずばりのタイトルで、二〇一三年八月『米国科学アカデミー紀要』に掲載された。

もちろんプラチナは地球上にも存在する。だが、ペタエフらが氷床コアに含まれるプラチナを分析したところ、地球上のプラチナとはかなり組成が異なることが判明した。そこから導き出された結論は、このプラチナは「地球外に由来」し、おそらく「珍しい組成の金属の衝突体」に含まれていたと考えるのがもっとも妥当、というものだった[15]。彼らはアレンの言う一万二八三六年前から一万二八一五年前までの二一年間についても、次のように指摘する。

プラチナの含有率は徐々に上昇し、一四年ほどで少なくとも一〇〇倍に達し、その後の七年ほどで下降してもとに戻った……この約一四年にわたるプラチナ濃度の漸進的内部増加は、多量のプラチナを含む塵《ちり》が複数回、成層圏に入り込んだことを示唆しているかもしれない[16]。

アレンはペタエフの研究結果を次のように解釈している。「″衝突体″というのは、実際には複数の衝突体を意味し、どれも同一の彗星の破片だった。その彗星は太陽系外縁部から迷い込んできて、潜在的に極めて危険な、地球を横切る軌道を取った」。彼の同僚の多くも同意見だ。

彗星は、複数の岩石質の核をもち、それらが氷で一つに固められている。核はしばしば揮発性で、分裂しやすい性質がある。たとえばシューメーカー・レビー第九彗星は一九九四年七月、二一個に分裂し、全部の破片が六日間にわたって木星に激突した。結果は壮観で、激しい大爆発が起こり、巨大なガス惑星の表面に暗い瘢痕《はんこん》が何ヶ月も残った。地球より大きな瘢痕もあった。

アレンは、同じようなことがヤンガードリアス境界期に起きたと見ている。彼の同僚の多くも、

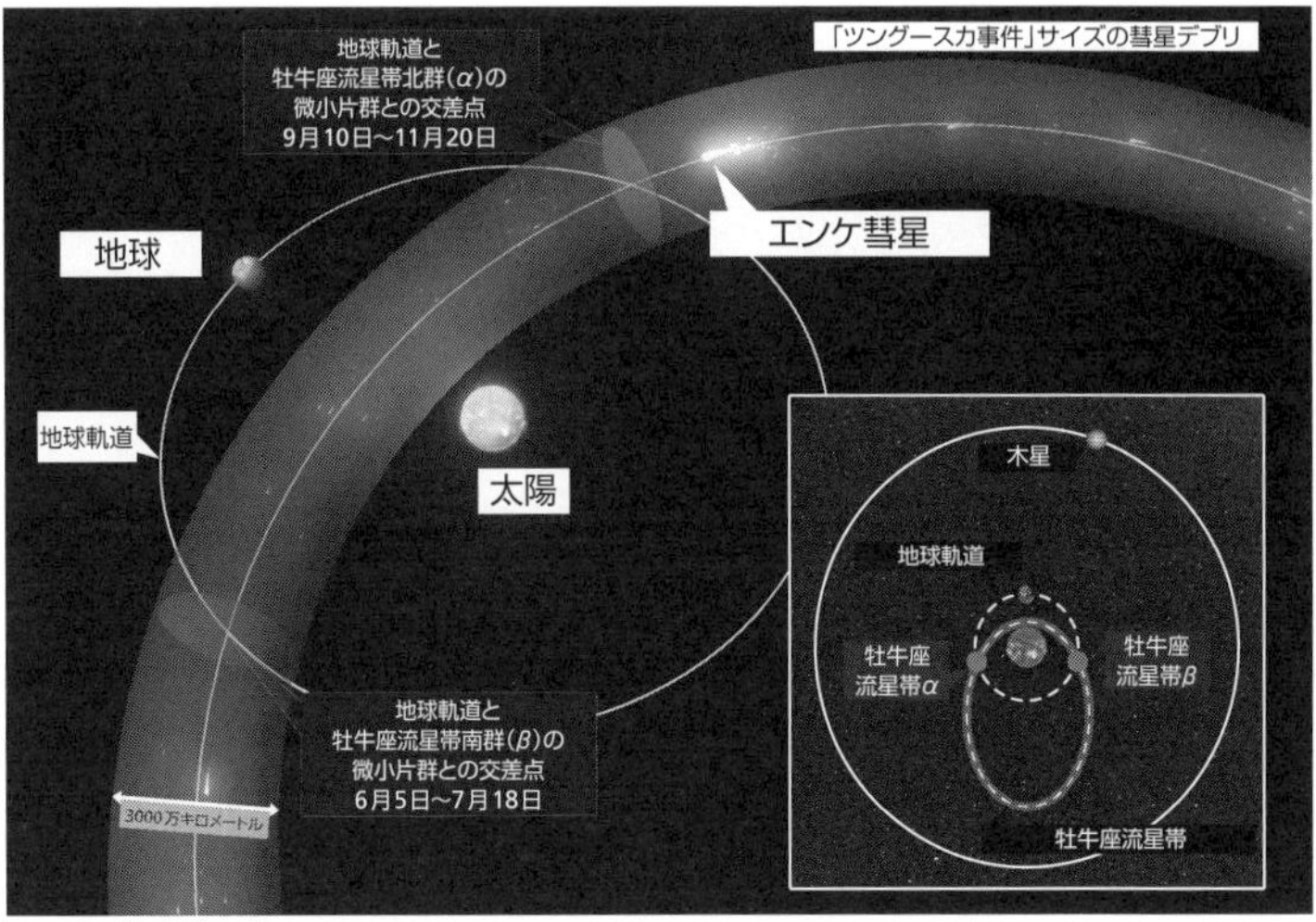

牡牛座流星帯。分裂前は直径100キロメートル以上あった巨大彗星の残骸。
エンケ、オルヤト、ルドニツキという三つの既知の彗星または彗星に似た天体、
および19の非常に明るい地球接近天体が含まれる。

やはり同じ考えだ。カーディフ大学の宇宙生物学教授ウィリアム・ネイピアの研究も参考に、ヤンガードリアス衝突仮説を簡単に説明すると、想定されているのは直径一〇〇キロメートル程度の大きな親彗星だ。この彗星は太陽系外縁部から飛んできて、約三万年前に地球と交差する軌道に入り、一万年ほどは元の形を保っていた。

　だがいまから約二万年前に、太陽系内の引力の影響で大規模な分裂が起こり、非常に物騒で世界を破滅させかねない一つの物体が、大小様々な多くの物体に姿を変えた。サイズは一キロメートル超の極めて危険なものから、数十メートル、自動車並み、大きな石程度、こぶし大、そしてそれより小さな無数の破片、そして巨大

な塵の雲まで様々だ。この不穏な彗星の破片の集まりは、時速数万キロメートルの猛スピードで軌道を回っていたが、何千年も経つうちに、それぞれにデブリ（破片）の詰まった複数のフィラメント（筋状のまとまり）に分かれはじめた。フィラメントはやがて拡大し、巨大な筒状の「流星帯」を形成した。直径約三〇〇〇万キロメートル、長さは三億キロメートルを超え、完全に地球の軌道を横切って伸びている。これはいまも二ヶ所で地球の軌道と交差しているため、私たちは年二回、この帯を通り抜けざるをえない。しかも、地球は一日に軌道上を二五〇万キロメートル進むので、一回通り抜けるのに一二日を要する[17]。

この流星帯から降る流れ星は、地上から見ると牡牛座《おうしざ》から発生しているように見える。牡牛座流星群と呼ばれるゆえんだ。私たちの惑星はいまもその中を、内側にある危険なフィラメントを避けながら、毎年二回通り抜ける。六月下旬から七月上旬の流星雨は太陽の光で見えないが、一〇月下旬から一一月には、華やかな「ハロウィーンの花火大会」が繰り広げられる[18]。

牡牛座流星群との年二回の邂逅《かいこう》は、ほとんどの場合、きれいな花火が見えるだけで終わる。しかし、それではすまない時もある。たとえば一九〇八年六月三〇日、牡牛座流星帯から飛び出したと見られる物体が地球の大気圏に突入した[19]。直径六〇〜一九〇メートルと推定されるその物体は空中で爆発した。幸いシベリアの無人地域だったが、二〇〇〇平方キロメートルにわたって八〇〇〇万本の木がなぎ倒された。分かりやすい比較対象を挙げると、大ロンドン圏の面積は一五八二平方キロメートルで、七〇〇万人以上が住んでいる。ネイピア教授の計算によれば、も

し、ツングースカ爆発がロンドンで起きていたら、

イギリス全土はもとより、北はデンマークから遠くスイスまで、ヨーロッパ中で聞こえただろう。イングランド北部では畑の表土が剥がされ、オックスフォードの人々は吹き飛ばされて大やけどを負っただろう。物質がまぶしい光の柱となって、ロンドン上空二〇キロメートルの高さまで立ちのぼり、街は今日《こんにち》の環状道路辺りまで破壊されたはずだ。衝突エネルギーはTNT換算で三〜一二・五メガトンの範囲と推定される[20]。

言い方を変えると、もし現在、これに近いサイズの物体が大都市上空で爆発すれば、悲惨な結果を招くということだ。だがツングースカ事件は人里離れた場所で起きた。今ほどマスコミが発達していない時代だったことも手伝って、比較的小さな宇宙の岩がどれほど危険なものになりうるか、気づいている人はごく少ない。

ネイピア教授と、同僚の元オックスフォード大学天体物理学部長ヴィクター・クリューブは、牡牛座流星帯の中にある「独特の複合的なデブリ群」について、「現在地球が衝突する恐れのあるもっとも危険な天体」とまで言っている[21]。彼らとアレン・ウェスト、ジム・ケネット、リチャード・ファイアストーンが知見をすり合わせた結果、地球物理学者のチームと天文学者の

ツングースカ。空中爆発は高度5〜6キロメートルで起きた。直径60〜190メートルの物体だったと推定されている。2000平方キロ以上の範囲で8000万本の木がなぎ倒された。ロンドンより広い面積だ。もし無人地帯でなく大都市上空で起きていたら、恐ろしい数の人命が失われていただろう。写真／レオニード・クリーク

チームは共に、こう結論づけた。

「一万二八〇〇年前に地球に衝突し、ヤンガードリアス期到来を招いたのは、いまよりもずっと若かった牡牛座流星帯から飛来した物体だった可能性が非常に高い。これらの物体は、ツングースカ上空で爆発した物体より何桁も大きく、地球外のプラチナを含んでいた。グリーンランドの氷床コアの証拠から、衝突は二一年間にわたって毎年起きたと考えられる。〝爆撃〟は年を追って激化して一四年目にピークに達し、その後は徐々に収まって、二一年目に終息した」

焼けるように暑いアロヨの底を歩いて戻る途中で、私はアレンに言った。

「なんだか、それまで何千年もかかろう

じて難を逃れてきた地球がついに、特にデブリがゴロゴロしているフィラメントと交差したようですね。そのフィラメントを通り抜けるまで毎年毎年、何度も繰り返し、ひどい衝突に遭ったという感じですね」

「ペタエフ自身は、『複数回のプラチナ注入』と言っている」と、アレンは私に思い出させた。「確か論文にそう書いていたはずだ。その部分を単独で評価したんだな。だが、それだけじゃない。私たちの新しい調査で判明したんだが、例の二一年間の最初に氷床コアのプラチナが急増するのとまったく同じタイミングで、塵も突然増加している」

「そこから何が分かるのですか？」

「当時はあらゆることが起きていたが、それと並行して、非常に強い風が吹いていたということが分かる。強風のプロキシ〔ある現象が起きたことを示す物質〕がいくつか氷床に残っているんだ。風が強いと、大陸の塵が巻きあげられる。すると気温が低下するので、地表を覆う植物が減る。風が強くて堆積物を押さえるはずの植物が減ると、大規模な塵の嵐が発生する。それがグリーンランドの氷床に蓄積した。また、マグネシウムとカルシウムが大幅に増加している。これも地面から発生する塵、大陸由来の塵であるしるしだ。さらに、ナトリウムと塩素も増えている。これらは海の塩の成分だ。風が非常に強かったので、多くの海塩が吹き飛ばされ、グリーンランドに運ばれたということだ。こうした強風のプロキシの含有率は、一〇〇年近く上昇を続けた。同時にバイオマス燃焼のプロキシも、氷床コア全体の中で最大級のピークを示している。こうしたことが、例の二一年

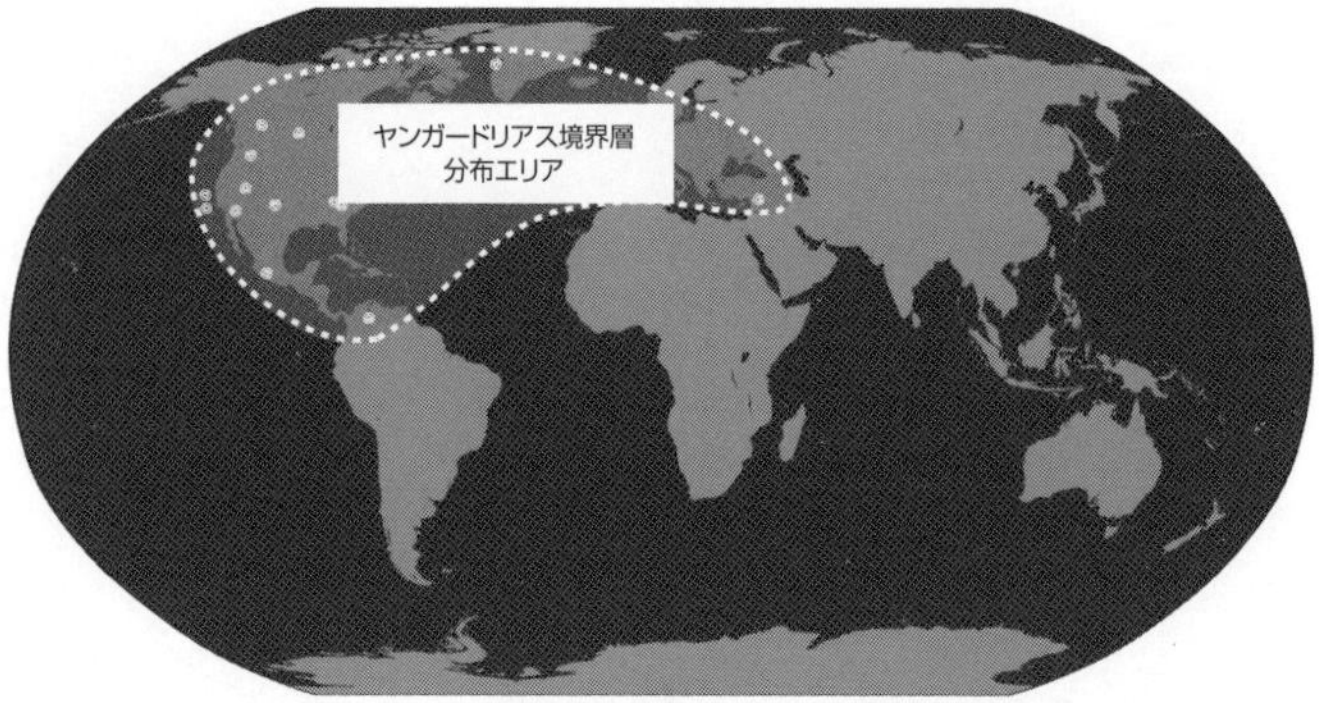

ヤンガードリアス境界層の分布。点線で囲まれた部分が、
現在までに天体衝突プロキシが見つかっているヤンガードリアス境界層の範囲で、
5000万平方キロメートル以上にわたって広がっている。

間の最初の一〇年足らずで起きた。これを見れば、衝突が起きて大規模なバイオマス燃焼を引き起こし、それが気候を激変させて、強風と激しい塵嵐につながった、というのがもっとも適切な説明だ」

「つまり、悲惨な現象が重なったと？」

「悪いことが連鎖的に起きた。きっと体験した者は、この世の終わりかと思っただろう」

「そして、北米の状況が特にひどかったんですね？ここが大災害の中心だった？」

「ほかのどこよりも、ずっとひどかったさ！　まさに天変地異だ。だが北米だけではなかった。私たちは、同じ破片群がまったく同時期に、ほかの場所にも衝突していた証拠を見つけた。ヨーロッパ、東はシリア。南米にすら及んで、飛散地域は地表の五〇〇〇万平方キロメートル以上に広がっている」

新たな証拠

ヤンガードリアス衝突仮説については、前出の『神々の魔術』で、この衝突が世界を一変させた証拠を詳しく示した。この衝突はクローヴィス人だけでなく、氷河期の高度文明の痕跡をも、ほぼ完全に記録から消し去った。

北米がこの大変動の中心地だったという事実はすでに認識されている。しかし、それが人類の過去を理解するうえで重大な意味合いをもっていることを、考古学者はこれまでじっくり考えてこなかった。これには、大変動がどれほどのスケールだったか、その全貌はようやく判明しはじめたばかりという事情もある。

だから私は『神々の魔術』を書き終えた後も、アレンと彼のグループが科学誌に次々と発表する新情報を注意深く追っていた。研究のペースは目に見えて加速し、二〇一七年と一八年の二つの大規模な調査によって、ヤンガードリアス期初頭の大変動がどれほど破壊的なものだったかが明らかになった。

もし人類文明の重要な一章が失われた時期があったとしたら、それは間違いなくこの時だ。

[1] ヴァンス・ヘインズによる、リチャード・ファイアストーンとの会話中の発言。Richard Firestone, Allen West, and Simon Warwick Smith, *The Cycle of Cosmic Catastrophes* (Bear, 2006), 37 に引用。

[2] Bruce B. Huckell and C. Vance Haynes, "Palaeoecology as Viewed from Murray Springs, Arizona," in C. Vance Haynes and Bruce B. Huckell (eds.), *Murray Springs: A Clovis Site with Multiple Activity Areas in the San Pedro Valley, Arizona* (University of Arizona Press, 2007), 225.

[3] 同右。

[4] ヤンガードリアス期についての詳しい議論は、Graham Hancock, *Magicians of the Gods: The Forgotten Wisdom of Earth's Lost Civilization* (2015) 第2部を参照。(グラハム・ハンコック『神々の魔術』大地舜訳、ＫＡＤＯＫＡＷＡ)

[5] C. Vance Haynes, "Palaeoecology as Viewed from Murray Springs, Arizona," 225. 引用の続きは以下のとおり：「それらの多くは、更新世末期の絶滅した動物の死体の上に重なっている。クローヴィスの遺物を含むものもある。急速かつ同時に……あらゆる所で絶滅が起こったように見える……干ばつ、急速な寒冷化、クローヴィス人の狩猟が、これらすべての場所で同時に起きたのだろうか？　おそらく違う。更新世の絶滅の原因については、一万三〇〇〇年前に何かが起きたのだが、まだ私たちはそれを完全に理解していない」。

[6] Vance Haynes, "Younger Dryas 'Black Mats' and the Rancholabrean Termination in North America," *Proceedings of the National Academy of Sciences* 105, no. 18 (May 6, 2008), 6520.

[7] R. B. Firestone et al., "Evidence for an Extraterrestrial Impact 12,900 Years Ago That Contributed to Megafaunal Extinctions and the Younger Dryas Cooling," *Proceedings of the National Academy of Sciences* 104, no. 41 (October 9, 2007), 16016–16021.

[8] 同右。その後の論文では、一万二九〇〇年前という年代は一〇〇年修正され、約一万二八〇〇年前となった。C. R. Kinzie et al., "Nanodiamond-Rich Layer Across Three Continents Consistent with Major Cosmic Impact at 12,800 cal BP," *Journal of Geology* 122, no. 5 (2014), 四七五～五〇六を参照。

[9] たとえば Julie Cohen, "Study Examines 13,000 Year-old Nanodiamonds From Multiple Locations Across Three Continents," (Phys Org, August 27, 2014), https://phys.org/ news/2014-08-year-old-nanodiamonds-multiple-continents.html や、J. H. Wittke et al, "Nanodiamonds and Carbon Spherules from Tunguska, the

K/T Boundary, and the Younger Dryas Boundary Layer," (the American Geophysical Union Fall Meeting, 2009), http://adsabs.harvard.edu/abs/2009AGUFMPP 31D1392W を参照。

[10] Michail I. Petaev et al., "Large Pt Anomaly in the Greenland Ice Cores Points to a Cataclysm at the Onset of Younger Dryas," *Proceedings of the National Academy of Sciences* 110, no. 32 (August 6, 2013), 12917–12920. Heather Pringle, "Did a Comet Wipe Out Prehistoric Americans?" *New Scientist* (May 22, 2007), http://www.newscientist.com/article/dn11909-did-a-comet-wipe-out-prehistoric-americans.html#.VJqZ88AgA および Firestone et al., "Evidence for an Extraterrestrial Impact 12,900 Years Ago That Contributed to the Megafaunal Extinctions and the Younger Dryas Cooling," 16016 も参照。

[11] James Kennett cited by Jim Barlow-Oregon in "Did Exploding Comet Leave Trail of Nanodiamonds?" *Futurity: Research News from Top Universities,* http://www.futurity.org/comet-nanodia monds-climate-change-755662/. Kinzie et al., "Nanodiamond-Rich Layer Across Three Continents Consistent with Major Cosmic Impact at 12,800 cal BP," 四七六ページも参照。

[12] Richard Firestone, Pringle, "Did a Comet Wipe Out Prehistoric Americans?" に引用。

[13] Kinzie et al., "Nanodiamond-Rich Layer Across Three Continents Consistent with Major Cosmic Impact at 12,800 cal BP," 498–499.

[14] Julie Cohen, "Nanodiamonds Are Forever: A UCSB Professor's Research Examines 13,000-Year-Old Nanodiamonds from Multiple Locations Across Three Continents," *The Current,* UC Santa Barbara, August 28, 2014, http://www.news.ucsb.edu/2014/014368/nanodiamonds-are-forever に引用。

[15] Petaev et al., "Large Pt Anomaly in the Greenland Ice Cores Points to a Cataclysm at the Onset of Younger Dryas," 12918–12919.

[16] 同右、一二九一七ページ。

[17] W. M. Napier, "Palaeolithic Extinctions and the Taurid Complex," *Monthly Notices of the Royal Astronomical Society* 405, no. 3 (July 1, 2010), 1901–1906. Gerrit L. Verschuur, *Impact: The Threat of Comets and Asteroids* (Oxford University Press, 1996), 一三六ページも参照。

[18] Clube and Napier, *The Cosmic Winter*, 147.

[19] W. M. Napier, "Comets, Catastrophes and Earth's History," *Journal of Cosmology* (November 6, 2009), 344–355

[20] 同右。

[21] Clube and Napier, *The Cosmic Winter*, 153.

第26章 炎と氷

ヤンガードリアス衝突仮説を研究しているアレン・ウェストと科学者チームは、二〇一五年に公式研究機関を設立した。彗星研究グループ《コメット・リサーチ・グループ》（以下CRGとする）だ[1]。このグループには現在、一六ヶ国・五五大学から六三名の一流の科学者が参加している[2]。ほかにも多くの科学者が、メンバーの論文の共著者として、直接・間接にかかわっている。

二〇一七年三月九日に「ヤンガードリアス期初頭の北米における堆積層の広域プラチナ異常」のタイトルで『ネイチャー』の姉妹誌『サイエンティフィック・レポート』に掲載された論文も、その一例だ[3]。

筆頭著者はCRGメンバーの地質考古学者クリストファー・ムーア博士（サウスカロライナ大学）。

CRGメンバーの共著者は、前章で紹介した地球物理学者アレン・ウェスト、東カロライナ大学の考古学者ランドルフ・ダニエル、第6章に登場した考古学者アルバート・グッドイヤー、カリフォルニア大学の地球科学者ジェームズ・P・ケネット、シンシナティ大学の地質学者ケネス・P・タンカズリー、それに北アリゾナ大学の地質学者テッド・バンチ。共著者は、サウスカロライナ大学の惑星・大気科学者マルコム・ルコンプト、同じくサウスカロライナ大学の地形学者マーク・J・ブルックス、サウスカロライナ州ウォフォード・カレッジの環境科学者テリー・A・ファーガソン、ウェストジョージア大学の地球科学者アンドルー・I・アイヴェスター、ルミネセンス年代測定のエキスパートであるワシントン大学のジェームズ・K・フェザーズ、そしてエリザベスシティ州立大学の物理学者ヴィクター・アデジだ[4]。

ご覧のとおり、非常に優秀な科学者が名を連ねている。そして、彼らが自らに科した義務もまた、科学の最良の伝統にのっとったものだった。すなわち、他の科学者が立てた重要な予測を検証することだ。前章で触れたミハイル・ペタエフと同僚たちによる研究は、グリーンランドの氷床コアに、一万二八三六年前から一万二八一五年前までの二一年間、プラチナが高濃度で含まれていることを示した。ペタエフは、この期間にプラチナを多量に含む塵が成層圏に「複数回注入」されたようだと報告し、こう予想した。もし、この塵が彗星や小惑星やメテオロイド〔地球の大気圏内で流星となる岩石や金属の小片。流星体、流星物質とも〕に由来するものなら、グリーンランド以外にも広範囲に降り注いだはずで、「その結果、世界中にプラチナ異常が存在すると考えられる」[5]。

二〇一七年の「広域プラチナ異常」論文の共著者たちは、この予想の検証に北米大陸を選んだ。北米大陸がヤンガードリアス大変動の中心地と目され、また、自分たちのホームグラウンドでもあるからだ。検証手段は「ヤンガードリアス期の陸上の堆積物に、GISP（グリーンランド氷床プロジェクト）2の氷床コアと同様のプラチナ異常が存在するか否か」を確認することだった[6]。

地味な仕事と思うかもしれないが、これには多くの事がかかっていた。もし北米大陸各地のヤンガードリアス境界層に含まれるプラチナが通常の基準値と同じなら、ペタエフの予想は外れたことになり、ヤンガードリアス衝突仮説も深刻な打撃を受ける。だが逆にプラチナの含有率が高ければ、ペタエフの正しさが証明され、ヤンガードリアス期の大変動は天体衝突が原因だったという説の強力な裏づけになる。

調査対象には、以下の一一遺跡が選ばれた（次ページの地図参照）。どれも地層が良好で、ヤンガードリアス期の堆積層が確認されている。1：アーリントン・キャニオン（カリフォルニア州サンタローザ島）、2：マリー・スプリングス（アリゾナ州）、3：ブラックウォーター・ドロー（ニューメキシコ州）、4：シェリデン洞窟（オハイオ州）、5：スクワイアズ・リッジ（ノースカロライナ州）、6：バーバー・クリーク（ノースカロライナ州）、7：コルブ（サウスカロライナ州）、8：フラミンゴ・ベイ（サウスカロライナ州）、9：ペン・ポイント（サウスカロライナ州）、10：トッパー（サウスカロライナ州）、11：ジョンズ・ベイ（サウスカロライナ州）。

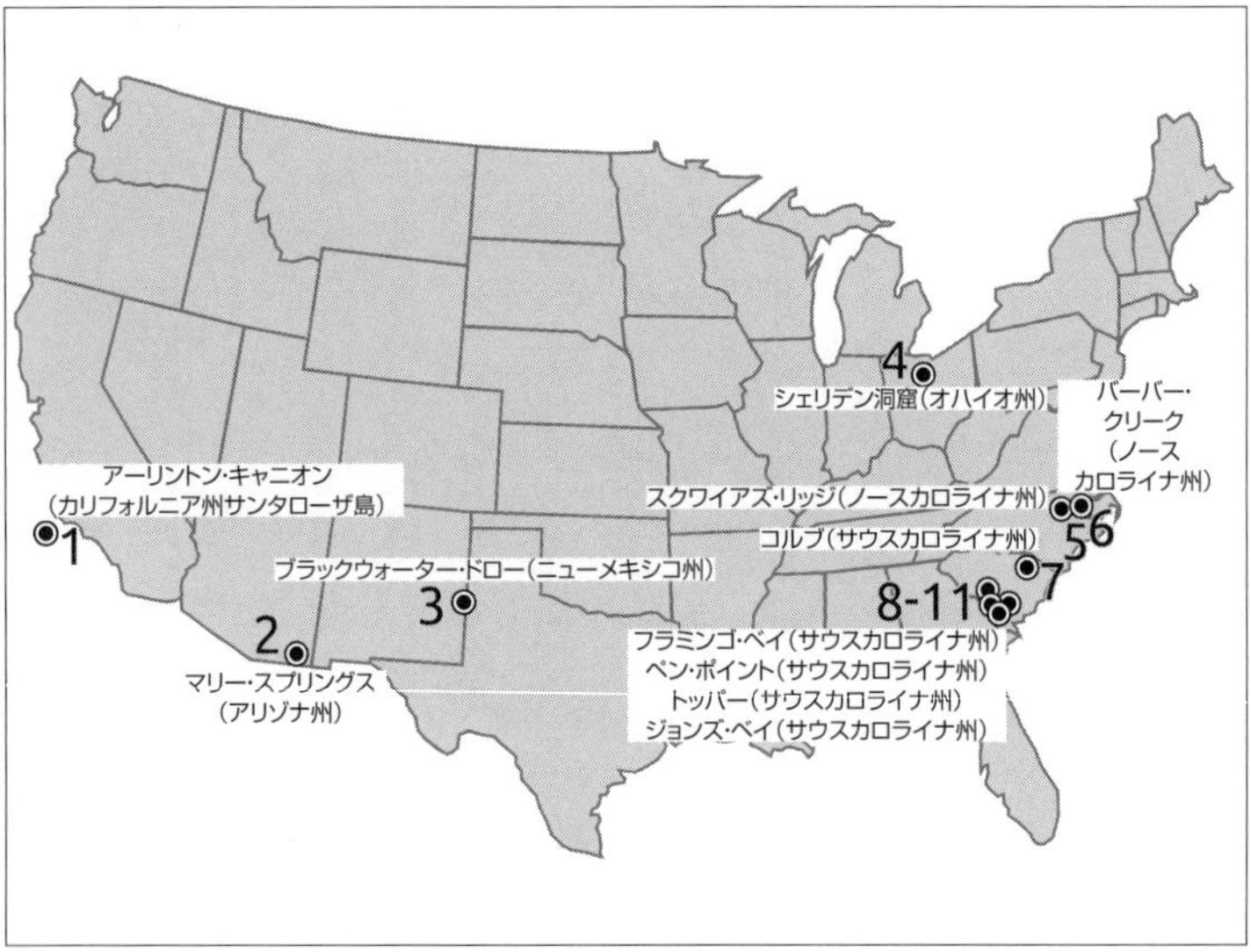

このプロジェクトでは、まずアーリントン・キャニオン、マリー・スプリングス、ブラックウォーター・ドロー、シェリデン洞窟の土壌サンプルを検査した。この四ヶ所は特に「YDB（ヤンガードリアス境界）期のものであることが確実で、境界がはっきりした堆積物があり、YDB衝突に関連するプロキシの検出ピークを含んでいる」[7]。調査で判明したのは、

各遺跡で、すでにYDB（ヤンガードリアス境界）層のものと特定済みのサンプルから、基準値より高いプラチナ異常が発見された。同サンプルには、マイクロスフェルール、メルトグラス、ナノダイヤモンド等のYDBプロキシ存在

度のピークが含まれる[8]。

次にチームは、プラチナ分析の対象をほかの七つの遺跡に広げ、全一一遺跡の結果について次のように結論づけた。

約一万二八〇〇年前（較正済み）のYD気候変動開始時の堆積物中に、背景の値より高い含有率でプラチナが存在する有力な証拠がある。われわれが調査した遺跡のプラチナ存在度は平均六・〇ppb（一ppbは一〇億分の一）……それに対して、YDB層の上下では、存在度は平均〇・三ppbだった。背景となるプラチナの平均含有率はすべて、地殻中の存在度である〇・五ppbより低かったが、YDBにおける平均含有率は一二倍高かった。また、これらの含有率は、ペタエフらが報告した年代解像度の高いグリーンランドGISP2氷床コアのプラチナのピーク含有率（約八〇ppt〔一pptは一兆分の一〕または〇・一ppb）よりも高い。調査した全遺跡において、プラチナの最大値はグリーンランドの約三倍から六六倍と有意に高かった[9]。

専門用語や略語のせいで集中力が途切れそうになるが、これには重大な意味合いがある。約一万二八〇〇年前の地層には、もともと激しい天体衝突の証拠がたっぷり含まれているが、それをさらに補強する新証拠が、同じ地層で大量に発見されたということだ。同時に、北米のプラチナ信号がグリーンランドよりはるかに強いことも、他の複数の指標と相まって、大変動の影響は北米がもっとも深刻だったことを示している。これが殺人事件の捜査なら、それまで検察が容疑者の起訴をためらっていたとしても、法廷に持ち込んで勝てるほどの決定的な証拠だ。けれどもムーアたちは慎重かつ謙虚に、以下の主張をするにとどめている。

北米各地の遺跡すべてでYD（ヤンガードリアス）期初頭の堆積層に異常な量のプラチナが含まれていることには説得力がある……この調査では、グリーンランドで見つかる高濃度のプラチナは地球外由来である可能性が高いという、ペタエフらの結論を否定する証拠は見つからなかった。また、われわれの発見は、ヤンガードリアス衝突仮説と矛盾しない[10]。

ムーアたちは調査を終えた後、ヤンガードリアス境界のプラチナ異常が北米とグリーンランド以外にどの程度広がっているかを示す文献を丹念に探した。ペタエフ以前にそれに主眼を置いた研究はなかったが、ヤンガードリアス境界層で発見されたプラチナ族元素への言及は見つかった。発見場所はベルギーや太平洋中央部、ベネズエラ、イングランド南西部、オランダと広く分布していた。まさに地球規模の広がりを示唆する「重要な情報」で、彼らはこれが「さらなる調査のはずみになれば」と願っている[11]。

さらにムーアたちは論文の付記で、ヤンガードリアス境界のプラチナ増加の原因として、火山や地球のマントル活動を除外する詳細な証拠も提示している[12]。その一方で、一六七個の隕石について地質化学的データを収集し、プラチナの平均存在度が非常に高いことを発見した。対象とした隕石にはコンドライト、エコンドライト、鉄隕石、ユレイライトが含まれており、「この四種類を含む隕石のどれもが、ヤンガードリアス境界におけるプラチナ増加の原因でありうる」[13]という。

彼らは、こうも指摘している。

「プラチナを多量に含む隕石や彗星が地球に衝突したなら、衝突場所では地球の岩石と天体の成分が溶けて混じり合ったはずで、当然プラチナの含有量は高くなる」[14]

そこで共著者たちは、そうした「インパクタイト」（隕石衝突の衝撃で生じたガラス状または結晶状の物質）のサンプル八六個の地質化学的データを集めた。これらのサンプルは、二〇億年以上の期間に存在する三つの主要な衝突層から採取されたものだが、そのすべてでプラチナの存在度が増加していた。その増加幅には、約一万二八〇〇年前のプラチナが豊富なヤンガードリアス境界層の値がすべて含まれていた[15]。

手がかりを追って

裏づけとなる証拠は、さらに増え続けている。

マリー・スプリングスで二〇一七年一〇月に会った時、アレン・ウェストは、CRGの新たな研究によって、ヤンガードリアス初頭に猛烈な強風と大量の塵と大規模な「バイオマス燃焼」が長期間続いたことが判明したと言った。「ヤンガードリアス境界の数日から数週間で、地球上の全バイオマスの約九パーセントが焼失した」と。驚くべき発言だ。しかし私は彼の話の別の面に気を取られていたので、それが何を意味するのか深く考えなかった。

アレンが何気なく言及した研究は、二〇一八年二月の『ジャーナル・オブ・ジオロジー（地質学）』誌に掲載された。「桁外れのバイオマス燃焼と〝衝突の冬〟の引き金を引いたのは、約一万二八〇〇年前のヤンガードリアス天体衝突だった」という直截なタイトルで、二部構成の大作だ[16]。研究を主導したのはCRGメンバーであるシカゴ、デポール大学のウェンディ・ウォルバッチ教授。無機化学、地球化学、分析化学の専門家だ。アレン・ウェストほか二五名の一流研究者が参加した[17]。

地球上の全バイオマスの九パーセントという数字は、研究論文の最初のページで確認できる。なんと一〇〇〇万平方キロメートルの面積を覆う植物が、業火に焼かれた計算になるという[18]。

一〇〇〇万平方キロメートルの植生が炎に包まれている世界を想像することは、アマゾンの多雨林の約二倍の広さが燃えている世界を想像することだ。ほぼ中国全土と同じ面積、あるいはヨーロッパ全土、あるいは北米全体にほぼ等しい面積が炎に包まれたことになる。

山火事は一ヶ所ではなかっただろうし、地球上の広い範囲に散らばって発生したかもしれない。だとしても、ヤンガードリアス期初頭の一連の大災害に、これほどの規模の火災が追い打ちをかけたのだ。この世の地獄というほかない。

湖沼の堆積物も重要な手がかりだが、一万二八〇〇年前に世界中で山火事が猛威を振るった決定的な証拠を提供するのは、やはりグリーンランドの氷床コアと、他の北極圏の氷床コアだ。これらの非常に長いコアの上層（＝最近の層）には、有史時代に発生して記録が存在する山火事の、バイオマス燃焼の痕跡が含まれている。だから個別の燃焼エアロゾル〔燃焼によって生成され、大気中に拡散された微粒子。煤など〕を特定し、較正することができるのだ。具体的にはシュウ酸塩、アンモニウム、硝酸塩、酢酸塩、蟻酸《ぎさん》、レボグルコサンが、バイオマス燃焼に特徴的なシグナル（プロキシ）として利用される[19]。氷床コアのどこであれ、これらの燃焼エアロゾルが大量に含まれていれば、それは間違いなく大規模な山火事の大気降下物だ。その山火事がいつ起こったかも分かるし、地球上のどこで起きたのか特定できる場合も多い。

以下に、先に示した二〇一八年の中身の濃い論文から、ヤンガードリアスというパズルの重要なピースをいくつか拾い出した。

●GISP2氷床コア：バイオマス燃焼のプロキシであるアンモニウム（NH_4）が、一万二八三〇年前から一万二八二八年前までに、過去一二万年間でもっとも高いピークの一つを示している。これは一万二八三六年前から一万二八一五年前までというプラチナの多い期間と重なり、ヤンガードリアス期の到来と時期を同じくしている[20]。

●NGRIP（北グリーンランド氷床プロジェクト）氷床コア：北米大陸のバイオマス燃焼に由来するNH_4の一つのピークが、YD（ヤンガードリアス）到来時から始まっている。これは記録全体の中で、北米大陸由来としては最大規模のバイオマス燃焼だ[21]。

●GRIP（グリーンランド氷床プロジェクト）の氷床コアの燃焼エアロゾル濃度は、一万二八一六年前頃から急増しはじめている。これはGISP2のプラチナ異常（一万二八三六年前から一万二八一五年前まで）と相関している。ヤンガードリアス期初頭に、オキサレート（シュウ酸塩）と蟻酸塩の濃度が、約三八万六〇〇〇年分のコアの中で、知られているかぎり最高に達した。酢酸塩の存在度も、コア全体の中で最高レベルだ[22]。

●これらGRIPの氷床コアデータは、ヤンガードリアス期初頭に大規模な自然火災が起きたことを示している。これは過去少なくとも一二万年間でもっとも特異なバイオマス燃焼イベントであり、約三八万六〇〇〇年の中でもっとも特異だった可能性もある[23]。

●テイラー・ドーム（南極大陸）の氷床コアに、硝酸塩（NO_3）の小さいがはっきりしたピークが記録されており、ヤンガードリアス期の到来と強い相関がある。シベリアのベルーハ山麓の氷床コアにもNO_3の大きなピークがあり、ヤンガードリアス期初頭に大規模なバイオマス燃焼が起きたことを示している[24]。

●いくつかの氷床コア（GISP2、NGRIP、GRIP、テイラー・ドーム、ベルーハ）の連続層《シークエンス》は、ヤンガードリアス期の到来が、第四紀におけるNH_4、NO_3、蟻酸塩、オキサレート、酢酸塩のもっとも高いピークの一つと密接に関連していることを裏付ける。これらのピークと同時期に、ヤンガードリアス期の到来を告げる突然の寒冷化などの気候変化が起きている[25]。

●北米・中米・ヨーロッパ、中東、計一九ヶ所の「ブラック・マット」の調査：ブラックカーボン（BC）／煤などのバイオマス燃焼プロキシの存在度のピークは、ヤンガードリアス境界層の中で見つかる……オハイオ州のブラック・マット層内のレボグルコサン濃度は、その下の層より約一二五倍も高かった。これはバイオマス燃焼の大きなピークがあったというシグナルだ[26]。

●中南米九ヶ国の湖沼堆積物内に含まれる炭の分析：記録に残るもっとも高いピークの一つは、約一万二八五〇年前のヤンガードリアス期初頭に起きている[27]。
●アジア七ヶ国の湖沼堆積物に含まれる炭の分析：炭の平均存在度の顕著なピークが、約一万二九五〇年（±二二五年）前に存在する。その後、バイオマス燃焼は急激に減少するが、一万二四〇〇年前にまたピークがある[28]。
●カリフォルニア沖サンタバーバラ海盆の海底コアに記録された、二万四〇〇〇年分の連続層が、まさにヤンガードリアス期初頭に、バイオマス燃焼のもっとも高いピークを示している……この異例に高いピークは、近くのチャンネル諸島で確認された激しいバイオマス燃焼と相関関係にある……同時期に同諸島ではピグミーマンモスが絶滅し、また考古学記録の六〇〇〜八〇〇〇年間の空白も、この頃から始まった。これは島の人口が突然崩壊したことを示している[29]。
●パプアニューギニアの北一五〇〇キロメートルの大西洋で採取された海底コアは、三六万八〇〇〇年にわたるバイオマス燃焼の記録を提供する。このコアが普通と異なるのは、炭だけでなく、房状炭素（ＡＣ）／煤を含むブラックカーボンの記録も提供してくれることだ。このコアは、一万三二九一年前から一万二五一五年前にかけてブラックカーボンの高いピークを示すが、これはヤンガードリアス期初頭である一万二八〇〇年前と重なる。さらに、ＹＤＢ（ヤンガードリアス境界）のブラックカーボンのピークは約一万二七五〇年前の、炭が平均以上に多かった時期のピークとも一致する[30]。

●遠く離れた各地の氷や堆積物の記録は、バイオマス燃焼の大きな、そして広範なピークが少なくとも四つの大陸で、ヤンガードリアス期初頭の温暖から寒冷への移行時に起きたことを示している。このピークの時期は、ヤンガードリアス境界における天体衝突を示す地層の年代と一致する。天体衝突は、プラチナ存在度のピーク、高温マイクロスフェルール、メルトグラスなど複数の衝突関連プロキシによって地層に記録されている[31]。

つまり地球と地球上の全生物は、約一万二八〇〇年前のヤンガードリアス期初頭に、世界各地で起きた大火災を経験し、大打撃を受けたのだ。それは地球を覆い尽くす炎の嵐とでも呼ぶしかない出来事だった。この地球規模の動乱で、森林などの植物一〇〇〇万平方キロメートルが焼失した。

分かりやすい例で比較しよう。イギリスでは二〇一八年六月下旬から七月上旬にかけて、ランカシャー州の原野四九四二エーカーが山火事で焼け、国中がトラウマになるほどの衝撃を受けた。これはほんの二〇平方キロメートルの広さだったが、七つの州から駆けつけた消防士や緊急サービスは猛火にまったく歯が立たず、軍隊が出動して対処した[32]。

同じ頃、『サクラメント・ビー』紙は二〇一八年七月二日付の紙面で、カリフォルニアの山火事シーズンが例年より早く始まったと伝えた。二件の「大規模な火災」が、すでに発生していたのだ。対応には莫大な経費がかかり、地元住民は避難を余儀なくされた。焼失した面積は合わせて推定八万五〇〇〇エーカー[33]。大変な広さに思えるが、実はたったの三四四平方キロメートルだ。

前年の二〇一七年は、カリフォルニア史上最悪（当時）の山火事シーズンで、合計一三五万エーカーが焼けた[34]。対応にかかった費用は、消火、保険、復旧費用を含めて一八〇〇億ドルと推定された[35]。しかし一三五万エーカーは、ほんの五五八五平方キロメートル。ヤンガードリアス期の山火事で破壊された一〇〇〇万平方キロメートルにくらべれば、取るに足らない面積（約〇・〇五パーセント、つまり一パーセントの二〇分の一）だ。

つまり米国と英国という、世界屈指の金持ちでテクノロジーの発達した強国が、大局的に見れば比較的小規模な山火事に手こずっている。ならば、地球上のバイオマスの九パーセントが焼失するほどの猛火はすべての生き物にどんな結果をもたらしたか、想像してみてほしい。約一万二八〇〇年前のこの大火が気候や大気に与えた影響は、消せない記録として湖沼の堆積物や北極の氷に刻まれた。

衝突の冬

欧米で夏に発生した山火事のニュース映像を見ると、煙がもうもうと立ちこめている。アップにすると、まるで霧か霞がかかっているかのようだ。カメラが引くと、辺りは薄暗く、空も暗いのが分かる。煙が日光をさえぎるせいだ。もちろんこれは局地的な現象だ。八〇キロメートルも離れれば、空気は澄んで青空が広がっている。

二〇一八年の『ジャーナル・オブ・ジオロジー』誌によれば、ヤンガードリアス期初頭の状況はまったく違った。一〇〇〇万平方キロメートルのバイオマス燃焼で発生した煙が地球全体を包み込み、ウェンディ・ウォルバッチと共著者たちの言う「衝突の冬」を招いたのだ[36]。

「衝突の冬」とは、一九八〇年代の核の研究から直接派生した概念だ。その研究は核戦争によって、それまで予期されていなかった結果が、「核の冬」という形で起こることを明らかにした。この研究結果が初めて一般大衆に示されたのは一九八三年一〇月、高名な天体物理学者カール・セーガンによる記事だった。**「核戦争が発生すれば一〇億人以上が即死　長期的影響はそれよりはるかに深刻」**との見出しが付いていた。

大衆紙に掲載されたこの記事の内容はこうだ——複数の核爆発やそれが引き起こす山火事で大量の塵や煙が発生すると、地表に届く太陽光が大幅に減少する。すると地球全体で気温が急激に低下し、その状態が長期間続く。広い範囲で農作物が凶作となり、壊滅的な飢饉《ききん》が起きる。核の冬は世界の滅亡という悲惨な結果を招きかねないが、それを引き起こすのは超大国同士の全面戦争とはかぎらない。地域紛争で核兵器が使われた場合も十分可能性があるという[37]。セーガンは、「私たちは、自分たちの文明と種《しゅ》を危険にさらしている」と結論づけた[38]。

ヤンガードリアス期の場合、人類が直面した危機を引き起こしたのは核ミサイルではなく、分裂する巨大彗星の破片だった。破片は秒速数万キロメートルで飛来し、大きなものは数百の核弾頭に匹敵するほど危険だった。実際、一万二八〇〇年前の二一年間に次々と地球に衝突した彗星の破片を全部合わせると、その爆発力は一〇〇〇万メガトン単位だったと推定されている[39]。今日の世界の核保有量の一〇〇〇倍にあたる威力だ[40]。

ヤンガードリアス期は、約一二〇〇年続いた特異な酷寒の時代だった。それは約一万二八〇〇年前に突然始まって、約一万一六〇〇年前に、やはり突然に終わった。そのことはすでに認知されている。『ジャーナル・オブ・ジオロジー』の論文は、有力な新証拠によって、この構図を大幅に補強した。その新証拠が示すのは、一二〇〇年間の〝急速冷凍〟の開始時に、短期間だが極めて激しい大規模な山火事が発生したこと、そして、その引き金を引いたのは彗星の破片群が地球に衝突した際の「複数の爆発に由来する放射熱エネルギー」だったことだ。

広範囲のバイオマス燃焼によって大量のAC／煤が発生し、長く空中に留まって太陽光をほぼ完全にさえぎった。それをきっかけに衝突の冬が急に始まり、ヤンガードリアス寒冷期に移行した……[41]。

ＡＣ／煤の悪影響は、ヤンガードリアス期初頭に六週間以上続いた可能性がある。それによって太陽光が完全にさえぎられ、急速な寒冷化を招いた。日照の減少は、彗星の塵が大気の上層に入り込んだのも一因だったと考えられる。そうであれば、太陽光の不足が生物に広範かつ壊滅的な影響を与えただろう。植物の光合成や成長に必要な光も不足したはずだ。同時に北大西洋の深層水生成〔表層の海水が風で冷却され、温度が下がった分、重くなって深層に沈み込む仕組み〕が停止して、いわゆる海洋循環が崩壊。長期にわたり、ほぼ地球全体で温度が下がった[42]。

部屋の中のマンモス

メキシコ湾流として知られている大西洋の暖流が停止したことと、ヤンガードリアス期の寒冷化が相互に関連していることは、だいぶ前から分かっていた。また、以下の点についてもおおむね合意されている。

ローレンタイド氷床が溶けて冷たい淡水が大量に流れ込み……北大西洋の表層に広

がった。その影響で、深層部を流れる南洋からの暖かな塩水（メキシコ湾流）が海面に上昇できなくなった。正常な海水の循環が止まったのだ。その結果、普通なら海上で暖められるはずの大気の温度が上がらず、結果としてヨーロッパや北米上空の空気も冷たいままだった[43]。

いまあらためて科学文献を読み返すと、この手の説明が長い間、常識として受け入れられてきたのは示唆的だ。冷たい水の洪水が起きたのは間違いない。だから科学者たちが最初に一番興味をもったのは、その大量の水が**どこから**来たのかだった。

読者はご記憶と思うが、北米氷冠は二つの別々の氷床からできていた。西のコルディレラ氷床と東のローレンタイド氷床だ。二つはしばしばつながっていたが、氷河期の終盤には有名な「無氷回廊（氷に覆われていない回廊）」で分断された。この回廊は長い間、人類がアメリカ大陸へ移動した唯一のルートであると、誤って信じられていた。両氷床の南の縁沿いには、巨大な氷河湖がいくつも形成され、しばしば洪水を起こした。特に有名なのは西のミズーラ氷河湖と、東のアガシー氷河湖だ。ミズーラ湖からあふれた水が大西洋に流れ込む経路はなく、太平洋に向かったはずだから、北大西洋への洪水の源はアガシー湖だった可能性が高いと考えられている。

二〇一八年一月の『ジオロジー（地質学）』誌で発表された研究も、アガシー湖からあふれた水が「ヤンガードリアス期初頭に東へ流れて北大西洋に注ぎ、よく知られている突然の気候変動を

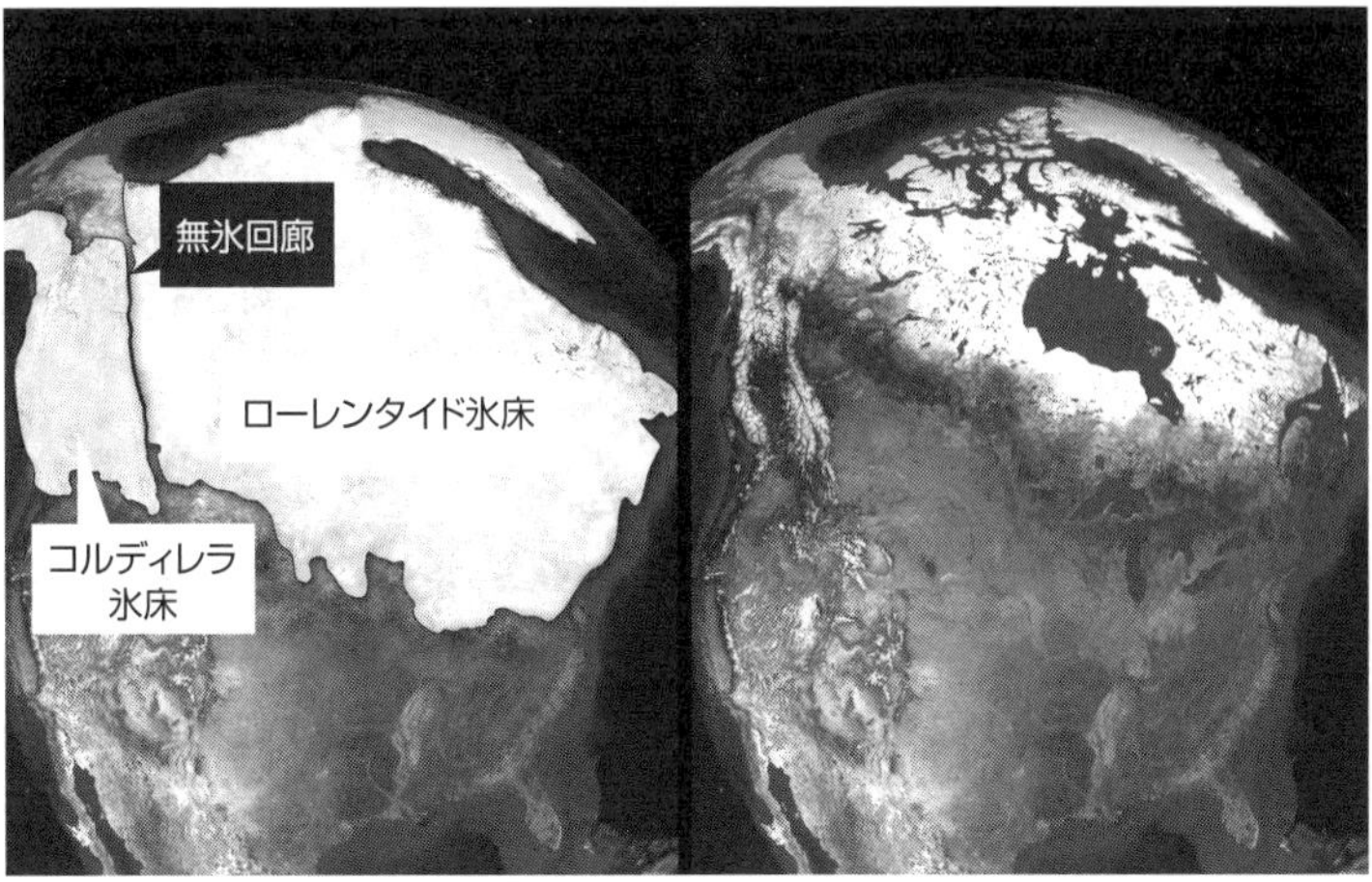

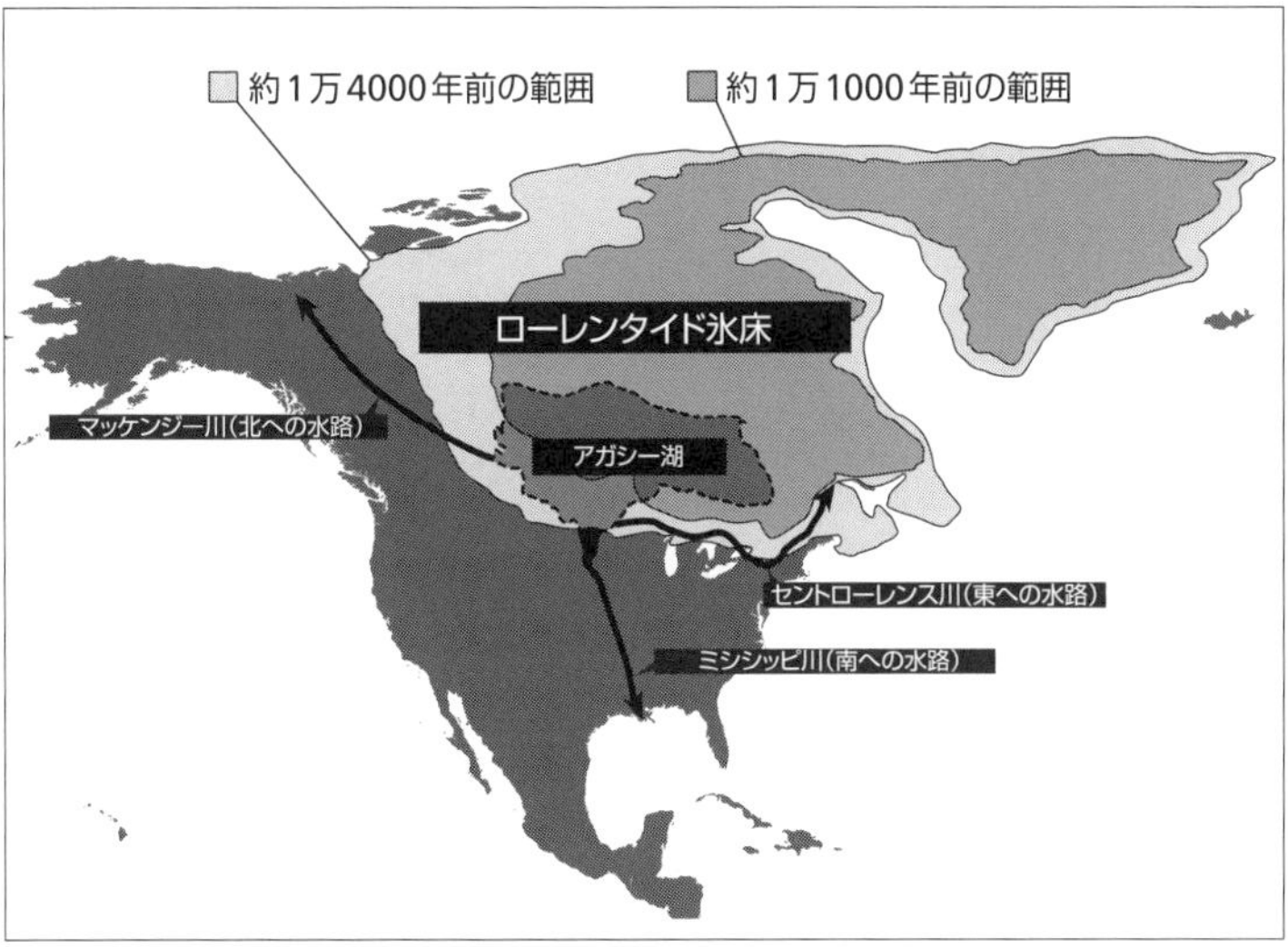

『ジオロジー』誌2018年1月4日号、
「ヤンガードリアス寒冷期初頭にアガシー氷河湖東側に開いた水路」を参考にした。

起こした可能性がある」[44]としている。

というわけで私たちは、冷たい洪水が約一万二八〇〇年前に、メキシコ湾流の動きを止めるほどの規模で大西洋に流れ込んだことも、その犯人がアガシー湖と目されていることも知っている。この「冷たい淡水の奔流」が、世界規模の気温の急降下、いわば〝急速冷凍〟に結びつけられてきたことも知っている。ヤンガードリアス期の寒冷化の特徴である、あの酷寒期だ。

だがほとんどの科学者は、部屋の中のゾウ（誰もが見て見ぬふりをしている大問題）ならぬマンモスに気づかないふりをしている。**なぜ**そのような大洪水が約一万二八〇〇年前の、酷寒のヤンガードリアス期初頭に発生したのか、という問題だ。なぜその八〇〇〇年前や一〇〇〇〇年前ではなかったのか？　その頃はヤンガードリアス期直前の温暖期（ベーリング＝アレレード亜間氷期）の真っ最中だった[45]。氷床が溶けた水による洪水なら、ピークは暖かい時期になりそうなものだ。なのに、なぜ**この場合だけは**極度に寒い時期だったのか？　私はこの問題を二〇一五年の『神々の魔術』で提起した[46]。ウォルバッチらも二〇一八年の論文で同じ問題を指摘し、さらに謎が深まるような証拠を提示した。

「温暖な気候から寒冷な気候への典型的な移行とは異なり、地球全体の海面は、YD期初頭の数十年かそれより短い期間で二～四メートル**上昇**した。このことは大西洋・太平洋のサンゴ礁に記録されている」[47]

抑制の効いた筆致だが、非常に重要な点だ。「数十年かそれより短い期間」で二～四メートル

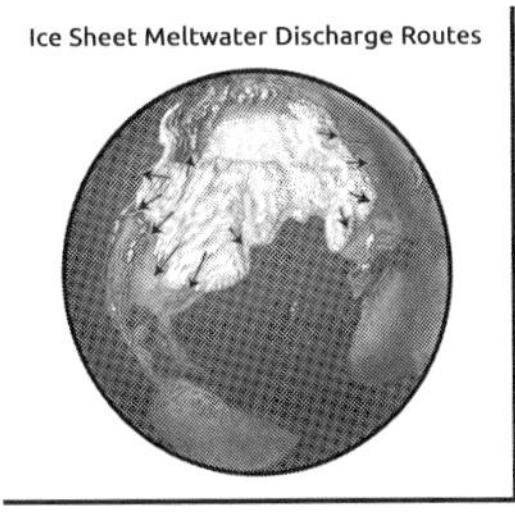

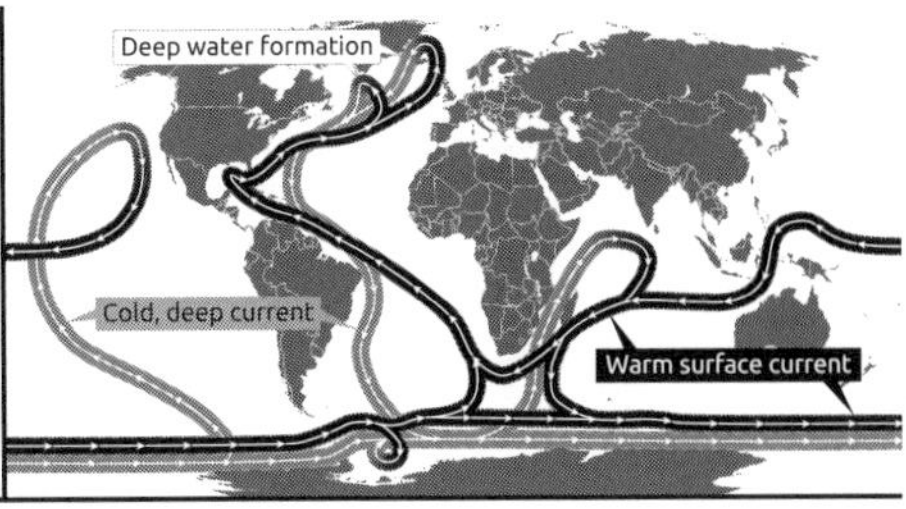

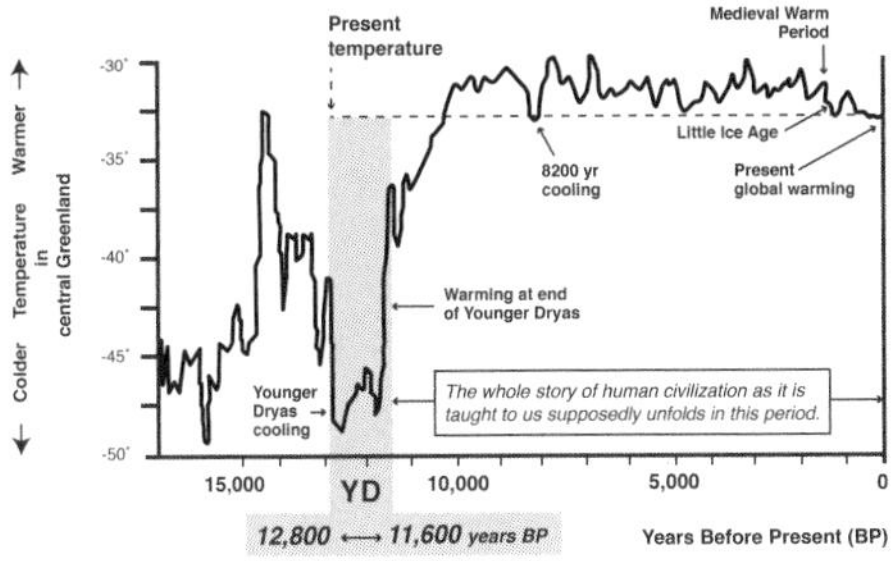

の海面上昇とは、すさまじい量の水だ。どんな基準に照らしても世界的な大洪水が、ヤンガードリアス期初頭に起きたのだ。

しかし、さらに驚くべき、かつ不可解なことがある。ウォルバッチが論文中で挙げている証拠によれば、海面上昇とまったく同時期に、地球は大規模なバイオマス燃焼とそれに関連した「衝突の冬」を経験したが、「それによって引き起こされた、温暖な間氷期から氷期に近い低温への急激な変化は一年もかからなかった。わずか三ヶ月で起きた可能性もある」[48]。

その間、北大西洋へ突然流れ込んだ冷たい洪水を吸収する過程で、世界中の海でメキシコ湾流が停止した。そのせいでヨーロッパや北米では、凍えるような寒さが続くことになった。ヤンガードリアス寒冷期

き起こすことのできる要因だ。

　ということは、私たちが探しているのは、以下のすべてを同時に、かつほとんど一瞬にして引き起こすことのできる要因だ。

●世界規模の洪水
●一〇〇〇万平方キロメートルの山火事
●半年間の酷寒の暗闇と、続く一〇〇〇年以上の氷河期並みの寒冷気候
●五〇〇〇万平方キロメートルにわたって広がっている、ヤンガードリアス境界（YDB）期の地層。その地層にはナノダイヤモンド、高温で形成される鉄分の豊富なスフェルール、シリカの豊富なガラス質のスフェルール、メルトグラス、プラチナ、イリジウム、オスミウム、その他の希少な物質が含まれている
●巨大動物の大量絶滅

ウォルバッチと共著者たちは、ずばりこう結論づけた。

　氷床コアの証拠から、様々な事象が同時期に起きたと考えられる。そして、この同時性ゆえに、ヤンガードリアス期は第四紀全体の中でも特に異常な気候の時期となっ

ている……こうした証拠をすべて同時に残せる事象は、知られているかぎり天体衝突だけだ[49]。

火球の激しい嵐

どのような天体衝突だったのか？

研究の初期段階で最初の有力な衝突プロキシの証拠が分析されて以来、ヤンガードリアス期の天変地異の原因は彗星であることが、ＣＲＧ（彗星研究グループ）メンバーの共通認識になった。ウォルバッチの論文はその立場を補強し、次のように指摘している。

> 彗星の組成は一定ではないが、揮発性の氷、流星物質、プレソーラー・ダスト〔太陽の誕生以前に形成された宇宙塵〕などからできている……元素の割合も様々で、彗星の構成成分が多様であることを裏づける。これはヤンガードリアス境界のサンプルとよく似ている。ヤンガードリアス境界の衝突体の種類は不明だが、現時点の証拠からは、流星だったとは考えにくい。ヤンガードリアス期開始時のバイオマス燃焼の広範さと整合するのは、分裂した彗星が地球に衝突したケースだ[50]……その結果、火球が激しい嵐のように降り注いだ[51]……火球は南北半球の少なくとも四大陸で、陸地や氷床や海に衝突す

るか、上空で爆発した[52]。

論文によれば、このシナリオで、同時発生した特異な証拠をすべて説明できる。

彗星物質や、衝突地点のプラチナ族を豊富に含む岩石が気化し、Pt《プラチナ》、Ir《イリジウム》、Os《オスミウム》等の重金属や、衝突でできたナノダイヤモンド、メルトグラス、マイクロスフェルールが、成層圏に放出された[53]。

火球の空中爆発で溶けて飛び散った岩石が……広範囲で多くの山火事を引き起こし、大量の燃焼エアロゾルを発生させた。それはグリーンランドの氷床に、過去一二万年～三六万八〇〇〇年間でもっとも高濃度の燃焼エアロゾルとして残留している。高緯度寄りの中緯度地帯では、大気や海水の温度が突然低下し、数ヶ月から一年の間に、温暖な間氷期から氷期に近い状態に変わった。大気中の塵や彗星の塵とAC／煤が相まって、急激な衝突の冬を招いたのだ。こうして太陽光がさえぎられ、植物の大量死につながった。おそらくオゾン層へのダメージが地表に届く紫外線Bの増加につながり、動植物にダメージを与えただろう。天体衝突と広範囲に及ぶ山火事で、窒素化合物、硫酸塩、塵、煤などの有害な化学物質が増加し、それが酸性雨の増加につながった可能性も高い。環境悪化や、バイオマス燃焼による有機物や燃焼物の生産増加が藻類の増加に寄与し、その結果、広い範囲でブラック・マットが形成された[54]。

だが私の考えでは、この研究で判明したもっとも重要なことは、なんといっても以下の点だ。これは、彗星分裂というシナリオとも完璧に合致する。

天体衝突で氷床の端の部分が不安定になり、広範囲で氷山が分離して北極海や北大西洋に流出した。空中爆発や衝突によって氷河前縁湖〔氷床などが融解して形成された、氷河の末端にある湖〕で複数の氷のダムが決壊し、大量の融氷水が洪水となって、北極海や北大西洋に流れ込んだ。また、氷床の不安定化をきっかけに、氷床の下で大規模な氷底洪水が起きた可能性もある。それがカナダの広域に洪水地形を残したのかもしれない。氷河前縁湖からあふれた大量の水、氷床の溶けた水、それに北極海や北大西洋に落ちた氷山が原因で、海洋の熱塩循環〔水温と塩分濃度によって海水の比重が変化することで生じる、地球規模の循環〕の経路が変わった。さらに、これが気候フィードバックを通じてYD寒冷化につながった[55]。

別の言い方をしてみよう。ヤンガードリアス寒冷期は従来、北米氷冠由来の淡水の洪水と、その結果である海洋循環の変化とに結びつけられていた。ウォルバッチらは、その根拠とされる証拠を完全に受け入れつつも、次のことを付け加えた。

もう一つ重要な要素が……示唆するのは、**こうした気候変動のメカニズムは偶然に発生したのではなく、YDB衝突がきっかけだった**ことだ。海のコンベヤー（循環システム）が停止した後もYDは続いた……空中爆発／衝突が続いたからではない。いったん循環が止まれば、フィードバック・ループや海洋系内の慣性によって、変化した循環状態が維持されたからだ。やがて以前の状態に戻るまで……[56]。

まったくそのとおりだ。天体衝突や空中爆発がヤンガードリアス期の一二〇〇年間ずっと続いたなどとは、誰も言っていない。ウォルバッチと同僚たちの論文を読めば、疑問の余地はない。彼らの研究対象は、ヤンガードリアス期初頭、特に約一万二八〇〇年前に突然起きた、温暖から寒冷への謎の気候反転だ。彼らはそれが「衝突イベント」に起因すると考えている。しかし彼ら自身が論文中で何度も述べているとおり、彼らの言う「イベント」とは、ある年に一日か二日、「火球の大嵐」が地球を襲ったというような単発の事件ではない。証拠が示しているのは、そのような短いが極めて危険な邂逅が年二回、グリーンランドの氷床コアに高濃度のプラチナが含まれる二一年間、ずっと起きていたということだ[57]。

衝突体の多くはツングースカの隕石程度の大きさか、それより小さかっただろう。だが大群で飛来したので、甚大な損害を引き起こす威力があった。さらに、この二一年間のうち少なくとも一度は、年二回の「火球の嵐」に直径一キロメートル以上の破片が含まれていたと見られる証拠がある。

以上が、ヤンガードリアス衝突仮説の概要を述べた初めての論文にはっきり書かれていることだ。同論文はウェンディ・ウォルバッチ、リチャード・ファイアストーン、アレン・ウェストほか二十余名の共著で、二〇〇七年一〇月の『米国科学アカデミー紀要』に掲載され、「直径二キロメートルの物体複数が、厚さ二キロメートルのローレンタイド氷床に衝突した」可能性を提示した[58]。

二〇一三年九月には、インジェ・ウー、ムクル・シャーマらが、カナダのセントローレンス湾に着目した。同湾の海底にある直径四キロメートルの衝突クレーター（コロソル・クレーター）が、ヤンガードリアス境界の時代のものと判明したのだ。彼らはほかの様々な証拠も考え合わせて、こう結論づけた――この地域で複数回の衝突が起こり、それらは「時間的に密接に関連している」[59]。

それとは別に、リチャード・ファイアストーンとアレン・ウェストが、ヤンガードリアス境界に「チタンなど、共存しないはずの元素が異常に多い物体が、五大湖のそばで」空中爆発した証拠を報告している。地球側の物質と思われるイジェクタ（噴出物）は衝突地点近くのゲイニー近郊に落下し、飛翔体側の成分が多いイジェクタはもっと遠くに落ちた。イジェクタに水分が多いことから、ゲイニーより北のローレンタイド氷床上空で空中爆発した可能性が高い[60]。

一つの出来事がどうやって、地球を一〇〇〇年間の〝急速冷凍〟状態に突き落とし、かつ全地球の海面高を最大で四メートルも上昇させるほど氷河の氷を溶かす原因になりえたのか？　もしかすると私たちは真相解明に近づいているのかもしれない。北大西洋や北極海に氷床から溶け出した膨大な量の水が一気に流入したのは、もちろん寒冷化の時代に特異な地球温暖化が起きたからでは**ない**。彗星の複数の破片、まさに彗星の大群が衝突あるいは空中爆発した影響で、氷床が「不安定化」したことが直接の原因だ。その熱エネルギーと爆風は放射状に南へ広がり、氷の端を越えて北米全体に達した。ここでも空中爆発や衝突が発生し、非常に広い範囲で原始針葉樹林を炎上させた[61]。続いて「無数の比較的小さな彗星の破片が、複数の大陸にわたって広範囲にまき散らされ、空中で爆発したり地面に衝突したりした」[62]。

ウォルバッチたちは、氷河期に起きた七回の融氷水放出（最後の回はヤンガードリアス期）について調べた。こうした事象は、この現象を最初に特定した海洋地質学者ハルトムート・ハインリッヒにちなんでハインリッヒ・イベントと呼ばれる。ハインリッヒ・イベントには、大陸氷河から氷山が、まるで艦隊のように集団で分離するという特徴がある。分離した氷山に運ばれた岩や石ころやその他の瓦礫《がれき》は、氷山が溶けると海底に堆積する。地質学者はその堆積物の種類や量を調べて、事象の規模や年代を推定できる。

だから、次のことは注目に値する。

ＹＤ期はハインリッヒ・イベントだと考えられている（等級はＨ０）。しかし、それ以前の六回のハインリッヒ・イベントは、バイオマス燃焼が低レベルだった。山火事のプロキシ濃度が異常に高いピークを示したＹＤ期初頭のイベントは、それとは正反対だ……これは極めて重要な所見だ。ＹＤ期初頭にバイオマス燃焼の高いピークが存在することは、それ以前の類似した気候変動に見られる低レベルのバイオマス燃焼とまったく逆である。したがってＹＤの気候変動は非常に特異であり、それまでの温暖期から寒冷期への移行のような、自然のプロセスでは説明できない[63]。

ここでもやはり、分裂しつつある彗星の破片が一万二八三六年前から一万二八一五年前までの二一年間に繰り返し衝突したという仮説が、この一見特異な現象をもっとも単純明快に説明する。ヤンガードリアス期のハインリッヒ・イベントの引き金を引いたのは、通常の気候変動ではなく、彗星の破片が北米氷冠に衝突したことだったのだ。

その二一年間のどの時点で天体衝突による氷冠の不安定化が起きたのか、正確なところは分からない。最初かもしれないし、最後かもしれない。真ん中辺りだったかもしれない。一度ではなかった可能性もある。だが前章で見たとおり、グリーンランドの氷床コアのデータは間違いなく、この〝爆撃〟がどれほど激しく凶暴だったかを物語っている。プラチナの雨を伴う〝爆撃〟は、最初の一四年間は年を追って激化し、いまから一万二八二二年前頃にピークに達した。その後は徐々に沈静化し、七年後には始まった時と同じく突然、終息した。

したがって、彗星と北米氷冠との相互作用のピーク、そして本当に大きな破片が飛んできた可能性がもっとも高い時期を、いまから一万二八二二年前頃と考えるのは、妥当な推測だ（ただし確固たる科学的根拠はない）。

アレン・ウェストと、やはりCRGのメンバーである科学者リチャード・ファイアストーンによれば、そのようなキロメートル級の破片が八個も[64]氷冠に衝突した可能性がある。それらは厚さ二キロメートルの氷をえぐってクレーターをつくったはずだが、氷はその後溶けてしまったので、地面には痕跡が残らなかった。あるいはクレーターは残っているが、見つけるのが難しいのかもしれない。たとえば、スペリオル湖、ミシガン湖、ヒューロン湖、オンタリオ湖には、妙に深い四つの穴が存在する[65]。

このサイズの破片との遭遇は、それがどんな破片で、どこで起きたとしても、惑星規模の大災害になる。複数の破片ならなおさらだ。だが忘れてはいけない。〝爆心地〟は北米大陸だったが、北米が体験した恐るべき衝撃は、少なくとも三つの大陸に破壊の痕を残した、もっとずっと広範囲の出来事の一部に過ぎなかった。

失われたもの

ヤンガードリアス期初頭には、世界中で様々な動物種が絶滅した。だが事態が特に急激かつ深刻だったのは北米で、三五属の大型哺乳類が姿を消した[66]。

ウォルバッチたちは、米国の二三州七三地点からの証拠を提示し、こうした巨大動物の絶滅がヤンガードリアス衝突と同時期に起こったことを立証した[67]。代表として三つの例（うち一つは前章で取り上げたマリー・スプリングス）を挙げておく。

●**ブラックウォーター・ドロー（ニューメキシコ州）**：この遺跡には明確なブラック・マットの層があり、YD気候変動が始まった時代のものと判定された。この層は磁性スフェルール、Pt、Ir、および炭、ガラス様炭素、フラーレン、PAH（多環芳香族炭化水素）などのバイオマス燃焼プロキシのピークと直《じか》に接している。これらのプロキシは、クローヴィスの狩人たちに殺された最後のマンモスの骨をぴったりと覆っている。クローヴィス人は、その後何百年間もこの場所を放棄した。ブラックウォーター・ドローからの証拠は、YDB衝突が巨大動物の絶滅や人間の人口減少、およびバイオマス燃焼やYD気候変動と同時代に起きたことを示唆している。

●**マリー・スプリングス**（**アリゾナ州**）：磁性スフェルール、メルトグラス、ナノダイヤモンド、Pt、Irのピークが、YD期初頭の特徴的なブラック・マットのすぐ下に位置している。PAHなどのYDBバイオマス燃焼プロキシのピークは、炭、炭素スフェルール、ガラス様炭素、AC／煤、フラーレン、PAHを含む。この遺跡では数頭のマンモスがクローヴィスの狩人たちに殺された後に、その骨の上にブラック・マットが形成され、人間はこの場所を約一〇〇〇年間放棄した。こうした証拠はYDB衝突、バイオマス燃焼の増加、YD気候変動、巨大動物の絶滅、人口激減が同時期に起きたことを裏づける。

●**シェリデン洞窟**（**オハイオ州**）：磁性スフェルール、メルトグラス、ナノダイヤモンド、Pt、Irのヤンガードリアス期のピークがある。また、多量の炭を含むYD期初頭のブラック・マットは炭、AC／煤、炭素スフェルール、ナノダイヤモンドの存在度のピークが、この洞窟内で見つかったクローヴィスの人工遺物と密接に関連づけられている。これは知られている最後のクローヴィス文化の遺物だ。ブラック・マットの層は、山火事で焦げた二頭の大型哺乳類の骨と直に接している。その二頭はフラットヘッド・ペッカリー（Platygonus compressus）とジャイアント・ビーバー（Castoroides ohioensis）で、絶滅したこの二種の世界最後のサンプルだ[68]。

ウマ、ラクダ、マンモス、マストドン、オオナマケモノ、サーベルタイガー（剣歯虎）、ショートフェイス・ベア、ダイアウルフほか氷河期を代表する生き物たちが、この時期に記録から消え去った。「これは大規模な絶滅だ」と、ジェームズ・ケネットとアレン・ウェストは、二〇一八年にフロリダ自然史博物館が発表した論文の中で指摘する。

よく知られた大型動物が多数失われたというだけではない。絶滅した分類群の多くは、それまで何百万年も北米に生息していた。ウマは始新世（約五五〇〇万年前）からその時まで、北米で途切れなく進化を続けていた。（ウマが）いなかった期間は、知られているかぎり、約一万二八〇〇年前から、約五〇〇年前にヨーロッパから再導入されるまでの間だけだ。これらの絶滅は明らかに極めて特異である[69]。

ケネットとウェストは最終的に、次のようにまとめている。

巨大動物の絶滅の原因は、ＹＤ期初頭の天体衝突によって大陸規模で生態系が乱れたことだったと考えられる。それだけの地質学的・年代学的データが、いまでは十分に存在する……約一万二八〇〇年前のヤンガードリアス境界期の天体衝突がなかったら、YD期初頭またはそれに近い時点で巨大動物が絶滅することはなく、多くはもっとずっと後代、ことによると現代まで生き延びただろう[70]。

考古学的な証拠は乏しいが、それはおそらく、そもそもヤンガードリアス期における地球の激変で、多くのものが流されたり埋もれたりしたためだろう。それでも、この大変動が北米大陸の動物の生態に混乱を招いただけでなく、人類にも深刻な影響を与えたのは明らかだ。

その筆頭は、もちろんクローヴィス文化の謎の消滅だ。高度な技術をもち、広域で栄えていた文化が、約一万二八〇〇年前に突然、そっくり消えてしまった[71]。その後何世紀もの間、たとえば南東部では、尖頭器の製作数が突然五〇パーセントも減った[72]。同様の傾向は、同時期の北米各地で見られる[73]。カリフォルニア州では、約一万二八〇〇年前から一万二二〇〇年前まで人類の活動が停止した証拠がある[74]。

デヴィッド・アンダーソン、アルバート・グッドイヤーらは、北米全域で七〇〇件ほどの炭素一四年代測定を行ない、文化の存在を研究した。その結果、人類活動の「急速な低下」がヤンガードリアス期の始まりに起こり、「YD期初頭に最低レベルに達したことを示した……最初の二〇〇年の間は、文化の存在を示す炭素一四年代測定サンプル数が八〇パーセントも減っていた。これは人口が激減したことを示唆するが……その後の約九〇〇年間で徐々に回復している」[75]。

私たちはタイムマシンをもっていないので、一万二八〇〇年前の北米へ実際に行くことはできない。だがあらゆる証拠は、この大陸が地球を揺るがすようなすさまじい大変動を経験したことを指し示している。それに私たちは、一万二八〇〇年前に少なくとも一つ、クローヴィスという北米の祖先文化が、マンモスやダイアウルフと同じように消え去ったことを知っている。

ほかには何が、燃える暗闇と氷の洪水の時代に、クローヴィスと同じ道をたどったのだろう？

[1] The Comet Research Group, https://cometresearchgroup.org/.
[2] The Comet Research Group, "Comet Impact Scientists," https://cometresearchgroup.org/scientists-members/.
[3] Christopher Moore et al., "Widespread Platinum Anomaly Documented at the Younger Dryas Onset in North American Sedimentary Sequences," *Scientific Reports* (March 9, 2017).
[4] 同上、1。
[5] Michail I. Petaev et al., "Large Pt Anomaly in the Greenland Ice Cores Points to a Cataclysm at the Onset of Younger Dryas, *Proceedings of the National Academy of Sciences* 110, no. 32 (August 6, 2013), 12917, 12918.
[6] Moore et al., "Widespread Platinum Anomaly Documented at the Younger Dryas Onset in North American Sedimentary Sequences," 2–3.
[7] 同右、三ページ。
[8] 同右。
[9] 同右、四～五ページ。
[10] 同右、七ページ。

[11] 同右、Supplementary Information, 10–11. プラチナ（Pt）はプラチナ族（白金族）の元素（PGE）の一つ。プラチナ族にはほかにイリジウム（Ir）、オスミウム（Os）、ルテニウム（Ru）、ロジウム（Rh）などが含まれる。

[12] 同右、一二～一三ページ。

[13] 同右、一三ページ。

[14] 同右。

[15] 同右。

[16] Wendy S. Wolbach et al., "Extraordinary Biomass-Burning Episode and Impact Winter Triggered by the Younger Dryas Cosmic Impact ~12,800 Years Ago," *Journal of Geology* 126, no. 2 (March 2018), 165–205.

[17] 同上。全著者は以下のとおり：Wendy S. Wolbach, Joanne P. Ballard, Paul A. Mayewski, Victor Adedeji, Ted E. Bunch, Richard B. Firestone, Timothy A. French, George A. Howard, Isabel Israde-Alcántara, John R. Johnson, David Kimbel, Charles R. Kinzie, Andrei Kurbatov, Gunther Kletetschka, Malcolm A. LeCompte, William C. Mahaney, Adrian L. Melott, Abigail Maiorana-Boutilier, Siddhartha Mitra, Christopher R. Moore, William M. Napier, Jennifer Parlier, Kenneth, B. Tankersley, Brian C. Thomas, James H. Wittke, Allen West, and James P. Kennett.

[18] 同右、一六五ページ。

[19] 同右、一六五、一六七ページ。

[20] 同右、一六九ページ。

[21] 同右、一七〇ページ。

[22] 同右、一七〇～一七一ページ。

[23] 同右。

[24] 同右、一七一ページ。

[25] 同右。

[26] 同右、一八七、一八九ページ。

[27] 同右、一九二ページ。

[28] 同右。

[29] 同右、一九二〜一九三ページ。

[30] 同右、一九三ページ。

[31] 同右、一九四ページ。

[32] Josh Halliday and James Gant, "Andy Burnham Calls for More Support to Tackle Lancashire Wildfires" (*Guardian,* July 2, 2018), https://www.theguardian.com/uk-news/2018/jul/02/fire fighters-need-support-to-tackle-lancashire-moorland-blaze-says-andy-burnham および Helen Pidd, "Firefighters From Seven Counties Fight Greater Manchester Moor Fires" (Guardian, July 1, 2018), https://www.theguardian.com/uk-news/2018/jul/01/firefighters-from-seven-counties-fight- greater-manchester-moor-fires.

[33] Dale Kasler, "Northern California Wildfires Are Burning Much Earlier This Summer. Here's Why." (*Sacramento Bee,* July 2, 2018), https://www.sacbee.com/latest-news/article214198989.html.

[34] CAL FIRE, "Incident Information," http://cdfdata.fire.ca.gov/incidents/incidents_stats?year=2017.

[35] Matthew Rena, "Costs to Fight 2017 California Wildfires Shatter Records" (Courthouse News Service, January 8, 2018), https://www.courthousenews.com/costs-to-fight-2017-california-wild fires-shatters-records/.

[36] Walbach et al., "Extraordinary Biomass-Burning Episode and Impact Winter Triggered by the Younger Dryas Cosmic Impact 〜 12,800 Years Ago," 165.

[37] Matthew R. Francis, "When Carl Sagan Warned the World About Nuclear Winter," *Smithsonian Magazine,* November 15, 2017, https://www.smithsonianmag.com/science-nature/when-carl-sagan-warned-world-about-nuclear-winter-180967198/.

[38] 同右に引用。

[39] R. B. Firestone et al., "Evidence for an Extraterrestrial Impact 12,900 Years Ago That Contributed to the Megafaunal Extinctions and the Younger Dryas Cooling," *Proceedings of the National Academy of Sciences* 104, no. 41 (October 9, 2007), 16020.

[40] おそらく一万メガトン弱。 Ashley Kirk, "How Many Nukes Are in the World and What Could They Destroy?" (*Telegraph,* October 11, 2017), https://www.telegraph.co.uk/news/0/ many-nukes-world-could-destroy/ を参

照。ただし、この数字は軍備管理協会の統計に基づく数字だが、推定値であることに注意。各国政府が武器に関する情報を隠す傾向があるため。

[41] Wolbach et al., "Extraordinary Biomass-Burning Episode and Impact Winter Triggered by the Younger Dryas Cosmic Impact ~ 12,800 Years Ago," 179.

[42] 同右、二〇〇ページ。

[43] S. J. Fiedel, "The Mysterious Onset of the Younger Dryas," *Quaternary International 242* (2011), 263.

[44] David J. Leydet et al., "Opening of Glacial Lake Agassiz's Eastern Outlets by the Start of the Younger Dryas Cold Period," *Geology* (January 4, 2018).

[45] Fiedel, "*The Mysterious Onset of the Younger Dryas,*" 264.

[46] Graham Hancock, *Magicians of the Gods: The Forgotten Wisdom of Earth's Lost Civilization* (2015), chapter 6, 121–122.（グラハム・ハンコック『神々の魔術』大地舜訳、ＫＡＤＯＫＡＷＡ）

[47] Wolbach et al., "Extraordinary Biomass-Burning Episode and Impact Winter Triggered by the Younger Dryas Cosmic Impact ~ 12,800 Years Ago," 179. 強調を追加した。

[48] 同右、一七九ページ。

[49] 同右、一八〇ページ。

[50] 同右、一七九ページ。

[51] 同右、一七八ページ。

[52] 同右、一七九ページ。

[53] 同右。

[54] 同右、二〇一ページ。

[55] 同右、一七九ページ。

[56] 同右、一六七ページ。

[57] 同右、168, 173, 177, 178, 188. Petaev et al., "Large Pt Anomaly in the Greenland Ice Cores Points to a Cataclysm at the Onset of Younger Dryas," 12917 も参照。さらに W. M. Napier, "Palaeolithic Extinctions and the Taurid Complex," *Monthly Notices of the Royal Astronomical Society* 405, no. 3 (July 1, 2010), 1901–1906 も参照のこ

と。論文全体は、ここで読める。http://mnras.oxfordjournals.org/content/405/3/1901.full.pdf ＋ html?sid=19fd6cae-61a0-45bd-827b-9f4eb877fd39, 次の url でＰＤＦをダウンロードできる。http://arxiv.org/pdf/1003.0744.pdf; Victor Clube and Bill Napier, The Cosmic Winter (Wiley, 1990), 150–153. Gerrit L. Verschuur, *Impact: The Threat of Comets and Asteroids* (Oxford University Press, 1996), 136 も参照。

[58] Firestone et al., "Evidence for an Extraterrestrial Impact 12,900 Years Ago That Contributed to Megafaunal Extinctions and the Younger Dryas Cooling," 16020.

[59] Yingzhe Wu et al., "Origin and Provenance of Spherules and Magnetic Grains at the Younger Dryas Boundary," *Proceedings of the National Academy of Sciences* 110, no. 38 (September 5, 2013), e3564.

[60] R. B. Firestone et al., "Analysis of the Younger Dryas Impact Layer," *Journal of Siberian Federal University. Engineering and Technologies 1* (February 2010), 30, 47, 56.

[61] Wolbach et al., "Extraordinary Biomass-Burning Episode and Impact Winter Triggered by the Younger Dryas Cosmic Impact ~12,800 Years Ago," 195:「Peros らによる北米の花粉記録の包括的分析は、ヤンガードリアス期気候イベントの最初の一五〇年間に、針葉樹林（主にトウヒ属）が突然、一時的に減少したことを示した」。この減少は、ヤマナラシ属（ポプラ、ハコヤナギ、ヤマナラシ）、時にハンノキ属（カバノキ）の急激な拡大を伴っていた。これらは日和見的な先駆種で、しばしば山火事などによる大規模な森林破壊後に繁栄する。ヤマナラシ属はその後、ヤンガードリアス期の残りの期間に、針葉樹に取って代わられた。このように、大陸の植生における大規模で広範な一時的変化があったことが、北米の花粉記録に反映されている。これは、ヤンガードリアス境界で広範なバイオマス燃焼があったとすれば起きたはずの生物の大変動と一致している。

[62] 同右、一七八ページ。

[63] 同右、一九八ページ。

[64] Firestone et al., "Analysis of the Younger Dryas Impact Layer," 57–58.

[65] 同右、五八ページ。

[66] 北米の鳥一九属と共に。James P. Kennett et al., "Potential Consequences of the YDB Cosmic Impact at 12.8 kya: Climate, Humans and Megafauna," in Albert C. Goodyear and Christopher R. Moore (eds.), *Early*

Human Life on the Southeastern Coastal Plain (Florida Museum of Natural History, University of Florida Press, 2018), 184を参照。

[67] Wolbach et al., "Extraordinary Biomass-Burning Episode and Impact Winter Triggered by the Younger Dryas Cosmic Impact ~12,800 Years Ago," 195–196, 200–201.

[68] 同右、二〇〇～二〇一ページ

[69] Kennett et al., "Potential Consequences of the YDB Cosmic Impact at 12.8 kya," 184–185.

[70] 同右、一八六ページ。

[71] 同右、一八一～一八二ページ。

[72] 同右、一八二ページ。

[73] 同右。

[74] Terry L. Jones and Douglas J. Kennett, "A Land Impacted? The Younger Dryas Boundary Event in California," in Terry L. Jones and Jennifer E. Perry (eds.), *Contemporary Issues in California Archaeolcgy* (Routledge, 2016), Kindle location 849.

[75] David G. Anderson et al., "Multiple Lines of Evidence for Possible Human Population Decline/ Settlement Reorganization During the Early Younger Dryas," *Quaternary International* 242 (2011), 578.

第27章 恐怖の岬

想像してみてほしい――学界を牛耳るエリートが特定のテーマを「タブー」視する世界を。そこでは優秀で正直、かつ勤勉で好奇心旺盛な科学者がそのテーマを研究しようものなら、キャリアを台無しにしかねず、仕事や収入すら失う恐怖におびえることになる。

そんな「出る杭は打たれる」風潮の中で、新たな地平を拓《ひら》く優れた科学が生まれるだろうか？ 確立したモデルを延々と改良したり再確認したりするばかりで少しも進歩せず、そのモデルが間違っている、あるいは根本的に見直す必要がありそうな場合でも、その証拠を否定する状態にならないだろうか？

これは仮定の疑問ではない。この〝想像上の〟世界は、今日《こんにち》私たちが生きている世界そのものだ。二一世紀の科学は、科学者たちがリスクを負って「事実」を追求することを奨励していない。その事実が、人類の過去に関する定説に疑問を投げかけるものなら、なおさらだ。

ヤンガードリアス衝突仮説をめぐる論争は、その一例だ。初めて公式に提唱された二〇〇七年以来、この仮説を支持する科学者たちは絶え間なく、不愉快で独善的な集中攻撃に耐えてきた。攻撃しているのは少人数だが影響力の強い科学者の一団だ。というのも、一万二八〇〇年前に彗星が地球規模の大変動を引き起こしたとなると、彼らの実績や見解に疑問符が付いてしまうからだ。

私は二〇一五年の著書『神々の魔術』の中で、ヤンガードリアス衝突仮説の論拠となる主な研究について詳しく述べた。また、この仮説に対する攻撃についても詳しく考察した[1]。簡単に参照できる記録なので、ここでは繰り返さない。当時の私の結論は、攻撃の多くは誤解を招くプロパガンダで正当な理由がない、というものだった。ヤンガードリアス衝突仮説は、一万二八〇〇年前に地球を揺るがした出来事についての、考えうる最良の説明だった。

これを書いている二〇一八年の時点で、私の机は過去三年間に発表された論文に埋もれている。ヤンガードリアス衝突仮説を裏づけ拡大・発展させる、強力な新証拠の山だ。なかでも第26章で触れたバイオマス燃焼とプラチナの研究は秀逸なので、本書のかぎられたスペースではあるが重点的に取り上げた。それ以外の研究調査については章末の注に列記した[2]。

私はいま、彗星研究グループ（ＣＲＧ）の科学者たちは正しい方向に向かっていると、これまで以上に確信している。そして、保身に走らず権力に対抗して真実を語る彼らを高く評価している。だからCRG支持者のジョージ・ハワードから連絡をもらった時は胸が高鳴った。ハワードは科学者ではないが環境復元の専門家で、オンライン・マガジン『コスミック・タスク』の編集者だ。私は二〇一七年秋にリサーチのため米国各地を訪れたが、彼の用件は、その旅行中にCRGの主要メンバーと会わないかという提案だった。同じ旅行でアル・グッドイヤーとアレン・ウェストにも会う予定だ。彼らの同僚たちとも意見を交換する、よい機会になるだろう。

ノースカロライナ州ウィルミントンで、二〇一七年一一月一三日〜一四日に会合を持つことになった。プラチナ論文とバイオマス燃焼論文、両方の共著者であるクリス・ムーアとマルコム・ルコンプトが、サウスカロライナ大学から来てくれる。同僚のマーク・デミトロフ（ニュージャージー州ストックトン大学）も加わる。デミトロフは、YDIHの強力な裏づけとなった既存論文の共著者だ[3]。

仕事仲間で友人のランドール・カールソンも招待し、彼もアトランタから車で来て論議に加わることになった。カールソンは一万二八〇〇年前の北米氷冠への衝突を、ワシントン州東部のチャネルド・スキャブランドが被った甚大な洪水被害と結びつけている。これについては、『神々の魔術』に詳しく書いた[4]。

嬉しいことに、ジョージ・ハワードはアントニオ・ザモラも誘ってくれた。ザモラはフリーの研究者、化学者、コンピュータ科学者だ[5]。CRGのメンバーではないが、私は彼が同年に発

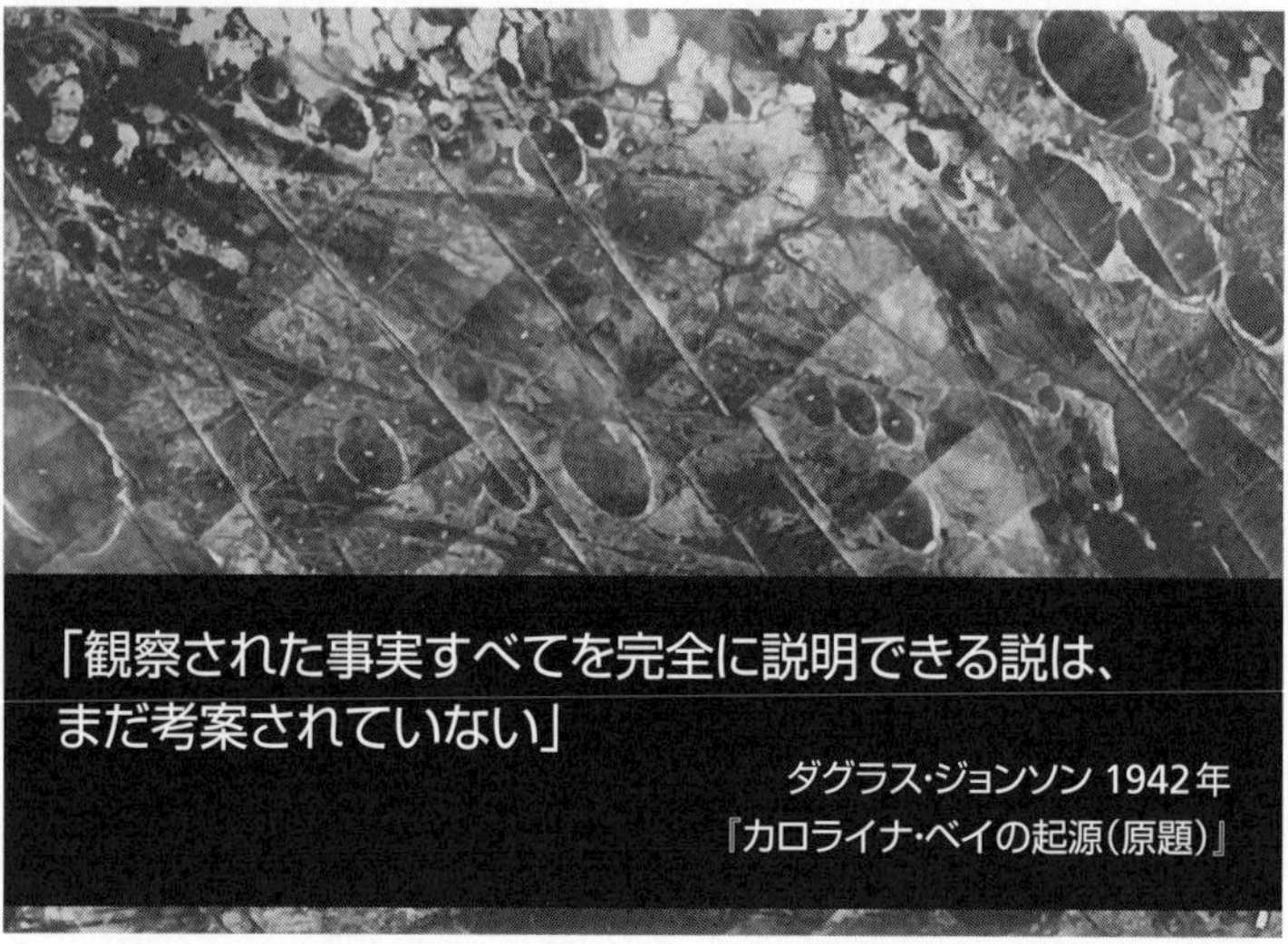

「観察された事実すべてを完全に説明できる説は、まだ考案されていない」

ダグラス・ジョンソン 1942年
『カロライナ・ベイの起源(原題)』

写真:Fairchild Aerial Surveys, 1930年

表したばかりの論文を読んで、非常に興味をそそられていた。査読付きの学術誌『ジオモーフォロジー（地形学）』に掲載されたもので、カロライナ・ベイの起源をヤンガードリアス衝突に求める内容だ[6]。

縁の盛りあがった楕円形の奇妙な池や窪地や湖が五〇万個ほどの、デラウェア州からフロリダ州まで、米国太平洋沿岸のほとんどの地域に散らばっている。最初に気づいたのが一九世紀後半の南北カロライナ州の科学者たちだったので、これらは「カロライナ・ベイ」と呼ばれるようになった。カロライナ・ベイは隕石の大群が地球に衝突してできた、という説が早い時期から存在し[7]、ＣＲＧのメンバー数人が、ヤンガードリアス衝突とこのミステリーとの関連を調べたことがある[8]。ただしいまではグループの大半は、そ

のような考えから距離を置いている。年代調査で判明したのだが、カロライナ・ベイは全部が同時にできたわけではない。ヤンガードリアス衝突仮説に従えば同時のはずだが、実際には形成時期はまちまちで、何万年もの隔たりがあるのだ[9]。

ところがアントニオ・ザモラが二〇一七年に『ジオモーフォロジー』の論文で、ベイはやはりヤンガードリアス衝突の結果だという可能性を提示したため、大騒ぎになった。私は無邪気にも、マルコム・ルコンプトとマーク・デミトロフ（共に当時はCRGメンバーだったが現在は退会）はきっと、この新たな研究を歓迎するだろうと思っていた。

だが、それは大間違いだった。

氷河氷・衝突仮説

まずはザモラが『ジオモーフォロジー』の論文で提唱して物議を醸した「氷河氷・衝突仮説」の背景を確認しておこう[10]。

彼は、カロライナ・ベイは衝突地形ではないとする従来の証拠を検証した上で、興味深い謎を指摘した。いわゆる「ネブラスカ雨水盆」だ。この奇妙な楕円形の地形は、向きが北西↓南東ではなく北東↓南西（この方向自体が重要な証拠）だが、それを除けば、カロライナ・ベイとよく似ている。カロライナから二〇〇〇キロメートルも西に位置しているにもかかわらず、

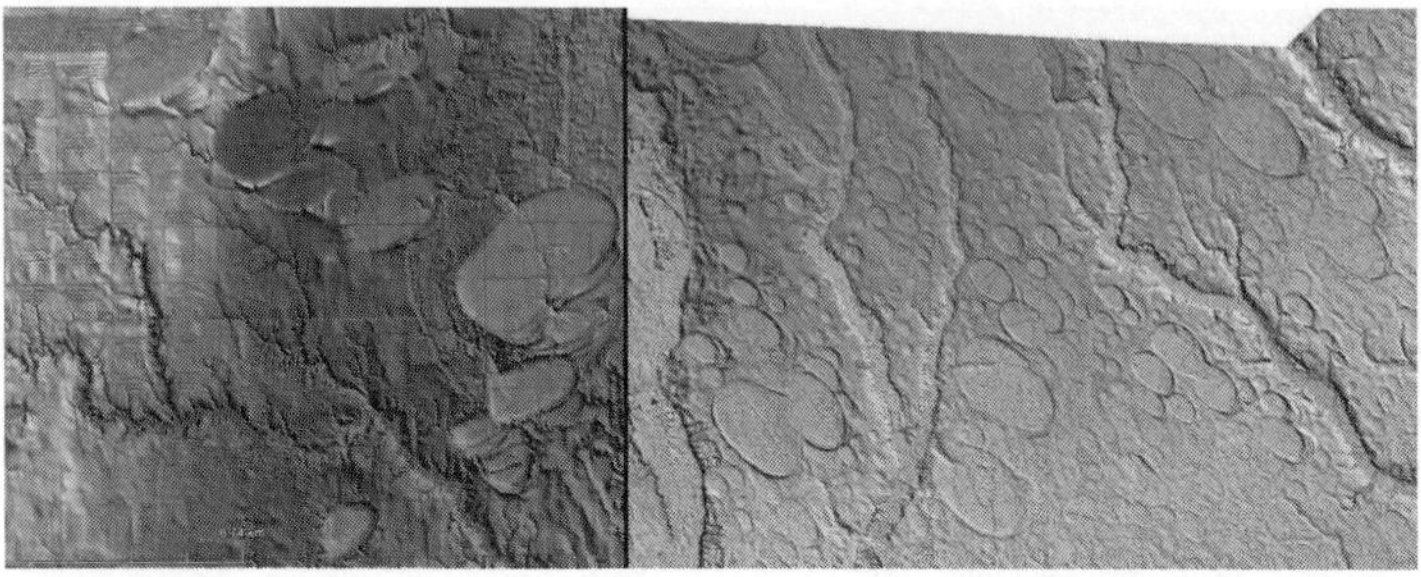

左:ネブラスカ雨水盆／右:カロライナ・ベイ
アントニオ・ザモラ／cintos.orgのLIDAR画像

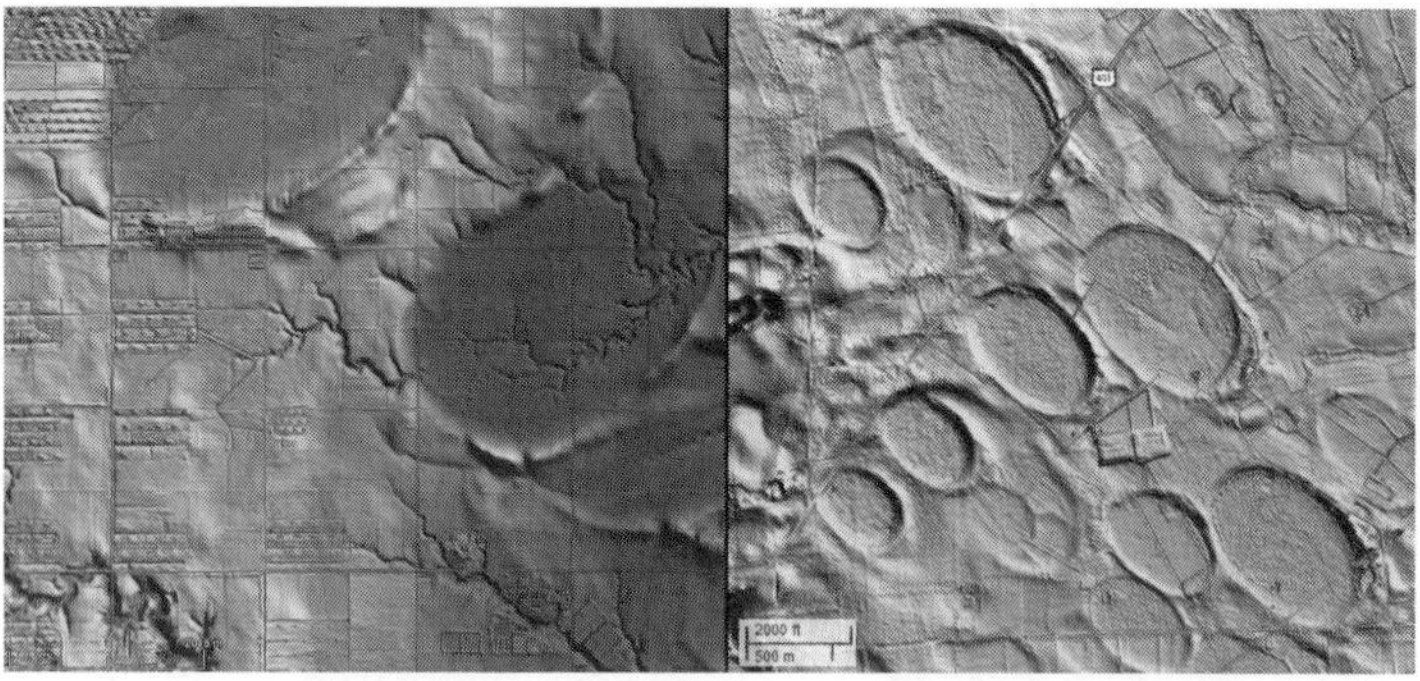

左:ネブラスカ雨水盆／右:カロライナ・ベイ
向きに注目。カロライナ・ベイは北西から南東、ネブラスカ雨水盆は北東から南西に向いている。
アントニオ・ザモラ／cintos.orgのLIDAR画像

ネブラスカ雨水盆はカロライナ・ベイほど有名ではないが、非常によく似た楕円形をしている。だからカロライナ・ベイと同じメカニズムで同時期にできたのではないかと考える必要がある……氷河氷・衝突仮説の目的は、カロライナ・ベイとネブラスカ雨水盆の特徴を検討し、そうした地形学的特徴が、地球上の物質による二次衝突、たとえば地球外（Extra-Terrestrial）物質の衝突によって噴出した氷河氷によって形成された可能性を評価することにある[11]。

ザモラは自ら、氷河氷・衝突仮説が二人の研究者の先行研究に大きく依存していることを認めている。マイケル・E・デイヴィアス[12]とトーマス・H・S・ハリス[13]だ。前者は「地理空間ビッグデータ、データマイニング、コンピューターグラフィックス、アルゴリズムのスペシャリスト」、後者はロッキード・マーティン社の力学、飛行科学のエキスパートだ。

マイケル・デイヴィアスはザモラと一緒にウィルミントンに来て、彼とハリスが二〇一五年五月の第四九回米国地質学会年次総会で最初に発表した証拠を共有してくれた[14]。

デイヴィアスたちが学会論文で提唱したのは、氷河期に現在のミシガン州のサギノー湾に天体が衝突したという説だ。当時のサギノー湾は厚い氷河に覆われた陸地だった。そこに天体がぶつかれば、イジェクタ（噴出物）が飛び散って「蝶の羽」形の範囲に二次衝突を起こしたはずで、

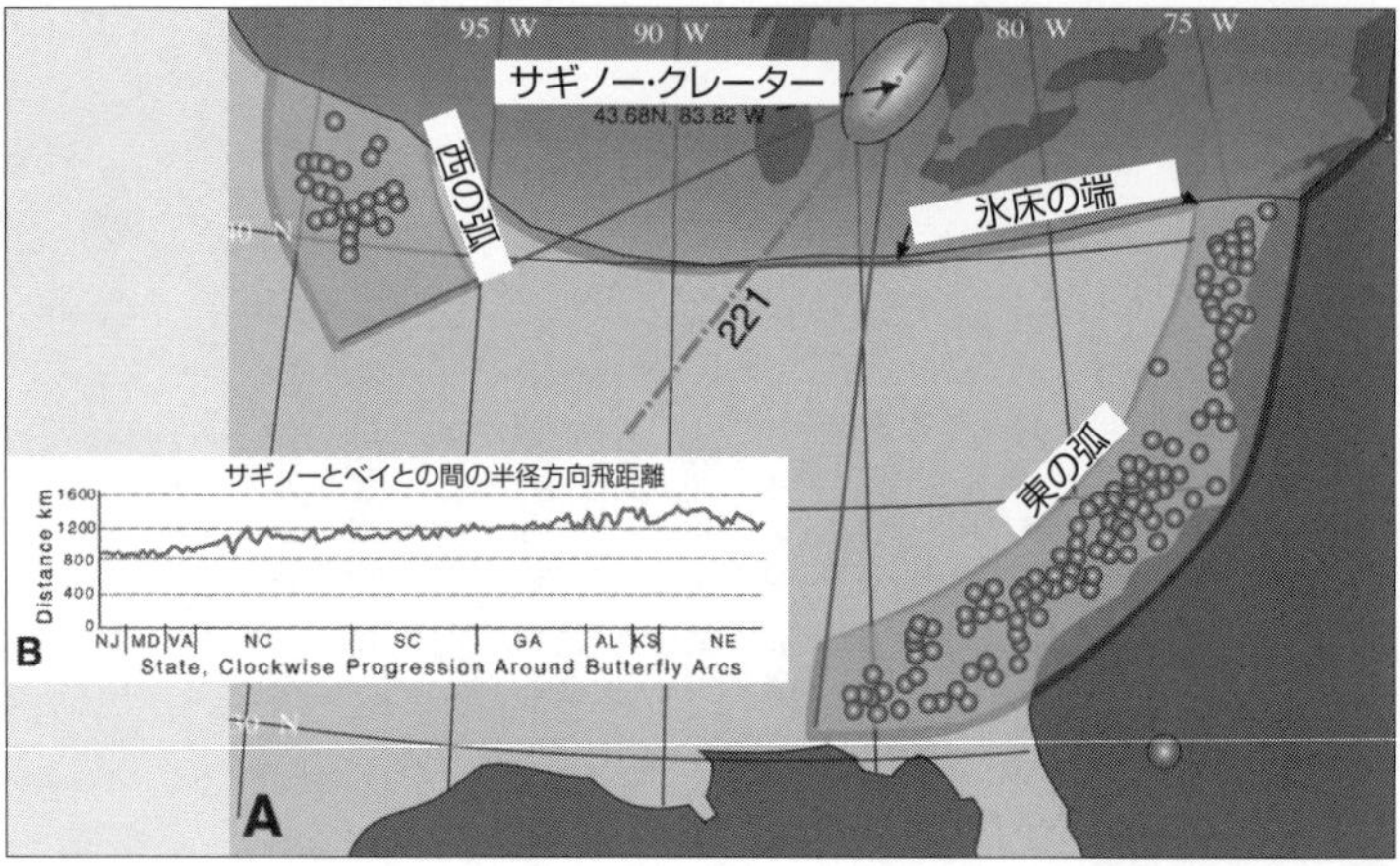

マイケル・デイヴィアス：cintos.org

その位置がまさにネブラスカ雨水盆とカロライナ・ベイにあたる。衝突の向きは中西部のネブラスカが北東→南西、東海岸のカロライナが北西→南東だ[15]。

アレン・ウェスト、リチャード・ファイアストーンらCRGの科学者たちは、北米氷冠への衝突は全部で八回あったと考えており、ザモラも異議は唱えていない[16]。ザモラが調査において重視しているのは、デイヴィアスとハリスが提唱する、カロライナ・ベイとネブラスカ雨水盆が同時に形成された明らかな原因と見られるミシガン州での出来事だ。

衝突地点とされるサギノー湾は、デイヴィアスとハリスも認めるとおり、「一般に、ミシシッピ傾斜台地とペンシルベニア傾斜台地を貫くサギノー氷河の舌端部〔末端の突き出した部分〕の浸食作用によって形成されたと考えられている」。だが二人は、この湾は実は「方位角二二一度で斜めに進入した衝突の足跡」だと主張する。「この足跡の上には厚さ一キロメートルの氷があったので、四万五〇〇〇立方キロメートルの水が一瞬にしてイオン化または気化したことになる」[17]。

地表が氷に覆われていたおかげで衝撃の影響は多少和らいだが、それでも古代の岩盤の岬角（突き出た岬）をえぐり、ミシガン盆地中央の氷の下に潜り込んだ。そうして掘られた部分が、現在私たちがサギノー湾と呼んでいる、「ミトン（指なし手袋）」の親指付け根の隙間だ。衝撃で、粉砕されたミシガン砂岩（もとは岩盤）と水（もとは気化した氷）を含む大量のイジェクタが噴出した[18]。イジェクタは周回軌道近くまで噴きあげられ、その後大気圏に戻って地上に落ちた。その結果、米国本土の氷床の南側の大部分に、粥《かゆ》状の泥が飛び散った。だがカロライナ・ベイやネブラスカ雨水盆のように跡が残ったのは、適度な軟らかさの「固まっていない」地面だけだった[19]。

デイヴィアスとハリスは二〇一五年の米国地質学会で論文を発表し、サギノー湾の形成時期を暫定的に七八万六〇〇〇年前とした[20]。しかしザモラは、彼らの弾道学と三角測量の優れたデータをもとに、この古い年代を否定。二〇一七年の『ジオモーフォロジー』に発表した氷河氷・衝突仮説で、サギノー湾はわずか一万二八〇〇年前に、ヤンガードリアス彗星の破片の一つによって形成された、と説得力のある主張を展開している[21]。デイヴィアスとハリスは、イジェクタは「泡状の砂と水」でできていたと考えているが、ザモラはこれも否定する。「液体状態の水の熱力学」に関する技術的見地からの見解だ[22]。彼の計算によれば、大量の氷河氷が固体のまま、

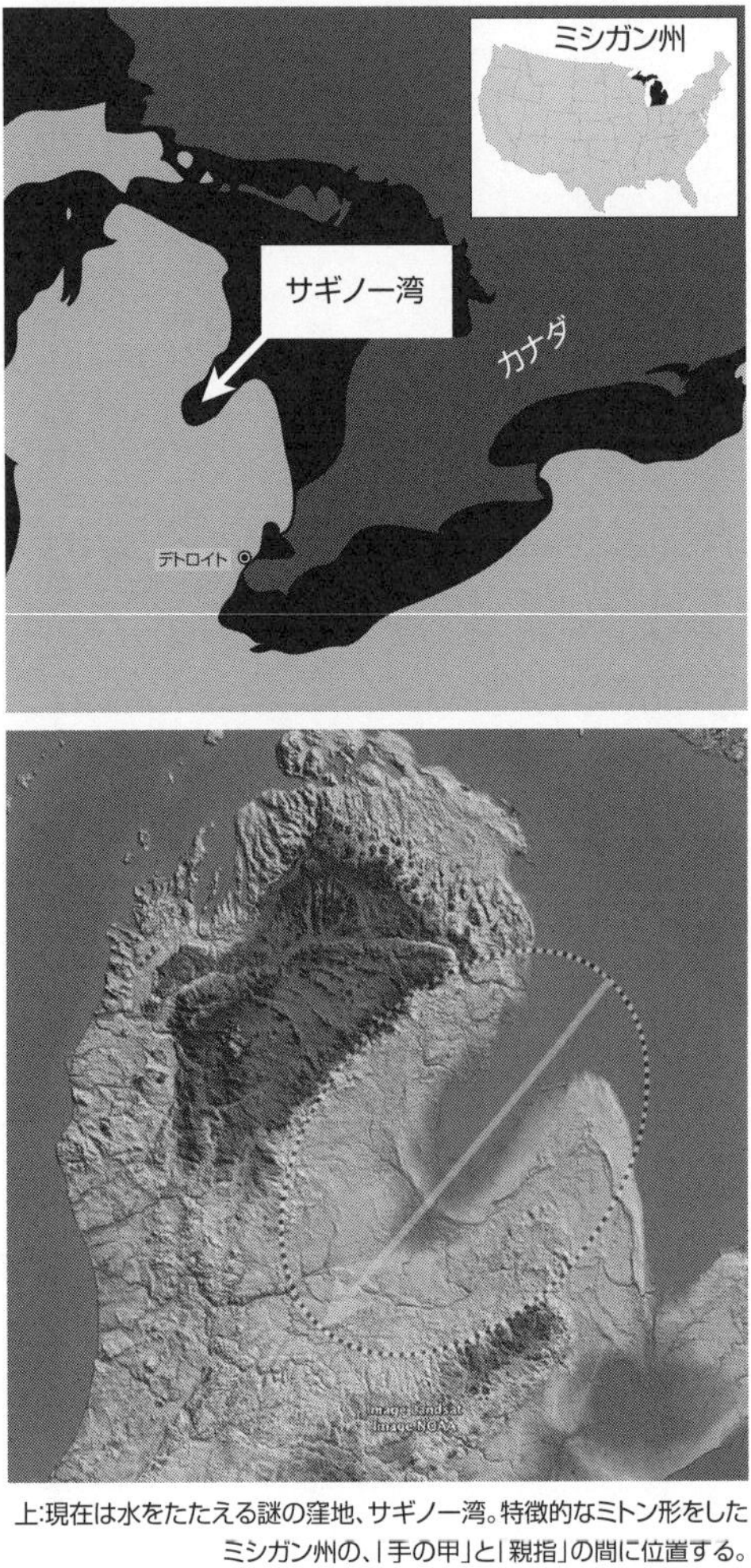

上:現在は水をたたえる謎の窪地、サギノー湾。特徴的なミトン形をしたミシガン州の、「手の甲」と「親指」の間に位置する。
下:デイヴィアスとハリスは、サギノー湾は氷河による浸食地形ではなく、古代に宇宙から飛んできた物体が斜めに激突した跡だと主張している。
michael davias, cintos.org

爆発的に噴きあがったはずだという。

ＮＡＳＡエイムズ研究センターの垂直衝突銃を用いた氷床への高速衝突実験では、発射体が氷に当たると氷は粉々に砕ける。砕けた氷の破片は勢いよく飛び出し、衝突地点から弾道軌道を描いて放射状に広がる[23]。

ザモラによれば、ローレンタイド氷床は、

更新世にはデイヴィアスとハリスが特定した収束点（噴出した物質の放物線が収束するポイントのこと）を、厚さ約一五〇〇〜二〇〇〇メートルの氷が覆っていた……弾道方程式、クレーターのサイズと衝突エネルギーの比例関係、幾何学的分析、統計分析に基づいて計算すると、ベイの形も、ミシガンを覆っていたローレンタイド氷床から噴出した氷河氷の二次衝突が起源であることも説明できる[24]。

重要な点だから、はっきりさせておこう。

ザモラは、イジェクタの成分は粉砕された砂岩と水だったというデイヴィアスとハリスの考えを支持していない。同時に、ヤンガードリアス彗星の破片が何十万個も北米大陸の大西洋岸に降り注いだことがカロライナ・ベイという現象の原因だ、とも断じて言って**いない**。ネブラスカ雨水盆についても、彗星の破片が直接衝突した結果だとも言ってはいない。CRGは以前から一貫して、衝突の中心は北米氷冠だったという立場を取っており、ザモラもそれを受け入れている。

ザモラの考えでは、南北カロライナ州とネブラスカ州の被害はすべて、膨大な量の氷のイジェクタによって引き起こされた。サギノー湾への天体衝突後に、バスケットボール大から直径数十

北米氷冠への天体衝突による氷河氷イジェクタ（飛び散った氷河氷）の弾道軌道
画像: Antonio Zamora

メートル、ことによると数百メートル級の「巨大な氷礫《ひょうれき》」まで、様々なサイズの噴出物が、再び地上に落ちてきたことが原因だ。

黙示録の光景

この結論を裏づける詳細な証拠については、ザモラの論文を読むことをお勧めする。ここでは要点だけ記しておこう。彼はまず、カロライナ・ベイやネブラスカ雨水盆の形成について、ほかのすべての説を検討したうえで却下した。さらに、粘性の高い地表にできた衝突クレーターの長期的変化を特に考慮したうえで、次のような結論に達した。

カロライナ・ベイもネブラスカ雨水盆も放射状に広がり、ミシガンに収束点がある。そのことも、楕円という形も、一定の幅と長さの比も、地上の風や水による作用より、衝突メカニズムのほうがうまく説明できる。

氷河氷・衝突仮説は……実験モデルで補完された。このモデルでは、粘性の高い表面に斜め方向から衝突させると、傾いた円錐形の穴ができる。さらにその穴は粘性緩和によって、浅い楕円形の窪みに変化する。これによって、カロライナ・ベイやネブラスカ雨水盆を円錐の切断面としてモデル化することが可能になる。幅と長さの比は衝突角度で説明できる[25]。

カロライナ・ベイを光刺激ルミネセンス法（ＯＳＬ）で年代測定すると、結果に大きな幅がある。ザモラは、それがこれまで衝突起源説が受け入れられなかった最大の原因だと指摘し、次のように説明する――ＯＳＬは、ある基本的な前提のもとに使用されている。カロライナ・ベイの水面下は形成時に光にさらされた、という前提だ。ザモラの実験モデルは、この前提が間違っていることを示す。粘度の高い表面への衝突は塑性変形する（変形したまま元に戻らない）ので、表面下に光は当たっていない。

したがってＯＳＬで判定できるのはその地盤の年代だけで、ベイ（窪地）の形成年

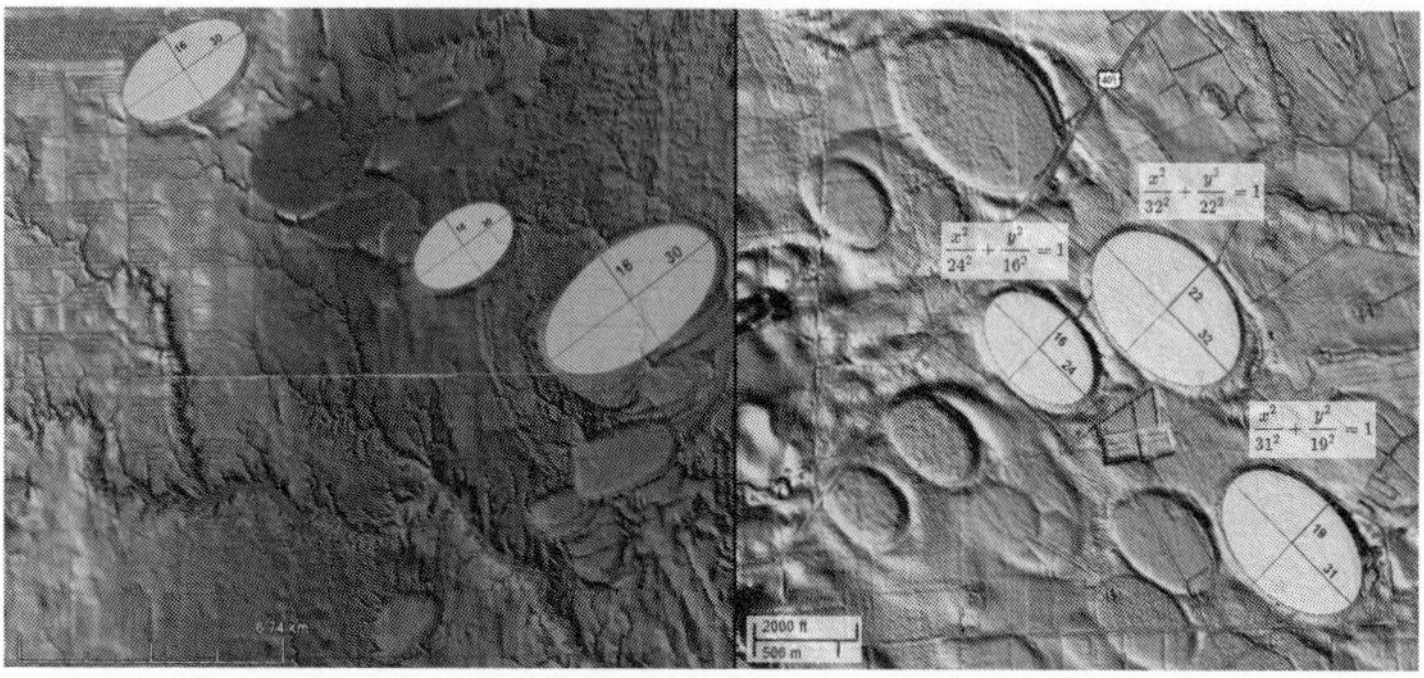

カロライナ・ベイ（右）の幅と長さの比は平均0.58で、サイズが違ってもほぼ一定である。
ネブラスカのベイ（左）も、幅と長さの比だけを見ると、東海岸のベイと区別がつかない。
画像:アントニオ・ザモラ／Cintos.orgのLIDAR画像

代は判定できない。カロライナ・ベイとネブラスカ雨水盆がすべて同時に形成されたとすれば、他の年代判定法を探す必要がある。

カロライナ・ベイとネブラスカ雨水盆には、いくつも共通する特徴がある。共に楕円形であり、放射状の向きに広がっている。縁《ふち》が盛りあがっている。層位（地層の重なり）に乱れがない。衝撃変成作用が見られない。部分的に重なっているベイがある。軟らかい地面にしか存在しない……等々の特徴だ。氷河氷・衝突仮説で、これらの特徴をすべて説明できる[26]。

最後になるが、ザモラは『ジオモーフォロジー』の論文で、ゾッとするような指摘をしている。

ベイの表面密度が非常に高いことは、一三

キロトンから三メガトンの威力の破壊的な〝絨毯《じゅうたん》爆撃〟によって形成されたことを物語る。その〝爆撃〟は、ミシガンの天体衝突から半径一五〇〇キロメートルの範囲で大量絶滅を引き起こしただろう。この論文では主に、更新世のローレンタイド氷床への地球外物体の衝突で噴出した氷礫を考察した。だが、衝突では水も噴出し、水蒸気が発生したはずだ。水の熱力学的性質を考えると、大気圏より上まで噴きあげられた液体状態の水は、氷晶（氷の結晶）の霧に変化したはずで、それが太陽光をさえぎっただろう。したがってカロライナ・ベイとネブラスカ雨水盆の形成は、米国の東半分で起きた大量絶滅および地球寒冷化と同時に起きたはずだ。こうした条件が揃う組み合わせは、北米の巨大動物が姿を消したこと、クローヴィス文化の終焉、そして一万二八〇〇年前のヤンガードリアス期という寒冷化の開始ともっともよく合致する。ヤンガードリアス境界層で天体衝突に典型的なプラチナ異常が報告されていることも、このシナリオを裏づける[27]。

ザモラは彼の著書『殺し屋彗星《キラー・コメット》（原題）』で、ヤンガードリアス大変動の規模と真の恐ろしさについて詳述し、ミシガンでの天体による一次衝突の影響が、北米全土で氷礫による二次衝突が起きたために著しく増幅されたと考察している。彼が語る光景をしばし思い描くと、理解に役立つだろう。

氷河氷・衝突仮説

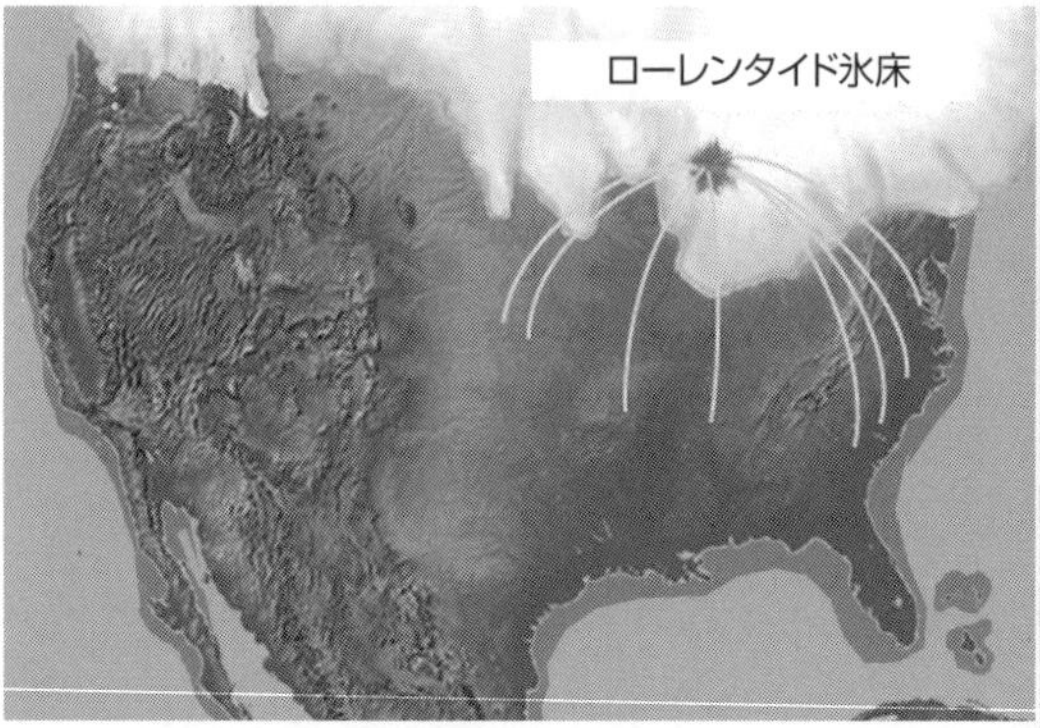

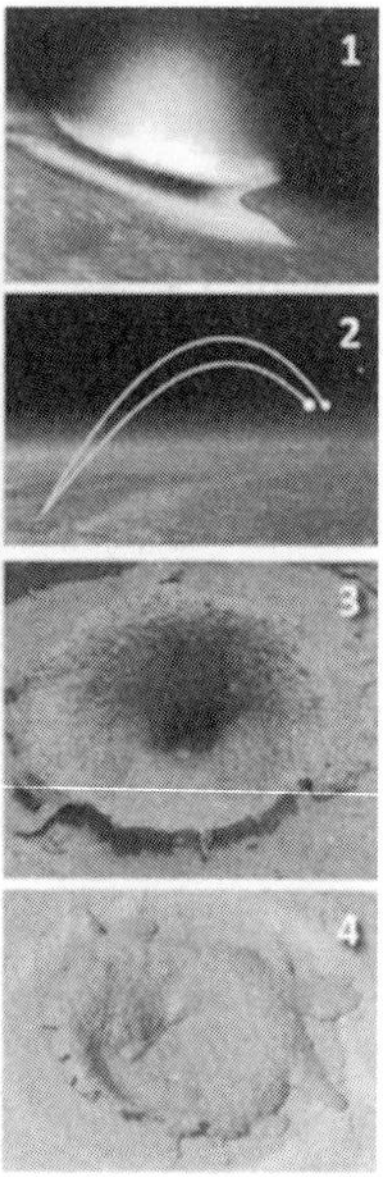

1. ローレンタイド氷床に隕石が衝突し、氷礫が噴出。
2. 氷礫による二次衝突で、
   地下水面近くの軟らかな地面が液状化。
3. 氷礫が液状化した地面に斜めに衝突し、
   傾いた円錐形の穴が開く。
4. 粘性緩和によって穴が浅くなり、
   浅い楕円形のベイができる。

Zamora, A., A model for geomorphology of the Carolina Bays, Geomorphology (2017), DOI 10.1016/j.geomorph.2017.01.019

画像:アントニオ・ザモラ

ミシガン州での衝突から一〇〇キロ以内では、爆発の熱や衝撃波で、すべての生物が即死した。衝突エリアから一〇〇〇キロメートル離れた東海岸でも、地平線に目がくらむような閃光が走り、続いて空が不気味に暗くなった。衝突で噴出した巨大な氷礫が空いっぱいに舞い上がったためだ。閃光の三分後、暗い空は容赦なく拡大し、地面が揺れた。天体衝突地点から地震波の第一波が、毎秒五キロメートルのスピードで到達したのだ。

この頃には動物たちも人間も、何か大変なことが起きていると気づいた。空はますます暗くなり、そこに無数の明るい光の筋が走った。周回軌道の下から秒速三〜四キロメートルで大気圏に再突入した氷礫だった……巨大な氷礫が降りはじめ……地面に激しくぶつかると、発生した衝撃波は毎秒五〜八キロメートルで地中を伝わった……揺れる地面の液状化が始まり、皆が足を取られた。地面は流砂と化し、歩くことも走ることも不可能になった……。

一番激しい時には、野球場サイズの氷河氷の塊が、雨あられと降り注いだ。それらは空に水蒸気の跡を残しつつ超音速で大気圏に再突入し、雷鳴のようなソニックブーム（衝撃波で派生する大音響）をとどろかせながら、液状化した地面に激突した。

この衝突によって、泥の中に、斜めに傾いた円錐形のクレーターがいくつもできた。

直径は一～二キロメートル……村々をまるごと呑み込み、草木を焼き尽くした。地面の震動がすぐにクレーターの深さを減らし、［今日、私たちがカロライナ・ベイとして知っている］浅い窪みに変えた……彗星自体が巨大動物を殺したわけではない。彗星がローレンタイド氷床にぶつかった時、大量の氷礫が噴出した。その氷礫による〝絨毯爆撃〟が大量絶滅を引き起こしたのだ……東海岸は大きな浅い泥穴だらけの不毛の荒れ地となった……。

カロライナ・ベイは、東海岸の軟らかな砂地に氷河の氷が衝突した証拠として、いまも残っている。

固い地面に落ちた氷塊もあったに違いないが、そちらは証拠が残っていない。だが中部や中西部の諸州にも、氷は容赦なく衝突した。ひときわ大きな氷河氷の塊が固い地面にぶつかると、砕けて氷の破片が高速でまき散らされた。猛スピードで飛ぶ氷の破片の通り道にいたものは、動物であれ植物であれすべて破壊された。

氷の落下がようやく収まった時には、イジェクタが毛布のように地面を覆っていた。米国本土の半分は、砕けた氷でできた厚い層の下だった……そのせいで地球のアルベド（日射反射率）が増加し、それでなくとも弱まった太陽光のかなりの部分を宇宙に反射した。氷の覆いが増えたことと軌道上の氷晶が相まって、陸地は長年にわたり、寒くて暮らしにくい場所になった……。

埋もれた植物は凍りつくか、氷の下で休眠状態を保っただろう。氷河氷の〝爆撃〟を生き延びた草食動物は、通常の食料源を失い、まもなく餓死することになる。まだ生き残っていた肉食動物も、草食動物というエサがなくては、長くは生きられない……。

北米大陸には、やがて新たな陸生動物や新たな人類が住み着くが、巨大動物や、あの精巧な尖頭石器を作った創意に富むクローヴィス人は、永遠に姿を消した[28]。

確かに黙示録さながらの光景だ。しかも思い出してほしいのだが、これは重大な被害をもたらした北米氷冠への主な衝突のうち、たった一回に過ぎない。

攻撃と破壊

すでに見てきたとおり、アレン・ウェストとリチャード・ファイアストーンは、〝ヤンガードリアス爆撃〟のピークだった二一年間に**八回**も大きな衝突が起きた可能性があると考え[29]、彗星研究グループ（ＣＲＧ）の他の科学者たちと共に、そうした爆撃の証拠集めに力を注いだ。これは大成功だった。地表にまき散らされた衝突プロキシが、五〇〇〇万平方キロメートルという広範囲で見つかったのだ。

だがＣＲＧのメンバーが誰もやっていないことがある。氷冠への衝突が本当に起きたとすれば、それが**北米大陸そのものに**どんな影響を与えたのかを、包括的に調べることだ。

アントニオ・ザモラの研究が重要で、きちんと評価すべきだという理由は、それを実行したのは（八回の衝突のうち一回だけが対象とはいえ）彼が初めてだからだ。さらに、検証可能な仮説を提示し、調査や議論に新たな展望を開いてもいる。だから私はウィルミントンで、建設的かつ思考を刺激される二日間を過ごせるものと期待していた。広い視野でものを考える人たちと意見を交換し、ザモラが正しく計算したとおり、氷冠への衝突が原因で北米中に氷の雨が降ったとしたら何が起きたかを、初めてきちんと考える機会だ。

ところが現実は逆だった。すぐ明らかになったのだが、マルコム・ルコンプトとマーク・デミトロフがウィルミントンで私たちと同席した理由はただ一つ。氷河氷・衝突仮説を攻撃し、いまのうちに潰しておくためだった。ザモラの考えがより広く意味するところを議論する気など、さらさらない。彼らの関心はただ一つ、カロライナ・ベイと天体衝突を結びつけるのは間違っている、特にヤンガードリアス衝突と結びつけるのは大間違いだとはっきり示すことだけだった。

ある意味では、これはよいことだった。科学の進歩のためには、すべてのアイデアを専門家同士が厳正に評価し合うことが大切だ。ザモラの仮説はすでに『ジオモーフォロジー』誌に掲載された際、査読という形で専門家の厳しい評価をくぐり抜けたが、いまここに別の、異議を唱える科学者たちがいる。

大いに結構！　みんな、遠慮なくやろうじゃないか！

私がウィルミントンに来たのは学ぶためだ。建設的な意見の相違はきっと役に立つ。今日《こんにち》の科学者が誰一人完全には理解していない事柄を、私がより良く理解する助けになってくれるのは間違いないだろう。つまり、一万二八〇〇年前のヤンガードリアス期初頭に地球を揺るがした大変動の原因と、その真のスケールをだ。

私はこの会合に、出席者全員が過去最大級のミステリーを解決しようと努力する仲間だ、という心構えで臨んだ。だから、デミトロフとルコンプトがザモラの衝突仮説に対して、あれほど反感、敵意、侮蔑《ぶべつ》を露わにし、あからさまに不快な態度を示したのは予想外だった。彼ら自身も衝突仮説を提唱し、反感、敵意、侮蔑、不快な態度を示される側なのに。

だが、それは私の読みが甘かったのだ。その後の数ヶ月で、私は状況をはっきりと理解することになった。

「極めて遺憾……」

ウィルミントンでの会合後、私はサンサと共にアーカンソー州リトルロックへ飛んで、あるカンファレンスで講演し、その後イギリスに帰国した。この講演は撮影されていたが、私はその中で、クリス・ムーアと一緒に写った写真を見せている。カロライナ・ベイの一つ、ジョンズ・ベイを訪れた時の写真だ。ちなみに、ここではプラチナが発見されている。講演ではプラチナ調査などヤンガードリアス衝突仮説の研究の概要を述べ、次にアントニオ・ザモラの氷河氷・衝突仮説の話に移った。ただし、ザモラの研究と彗星研究グループの仕事を結びつけてはいないし、ザモラが彗星研究グループの一員だとも、同グループの関係者であるとも言っていない。

この動画は二〇一八年一月にユーチューブに公開された[30]。それから一ヶ月あまり後、私はマルコム・ルコンプトとマーク・デミトロフを相手に、メールによる激しい舌戦の渦中にいた。

攻撃の火蓋を切ったのは、ルコンプトが二〇一八年三月九日にザモラに送ったメールだった。「アントニオ・ザモラの論文、『ジオモーフォロジー』二八二号（二〇一七）、二〇九〜二一六」という件名で、私もccを受け取った。

そのメールは、私がリトルロックの講演で、ザモラの「推測に過ぎない説」について「異常に詳しく触れ」た、と非難していた。「ヤンガードリアス衝突仮説についての議論」と「並べて」語ることで、ザモラの説に注目を集めた、というのだ。ルコンプトは、私がザモラの仕事と彗星研究グループの仕事を「結びつけた」と主張し、「極めて遺憾だ」としたうえで、私宛の追伸でこう述べた。

グラハム、私はアントニオの研究を支持できない。ベイの縁で衝突プロキシが見つかっていないからではない。君はそう教えられたようで、そのように発言しているが。

理由はいろいろあり、添付の手紙に列挙したが、一番の理由はこれだ……サギノー湾にも、アントニオが衝突地点と信じている場所の二〇〇キロメートル以内にも、氷は存在しなかった。

衝突プロキシについては私のミスだ。

講演の一部に急いでまとめた箇所があり、私は実際にそこで、こう言った――カロライナ・ベイの縁では衝突プロキシは発見されていない、それがベイと衝突の関連が以前から否定されてきた理由だ、と。それは確かに間違っていた。プラチナは衝突プロキシであり、そのことを私もよく知っていた。そしてクリス・ムーアはカロライナ・ベイでプラチナを発見している。ほかにも「磁性粒子、磁性スフェルール、炭素スフェルール、ガラス様炭素」など複数のプロキシが「一六個のカロライナ・ベイの縁全体」で見つかっており[31]、二〇一〇年の研究で報告されている。

だが、なぜこのことが、ベイは衝突で形成されたのではないというルコンプトの説の裏づけになるのだろうか？　それどころかプロキシの存在は、ベイと衝突に関連があるという主張を補強するように私には思える。今後の講演では、これについても忘れずに話すつもりだ。

それよりずっと重要なのは、追伸中の二点目の、一万二八〇〇年前にはサギノー湾にも衝突地点とされる場所の二〇〇キロメートル以内にも氷はなかった、というくだりだ。ルコンプトはこの点について、メールに添付された手紙で詳しく述べている。『ジオモーフォロジー』誌の編集者に宛てた公式の手紙だ。それによれば、氷河はヤンガードリアス期が始まる一〇〇〇年以上前に、ザモラの言う衝突地点より後退していた、「大量の」文献がそれを示している、だからサギノー湾はもちろん、ヒューロン湖のどこにも氷はなかった、という主張だ。

これは氷河氷・衝突仮説に対する致命的な批判のように思えた。だがザモラはすぐ、ルコンプトにこう反論している。

> あなたは『ジオモーフォロジー』の編集者への手紙の中で、ダイク（二〇〇四年）やラーソンとシェイツル（二〇〇一年）によるローレンタイド氷床の後退の図に言及していますね。そして、「その図は空間的にも時間的にも十分に解像度が高い。それを見れば、ヤンガードリアス期初頭にはサギノー湾のみならず、ヒューロン湖のどこにも氷がなかったことは明らかだ」と述べておられる。
>
> 仮に、ベイの軸を延長した線が収束する地点に氷河があった証拠は存在しないとしましょう。地質学者が通常、氷河に覆われていた範囲を特定するのに使うのは、地勢に残された氷河擦痕《さっこん》や迷子石〔氷河に乗って運ばれ、氷河が溶けた後に残された岩石〕の溜まり具合です。しかし地球外物質の衝突現場に、そんな証拠が残ると思いますか？　三キロメートルの小惑星が衝突したら、擦痕も迷子石も跡形もなく消えるのではないでしょうか。その後に氷河が溶けて衝突地点が洪水になれば、クレーターの最後の痕跡も洗い流されてしまいます。

カロライナ・ベイは実在し、円錐の断面の形をしている。ということは、もとは円錐形の衝突穴だった可能性が高い……ネブラスカ雨水盆は現在、その形状から、カロライナ・ベイと密接に関連付けられている。近年発表されたカロライナ・ベイに関する文献がネブラスカ雨水盆を無視していたら、それは不完全で不十分な文献です……私は論文で、固い地面にET（地球外）物質が衝突した時に噴出する岩石のイジェクタは、氷に衝突した場合のイジェクタの三分の一の距離しか飛ばないと書いた。また、氷でなく地面への衝突であれば、典型的なETクレーターを残したはずです。賭けてもいいが、隕石が衝突したのがどこであれ、そこには氷床があった。そうでなければ、すでに誰かがクレーターを見つけているはずです。

率直に言って、ザモラは難しいボールをうまく打ち返したと思う。それに彼はこのすぐ後に補足として、私が知らなかった論文を送ってくれた、一九八六年に『クウォタナリー（第四紀）サイエンス・レビュー』誌に掲載されたもので、「ヒューロン湖、ミシガン湖、およびミシガン・ウィスコンシン両州のグリーンベイ・ローブの氷河堆積物の相関関係」というタイトルだ[32]。著者のドナルド・エシュマンとデヴィッド・ミケルソンは、次のように結論を述べている――氷床はいったん後退したが、いまから約一万三〇〇〇年前の、いわゆるポートヒューロン亜氷期に再び前進した。この時期にはサギノー湾もヒューロン湖も氷に覆われていた[33]。

つまり、科学ではよくあることだが、事実だと喧伝されてきた主張は単なる意見に過ぎない。同じように事実と見なされている対立意見が存在するのだ。実のところ、ヤンガードリアス期初頭に北米で（そして全世界で）何が起きたかは、いまも非常に不確実で混乱している。そして、不確実なままであるかぎり、ほとんどの事柄については〝確実〟と主張するのは不適切で、あらゆる可能性に対してオープンでいるのが賢明だ。

もちろんルコンプトによる氷河氷・衝突仮説の否定には、衝突地点とされる場所に氷床があったか否かだけでなく、他の証拠や論拠の裏づけがある。だがそうした細かな点に立ち入るのは、私の目的ではない。私はルコンプトが正しい可能性があることは認めるが、間違っている可能性についてもオープンでいる。いずれにせよ、ザモラの投稿でもっとも重要なのは、ヤンガードリアス衝突について新たな疑問を提起したことにある。彼の理論でカロライナ・ベイとネブラスカ雨水盆の謎が本当に解けるかどうかは、時間とさらなる研究調査だけが教えてくれる。しかし、ザモラが北米氷冠への爆発的な天体衝突を弾道学と力学の面から探求し、氷のイジェクタの破滅的な影響の可能性を検討することで、科学に貢献したのは疑いの余地がない。

「あなたは何度も警告を受けた……」

ウィルミントンの会合で噴出したイジェクタの嵐は、それだけでは終わらなかった。マルコム・ルコンプトとのメールのやり取りは続き、マーク・デミトロフも加わった。二人とも私にいらだっているのは明らかだった。クリス・ムーアはccを送られたがコメントしなかった。そうこうするうちに、ルコンプトがビデオに異議を唱えた理由がはっきりした。それは私が彗星研究グループについて間違った発言をしたからでも、クリス・ムーアの最近の研究についての紹介に誤りがあったからでもなかった。私が彗星研究グループの話題を、クリス・ムーアと一緒にジョンズ・ベイへ行った話で締めくくり、その直後にザモラの氷河氷・衝突仮説の話を始めたからだったのだ。

報告する価値のある何かが起きている気がしたし、報告するつもりであることを関係者全員に疑問の余地なく知らせたかった。そこで二〇一八年三月二一日に、「正確な記録のために」という件名で新たにメールのやり取りを始めた。

私は[動画の中で]多くの科学者の仕事について話しています。ある科学者の研究について発言した直後に別の科学者の研究について発言したからといって、その二つを結びつけているわけではありません。そう明言していれば別ですが、ここでは言っていません。だから、この動画で気分を害された理由が分からず困惑しています。

次にルコンプトの返信の一部を挙げておく。そうすることで、科学全般で深刻化しつつある問題、つまり同調圧力という問題に光を当てられると思うからだ。
引用中の太字は原文ではなく、私が強調した部分だ。この問題がどのような形で表出し、どんな心理を引き起こすのか、よく分かる。

《マルコム・ルコンプトからグラハム・ハンコックへ、二〇一八年三月二三日》
あなたは……何度も警告を受けた。カロライナ・ベイの起源をYDB衝突と結びつけることは、YDIH（ヤンガードリアス衝突仮説）研究の発展と研究者の評判に悪影響を及ぼす恐れがあると。
ご存じないかもしれないが、以前、『宇宙からの厄災のサイクル（原題）』という、専門家の査読を経ていない書籍にカロライナ・ベイ関連の主張が掲載され、非常な混乱と反感を招きました［原著者注／この書籍は、YDIHを最初に提唱したアレン・ウェストとリチャード・ファイアストーンの共著で、初の公式論文がPNAS（『米国科学アカデミー紀要』）に掲載される前年の二〇〇六年に刊行された］。その悪影響を帳消しにするために、どれほどの時間と労力が費やされたことか。ベイの衝突起源説とYDIHを結びつけたことによって、学会等の一部で早くから、YD衝突の研究は科学者にふさわしくない、エセ科学に近い、という認識が生じてしまったのです。ベイの起源に関して最初にこのような詰めの甘い主張がなされたことが、いまも研究の足かせになっています。新世代の科学者たちが手がけるべきまともな研究活動ではないと見られてしまう一因です。**クリス・ムーアは比較的若くて経験もあり、キャリアや評価が傷つくリスクを、それが現実であれ思い過ごしであれ、度外視していますが、このように勇敢な研究者は多くありません。彼の後に続いて、いまも物議を醸しがちなテーマを選ぶ新人となると、さらに少数です。クリスがこの研究に取り組んでいることは、多くの同業者に注目され、観察されているのです。**

　私たちが会った時、マーク「・デミトロフ」は、ザモラのベイ衝突起源に代わりうる説を提示しました。証拠に立脚しており、クリスも後押ししている説です。ところがあなたは、そのほんの一週間後に、動画の講演の中で、YDIHの研究と、異論の多いザモラのベイ衝突起源説を並べて論じた……。

　一ヶ月もしないうちに……クリスは、ユーチューブであなたの動画を見た同僚から電話を受けました。その同僚は動画を自分の反エセ科学サイトにアップし、クリスの同輩も何人かそのサイトを閲覧しているようです。クリス・ムーアはおそらく現在、YDBイベントのもっとも重要な研究者です。今後もそうであってほしいと願っています。しかし、あなたが講演でYDIH研究とザモラの主張を同列に語ったことが、ザモラの説に根拠のない信用を与え、逆にYDIHは、ザモラの説と結びつけられたことで〝汚染〟されてしまった。**クリスは本人の意に反して、同業者の間で悪い意味**

で有名になりました。あなたの訪問を受け入れたのは賢明だったかと問われ……あの動画が自分のキャリアと評価に……悪影響を与えるのではと心配しています。

私の目には明らかです。あなたの講演の動画はクリスの評判、キャリア、YDIH研究への参加を危うくしかねない……それがどんな悪影響につながるかは、まだ完全には分かりません。幸いクリスはYDIH研究を続けるという勇気ある決断を下しました、あの動画が当分あなたのユーチューブに残るにもかかわらずです。

うわっ！　私がカンファレンスで行なった講演の動画一本が、これほどのストレス、ドラマ、自己防衛反応を引き起こすとは！　正直言って驚いた。ルコンプトからの返信があまりに激しい調子で、私があの、とても感じのいい熱心な科学者クリス・ムーアのキャリアを傷つけたとほのめかしていたからだ。

だがよく考えると、このやり取り全体が科学の現状について、深く憂慮すべき一面を明らかにしてくれた。私はそれまで、**この恐怖**の果たす役割をよく理解していなかった。だがここでは、あらゆるところで恐怖という力が働いているのが見て取れる。「同僚に注目され、観察される」恐怖、意に反して悪い意味で有名人になる恐怖、困った立場に立たされる恐怖、評判を落とす恐怖、キャリアを失う恐怖。それも、凶悪犯罪を犯したわけでもない。単に主流派の考えに与《くみ》せず、一万二八〇〇年前に起きた、誰もが異例な現象だと同意している出来事について「いささか物議を醸す研究」に取り組んでいるだけなのに……。

　しかも、科学界がこの恐怖でがんじがらめになっているせいで、主流から外れた説に一番強く反対するのはしばしば、自らも主流でない説を唱えている科学者だったりする。反対しないと、自分の説まで〝汚染〟されることになるからだ。これほどの恐怖に邪魔されながら、どうすれば過去の真実を見つけ出すことができるだろう？

[1] Graham Hancock, *Magicians of the Gods: The Forgotten Wisdom of Earth's Lost Civilization* (2015), 八六〜一〇八ページ。（グラハム・ハンコック『神々の魔術』大地舜訳、ＫＡＤＯＫＡＷＡ）

[2] 二〇一五年以降に発表されたヤンガードリアス天体衝突説を補強する論文は、驚くほどの数だ。強く支持する論文は以下のとおり：W. M. Napier, "Giant Comets and Mass Extinctions of Life," *Monthly Notices of the Royal Astronomical Society* 448, no. 1 (2015), 27–36; A. V. Andronikov et al., "Geochemical Evidence of the Presence of Volcanic and Meteoritic Materials in Late Pleistocene Lake Sediments of Lithuania," *Quaternary International 386* (2015), 18–29; R. Ellis, "The Carolina Bays, and the Destruction of North America," Ralph Ellis Research Center (2015)；B. Napier et al., "Centaurs as a Hazard to Civilization," *Astronomy and Geophysics* 56, no. 6 (2015), 6–24; A. V. Andronikov et al., " Implications from Chemical, Structural and Mineralogical Studies of Magnetic Microspherules from Around the Lower Younger Dryas Boundary (New Mexico, USA)," *Geografiska Annaler: Series A, Physical Geography,* 98, no. 1 (2016), 39–59; J. L. Prado, C. Martinez-Mara, and M. T. Alberdi, "Megafauna Extinction in South America: A New

Chronology for the Argentine Pampas," *Palaeogeography, Palaeoclimatology, Palaeoecology* 425 (2015), 41–44; A. V. Andronikov and I. E. Andronikova, "Sediments from Around the Lower Younger Dryas Boundary (SE Arizona, USA）: Implications from LA-ICP-MS Multielement Analysis," *Geografiska Annaler: Series A, Physical Geography* 98, no. 3 (2016）; A. Zamora, "A Model for the Geomorphology of the Carolina Bays," *Geomorphology* 282 (2017), 209–216; H. G. Burchard, "Younger Dryas Comet 12,900 BP," *Open Journal of Geology,* 7, no. 2 (2017), 193; M. B. Sweatman and D. Tsikritsis, "Decoding Göbekli Tepe with Archaeoastronomy: What Does the Fox Say?" *Mediterranean Archaeology and Archaeometry 17,* no. 1 (2017）; P. Spurný et al., "Discovery of a New Branch of the Taurid Meteoroid Stream as a Real Source of Potentially Hazardous Bodies," *Astronomy and Astrophysics* 605 (2017), A68; H. Patton et al., "Deglaciation of the Eurasian Ice Sheet Complex," *Quaternary Science Reviews* 169 (August 1, 2017), 148–172; J. T. Hagstrum et al., "Impact-Related Microspherules in Late Pleistocene Alaskan and Yukon 'Muck' Deposits Signify Recurrent Episodes of Catastrophic Emplacement," *Scientific Reports* 7, no. 1 (2017), 16620; P. Roperch et al., "Surface Vitrification Caused by Natural Fires in Late Pleistocene Wetlands of the Atacama Desert," *Earth and Planetary Science Letters* 469 (2017), 15–26; W. C. Mahaney et al., "Evidence for Cosmic Airburst in the Western Alps Archived in Late Glacial Paleosols," *Quaternary International* 438 (2017), 68–80; I. Israde-Alcántara et al., "Five Younger Dryas Black Mats in Mexico and Their Stratigraphic and Paleoenvironmental Context," *Journal of Paleolimnology* 59, no. 1 (2018), 59–79; W. C. Mahaney et al., "Cosmic Airburst on Developing Allerød Substrates (Soils) in the Western Alps, Mt. Viso Area," *Studia Quaternaria* 35, no. 1 (2018), 3–23; W. C. Mahaney et al., "Did the Black-Mat Impact/Airburst Reach the Antarctic? Evidence from New Mountain Near the Taylor Glacier in the Dry Valley Mountains," *Journal of Geology* 126, no. 3 (2018), 285–305; A. V. Andronikov et al., "Geochemical Records of Paleocontamination in Late Pleistocene Lake Sediments in West Flanders (Belgium)," *Geografiska Annaler: Series A, Physical Geography* 100, no. 2 (2018), 204–220; H. P. Hu, J. L. Feng, and F. Chen, "Sedimentary Records of a Palaeo-Lake in the Middle Yarlung Tsangpo: Implications for Terrace Genesis and Outburst Flooding," *Quaternary Science Reviews* 192 (2018), 135–148; M. B. Sweatman and A. Coombs, "Decoding European Palaeolithic

Art: Extremely Ancient Knowledge of Precession of the Equinoxes," *arXiv*, preprint arXiv:1806.00046 (2018).

[3] 特にM. A. LeCompte et al., "An Independent Evaluation of Conflicting Microspherules Results from Different Investigations of the Younger Dryas Impact Hypothesis," *Proceedings of the National Academy of Sciences* 109, no. 44 (2018), e2960–e2969, doi:10.1073/pnas.1208603109; and Y. Wu et al., "Origin and Provenance of Spherules and Magnetic Grains at the Younger Dryas Boundary," *Proceedings of the National Academy of Sciences* 110, no. 38 (2013), e3557–e3566, doi:10.1073/pnas.1304059110.

[4] G. Hancock, *Magicians of the Gods*, chapters 4 and 5, 69–85を参照。

[5] アントニオ・ザモラのバックグラウンドは化学、コンピューター・サイエンス、計算言語学と多岐にわたる。メキシコで生まれ、幼い頃に米国に移住。テキサス大学で化学（一九六二年・理学士）、オハイオ州立大学でコンピューター・サイエンス（一九六九年・理学修士）を学んだ。一九六二年から六五年まで米国陸軍に所属、この間にフォート・サムヒューストンのMedical Field Service School（MFSS）で医療技術を学び、ブルック陸軍医療センターで血液学の仕事に従事。長年Chemical Abstracts Serviceの編集者および研究員を務め、科学情報アプリケーションを開発。また、ＩＢＭの上級プログラマーとして、スペルチェッカーや新型の多言語情報検索ツールの開発にかかわった。一三件の特許を保有する。ＩＢＭを退社後、ザモラ・コンサルティング社を設立。アメリカ化学会、国立医学図書館、エネルギー省のコンサルタントとして、検索エンジンの言語能力改善を支援した。子どもの頃父親に手伝ってもらって屈折望遠鏡を製作して以来、天文学に興味をもっている。二〇一一年に引退後、天文学、地質学、古生物学のＭＯＯＣ講義を受講した。ワシントン・カーネギー研究所地磁気部門のセミナーにしばしば出席している。

[6] Zamora, "A Model for the Geomorphology of the Carolina Bays," 209–216.

[7] カロライナ・ベイの天体衝突起源説が最初に唱えられたのは一九三三年、大恐慌の最中だった。ルーズベルト政権が農民支援のために撮影した航空写真で、クレーターらしきものが点在する地形が初めて確認された。一例として、G. Howard, "The Carolina Bays"（1997）on George Howard.net, http://www.georgehoward.net/cbays.htm, accessed August 21, 2018を参照。William S. Powell, "The Carolina Bays"（Encyclopedia of North Carolina, 2006）https://www.ncpedia.org/carolina-baysも参照。

[8] たとえばRichard Firestone, Allen West, and Simon Warwick-Smith, *The Cycle of Cosmic Catastrophes* (Bear, 2006).

[9] たとえばM. J. Brooks, B. E. Taylor, and A. H. Ivester, "Carolina Bays: Time Capsules of Culture and Climate Change," *Southeastern Archaeology* 29, no. 1 (2010), 一四六〜一六三ページ。特に148を参照：「四五件のOSL年代によれば、海岸線が活動的で、それに伴って風成堆積物が形成されたのは、海洋酸素同位体ステージ（MIS）2〜MIS3後期（約一万二〇〇〇年〜五万年前）、MIS4〜MIS5末期（六万年〜八万年前）およびMIS6後期（一二万年〜一四万年前）だった。これらの期間に加え、いくつかのOSL年代は、ベイが完新世間氷期およびサンガモン間氷期にも活動的だったことを示している」。

[10] Zamora, "A Model for the Geomorphology of the Carolina Bays," 211ff.

[11] 同右、二〇九、二一二ページ。

[12] ResearchGate, "Michael Davias," https://www.researchgate.net/profile/Michael_Davias.

[13] ResearchGate, "Thomas H. S. Harris," https://www.researchgate.net/profile/Thomas_Harris8.

[14] Michael E. Davias and Thomas H. S. Harris, "A Tale of Two Craters: Coriolis-Aware Trajectory Analysis Correlates Two Pleistocene Impact-Strewn Fields and Gives Michigan a Thumb," presented at the Geological Society of America, North-Central Section, 49th Annual Meeting, May 19–20, 2015.

[15] 同右。

[16] R. B. Firestone et al., "Analysis of the Younger Dryas Impact Layer," *Journal of Siberian Federal University. Engineering and Technologies* 1 (February 2010), 57–58.

[17] Davias and Harris, "A Tale of Two Craters."

[18] 同右。

[19] 同右。

[20] 同右。

[21] Zamora, "A Model for the Geomorphology of the Carolina Bays," 215.

[22] アントニオ・ザモラからグラハム・ハンコックへの二〇一八年七月一一日のメール。

[23] Zamora, "A Model for the Geomorphology of the Carolina Bays," 212.

[24] 同右、二一二、二一四ページ。
[25] 同右、二一五ページ。
[26] 同右。
[27] 同右。
[28] Antonio Zamora, *Killer Comet: What the Carolina Bays Tell Us* (Zamora Consulting, third paperback edition, 2016), 71–75.
[29] Firestone et al., "Analysis of the Younger Dryas Impact Layer," 57–58.
[30] Graham Hancock Live in Arkansas (YouTube, 2018), https://www.youtube.com/watch?v=c-qIP1lfok8&feature=share.
[31] Firestone et al., "Analysis of the Younger Dryas Impact Layer," 30.
[32] Donald F. Eschman and David M. Mickelson, "Correlation of Glacial Deposits of the Huron, Lake Michigan and Green Bay Lobes in Michigan and Wisconsin," *Quaternary Science Reviews* 5 (1986), 53–57.
[33] 同右、五六ページ。

第8部

サバイバル／透明人間の謎

第28章 狩猟採集民と失われた文明

非常に恐ろしく、不穏で難解な出来事が、ヤンガードリアス期の最初に起きた。その出来事は一〇年以上にわたって科学界の注目を浴びてきたが、その過程で、ある事実が繰り返し裏づけられた。地球が、後に牡牛座流星群のもとになった、バラバラに分裂する巨大彗星の残骸に衝突され続けたと考えれば、すべての証拠がもっともうまく説明できることだ。この〝逢瀬〟はいまから一万二八二二年前をピークとして、一万二八三六年前から一万二八一五年前まで二一年間続いたと考えられている。ヤンガードリアス期初頭の〝爆撃〟はこの時だけではなかったが、この時が最悪だった。

あるいは、やはり彗星ではなかったのかもしれない。あと一〇年もすれば、もっと多くの証拠に基づいた、より説得力のある説が登場するかもしれない。なんらかの決定的な証拠が発見されて、衝突説ではなく従来の説の一つが正しいと証明されるかもしれない。だがそれまでは、ヤンガードリアス衝突仮説はまったく合理的だと思えるし、多くの科学者もそう考えている。そして、約一万二八二二年前をピークとするもっとも破壊的な二一年間は、とりわけ注目に値する

北米大陸には、この時代の考古学的証拠が乏しい。しかし見つかっている証拠は、広範囲に散らばって狩猟採集生活を送っていたアメリカ先住民が、ヤンガードリアス期の到来によって大変な痛手を受けたことを示している。第26章で見たとおり、人口が突然激減した。それまで居住していた場所の多くが完全に放棄され、何百年も人が戻らなかった。クローヴィスは消滅した。広く分布していた活気のある文化が、まるごと消えてしまったのだ。だが他の人々は生き延び、復活した。私たち人類にはそういう才能がある。私はトッパー遺跡を訪問して以来、グッドイヤーとやり取りを続けていたが、彼も「人口減少／人口崩壊が起きた可能性」を示す証拠はあるが、「クローヴィス期以降の人口壊滅」はなかったといっていた[1]。

驚くようなことではない。

狩猟採集民は、簡単には壊滅しない。ダメージを受けてもやり過ごし、すぐ立ち直る。

ハイテク全盛の二一世紀においては、大多数の人間は都市に住み、集約農業で作られたものを食べている。しかし今日《こんにち》の世界にも、ごく少数だが狩猟採集民は存在する。多くの都会人が豊かで物があふれた生活を楽しむ一方で、狩猟採集民はほとんど何も所有していない。だが、もし私

たちが生きている間にヤンガードリアス衝突並みの大災害が襲ったら、その破滅的な影響から生き延びる可能性がもっとも高いのは、わずかに生き残っている狩猟採集民の集団（たとえばカラハリ砂漠やアマゾン多雨林の部族）だろう。人類の物語を引き継ぎ、続けていくのは、きっと私たちではなく彼らの子孫だ。ほとんどの都会人は土地から食物を得る術《すべ》を知らないが、狩猟採集民はサバイバルの達人だ。環境悪化に対処する方法を知っているから、どれほど厳しい状況になっても大抵《たいてい》は臨機応変に乗り越えることができる。けれども大半の都会人は、突然テクノロジーが役に立たなくなったら、ショックで何もできなくなってしまうだろう。

私の想像する一万二八〇〇年前の世界では、逆に人類のほとんどが狩猟採集民で、高度なテクノロジーや宗教をもつ、より複雑な道を歩んだ人々は少数派だった。狩猟採集民のほうは、現代考古学によって集団がいくつか確認されており、残された石器や武器や装飾品を見れば、彼らのテクノロジーが有用だが比較的原始的なレベルだったことがうかがえる。狩猟採集民とは別の発展の道を歩んだ少数派の存在は確認されていない。その一番の理由は、彼らの文明がほぼ完全に破壊されてしまったからだと私は思う。だが、長い歳月を超えて伝わってきた少数のかすかな手がかりは、私たちの興味をかきたてる。それらは極めて高度な科学……学者たちが考える先史時代のレベルよりはるかに進んだ科学の存在をほのめかしているからだ。

海面がいまより低かった最終氷期の地形を描いた古代の世界地図が、取るに足らないものとして学界主流派の学者たちから無視されているのも同じ理由だ。それらの地図には正確な緯度と経度が織り込まれているが、文明の起源とは無関係だとされている。

私は『神々の指紋』（一九九五年）と『神々の世界』（二〇〇二年）で、そうした地図の謎を検証し、学界の主流派とは違う結論に達した。ざっくり言うと、氷河期に優れた航海術を備えたグローバルな高度文明が存在し、驚くほど正確に当時の世界の地図を作成した、というものだ。詳細は付録2を参照していただきたいが、その文明は経度の測定という問題も解決済みだった。私たち自身の文明が、一八世紀後半にハリソンのマリン・クロノメーター（航海時計）が発明されるまで解決できなかった問題だ。つまりこの文明は、天文航法の達人としても、探検家としても、地理学者としても、地図製作者としても、つい三〇〇年ほど前である「発見の時代（大航海時代）」最盛期の西洋科学より進んでいたことになる。

想像してみてほしい。もしヤンガードリアス期が始まる何世紀も前に、もう一つの「発見の時代」が存在したとしたら？　失われた文明が世界中に船団を送って狩猟採集民の部族と接触し、自ら〝神々〟と名乗ったか、神々と間違えられたとしたら？　これは純粋な推測で、思考の糧《かて》を提供しているに過ぎない。だが私は、これに先立って、厳しい制限付きで他民族とかかわった期間があったと思う。一四世紀後半の中国で明朝が強制したようなやり方だ。そして、新たに手を広げた動機は、ヤンガードリアスの厄災が迫っていることを事前に知っていたからではないだろうか。何しろこの〝失われた文明〟が発達させた複雑な宗教は、天と地のつながりを強調する強力なシンボリズムを備えていた。また、その宗教が想定する死後の旅は、天の特定の領域で決められた道筋をたどる旅だった。だから私たちの惑星が、牡牛座流星帯の中でも大きな塊やデブリの多いフィラメントとの交差点に向かって長い旅を始めた時、神官＝天文学者たちがその兆候を見逃したとは考えにくい。大きな破片が放出したガスが夜空に長く尾を引いて、まるで恐ろしい大蛇のように見えたことが、来たるべき災いの前兆だったかもしれない。

私たちが想定している失われた文明の天文学者や数学者は間違いなく、軌道の計算に取りかかったに違いない。そして、分裂する彗星の破片との衝突は避けられないと悟ったのだろう。いま目前に迫った脅威ではないが、不幸なことに、数世紀のうちには必ず〝爆撃〟が起こる。その規模や期間がどの程度になるかや、最初の破片が飛んでくる場所や時期はまだ分からず、深刻な影響は生じない可能性から文明自体が消滅するという最悪のシナリオまで、様々な可能性が考えられた。おそらく最悪の事態は免れるだろうと思いつつも、万一に備えて対応策を準備したはずだ。

きっと、その対応策を計画した人々は、狩猟採集民の優れたサバイバル技術を見て、もし本当に惑星規模の大災害が起きたら、彼らが地球を受け継ぐ者になるかもしれないと、最初から気づいていたに違いない。だから、どんな緊急対応策を取ったにせよ、狩猟採集民と関係を結び、彼らに教え、彼らから学ぶことは重要な要素だったはずだ。その関係の中で、必要な場合には、彼らが失われた文明の〝神々〟に、進んで避難場所を提供する意志と能力をもつように誘導したのだろう。

被害が最大になりそうな地域をある程度特定するのは、〝爆撃〟が始まる数週間前か、ことによると数日前まで無理だっただろう。奇跡が起きて衝突自体を回避できるのでは、という希望もあったに違いない。しかし危険な数世紀が過ぎ去るまでは、世界のどこが標的になってもおかしくないと考えて、いくつもの大陸に安全な避難先を準備しておくのが最善だ。そうすれば、もし一部が破壊されても、ほかは破壊を免れるだろう。私が第10章で推測したとおり、この準備の過程で、新たな環境に〝神々〟の避難場所を用意するために、狩猟採集民の集団をいくつか実験的に、故郷から遠くへ移住させた可能性もある。アマゾンの一部の部族に場違いなオーストラレシア人のDNAシグナルが見つかる不思議な現象は、このプロジェクトのせいかもしれない。

というわけで、このシナリオでは、世界中の狩猟採集民が、科学が発達した別の文化の人々によって、意図的に動員されたことになる。来たるべき大災害に備えるために。必要なら〝神々〟に避難場所を提供するために。そしてもしかすると、予備の記録庫として、口承あるいは物理的な記録を保管し、〝神々〟の科学知識を保存するために。

北米の狩猟採集民は、ヤンガードリアス期の到来から一〇〇〇年足らずで、痛手からかなり回復したようだ。証拠がそれを示している。その後は細々とではあるが、考古学的記録が途切れずに残っている。もっとも不思議なのは、この新時代に、先に見たとおり、早ければ八〇〇〇年前からマウンド建設が始まったことではない。五五〇〇年前のワトソン・ブレークなどの遺跡が非常に洗練されていることでもなければ、それらの遺跡とマウンドヴィルやカホキアの巨大なアースワークとの間に、明らかに天文学的・幾何学的なつながりが存在することですらない。もっとも不思議なのは、新世界における古代の巨大建築に、ストーンヘンジやギザの大ピラミッドなど旧世界の象徴的な遺跡にも見られる幾何学・天文学・太陽との配列というミームが、一貫して現れることだ。さらに、こうした建築のミームは、しばしば農業技術の飛躍的な進歩と、死後の魂の旅に関する不気味なほど特徴的な思想の突然の出現を伴っている。こうなると、なんらかの〝パッケージ〟が関係しているとの印象を否定しがたい。

何か計画があったのだ。

未来の世代に特定の行動を取らせるべく、明確な意図をもって綿密に練られた計画だ。その行動は宗教的な義務の形をとったが、天の周期や地球の測量、大地を慈しむことを教え込む手段でもあった。

まるで先史時代の舞台裏で指導が行なわれたかのようだ。もしそうだとしても、文化の伝達が、教えを伝授された秘密の内部グループを通して行なわれたのか、他の手段が使われたのかは分からない。いずれにせよ、その密かな影響力は、ヤンガードリアス期到来前からアメリカ大陸で行使されていたように見える。何度か長い休止期間もあったが、重要な岐路にさしかかると再び現れては、文明の方向を決定してきたように見えるのだ。

クローヴィスを手助けした？

ヤンガードリアス衝突は実のところ、地球上のどれほどの範囲に影響を及ぼしたのだろうか？それに関する知識は増え続けている。本書では北米における証拠に主眼を置いたが、最近では、二〇一八年の『ストゥディア・クウァテルナリア（第四紀研究）』誌に掲載された論文に、ヨーロッパ、西アルプス山脈のモンテヴィーゾ上空で一万二八〇〇年前に彗星が空中爆発した証拠が提示された。この爆発で温度が一気に上昇し、鋼鉄の融点を一〇〇〇度近く上回る、摂氏二二〇〇度以上に達した[2]。『ジャーナル・オブ・ジオロジー』誌に掲載された、同じく二〇一八年の論文は、南極のテイラー氷河近くのニューマウンテンで見つかった証拠から、「ヤンガードリアス境界と同時期に起きた衝突や空中爆発が、南米と太平洋を越えて南極のドライバレー山脈まで達した可能性がある」と報告している[3]。

このように良質の証拠がどんどん入ってくるようになって、二つの重要な情報が判明した。

第一に、一万二八三六年前から一万二八一五年前まで二一年間続いたこの大災害は、真に地球規模の出来事だったこと。その影響はグリーンランド、太平洋、南北アメリカ大陸、ヨーロッパ、南極大陸という互いに遠く離れた地域に及んだ。

第二に、ピーク時に〝爆撃〟が集中したのが北米で、他の地域ではなかったが、それは単なる

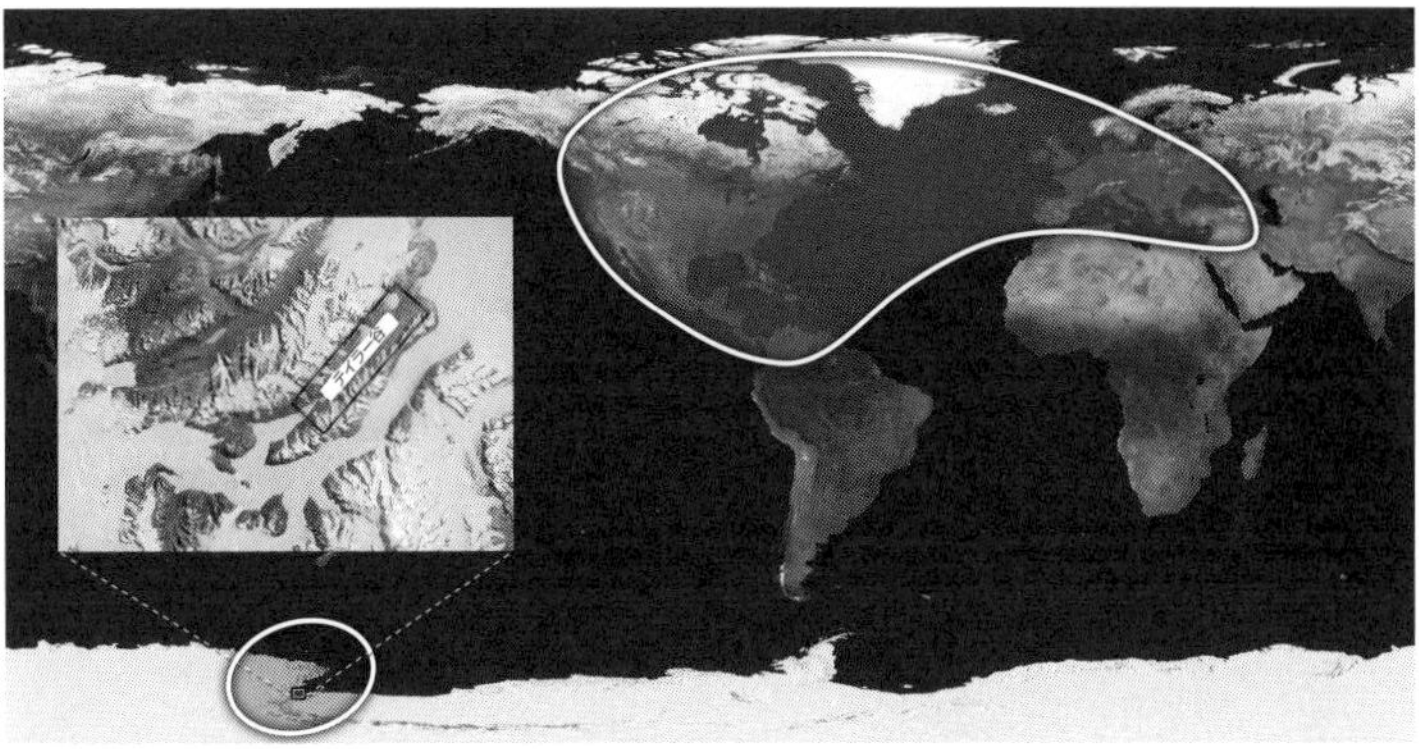

（上）2014年後半の時点で、ヤンガードリアス境界期の衝突プロキシ飛散地域は
地表の5000万平方キロメートルに及ぶことが確認されていた。
その後、実際の飛散範囲はさらに広く、南米まで広がっていることが判明した。
2018年には、南極のテイラー谷（挿入図）でも衝突プロキシが発見されたことが報告され、
約1万2800年前の衝突または空中爆発と関連があるとされている。

偶然だったこと。しかし、これは世界にとって深い意味があった。当時、北米大陸のかなりの部分は、まだ氷に覆われていた。その氷が極度に不安定化し、溶けて大量の水があふれ出た。そのせいでメキシコ湾流の動きが止まり、ヤンガードリアス期到来の引き金となったのだ。グリーンランドとヨーロッパも激しい〝爆撃〟を受け、やはり氷に覆われていたために、冷たい融氷水の洪水が大西洋に流れ込んで事態を悪化させた。しかし衝突、空中爆発、衝撃波、山火事、そして最後にアントニオ・ザモラの提唱する氷のイジェクタの嵐でもっとも深刻な被害をこうむったのが、北米だったのは間違いない。イジェクタの嵐はおそらく二一年間の〝爆撃〟の前半に起き、山火事の鎮火に一役買った可能性がある。NGRIP氷床コア中で最大のバイオマス燃焼は、ヤンガードリアス初頭の北米で

記録され、その後急速に減少して二度とその時のレベルには戻らなかったが、これにもイジェクタの嵐のタイミングが関連しているのかもしれない[4]。

こうしたすべてを考慮すると、北米大陸で大量絶滅が起きたのは、さほど不思議なことではない。繁栄していたクローヴィスの人々が、ほとんど一夜にして姿を消した理由も分かってくる。

クローヴィスという現象自体も、興味をかき立てるミステリーだ。彼らは大いに繁栄した狩猟採集民で、精巧で美しい溝付き尖頭器を使って狩りをした。マリー・スプリングスのエロイーズのようなマンモスを突き刺した石器だ。しかしすでに見てきたとおり、クローヴィス尖頭器の考古学的背景はまったく見つかっていない。私たちの前に初めて現れる一万三四〇〇年前から、記録から消え去る一万二八〇〇年前まで、彼らはクローヴィス文化の代名詞でもある極めて効率的な〝道具セット〟をもっていた。尖頭器もそんな道具の一つだ。そうしたクローヴィスの道具や武器は北米の広い範囲で、突然、完成した形で出土する。実験や開発過程の証拠や試作品は**どこにも**ない。進化の途中段階が存在しないのだ[5]。

クローヴィスと失われた文明はつながっていると、私は思う。古代のＤＮＡの研究で、クローヴィスのゲノムは北米先住民よりも、南米大陸の先住民にはるかに近い関係にあることが示された（第3部参照）。実際、オーストララシア人の遺伝子がなぜか、いきなりアマゾンに出現するのと、クローヴィスの溝付き尖頭器というテクノロジーがいきなり北米大陸に出現するのは、よく似たところがある。

どちらも理由は同じという可能性はあるだろうか？

ヤンガードリアス期到来前の北米大陸には、多数の集団が住んでいた。隠れた手が、その集団の一つに技術援助を与えたのだろうか？　それはオーストララシア人を、ニューギニアから太平洋を越えてアマゾンへ移住させたのと同じ手だったのだろうか？　〝クローヴィス・ファースト〟というバカげた説が歴史のゴミ箱行きになったいまこそ、別の可能性、たとえば〝クローヴィス優遇説〟や〝クローヴィス支援説〟とでも呼ぶべきものを考慮すべきではないだろうか。

クローヴィスの道具類は、もちろん二一世紀でいう「ハイテク」とは違うが、これまで同時代のアメリカ先住民の能力の限界と考えられてきたレベルをはるかに超えている。氷冠の南に最初の溝付き尖頭器が現れたのは、いまから一万三四〇〇年前だ。こうした石器が失われた文明のテクノロジーだといっているのではない。ジェット機と同じぐらいレベルが違う。以前から主張しているように、失われた文明の科学技術は、一八世紀後半から一九世紀前半のヨーロッパや建国直後の米国と似たような水準だった、と考えるのが現実的なところだろう。

それはそれとして、私が思い描いている文明は、私たちの文明とは大きく違っていた。まったく異なる原理を土台にした文明だったと思う。その科学の大部分は、いまだに私たちには見えない。そうした科学が存在しなかったからではない。私たちには認識できない種類の科学だからだ。また、その文明が自分たちの〝ハイテク〟を他民族に教えたと考えるべき理由もない。それどころか、教えてはいけない決まりだった可能性もある。しかし、より良質で効率的な石器を工夫して、特定の狩猟採集民の集団を選んで与えるだけなら、さほど抵抗を感じなかったのではないだろうか。そうすることで、その集団を他の集団より優位に立たせることができる。

クローヴィスがそんな集団だったとしたらどうだろう？　彼らは、ヤンガードリアス期到来前のアメリカ大陸に住んでいたと判明している、多くの集団の一つだった。アメリカ先住民と南米先住民との血縁関係は興味深い。もしかしたら、溝付き尖頭器というテクノロジーをクローヴィス人の祖先が最初に教わったのは、まだ考古学者が足を踏み入れていない、あの五〇〇万平方キロメートルのアマゾン多雨林の中だったかもしれない。そして彼らはその後、〝独自の〟専門知識を携えて北へ移住したのかもしれない。

そうすることで、彼らは文化的環境に突然登場し、ほんの数世紀でその文化を劇的に変えた。考古学者は現在、クローヴィス文化がそれまで何千年も安定して続いていたことに気づきはじめている。アル・グッドイヤーはトッパーで、クローヴィス居住層の最下層よりさらに下の地層を掘って発見したが（第6章を参照）、それと同じようなことがほかにも起きているのだ。テキサス州のゴールトは、非常に多くの遺物が出土しているクローヴィス遺跡だが、ここでも最近の発掘で、さらに深いクローヴィス以前の層が複数発見された。二〇一八年七月の『サイエンス・アドヴァンセズ』誌の記事によれば、これらの層には、ゴールト・アッセンブリッジと呼ばれる様々な石器が含まれ、クローヴィスより少なくとも二〇〇〇年前のものと確認されている。意味深長なことに、考古学者たちはこのアッセンブリッジ（遺物群）の中に、「クローヴィスと無関係の、これまで知られていない、初期の槍先形尖頭器の「テクノロジー」を特定している[6]。注目すべきことは、もう一つある。

クローヴィスの部分とゴールトの部分の間に厚さ一〇センチの、物質文化資料が少ない層が存在する。このことは……二つの文化堆積物の間に……この場所での活動の減少か、居住の中断があったことを示唆している[7]。……クローヴィスとゴールト・アッセンブリッジとでは、テクノロジーが明らかに違う。このことは、二つの文化堆積物の間に別の地層があることと相まって、両者が不連続だったことを示唆している[8]。

言い換えれば、クローヴィスは説明のつかない登場の仕方で既存の北米先住民文化に取って代わり、すぐに米国本土全域でクローヴィスの居住層が他の、より古い居住層の上に重なった。だが、やがてヤンガードリアス期到来というビッグバンの中で、なぜかクローヴィス自体も突然消えた。息絶えてブラック・マットの下に埋もれてしまったのだ。

しかし、ほんの数百年間ではあるが、全盛期のクローヴィスは、その時点でアメリカ大陸史上もっとも成功し、もっとも広まった狩猟採集文化として輝いた。クローヴィス尖頭器を研究したことのある考古学者や石器製作者は、この特徴的な石器や製作時に付けられた溝のおかげで、クローヴィス人は間違いなく、他の狩猟採集民より技術的にずっと優位に立ったはずだと確信している[9]。ならば問題にすべきは、彼らが姿を消した理由だ。クローヴィスほど有名でなく能力的にも劣っていた他の文化は、考古学的に見えなくなった状態から立ち直り、生き残っている。もしかしたら、失われた文明の〝神々〟に近づきすぎて、運命を共にしたのだろうか？

これは軽口ではなく真剣な疑問だが、おそらく懐疑的な答えが返ってくるだろう。クローヴィスが高度な文明との接触で恩恵を受けたなら、その文明の人々の骨がクローヴィス人の骨と一緒に見つかるはずだ、だが現実には見つかっていない、したがって高度な文明は存在しなかった、という見方だ。あるいは、もしクローヴィスが高度な文明をもつ人々との接触で恩恵を受けたなら、高度なテクノロジーの痕跡がクローヴィスの出土品の中に見つかるはずだ、しかしこれも見つかっていない、ゆえに高度文明は存在しなかった、という理屈だ。

二点目の主張にはすでに反論した。テクノロジーの進んだ文明の人々は、極めてもっともな理由から、自分たちのハイテクを狩猟採集民と共有**しない**決断を下したのかもしれない。だが同時に、特定の集団を選んで既存の原材料、たとえば石や角や骨を、より効率的な狩猟用武器や道具に加工するノウハウを教えたケースは、十分考えられる。

一点目については、クローヴィス人は「最初のアメリカ人」ではなかったものの、彼らの文化は八〇年以上前から熱心な考古学研究の対象となっており、すでに見てきたとおり、北米大陸全域の遺跡から大量の遺物が出土している。

だが、クローヴィス人の骨はいくつ、遺物と共に発見されたのか？　何体の全身骨格、何個の頭骨や脛骨、指骨や歯があったのか？　これほど有名で解明が進んでいる文化なのだから、さぞ大量に収集されているだろうと思っていた。ところが本書のリサーチ中に知って驚いたのだが、**たった一人の不完全な骨格を除けば、クローヴィス期の人骨はまったく見つかっていない**のだ[10]。第9章で紹介した、モンタナ州で見つかったアンジック・1と呼ばれる幼児だ。そのアンジック・1ですら、すでに見てきたとおり、クローヴィス人かどうかを疑問視する声もあった。しかし年代測定技術の進歩によって、二〇一八年に、アンジック・1と一緒に出土した道具との年代の不一致は間違いだと分かった。両方とも一万二八〇〇年前のヤンガードリアス期初頭のものであることが確認され、埋葬されていた子どもがクローヴィス人であることが裏づけられた[11]。

　つまりは、こういうことだ。クローヴィス遺跡は北のアラスカ州から南のニューメキシコ州、東のフロリダ州から西のワシントン州まで、北米各地で一五〇〇ヶ所以上が発見され、一万点以上のクローヴィス尖頭器[12]や何万点ものクローヴィス道具セットに属する遺物（トッパー遺跡だけで四万点）が出土している。けれども、重要なことなので繰り返すが、八五年にわたる発掘で、これだけ考古学上の宝の山が発見されているのに、人間の骨はアンジック・1の部分骨格しか見つかっていないのだ[13]。

　ということは、私たちが提唱している高度な文明の本拠地がアメリカ大陸に存在したとして、その文明が一万二八〇〇年前の地球が激変した時代に失われたならば、骨が発見されないのは少しも奇妙なことではない。クローヴィスの場合を考えれば、驚くにはあたらないのだ。骨が出土していないことは、失われた高度文明が存在しなかったという証拠にはなりえない。

一方、クローヴィス型溝付き尖頭器というテクノロジーが、事前の試行錯誤もスキルの積み重ねも実験も試作品も抜きで突如出現した[14]ことについては、なんらかの説明が必要だ。アマゾンの多雨林の真ん中でオーストララシア人のDNAシグナルが見つかることも同じだ。幾何学や天文学の共通点についても、旧世界と新世界のアースワークの設計の共通点についても、シンボリズムや霊的な事柄の探求や信仰に重複が非常に多いことについても、やはり説明が必要とされる。

そして唯一の筋の通る説明は、それらすべての背後には遠い昔、共通の源泉があった、というものだ。それこそが失われた文明だと、私は考えている。その文明は無限に自己複製を続けるミームを確立し、そのミームは何千年にもわたって影響力という炎を燃やし続けた。しかし、その文明自体は、ヤンガードリアスの大変動に耐えて生き延びることができなかった。

だから北米大陸に目を向ける時は、そこが「犯行現場」である可能性を念頭に置いておかねばならない。先史時代の偉大な古代文明――世界中の神話や伝説で語られる文明――が跡形もなく消し去られてしまった現場だ。

[1] アルバート・グッドイヤーとのメール、二〇一八年二月六日。
[2] William Mahaney et al., "Cosmic Airburst on Developing Allerød Substrates (Soils) in the Western Alps, Mt. Viso Area," *Studia Quaternaria* 35, no. 1 (2018), 3, 20–21.
[3] W. C. Mahaney et al., "Did the Black-Mat Impact/Airburst Reach the Antarctic? Evidence from New Mountain Near the Taylor Glacier in the Dry Valley Mountains," *Journal of Geology* 126, no. 3 (May 2018), 285.
[4] Wendy Wolbach et al., "Extraordinary Biomass-Burning Episode and Impact Winter Triggered by the Younger Dryas Cosmic Impact ～2,800 Years Ago," *Journal of Geology* 126, no. 2 (March 2018), 170.
[5] Marc Barton, "Smallpox and the Conquest of Mexico" (Past Medical History, February 28, 2018), https://www.pastmedicalhistory.co.uk/smallpox-and-the-conquest-of-mexico/.
[6] Thomas J. Williams et al., "Evidence of an Early Projectile Point Technology in North America at the Gault Site, Texas, USA," *Science Advances* (July 14, 2018), 1, http://advances.sciencemag.org/content/4/7/eaar5954.
[7] 同右、二ページ。
[8] 同右、五ページ。
[9] Thomas et al., "Explaining the Origin of Fluting in North American Pleistocene Weaponry," 23, 24, 28. B. A. Storey et al., "Why Are Clovis Fluted Points More Resilient Than Non-Fluted Lanceolate Points? A Quantitative Assessment of Breakage Patterns Between Experimental Models," *Archaeometry* (July 2, 2018) も参照
[10] アル・グッドイヤーとの私信、二〇一八年七月二五日。Lorena Becerra-Valdivia et al., "Reassessing the Chronology of the Archaeological Site of Anzick," *Proceedings of the National Academy of Sciences* (June 18, 2018), および Morten Rasmussen et al., "The Genome of a Late Pleistocene Human from a Clovis Burial Site in Western Montana," *Nature* 506 (February 13, 2014), 二二五ページも参照。
[11] Becerra-Valdivia et al., "Reassessing the Chronology of the Archaeological Site of Anzick," 3:「アンジック・1の……年代（紀元前一万二九〇五年～前一万二六九五年・較正済み）と枝角の棒の年代（紀元前一万二九九〇年～前一万二八四〇年・較正済み）……の間には強い一致がある。つまりこの結果は、アン

ジック・1が、クローヴィス・アッセンブリッジと共に出土しクローヴィス期のものと判定されている枝角製の棒と同時代であることを示唆している」。

[12] クローヴィス遺跡やクローヴィス尖頭器の数は、Charles C. Mann, "The Clovis Point and the Discovery of America's First Culture," *Smithsonian Magazine,* November 2013, https://www.smithsonianmag.com/history/the-clovis-point-and-the-discovery-of-americas-first-culture-3825828/ による。

[13] Becerra-Valdivia et al., "Reassessing the Chronology of the Archaeological Site of Anzick," 1. Rasmussen et al., "The Genome of a Late Pleistocene Human from a Clovis Burial Site in Western Montana," 225 も参照。クローヴィスの埋葬地は他に一つも見つかっていない。つまりアンジック・1と比較できる対象が存在しないということで、そのせいで様々な問題がある。極端な一例を挙げると、クローヴィスで死んだ幼児は全員が大量の副葬品と共に丁寧に葬られたのか、それともアンジック・1は例外で、おそらく特別な血筋だったのか？　推測はできるが、確かなところはわからない。後者の可能性が高い気はするが、証明するすべはない。

[14] アル・グッドイヤーとの私信、二〇一八年七月二六日。Thomas et al., "Explaining the Origin of Fluting in North American Pleistocene Weaponry," 二三～二四ページも参照。

第29章　未知の未知

氷河期の失われた高度文明は、一八世紀後半から一九世紀前半の私たちに匹敵するレベルの、優れた航海術と地図製作技術を備えていた。おそらく、すべての大陸に前哨《ぜんしょう》基地を構える能力ももっていただろう。それでも、どこかに本拠地があったはずだ。

その本拠地は、二〇〇年間にわたる熱心な考古学調査でも発見されなかった。だから、ほとんどの熱心な考古学者は、存在しないと結論づけた。表面的には妥当な結論だ。

しかし、ほかの可能性もある。

その本拠地は、いまでは海の底かもしれない。たとえば氷河期の終わりに海面上昇で水没した、インドネシア周辺の広大なスンダ大陸棚にあったのかもしれない。

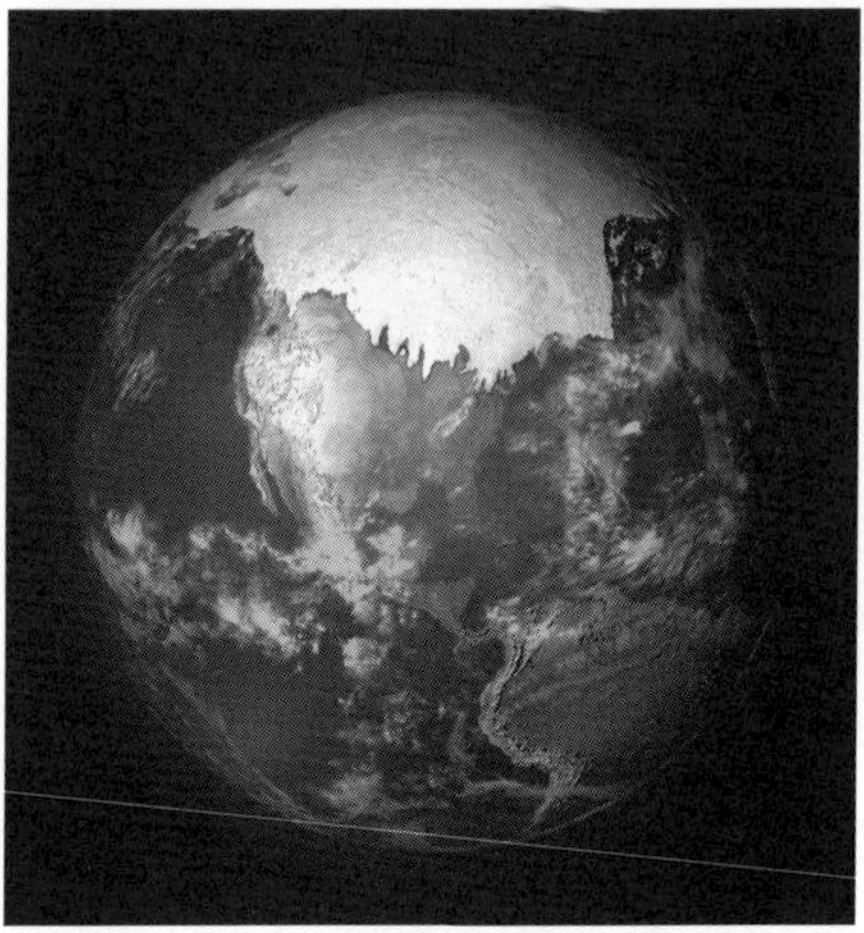

図:紀元前1万8000年の地球。
Donald L. Edwardsによる。

氷の下、もしかすると南極大陸にあるのかもしれない。過去一〇万年間に途方もない地球物理学的イベントが何度も起きたことを認めるなら、ありうることだ。

まだ調査の手が届いていないアマゾン多雨林の奥深くで、再発見を待っているのかもしれない。サハラ砂漠の地下に横たわっているのかもしれない。

あるいは、その本拠地はずっと、誰にでも見えるが、誰も探そうと思わない場所にあったのかもしれない。つまり北米大陸だ。

アメリカ大陸の前史時代の考古学には、「既知の既知」が驚くほど少ない。「既知の未知」は非常に多く、それにはもっともな理由がいくつもある。その理由を考えると、ラムズフェルドのいう第三のカテゴリー[1]、つまり「未知の未知」が他の二つより飛び抜けて多く、また重要であると分かってくる。

一番の理由は、なんといってもヤンガードリアス衝突とその後に続いた大変動だ。これは地球の表面を一変させ、特に北米全土に大惨事をもたらした。膨大な量の融氷水が、不安定化した氷床から北極海や大西洋に流れ込み、全地球の気候に影響を与えたことはすでに見た。しかし注意してほしいのは、これらの大洪水が、**氷床より南の**北米大陸にも壊滅的な被害を及ぼしたことだ。そこはおそらく豊かで恵まれた、当時の世界の一等地だった。

この桁外れの大洪水は、「世界史上最大の洪水だった可能性がある」[2]。洪水は進路上にあるものすべてを押し流し、破壊した。激流は氷山を押しやり、森林をまるごと根こそぎ剥がして呑み込み、深いところでは泥や岩石を攪拌して渦を巻いた。この洪水の爪痕はいまも生々しく残っており、ワシントン州のチャネルド・スキャブランドで見ることができる。破壊されて何もない平地（『神々の魔術』で詳しく描写した）に散在する、重さ一万トンの「氷河の迷子石」、化石化した巨大な滝、長さ数百フィート、高さ数十フィートの「さざ波」などだ[3]。

もしそこに都市があったとしても、洪水で消えてしまっただろう。

私たちがテクノロジーと認識できる何かの証拠があったとしても、洪水で消えてしまっただろう。

もし洪水前の高度文明が、氷床の南端から五〇〇キロメートル以内のどこかで（チャネルド・スキャブランドにかぎらず氷床の周縁部のどこでも）繁栄していたとしても、洪水だけで十分に、跡形もなく消されてしまっただろう。一万二八〇〇年後の考古学者たちが誤った解釈をする余地すら残らない。

スキャブランドは北米大陸の西海岸にあたるワシントン州だが、同様に洪水の爪痕の残る地形

が、はるか東のニュージャージー州にもある。ワシントン州に特徴的な、氷に運ばれた巨大な迷子石の散在する平野や丘陵は、ニューヨーク州にもある。ワシントン州にクーリーがあるように、ニューヨーク州にはフィンガー湖群があるのも興味深い。

フィンガー湖群は長い間、氷河に削られてできたと考えられていた。だがこの地形は、チャネルド・スキャブランドのクーリーの地形とよく似ており、いまでは非常に高圧の氷河の融解水によって切り出されたと考える研究者もいる。この形成過程は、堆積物の証拠によって、「大陸氷床の崩壊」と関連づけられている[4]。

ミネソタ州のセントクロイ川沿いにも、八〇以上の巨大な氷河甌穴《おうけつ》（ポットホール）がずらりと並ぶ壮観な地形がある。一つは直径三メートル、深さ一八メートルで、調査済みのポットホールとしては世界一深い。未調査のポットホールの中にはもっと大きなものもあり、おそらくもっと深いだろう。これらはすべて、例外なしに、氷河期の終わりのすさまじい洪水によって形成された。

つまり私たちがいま見ている北米大陸は、広範囲にわたって文字どおり、荒っぽく水洗いされた場所なのだ。

しかも、これは洪水だけにかぎった話だ。前章までに検証したヤンガードリアス衝突による他の影響、たとえば人口の多い地域への直接衝突、空中衝突による超高熱や衝撃波、大陸規模な山火事、衝突の冬、氷のイジェクタ（噴出物）等々は考慮していない。

結局のところ、もし北米大陸が先史時代の高度文明が消滅した場所だとしたら、それを捜査するうえで最大の障害は、なんといっても〝犯行現場〟で徹底的な〝証拠隠滅〟が行なわれたことだろう。やったのは、ヤンガードリアス到来時に起きた数々の大災害だ。

証拠隠滅：征服

ヨーロッパ人によるアメリカ大陸侵略は、いまから五〇〇年前に、スペインによるメキシコ征服で始まった。一五一九年にエルナン・コルテスが初めてユカタン半島に上陸した時、メキシコには三〇〇〇万人以上が住んでいた。その後の一世紀で、征服自体の残忍な虐殺と天然痘の流行で膨大な数の人命が失われ、人口はわずか三〇〇万人に減った[5]。

先コロンブス期のメキシコには、大量の文献が存在した。何万という数の古写本だ。これもまた、コンキスタドール（征服者）に続いてやってきた司祭や修道士たちによって、組織的に破壊された。たとえばフアン・デ・スマラガ司教は、スペイン王から「インディオの守護者」に任命されて間もない一五三〇年一一月に、メキシコ人貴族を火刑に処すという方法で会衆を〝守護〟した。処刑されたのはテスココという町の領主で、雨の神をあがめたからという理由だった。スマラガは、町の市場に「アステカの歴史や知識や文学を記した文書や、アステカ人の絵画や手稿、象形文字を書いたものをピラミッドのように積みあげさせて火を付けた。その間、現地人は泣きながら祈っていた」と記している[6]。

それから三〇年以上経っても、文献のホロコーストは続いた。一五六二年七月、マニ（現在のユカタン半島の都市メリダからすぐ南）の中央広場で、ディエゴ・デ・ランダ司教が大量のマヤの写本や絵物語や象形文字の記された鹿革の巻物を焼いた。また、無数の「偶像」や「祭壇」を破壊したと豪語し、それらはすべて「悪魔がインディオたちを欺き、キリスト教を受け入れないようにするために作ったもの」だと説明した[7]。司教は、マヤ人は「ある種の文字を使って、古代の遺物やそれらの科学を本に書いた」と指摘し、私たちにこう語る。

われわれは、こうした文字で書かれた本を多数見つけたが、迷信や悪魔の嘘しか書かれていなかったので、すべて燃やした。彼らはそれを非常に悲しみ、大きな苦痛を味わった[8]。

現代の私たちも、過去の真実に関心をもつ者なら、この先住民たちの衝撃と苦痛に共感する。どうしても考えてしまうからだ——彼らの失われた書物には、古代人の「遺物や科学」について、どんなことが書かれていたのだろう？　燃えて煙になってしまったのは、正確なところなんだったのか？

マヤやその先駆者であるオルメカ人については、以前の著書に詳しく書いたので、本書では彼らの驚くべき物語を繰り返しはしない。だが簡単に触れておくと、私は一九九八年の『天の鏡』で、考古学者のホセ・フェルナンデスとロバート・コーマックの知見を紹介した。マヤの都市ウタトランの集落の中心は、「オリオン座の形を写した天体図に基づいて」設計されたという説だ[9]。ミシシッピ川流域文明や、彼らが死後の旅についての思想がオリオン座や天の川に関連していたことを知るよりずっと前のことだった。

フェルナンデスは、ウタトランの主要な神殿はすべて「オリオン座の星々のヘリアカル・セッティングの地点（日没直後に沈む地点）を向いている」ことを証明し[10]、オリオン座のすぐそばにある天の川は「天空のへそと冥界の中心をつなぐ天の道と考えられていた」と指摘した[11]。

このことは読者にはすでにおなじみだろうし、次の展開も予測していただけるのではないだろうか。『天の鏡』で報告したとおり、マヤ人も「古代エジプト人と同様に」、天の川を特に重視していた。

彼らはそれを冥界へ続く道・シバルバと考えた。ほかの中央アメリカの民族と同様に、彼らもシバルバは天にあると信じていた[12]。

死後の魂の旅をめぐるマヤの言い伝えについても、『天の鏡』で言及した。古代エジプトのドゥアトと同様に、死者はその旅で一連の試練に直面し、「恐ろしい死の神の前で最後の審判」を受ける[13]。ほかにも死と死後の世界にまつわる信仰やシンボリズムに驚くほど類似点が多いことを指摘したうえで、私はこう結論づけた。

エジプトでもマヤでも、星の話にはオリオン座と天の川が登場する。エジプトでもメキシコでも、死者は冥界を旅しなくてはならない。エジプトでもメキシコでも、宗教的な教えは、人生とは私たちがこの旅の準備をする機会だとしている。何があろうと決してムダにしてはいけない機会だ[14]。

このように呼応する点が多いことから、私は次のような推測に至った――古代エジプトと古代メキシコは共に、より古い宇宙論的宗教の遺産を共有している。その宗教は「高度な天文観測に包まれ」て、死後の魂の旅にはっきりと焦点を合わせている。エジプトで始まったものでも、メキシコで始まったものでもなく、一方から他方へ直接伝わったのでもない。それぞれが第三の、まだ特定されていない文明から受け継いだのだ[15]。

これは仮説だった。もしほかにも、直接の関係がないのに同じ遺産を共有している文明の証拠が見つかれば、この仮説を補強できる。証明すらできるかもしれないと思った。

その証拠がいまでは存在する。第6部でざっと説明したとおり、ミシシッピ川流域の宗教・図像・シンボリズムが、古代エジプトのそれと驚くほど似ているという事実だ。このような深い構造的なつながりは、二つの文明の起源が非常に古い源泉から受け継いだものだと考えなければ説明できない、と私は思う。その源泉は、氷河期末期の海面上昇でアメリカが〝旧世界〟から孤立し、諸民族が分かれる前に存在したものだ。

ここでちょっと、現存する最古のアメリカ先住民の本を見てみよう。ドイツの都市ドレスデンの博物館に保管されている古写本で、ドレスデン写本と呼ばれている[16]。

ドレスデン写本は、いろいろと考えさせられる文書だ。それには多くの理由がある。組み込まれた数学や天文学の科学的性格もその一つだ。たとえば著名なマヤ研究者シルヴェイナス・グリスウォルド・モーリーは、この写本の五一～五八ページに「四〇五回の月の公転が記されている」ことに気づいた。「その計算は非常に正確だ。三三年近くに及ぶにもかかわらず、記録されている日数（一万一九五九日）は現代最高の方法で算出された日数より〇・八九日少ないだけだった」[17]。

しかも興味深いことに、ドレスデン写本に出てくる数字は、巻末になるとどんどん長くなり、ついには、いわゆる「大蛇の数字」が何度も記されるようになる。合計一二五〇万日（三万四〇〇〇年）近い日数だ……。

写本の最後のページには、世界の破滅が描かれており、こうした大きな数字は、そこに至るまでの道のりだ。

ここで私たちが目にするのは雨の大蛇だ。空を横切るように体を伸ばし、滝のように水を吐き出している。太陽と月からも大量の水が勢いよく流れ出ている。厳しい表情をした年寄りの女神は、洪水と豪雨を司る悪意の存在だ。トラのかぎ爪を持ち、天の水鉢をひっくり返す。女神は恐ろしい死の象徴である交差した骨で飾られたスカートをはき、体をくねらせた蛇を頭にかぶっている。

下には黒い神がいて、宇宙の破壊を象徴する下向きの槍を持ち、威嚇的な様子でのし歩いている。黒い神の恐ろしい頭の上では、怒れる鳥が鋭い声をあげている。まさに、あらゆるものを巻き込む大変動が、鮮やかに描き出されているのだ[18]。

科学と大変動と時間が入り交じっているのが興味深い。また、考古学者J・エリック・S・トンプソンは、「はるかな昔の計算と遠い未来の考察は、多くのマヤの象形文字テキストに登場する」と指摘する。

キリグアにある石碑に刻まれた日付は……九〇〇〇万年以上前まで計算されている。別の石碑には、それより三億年以上前の日付がある……これらは実際の計算で、何か

ドレスデン写本。最後のページに世界の破滅が描かれている。
原画はパブリック・ドメイン。
写真:ザクセン州立図書館(MSCR.DRESD.R.310)

が起こった日や月を記している。われわれの暦でいえば、三億年前の復活祭は何月何日だったかを示すようなものだ。気が遠くなりそうな天文学的数字だが、それを表す専用の文字が必要とされるほどの、使用頻度と重要性があったのだ[19]。

一つだけ確実に言えることがある。マヤの遺物に組み込まれているのは、彼らが複雑な科学的計算と非常に長い歳月への関心とをもっていた証拠だ。マヤ人は古代エジプトの宗教にそっくりな信仰の核をもっていた。そしていまでは、その核が古代ミシシッピの宗教ともよく似ていることが判明している。私は古代エジプトの『死者の書』の一節を思い出す。第3章で引用した、太陽神ラーが何もない宇宙の「計り知れない空間」を旅していると称えられる部分だ。その旅は「数百万年と数十万年を要する」という。マヤの文献と同じく壮大な時間のスケールだが、農耕社会には不要なはずだ。同じことは、古代エジプトでドゥアトにあるとされた、巨大な幾何学形のマウンド（墳丘）や囲い地にも言える。オハイオ州ホープウェル文化の巨大な幾何学形のマウンドや囲い地や、近年アマゾン多雨林で発見されている巨大な幾何学形のマウンドや囲い地と似ているのだ。

こうした証拠は途方もない何か、考古学界で主流となっている仮説では説明できない何かが、先史時代の舞台裏で起きていたことを物語る、と私には思える。あらゆることが、メキシコがかつて、いにしえの「遺物と学問」を保管する広大な資料庫だったことを示している。メキシコは古くから文字をもっていた。狂信的なスペイン人が愚かにも破壊した記録は、人類の記憶にとって、アレキサンドリア図書館と同じほど必要不可欠だったのかもしれない。新・旧両世界の文明には、発達を加速するきっかけとなった共通要素があるように見える。もし十分な数のマヤの文献が現存していたら、その謎の要素に光を当てることができたかもしれない。

だが現実には、一五一九年には何万もあったマヤの写本のうち、二一世紀に現存するのはたった**四冊**だけだ[20]。

スペイン人によるメキシコ征服後、まもなくペルーも征服され、やはり最初のアメリカ人の流れをくむ高度な文明が破壊された。インカ文明だ。インカ人はマヤ人などと違って文字をもたず、キープ（ひもに結び目をつくって伝達や計算を行なう仕組み）を使っていた。だからスペイン人に文献を破壊されることはなかったが、土着の宗教や伝統に対しては、やはり徹底的な弾圧が続き、カトリックへの改宗が進められた。この時もまた、「偶像崇拝の根絶」として公認されたこの取り組みは、大規模な文化破壊を伴った。ほんの一～二世代で民族の積み重ねた記憶を消去して、過去とのつながりを新たな神の教えに差し替える作業が、計算ずくで行なわれたのだ[21]。

スペイン人は、もちろん北米にも進出した。そのもっとも奇妙で非生産的な例は、エルナンド・デ・ソトが率いた遠征隊だ。彼らは一五九三年に六〇〇名余りでフロリダに上陸した[22]。デ・ソトは手勢の半数を途中で失い、一五四二年にルイジアナで死ぬまでの三年間、現在の米国東部からディープサウス（最南部）にあたる地域をさまよった。道中、巨大なマウンドのある場所をいくつも通り、現地人と激しい戦闘を繰り返した。しかし彼の訪問が生んだもっとも悲惨な副産物は、天然痘かもしれない。デ・ソトの遠征隊が持ち込んだと思われる天然痘は後日、地域の先住民に大打撃を与えた[23]。

というわけで、ヨーロッパ人によるアメリカ大陸征服は、アメリカ先住民にとっては最初から、混乱、民族虐殺、文化的絶滅の元凶だったと言っていいだろう。これもまた、〝犯行現場〟の証拠隠滅プロセスの一部だ。おかげで私たちは、残された数少ない手がかりを解読しようと頭を悩ませることになった。

証拠隠滅：証人の記憶喪失

南北アメリカ大陸の広い地域で、人類の過去に関する重要証拠が消された例は、ヤンガードリアス大変動や、それよりずっと後年の好戦的なキリスト教や天然痘の影響にとどまらない。最初の出会いからの一世紀は悲惨だったが、それが過ぎた後も、以前よりは地味だが同じように致命的なプロセスが始まり、何千年もの歳月に耐えたわずかな過去の記憶を浸食しはじめた。十六世紀には、デ・ソト隊のような失敗した襲撃は何回かあったものの、北米にはさしたる影響はなかった。しかし一七世紀前半にヨーロッパ人がバージニアやマサチューセッツに住み着くと、状況は一変した。

それ以後は気が滅入るほど着実に、太古の昔から先住民の聖地だった土地が、先住民の手から奪われた。農地として開拓するためや、金鉱を探すためだった。住民は追い払われるか、獣のように殺された。一七世紀から一八世紀、さらには一九世紀に入っても、こうした虐殺を伴う土地収奪は増加の一途をたどり、残虐さもエスカレートしていった。

ヨーロッパ人がアメリカに着いたその時から、フロンティア（辺境＝白人文明と自然のままの世界との境界領域）は、二つの大きく異なるものが衝突する、共有の場になった。そのことが、インディアンに対する米国政府公認の攻撃につながった。戦争、攻撃、急襲は一五〇〇回以上にのぼり、先住民に対する攻撃としては世界のどの国よりも多い。一連のインディアン戦争が一九世紀に終結した時、先住民の数は二三万八〇〇〇人を切っていた。一四九二年にコロンブスが到達した時の北米大陸の推定人口が五〇〇〇万人から一五〇〇〇万人だから、著しい減少だ[24]。

アメリカ研究の専門家であるハワイ大学のデヴィッド・スタナード教授は、この大量殺戮について、著書『アメリカン・ホロコースト（原題）』で詳細に述べている。この重要な文献が指摘するとおり、コロンブス以前のアメリカ大陸の人口推定は、この数十年で激変した。

一九四〇年代から五〇年代にかけての定説では、一四九二年時点の西半球の全人口は八〇〇万人余りとされ、そのうち現在のメキシコより北に住んでいたのは一〇〇万人足らずと考えられていた。今日、真面目な研究者で、当時の西半球の人口を七五〇〇万人〜一億人より少なく見積もる者はほとんどいない（メキシコより北はおよそ八〇〇万人〜一二〇〇万人）。この分野でもっとも評価の高い専門家の一人は最近、西半球全体で約一億四五〇〇万人、メキシコより北で一八〇〇万人前後という数字が、より正確ではないかと述べている[25]。

ヨーロッパ人が初めて移住してきた時、北米大陸は一握りの「野蛮人」が住んでいるだけの原野だった、という長年の神話がこれで完全に解消したなら、大変結構だ。以前の認識は、これ以上ないほど真実とかけ離れていた。

考古学、民族誌学、遺伝学、および西洋人がアメリカ大陸に到達した当初の旅行者による報告から浮かびあがってくる新たな北米像は、忙しく賑やかな大陸だ。人口は増加中で、豊かな資源に恵まれ、大規模な貿易ネットワークをもっていた。

インカ帝国のように組織化された中央集権国家ではなかったが、北米先住民もインカ人と同じく口承の民で、知恵や記録は文書でなく口頭で伝承された。それらは注意深く育まれ、記憶され、世代から世代へと受け継がれた。彼らが何を知り、何を教え、何を原初の時代から保存していたのかについて、現代の私たちは、暗闇の中を手さぐりで探すしかない。あまりにも大勢の人々が虐殺されたせいで、通常の世代間の継承プロセスがひどく損なわれ、多くの場合は完全に崩壊してしまったからだ。

大虐殺は胸が悪くなるような話だ。今日詳細を読むと唖然とし、吐き気を催し、ゾッとする。スタナード教授は前出の『アメリカン・ホロコースト』の中で、ヨーロッパ人がアメリカ大陸でしでかした悪行の数々を余さず、容赦なく描いている。だが本書の目的は、彼が描写するような多くの殺戮《さつりく》や裏切りに焦点を当てることでも、無数の先住民の命を奪った伝染病の悲惨な症状をこと細かに説明することでもない。

私は単に、これが**実際に起きた**こと、そして物理的にも文化的にも民族虐殺だったことをはっきりさせておきたいだけだ。この民族虐殺は、生き残った先住民の子孫にも長期的な影響を及ぼした。彼らは過去とのつながりを断ち切られた。先祖の伝統、英知、記憶、さらには言語すら失ってしまったのだ。

北米全土で行なわれた虐殺は、土地を収奪するためでもあったが、文化の抹殺も常に目的とされた。このことは、いわゆる「インディアン寄宿学校」の恥ずべき歴史を考えてみれば、まったく疑う余地がない。「アメリカ先住民寄宿学校・癒やしの全国連合」が、この事実を淡々と列挙している。

一八六九年から一九六〇年代にかけて、何十万人ものアメリカ先住民の子どもが家や家族から引き離され、連邦政府や教会の運営する寄宿学校に入れられた。総数は不明だが、インディアン局の推計によると、一九二六年までに、先住民の子どもの約八三パーセントが寄宿学校に入っていた。この期間に米国で自発的に、あるいは強制的に家や家族やコミュニティーを離れた先住民の子どもたちは、遠くの学校へ送られた。そこでは母語を話すと罰を受け、伝統文化の表現と見なされる振る舞いは一切許されなかった。伝統的な衣服や持ち物は没収され、先住民文化を反映した髪型や行動は禁止された[26]。

創始者の一人として寄宿学校運動を推進したリチャード・ヘンリー・プラット米陸軍大尉は、一八九二年のスピーチで、この事業の主旨を次のように述べた。

偉大な将軍が言った、よいインディアンは死んだインディアンだけだと。私も、次のような意味においてのみ同感だ――この人種の中のインディアンらしさは死ぬべきだ。内面のインディアンを殺し、人間を救うのだ[27]。

つまり、これは特定の民族を標的にした大規模な洗脳だった。太古の昔から受け継いできたものを先住民が忘れるように、意図的に考案された活動だ。本書との関連でいえば、もし失われた文明が消えた場所が本当に北米大陸だとしたら、犯行現場で完全な証拠隠滅が行なわれただけではない。引き続き犯罪に例えるなら、重要証人たちが頭を強く殴られて記憶喪失に陥った状態だ。

証拠隠滅：土地の強奪

民族虐殺と強制された「忘却」は、一九～二〇世紀に加速した。それと並行して、ある力が働き、古代アメリカ先住民が残した重要な物理的痕跡、特に大型のマウンドやアースワークの多くを消していった。その力とは主に、土地を手に入れようとする強欲さだ。狙いをつけられた遺跡は耕されて農地になるか、壊されて工場や住宅や商業施設にされる運命だった。一九世紀半ばからきちんとした測量が始まったが、それ以前にどれだけのマウンドやアースワークが耕され、破壊され、荒らされて、すでになくなっていたかは分からない。これも北米先史の〝未知の未知〟の一つだ。

そうした初期の測量を行なったことで有名なのが、イフレム・スクワイアとエドウィン・デーヴィスだ。彼らの名著『ミシシッピ川流域の古代遺跡（原題）』は、一八四八年にスミソニアン協会から刊行された。二人は序文で、マウンドやアースワークについて次のように述べている。

現地全体を迅速かつ徹底的に調査することが重要なことは、いくら強調しても足りない。自然の力や川筋の変化、公共事業による整地、そして何よりゆっくりと、だが着実に進む農地化が、こうした古代の記念建造物《モニュメント》を急速に破壊している。それらの調和は乱され、輪郭は消されつつある。すでに何千ものモニュメントが姿を消すか、かつての姿のかすかな痕跡を残すばかりとなっている。[28]

この名著『古代遺跡』はいまも役に立つ。その理由の一つは、現存しない多くの重要なマウンドやアースワークのあった位置が分かることだ。二〇一一年に『アメリカン・アンティクイティ』誌に掲載された論文で、ジャロッド・バークスとロバート・クックはオハイオ州の事例を調査した。同州については一八四八年にスクワイアとデーヴィスが、「八八ヶ所ほどのアースワーク遺跡」を報告しているが、バークスらの調査では、このうち一六ヶ所（全体の一八パーセント）が「現在、全体または一部分が公園内に保存され」ていたという。『古代遺跡』で有名になったおかげかもしれない。一八ヶ所（二〇パーセント）は「ほとんど、あるいは完全に破壊されている。主な原因は都市開発と砂利の採掘」で、残りの五四ヶ所（六二パーセント）は「現在、地表では見えない」という[29]。

要するに、一八四八年にスクワイアとデーヴィスが報告したオハイオ州の八八遺跡のうち、いまでは五四ヶ所は「見えな」くなり、一八ヶ所は「破壊され」、一六ヶ所（全体のわずか一八パーセント）だけが現存する。つまり八二パーセントが失われたということだ。分かりやすくいうと、一〇〇の遺跡につき八二ヶ所がなくなったことになる。

けれども、そうだとしたら、刊行一五〇周年を記念して出版された『古代遺跡』の復刻版にデヴィッド・J・メルツァーが寄せた、権威あるはずの序文をどう考えればいいのか？　この序文によれば、スクワイアとデーヴィスは一八四八年に、オハイオ州ロス郡だけで「一〇〇の囲い地と五〇〇のマウンド」があると推定しているのだ[30]。

この数字が正しいとすれば、他の数字もすべて変わってくる。六〇〇ヶ所中一六ヶ所が残っているのは、八八ヶ所中一六ヶ所が残っているのとは大違いで、九七パーセントが失われたことになる。

真相を探るため、二〇一八年七月二三日にジャロッド・バークスにメールを送った。二〇一一年の『アンティクイティ』の論文の共著者だ。

彼はまず、自分の論文の主眼はオハイオ州のアースワーク全般ではなく、「スクワイアとデーヴィスが報告で描いた八八ヶ所」だと指摘した。「オハイオ州にはアースワーク遺跡（アースワークのある囲い地）が何百もあり……現在も新たな発見が続いています」と述べ、メルツァーの数字との食い違いについては、次のように説明した。

私が数えたのは、スクワイアとデーヴィスの地図に描かれた、囲い地のある遺跡です。ハイバンク・ワークスなど個々の遺跡の地図から数えた分もあります。いくつかの地域については彼らが合成地図を作ったのですが、それに描かれた遺跡も重複しないように数えています。たとえばスティールの遺跡群はチリコシー周辺エリアの地図に載っていますが、スティールだけの詳しい地図はありません。

ですから私が言う「囲い地遺跡」には、一〜Xヶ所の囲い地のある遺跡が含まれています。ホープウェル・マウンド群は一つの遺跡ですが、複数の囲い地があります。シーダーバンクは一つの遺跡で、囲い地は一つだけです。このやり方で、スクワイアとデーヴィスは囲い地のある遺跡八八ヶ所を地図に描き入れました。ロス郡に一〇〇ヶ所の囲い地遺跡が存在することはありえませんが、一〇〇の囲い地ならあるかもしれません。私がこれまでに確実な証拠を見つけた囲い地遺跡は、ロス郡で三七〜三八ヶ所です。この中には、これまで記録がなかったが、航空写真で見つけて地球物理学的な調査をした遺跡もあります。実際、三七〜三八ヶ所のうち大半はすでに調査しています……ただ、少数ですが、まだ調査許可を得ようと努力中の場所もあります。

『オハイオ州考古学地図集』（ウィリアム・C・ミルズ、一九一四年）は、オハイオ州内の五八六ヶ所の囲い地遺跡を報告しています。その多くは未確認か一九一四年以降に失われているかですが、私たちはその多くを見つけようと力を尽くしています。また、一九一四年には記録されていなかった遺跡も発見しました。ですから、オハイオ州にあった囲い地遺跡の総数は、控えめに言って五〇〇〜一〇〇〇ヶ所というところです。その倍か、それ以上の可能性もあります。

私はバークスにもう一つ質問をしていた。彼がオハイオ州についてやったような推計を、ミシシッピ川流域全体について入手したいのだが、マウンドやアースワークがいくつ現存し、いくつが一九世紀半ば以降に失われたのかというデータはどこで見つかるだろうか？「ミシシッピ川流域全体について数字を出すのは大仕事です」が回答だった。「マウンドを含めるなら、なおさらです。米国東部には、過去に存在したものも含めれば、何万というマウンドがあります。まずは各州の、歴史保存担当の部署に問い合わせてはどうでしょう」。

私は驚いた。この基礎的な現地調査をやった考古学者はこれまで誰もおらず、いますぐ参考にできる権威ある書籍や論文も存在しないとは……。

何が失われたかを多少なりとも知ることは、何が残っているかを正確に評価するために必要不可欠なはずだ。そこで私は確認のために質問した――もし私が「読者に対して、ミシシッピ川流域全体について信頼できる数字は存在しない、一九世紀半ば以降にこの地域全体で、農工業などに押されて何が失われたか推計を試みた者は、考古学者であれ他の研究者であれ皆無だといった」ら、事実を正しく伝えたことになるだろうか？

バークスは、すぐに返事をくれた。

　それはかなり大ざっぱな発言ですね。「考古学者であれ他の研究者であれ皆無」かどうかは分かりません。ジョージ・ミルナーが一〇～一五年前にマウンドに関する本を出していますが、彼がそう言っているのですか？　私は疑わしいと思います。なぜなら、それを把握するのは不可能に近いからです。たとえばオハイオ州には、かつて一万以上のマウンドがあったと私たちは考えています（一九世紀の推定）。しかし、現代のリストに載っているのは二〇〇〇ほどだけです。多くは破壊されましたが、私たちは絶えず新たなマウンドを記録しており、その多くは、たぶん一九世紀にも知られていたでしょう。ですから数字を挙げるのは難しいのですが、非常に多くのマウンドが破壊されたのは事実です[31]。

　翌朝、ジョージ・R・ミルナーの著書『墳丘の建設者たち《マウンド・ビルダーズ》（原題）』が届いたが、一九世紀以降に失われたマウンドについて、目新しい情報はほとんどなかった。デヴィッド・メルツァーにも問い合わせたが、「二〇〇年以上前にこうしたアースワークをきちんと数えた例がない。だから現存する遺跡の割合を出そうにも、かつて存在した遺跡の数がまったく不明なために計算できない」[32]との回答だった。

遺跡の発見がいまも続いているのは（ただし多くの場合は再発見）、いいニュースだ。悪いニュースは、「非常に多く」が破壊され、その数を「把握するのは不可能に近い」ということだ。推計というものは、すべて推測ではある。だが、グレゴリー・リトルの『アメリカ先住民のマウンド・アースワーク図鑑（原題）』は、主流の情報源ではないものの、きっちり調べられており、ミシシッピ川流域の遺跡のうち九〇パーセントは破壊され、現存するのは一〇パーセントのみと計算している。これが真相に近いのではないかと私は思う[33]。

概算にしても極端すぎると思われるだろうか？　だが保護の必要が叫ばれて意識が高いはずの二一世紀になっても、マウンドやアースワークの破壊は**いまだに**続いている。

特に大型スーパーマーケット・チェーンのウォルマートは、この傾向が著しい。たとえば二〇〇一年にはミズーリ州のフェントン・マウンズが、ウォルマート・スーパーセンター建設のために壊された。西暦六〇〇年から一四〇〇年のものと年代判定された、二基のアメリカ先住民の墳墓だ[34]。その数年後の二〇〇九年八月には、アラバマ州オックスフォード市の上層部が、アメリカ先住民の儀式の場だった一五〇〇年前のマウンドの取り壊しを承認した。これもウォルマートがその土地を欲しがったからだった[35]。工事が始まり、マウンドのかなりの部分が撤去されたが、市民の激しい抗議を受けて、一ヶ月後に状況の変化が報道された。

アラバマ州オックスフォードで先週末に、毀損《きそん》されたインディアンのマウンドを改めて聖地とする儀式が行なわれた。この考古学的に重要な一五〇〇年前からの聖地は、公共の経済開発事業の一環としてすでに一部が取り壊されており、残土はウォルマート系列の倉庫型小売店サムズ・クラブの建設に、盛り土として使われる予定だった[36]。

ここから一部のアメリカ人の考え方が分かる。古い物になんら文化的価値を見い出さず、過去から学ぶことよりも大型店を造るほうが大切だ、と固く信じる層がいるのだ。アメリカ人を非難するつもりはない。まったく同じ心理はイギリスにも、フランスや中国にも存在する。世界のほとんどの国にあるだろう。

だが過去を軽視した結果、アメリカでは一九世紀以来、急成長の代償として、古代遺跡が大量に破壊されてきた。特にミシシッピ川流域では、無数のマウンドやアースワークが姿を消した。どれほど**多く**が失われたかは、おそらく永遠に「既知の未知」のままだろう。だが実数がいくつであろうと、これは古代アメリカの「犯行現場」で行なわれた証拠隠滅の一段階にほかならない。

証拠隠滅：悪い考古学

先史時代に対して普通とは異なるアプローチをする者は、しばしば考古学者や彼らに味方するメディアから「エセ科学者」だと非難される。だがエセ科学というなら、実害があり誤解を招く好例は別にある。「クローヴィス・ファースト」というパラダイム（支配的な考え方）だ。この「クローヴィス・ファースト」は四〇年以上にわたって米国の考古学界を支配し、何世代もの学生にまったく見当外れの学説を教え込んできた。第2部で見たとおり、このアメリカ大陸への人類移住に関するエセ科学理論は、わずかなデータから導き出した無責任な憶測の上に成り立っている。しかし有力な考古学者たちという圧力団体が強く推進したために、非常に長い間、**正しく、的確で、自明の事実**だとされてきた。異を唱える研究者は同業者から冷笑を浴びて排斥され、助成金の支給を止められ、キャリアを台無しにされた。

このような態度は学問に無益なだけでなく、真理の探求を積極的に邪魔する行為だ。そして、それゆえに、古代アメリカにおける〝犯行現場〟の証拠隠滅に重要な役割を果たした。クローヴィスよりも古い堆積物を調査して人類の存在のしるしを探すことは、四〇年以上にわたって異端と見なされた。その四〇年あまりの間に、いったいどれほどの証拠が見逃され、破壊されて建物や畑の下に埋もれてしまったのか？　最初のアメリカ人の起源や真の年代を調べるための、広範囲で自由な発想に基づく研究が、どれほど先送りにされたり、芽のうちに摘まれたりしたのか？　クローヴィス・ファーストというバカげた〝教義〟のせいで、どれだけの道が探求されずに終わったのか？　いくつの有望な取り組みに対して扉が閉ざされたのか？　そして他の可能性に対する一般人の関心や興味が、どれほど「クローヴィスが最初《ファースト》だ」の一言で吹き消されたのか？

考古学上の別の学説についても、同じ問題が存在する。いわゆる「更新世過剰殺戮説《オーバーキル》」だ。絶滅した大型動物はすべて、腕利きで非情なクローヴィスのハンターたちに虐殺されたという説だ（ただし、彼らはヤンガードリアス期の到来を生き抜けるほど腕利きでも非情でもなかった）。学者同士のつまらない争いで読者を煩わせたくないので、本書では詳しく触れなかったが、この説もまだ「クローヴィス・ファースト」ほど死に体ではないものの、近年、多くの学者によって「決定的に否定」され、否定派の数がますます増えている[37]。

カリフォルニア州立工科大学の社会科学部長テリー・ジョーンズ教授は、考古学と先史時代の北米も研究しており、部外者ならではの視点から、次のように述べている。

古インディアン期（いまから一万年前までと定義されることが多い）は基本的に、少数の専門家の縄張りだ。彼らがほかの皆に代わって解釈する。これらの研究者は過去四〇年間、クローヴィス・ファースト説と更新世過剰殺戮説という、密接に関連し複雑にからみ合った二つの説に解釈の焦点を合わせてきた。この間、古インディアンの研究も、この競合するが相互排他的ではない二つの概念をめぐり、敵対的とはいわないまでも激しい論争を繰り広げてきた。議論はダラダラと続き、この二説に代わる新しい説を否定したり、その欠点をあげつらったりすることに、多くの労力が費やされた。科学界ではよくある話だが、**この場合は対立するアイデアを解体することに注力**

しすぎて、経験や確かな根拠に基づく斬新なアイデアを育むことはないがしろにされてしまった[38]。

これもまた、北米大陸における〝犯行現場〟の証拠隠滅が行なわれた例の一つだ。約一万二八〇〇年前に起きた事件の真相につながる手がかりは、限定的だが残っている可能性がある。だがこの古代のCSI（科学捜査）にたずさわる〝捜査官〟たちの関心が、真実よりもエゴ対エゴの勝負に向けられているかぎり、真実が姿を現すのはまだまだ先になりそうだ。

影響力の強い多くの学者が、ヤンガードリアス期到来のきっかけは大変動だったという説に対して、それが**いかなる種類**の大変動に関する**いかなる説**であっても理屈抜きに抵抗している。これには別の側面もある。どうやら彼らは、ヤンガードリアス境界期には悪いことは何も起こらなかったと信じており、できれば私たちにも、そう信じさせたいらしい。確かに絶滅した動物はいるし、クローヴィスは突然消滅したが、そこにはなんの不思議もない。過剰殺戮と気候変動という、比較的ありふれた、予測可能な出来事が組み合わさっただけだ、というのだ。彗星研究グループ《コメット・リサーチ・グループ》のメンバーであるテリー・ジョーンズは、『ジャーナル・オブ・コスモロジー』誌の論文で[39]、そのような考えに詳細に反論し、ヤンガードリアス衝突仮説を強く支持して次のように指摘した。

［ヤンガードリアス衝突仮説が］北米考古学界に発表されたのは、研究者の大半が過

剰殺戮説の弱点を認識するようになった時期だった……過剰殺戮説以外の仮説は長いこと、更新世から完新世への移行に関連した気候変動を重要視してきたが、これには最初から問題があった。というのも、大型動物は、それ以前の複数の間氷期を、大量絶滅せずに生き延びてきたからだ。更新世末の北米大陸では、何か違うことが起きたように見える。そして、その「何か」は、人間による狩りではない。

地球外の物体が衝突したと考えれば、考古学的・古生物学的記録に残る様々なパターンをすっきり説明できると考えられる。過剰殺戮説では説明できないパターンだ[40]。

攻撃の的

ヤンガードリアス衝突仮説ですっきり説明できる〝パターン〟は、ほかにもある。第6部で触れた、古代エジプト人の霊的信仰や宇宙の幾何学と、古代ミシシッピ人のそれとの深い構造的なつながりだ。私が本書で主張しているのは、この二つの川の流域の文明が、より古い〝失われた〟文明から、知識や思想という共通の遺産を受け継いでいたということだ。古代世界には、同じ遺産を受け継いだ文明がいくつもあった。その遺産がいつ始動したのか、考古学の記録に登場するまでの間、代々どうやって、完全な形で保存されたのかは、ひとまず置いておこう。その起源は最終氷期までさかのぼり、旧世界と新世界が物理的に隔てられるより前だったと、私は主張してきた。

このことはヤンガードリアス衝突仮説によって、さらにすっきり説明できる。ヤンガードリアス境界層には、この時期の地球に起きた様々な変化が記録されている。極端な気候変動、海面上昇、地球規模の山火事とそれに続く「衝突の冬」、大型動物種の大量絶滅、クローヴィスの突然の消滅だ。だが問題はそれだけではない。こうした災厄が組み合わさって、致命的かつ重大で、強力かつ激烈な、**実際のメカニズム**が発動し、継続した。そしてそのメカニズムは、高度なテクノロジーを誇った文明すら荒廃させ、破壊するほどの威力をもっていた。

もし現在、この規模の大災害が再び起きたら、私たちの文明は生き残れないだろう。二、三〇〇〇年もすれば、私たちが築きあげたすべては崩れ落ち、廃墟と化すだろう。グリーンランドの氷床コアは、一万二八三六年前から一万二八一五年前までのヤンガードリアス期初頭に、世界中を巻き込んだ大変動が起きたことを物語っている。とすれば、その大変動が、かつて存在した高度な文明、「原初の神々の時代」に終焉をもたらしたと考えてはいけない理由は、基本的に見当たらない。「古き者たち」の文明、「最初の時」の文明、世界中の神話や伝承で畏敬の念と共に思い浮かべられる高度文明は、この時、滅亡したのだろう。

ヤンガードリアス期の大変動では、グリーンランドや太平洋、南米、南極、ヨーロッパ、近東もかなりの影響を受けた。だが被害の中心は北米大陸だったことをはっきり示す証拠がある。特に北米氷冠には、大量の彗星の破片ががもっとも激しく降り注いだ。

だから、〝犯行現場〟がひどく荒らされているのは当然といっていい。主な〝捜査官〟たちは早々に可能性を除外してしまったが、北米は、氷河期に文明が繁栄し、ヤンガードリアス期の到来によって破壊された可能性が、地球上でもっとも高い場所だ。

それだけでなく、もし私が提唱しているとおり、エドフ・テキストにこうした出来事についての記録が含まれているなら、私たちはそのメッセージを真剣に受け止めるべきだ。つまり、大変動を生き延びた人々が存在し、自らにある使命を課していた、ということだ。その使命とは、

かつて存在した神々の世界の復活……破壊された世界の再生[41]。

こうした大変動を生き延びた者たちは地上をさまよい、行く先々で聖なるマウンドを設計・建設し、宗教、農耕、建築など文明の基礎となる物事を教えた。『天の鏡』（一九九八年）で考察したとおり、同じ基本的教義をもつ天と地の宗教や、魂が死後に旅をするという同じ信仰や、同じ建築や幾何学の要素が世界中で見つかるのは、おそらく彼らの活動の成果だろう。その範囲ははるか南米、イースター島、ミクロネシア、日本、カンボジア、インド、メソポタミア、エジプト、マルタ、スペイン、イギリスまで及ぶ。

こうした概念は、どこから拡散したのだろうか？　地球は丸いので、理屈の上では地球上のどこが発祥地でもおかしくない。だが本書の準備で調査を進めるうちに、私の考えは変わった。い

までは地球儀を見る時に私の目に映るのは、一方の端の大西洋、反対の端の太平洋という二つの大洋と、その間で経線方向に伸びている南北アメリカ大陸だ。この大陸が文字どおり、世界の中心を形づくっている。

北米は、いまでは私たちが知っているとおり、ヤンガードリアス大変動によって叩かれ、焼かれ、凍らされ、洪水に見舞われた。その後は強欲な西洋人によって組織的に略奪され、西洋の学者たちからは不当な扱いを受けた。南米も、ヤンガードリアス衝突の影響こそ比較的小さかったものの、同じ厄災に苦しめられた。北米では、〝犯行現場〟の証拠隠滅があまりにも成功したので、何千平方キロメートルもの地域が考古学者の目に入りにくくなった。南米でも、五〇〇万平方キロメートルのアマゾン多雨林が、ほとんど月の裏側並みに、考古学者にとって未知のままになっている。

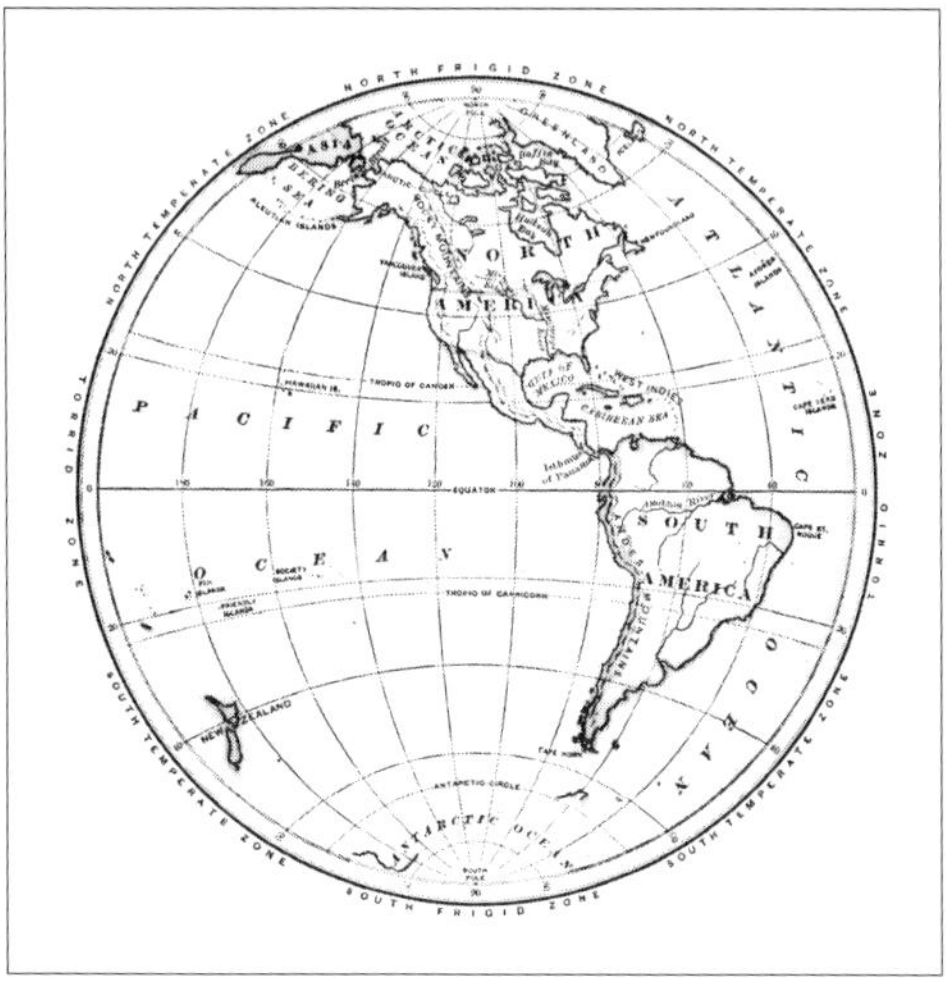

亀の島

広大な北米と南米は地続きで、氷河期の前にも後にも二つに分裂したことはない。北米は単独でも巨大な陸塊で、考古学調査がほとんど、あるいはまったく行なわれていない広大な地域がいくつもある。もし氷河期の北米大陸に失われた文明があったなら、今後その文明の遺物や遺骨が発見される可能性は否定できない。多くの先住民の文化が、古い世界が破壊され、（人間が）地球の胎内である地下でしばらく過ごした後に、現在の私たちの世界に登場した、という神話を共有している[42]。それを考えれば、調査の方向として一番有望なのは、生き残った者たちが身を寄せた避難所や隠れ家を、地下深くに探すことだろう。

さらなる調査が必要な、もう一つの広大な地域はアマゾンだ。北米大陸が一万二八三六年前から一万二八一五年前までに大災害を経験した際、それを生き延びた人々にとって南米大陸は格好の避難所に見えたことだろう。もし私の推測どおり、南米大陸で暮らしていた狩猟採集民がすでに〝採用〟され、クローヴィスと同様に、有用なノウハウという贈り物をもらっていたなら、なおさらだ。

北米の人類の物語はひどく壊れ、明らかに大きな断片がいくつも欠けている。しかしアマゾンでは、もっと完全な物語が私たちを待っている可能性がある。

「失われた文明などという考え自体がバカげている！」「エセ科学だ！」「研究費のムダだ！」といった、学界主流派の学者たちが挙げる抗議の声がもう聞こえるようだ。

しかし、彼らは何十年も「クローヴィス・ファースト」などという無意味な幻想を追いかけて、研究費を浪費し、なんの成果も挙げられなかったではないか。考古学界の主流派の人々も、そろそろ先入観を捨てることを学んでもいい頃だろう。

[1] 分かりにくい言い方だが、元・米国防長官ドナルド・ラムズフェルドによる二〇〇二年の発言から来ている。イラク政府と大量破壊兵器のつながりを証明する証拠がないとの文脈だ：「何かが起こらなかったという報告は、私にとって常に興味深い。なぜなら周知のとおり、〝既知の既知〟というものが存在する、これはすでに知っている旨を、私たちが知っている事柄だ。また、これも周知のことだが、〝既知の未知〟というのも存在する。これは、まだ未知である旨を、私たちが知っている事柄だ。だが〝未知の未知〟というのも存在する。これは、自分たちが知らないということすら知らない事柄だ。そして、我が国や他の自由な国々の歴史を見渡せば、難しいのは大抵、この三番目だ」。オンラインではここで読める。http://archive.defense.gov/Transcripts/Transcript.aspx?TranscriptID=2636.

[2] John Soennichesen, *Bretz's Flood: The Remarkable Story of a Rebel Geologist and the World's Greatest Flood* (Sasquatch Books, 2008), 131.

[3] Graham Hancock, *Magicians of the Gods* (2015), part 2.（グラハム・ハンコック『神々の魔術』大地舜訳、KADOKAWA）

[4] Henry T. Mullins and Edward T. Hinchley, "Erosion and Infill of New York Finger Lakes: Implications for Laurentide Ice Sheet Deglaciation," *Geology* 17, no. 7 (July 1989), 622–625.

[5] "Smallpox and the Conquest of Mexico" (Past Medical History, February 28, 2018), https://www.pastmedicalhistory.co.uk/smallpox-and-the-conquest-of-mexico/.

[6] Peter Tompkins, *Mysteries of the Mexican Pyramids* (Thames and Hudson, 1987), 21.

[7] Friar Diego de Landa, *Yucatan Before and After the Conquest* (trans. with notes by William Gates) (Producción Editorial Dante, 1990), 9.

[8] 同右、一〇四ページ。

[9] Jose Fernandez, "A Stellar City: Utatlan and Orion," *Time and Astronomy at the Meeting of Two Worlds*, Proceedings of the International Symposium, April 27 to May 2, 1992, 72, 74. Graham Hancock and Santha Faiia, *Heaven's Mirror: Quest for the Lost Civilization* (Penguin, 1998), 三五ページに引用。（グラハム・ハンコック、サンサ・ファイーア『天の鏡：失われた文明を求めて』大地舜訳、翔泳社）

[10] Jose Fernandez cited in David Friedel et al., *Maya Cosmos* (William Morrow, 1993), 103. Hancock and Faiia, *Heaven's Mirror*, 三五ページに引用。

[11] Fernandez, "A Stellar City: Utatlan and Orion," 73. Hancock and Faiia, *Heaven's Mirror*, 35 に引用。

[12] Hancock and Faiia, *Heaven's Mirror*, 23, 24. マヤ人が天の川を「魂の通り道」と見ていたことについては、Mary Miller and Karl Taube, *The Gods and Symbols of Ancient Mexico and the Maya* (Thames and Hudson, 1993), 一一四ページを参照。（メアリ・ミラー、カール・タウベ編『図説マヤ・アステカ神話宗教事典』増田義郎監修、武井摩利訳、東洋書林）

[13] Hancock and Faiia, *Heaven's Mirror*, 22.

[14] 同右、三七ページ。

[15] 同右、三五〜三七、四三〜一一四ページ。

[16] 同右。

[17] Sylvanus Griswold Morley, *An Introduction to the Study of the Maya Hieroglyphs* (Dover, 1975), 32.

[18] 同右。

[19] J. Eric S. Thompson, *The Rise and Fall of Maya Civilization* (Pimlico, 1993), 一三〜一四ページ。（J・エリック・S・トンプソン『マヤ文明の興亡』青山和夫訳、新評論）

[20] ドレスデン、パリ、マドリード、グロリアの各写本。グロリア写本は長年、偽造を疑われていたが、二〇一六年の研究は本物であることを示唆している。Erin Blakemore, "New Analysis Shows Disputed Maya 'Grolier Codex' Is the Real Deal," *Smithsonian Magazine*, September 15, 2016, https://www.smithsonianmag.com/smart-news/maya-codex-once-thought-be-sketchy-real- thing-180960466/ を参照。さらに二〇一八年八月に、メキシコ国立歴史・考古学研究所が、長らく検討した結果、この写本は本物だと発

表。二〇二一年～一一五四年のものであり、したがって「最古の先ヒスパニック（スペイン人到来前）文書」だとし、さらに信憑性が高まった。https://www.nbcnews.com/news/latino/experts-mexico-find-nearly-1-000-year-old- authentic-mayan-n905376 を参照。

[21] 概要は Father Pablo Joseph de Arriaga in L. Clark Keating (trans.), *The Extirpation of Idolatry in Peru* (University of Kentucky Press, 1968) を参照。

[22] L. A. Clayton, E. C. Moore, and V. J. Knight (eds.), *The De Soto Chronicles*, vol. 1: *The Expedition of Hernando de Soto to North America in 1539–1543* (University of Alabama Press, 1995).

[23] R. G. Robertson, *Rotting Face: Smallpox and the American Indian* (Caxton Press, 2001), 132.

[24] Donald L. Fixico, “When Native Americans Were Slaughtered in the Name of ‘Civilization,’” March 2, 2018, https://www.history.com/news/native-americans-genocide-united-states.

[25] David E. Stannard, *American Holocaust: The Conquest of the New World* (Oxford University Press, 1992), 11.

[26] US Indian Boarding School History, National Native American Boarding School Healing Coalition, https://boardingschoolhealing.org/education/us-indian-boarding-school-history/.

[27] 同上に引用。

[28] Ephraim G. Squier and Edwin H. Davis, *Ancient Monuments of the Mississippi Valley* (Smithsonian Institution, Washington. DC, 1848, reprinted and republished by the Smithsonian, with an introduction by David J. Meltzer, in 1998), xxxix.

[29] Jarrod Burks and Robert A. Cooke, “Beyond Squier and Davis: Rediscovering Ohio’s Earthworks Using Geophysical Remote Sensing,” *American Antiquity* 76 (October 2011), 680.

[30] David J. Meltzer, introduction to Squier and Davis, *Ancient Monuments of the Mississippi Valley*, 37.

[31] デヴィッド・J・メルツァーに同じような質問をしてみた（二〇一八年七月二三、二四日のメール）。私：古代アメリカについての本を執筆中なのですが、関連した章で、次のように書こうと思っています――ミシシッピ川流域全体について、信頼できる数字は存在しない。一九世紀半ば以降にこの地域全体で、農工業などに押されて何が失われたかの推計を試みた者は、考古学者であれ他の研究者であれ皆無である。こ

れは、あなたの意見では、この問題についての知識の現状を正しく反映していますか？　それとも誤解を招くでしょうか？　メルツァー：正確な言明だと思いますが、私の専門分野ではないので、確実なことはいえません。それに、そのような推計が不可能と思われる理由の一つは、二〇〇年以上前には、これらのアースワークを系統立てて数えた例がなかったからだということも、付け加えるのが大切です。「かつて存在した遺跡に対する現存する遺跡の割合」を計算しようにも、分母を何にすればいいかまったく分からないのです。さらに、スクワイアによる（非）体系的な大まかな推計は、小さなマウンドや集落を数に入れなかったし、それらの遺跡の多くは耕されてしまい、誰にも（実際の作業をしたラバのチーム以外には）気づかれず、記録もされなかったでしょう。

[32]　デヴィッド・J・メルツァーとのメール、二〇一八年七月二四～二五日。

[33]　Gregory L. Little, *The Illustrated Encyclopaedia of Native American Indian Mounds and Earthworks* (Eagle Wing Books, 2016), 3.

[34]　Sue Sturgis, “Wal-Mart’s History of Destroying Sacred Sites,” *Facing South,* September 3, 2009, https://www.facingsouth.org/2009/09/wal-marts-history-of-destroying-sacred-sites.html.

[35]　Sue Sturgis, “Alabama city destroying ancient Indian mound for Sam’s Club,” *Facing South,* August 4, 2009, online here: https://www.facingsouth.org/2009/08/alabama-city-destroying-ancient-indian-mound-for-sams-club.html

[36]　同右。

[37]　Terry L. Jones, “Archaeological Perspectives on the Extra-Terrestrial Impact Hypothesis, 12,900 BP: A View from Western North America,” *Journal of Cosmology* 2 (November 10, 2009), 299–300.

[38]　同右。強調を追加した。以下も参照：D. Grayson and D. Meltzer, “Requiem for North American Over- kill,” *Journal of Archeological Science* 30 (2003), 585–593; S. Fiedel and G. Haynes, “A Premature Burial: Comments on Grayson and Meltzer’s ’Requiem for Overkill,’” *Journal of Archeological Science* 31 (2004), 121–131; D. Grayson and D. Meltzer, “North American Overkill Continued? *Journal of Archeological Science* 31 (2004), 133–136.

[39]　Jones, “Archaeological Perspectives on the Extra-Terrestrial Impact Hypothesis, 12,900 BP,” 299– 300.

〔40〕 同右。

〔41〕 E. A. E. Reymond, *The Mythical Origin of the Egyptian Temple* (Manchester University Press, 1969), 122, 134.

〔42〕 ここで一番重要なのは、アメリカ先住民の創世神話のキヴァ構造物と、現在のアメリカ大陸に残るその痕跡（チャコ文化国立歴史公園の大キヴァなど）だ。これについてはG. A. David, *The Kivas of Heaven: Ancient Hopi Starlore*, (SCB Distributors, 2011), 第一章を参照。

第30章 失われた文明への鍵

一九九〇年代前半に『神々の指紋』を書きはじめてから、私はずっと、氷河期に高度な文明が繁栄していたという型破りな考えを提唱してきた。その文明は、氷河期に終わりをもたらした大変動によって破壊されたと考えている。何冊も本を書いたのは、この可能性を検証し、裏づけとなる証拠を提示するためだ。調査する価値があると思われる場所も、いくつか挙げた。この中に南極大陸を含めたことは、特に物議を醸した。人生の一〇年近くをスクーバダイビングでの冒険に費やしもした。氷河期末に海面上昇で水没した人工建造物を探すためだ。骨の折れる、そして時には大きな危険を伴う活動だった。

そうやって有言実行を貫いたわけだが、ちょっと透明人間を追いかけている気分だった。存在の痕跡はいたるところにある。これに触った、あれをつくり変えた、こんな数学を駆使した、こんな信仰を持っていた、とは分かる。しかし姿は見えないままだ。H・G・ウェルズの小説の主人公なら、顔に巻いた包帯の上から容姿や性格を推察できるが、失われた文明ではその手も使えない。透明人間よりも、はるかに捉えどころがない。本拠地がどこにあったかの物理的な手がかりは、完全に破壊されたか、完璧に隠されて見えなくなっている。そのせいで、発見は極めて困難だ。特に考古学界は、そんなものは存在しないと決めつけて、探そうという気もないのだから、発見できるわけがない。

だが失われた文明の影響は思わせぶりに、繰り返し存在を主張する。古代世界のあちこちの、互いに無関係なはずの文化の共通点という形でだ。調べれば調べるほど、こうした共通点は互いから得たのではなく、共通の遠い祖先に由来することが明白になる。私たちに見えるのは、その遺産の影響や表現方法だけで、源流は見えない。このミステリーへの鍵を探す試みは、これまでのところすべて徒労に終わった。

私は単に、その鍵はアメリカ大陸にある、と言っているに過ぎない。根拠は、先史時代のアメリカが置かれていた特異な状況だ。アフリカやユーラシアのような相互につながった陸塊なら、移動は比較的たやすい。オーストラリアも、アジアの南東端から舟で比較的簡単にアクセスできた。しかし、ここまで見てきたとおり、アメリカ大陸は氷河期の大半を通じて孤立していた。そして、氷河期とは約二六〇〇万年前から一万二〇〇〇年前まで続いた地質年代だったことを忘れてはいけない[1]。ただし、この長い地質年代の間に一時的な温暖期が何回かあり、その時は北米＋中米＋南米という巨大大陸もアクセス可能になったはずだ。その温暖期のうち二回は、人類移動があったとすでに判明している時代に起きている。考古学者たちはあまりに長い間、二回のうち新しいほうの温暖期（約一万四七〇〇年前から一万二八〇〇年前までのベーリング＝アレレード亜間氷期）[2]だけに注目して、アメリカ大陸への人類移住の真相を解明しようと務めてきた。私は、古生物学者トム・デメレが**重大な**指摘をしていると思う。第5章で取り上げた、彼から科学界への懇願のことだ。

私たちがみんなに言っているのは、可能性に心を開いてほしいということだけです。アメリカ大陸に人類が来たのは最後の退氷期（ベーリング＝アレレード亜間氷期。一万四七〇〇年前から一万二八〇〇年前頃）だけではないかもしれません。私たちが目を向けなければいけないのは**その前**の退氷期かもしれません。一四万年前から一二万年前です[3]。陸橋と退氷について似たようなシナリオが描けます。同じようによい時代があったでしょう。非常に海面が低くて氷床にさえぎられていた時期と、氷床が後退して海面が上昇し、陸橋が海に沈んだ時期との間です。

デメレの示唆していることはいまも、一部の考古学者にとっては受け入れがたい。しかしこの考えによって、着々と積みあがっている証拠の山を十分に説明できる。アメリカ大陸にはベーリング＝アレレード亜間氷期より何万年も**前**から人類が住んでいたという証拠だ（第4章～第6章を参照）。しかも、新世界には（最近でなく）太古の昔から人間がいたという、これまで想像もされなかった可能性は、アメリカ先住民の複雑な遺伝的遺産を理解するうえでも役に立つ。第7章から第10章で検討したとおりだ。この証拠には驚異的なミステリーが内包されている。それはつまり、オーストラレシアの強いＤＮＡシグナルが、アマゾン多雨林の孤立した一部の部族に存在するという事実だ。これは近年の発見だが、非常に大きな意味がある。第10章で論じたとおり、いまから一万二〇〇〇年以上前に、人類が船で大洋を横断していた可能性が浮上するからだ。これまで考古学者がありえないと考えていた可能性だ。もし、そんな航海ができるほどのテクノロジーや測地学のノウハウが本当に氷河期に存在したのなら（付録2を参照）、私たちはまさに失われた文明を相手にしていることになる。

そして、これはもちろんアマゾンの謎そのものにも関連してくる。アマゾンはなんらかの形で、氷河期に世界の大洋を探検するほど発達した文明と〝接触〟していたのだろうか？　だとしたら、その影響の証拠は残っているのだろうか？　第11章から第17章では、こうした疑問を取り上げて証拠を提示した。その証拠が示すのは、アマゾンに太古の昔から人間が住んでいたこと、大きな都市が繁栄し人口も多かったこと、植物の特性に関する古代の科学知識が、現在にいたるまでアマゾンの諸部族の間に残っていること、有用な農耕種が非常に早い時期から栽培されていたこと、多雨林自体が人間のために、人為的に育てられた〝果樹園〟であること、そして〝奇跡の〟人為土壌テラ・プレタは太古の昔にアマゾンで開発され、もともと農業に向かなかったやせた土地を肥沃な土壌に変えたことだ。テラ・プレタが備えている桁外れの再生能力は、現代の科学者も驚くほどだが、まだ完全には解明されていない。

それと並行して、これも最近の発見だが、巨大な幾何学形のアースワークや天文学的配列の石のサークルが、アマゾンに存在することが判明した。第15章と第16章で示したように、これらの驚異的な構造物は、イギリス諸島のヘンジやストーンサークル、および世界中にある古代の神聖な建造物と、かなりの科学的〝ミーム（文化的遺伝子）〟を共有している。これは偶然ではないと思う。一方の地域が他方に直接影響を及ぼしたのでもない。共通の遺産の証拠だ。聖なる幾何学・天文学のひな型が、一つのパッケージ（詰め合わせ）として、歴史の中に消えた古代文明から、この遠く離れた二つの地域に継承されたのだ。

第17章ではアマゾンの植物による霊知というテーマに話を戻して、幻覚作用のある煎じ薬アヤワスカの謎を考察し、アヤワスカのシャーマンたちの言葉に耳を傾けた。シャーマンたちは幾何学模様を、実在する異世界（具体的には死後の世界や死者の国）へのポータル（入口）と考えている。実際、アヤワスカという名称は〝死者の蔓〟〝魂の蔓〟を意味する。

第18章から第21章では、アマゾンのジオグリフとミシシッピ川流域の大きなマウンドや幾何学的なアースワークとの、深い構造的な類似性を考察した。単に見た目が似ているだけではない。

ミシシッピの宗教思想は、古代アマゾンのそれと同じく、死の不思議や、死後の魂の旅——および、その目的地——の具体的な概念に焦点を合わせていた。

私は、こうした概念は北米に極めて古くから存在したことを示し、ポバティ・ポイント、ロウアー・ジャクソン・マウンド、ワトソン・ブレーク、コンリーといった遺跡群を通して、その痕跡をはるかな先史時代にまでさかのぼった。これらの遺跡には、同じ天文学的・幾何学的〝ミーム〟が、絶えず繰り返し現れる。

第22章では、私自身が一〇代で死の不思議と接近遭遇した話と、後年、それに対する興味が再燃したきっかけについて語った。この死というミステリーへの興味を再び呼び覚まされたのは、初めて古代エジプトの『死者の書』をじっくり読んだ時だった。古代エジプト人は死後の世界「ドゥアト」を思い描き、魂はオリオン座まで上昇して、そこからポータルつまり「空にある戸口」を通って、天の川沿いの旅に出ると考えていた。私はアラバマ州のマウンドヴィルを訪れた際、ミシシッピ文明においてもオリオン座、天の川、死者の世界への旅が登場する、まったく同じ思想体系が中心的なモチーフだったと知って、とても驚いた。

第23章と第24章では死後の魂の旅、および魂の運命に関するミシシッピと古代エジプトの思想を詳細に検討した。両者の類似点はあまりにも顕著で、あまりにも多く、あまりにも細部に及んでいるので、偶然では説明できないと思う。ただし、古代エジプトがミシシッピ文明に直接影響を与えたのではなく、その逆でもない。存在した時期が違いすぎて、時系列的にありえないのだ。

このことは、ジオグリフと同じことを示している。つまり、この遠く離れた二つの地域はどちらも、はるか昔に存在した共通の源泉から思想という遺産を受け継いだ、ということだ。考古学者たちはまだ、その源泉を特定していない。

その共通の源泉、失われた文明の本拠地は、氷河期の北米大陸にあったのだろうか？

第25章から第27章では、その問いに対する答えとして、約一万二八〇〇年前に地球を揺るがした巨大災害の詳細な証拠を提示した。この災害の影響は地球全体に及んだが、中心は北米大陸だった。

私は二〇年以上にわたって、学術界の大方から冷笑され、時には尋常でない敵意を浴びつつも、一貫して主張してきた――「失われた文明」は、いまから一万二五〇〇年前頃、世界規模の大災害によって歴史から消し去られたのだと。最初のうちは、大災害が起きたこと自体も、それが人類の過去に重大な関連をもっているのではという考えも嘲笑の的だった。だがその後、新たな大量の証拠が出てきたことで、議論の潮目が決定的に変わった。分裂する巨大彗星の破片が地球に衝突し、ヤンガードリアス期の大災害を引き起こしたことが、最近になって立証されたのだ。それは約一万二八〇〇年前に起こったと考えられる。私が一九九五年に初めて著書に書いた約一万二五〇〇年前という年代と極めて近く、放射性炭素法の誤差（これほど遠い昔だと、二～三世紀の誤差は普通）の範囲内だ。

こんなわけで、世界的な大変動は実際にあったようだ。それも、ほぼ私が提唱した時期に起きたらしい。

しかし、だからなんだというのだ？　私は運よく大変動の時期を言い当てたが、だからといって、その大変動が先史時代の高度文明を消滅させたという意見も正しいとはかぎらない。懐疑派は、その文明の本拠地がどこか示せと要求した。当然の要求だ。

本書は、その要求に対する私の回答でもある。

文明が発達する時間はたっぷりあった

これまで氷河期の北米大陸は、考古学的には無人の真空地帯で、最初の人間がベーリング陸橋を渡って文化を持ち込むのを待っていた――と考えられてきた。この移住は比較的遅い時期に起こったとされ、私たちの祖先がアフリカを出てヨーロッパ、アジア、オーストラリアに定住したより何万年も後だと固く信じられていた。だから、文明の起源を、そんなありそうもない場所に求める理由はなかった。ところがすでに見てきたとおり、アメリカ大陸には非常に古くから人間が住んでいたという新証拠が出てきた。このこととヤンガードリアス衝突仮説を踏まえて、また議論の潮目が決定的に変わったと、私は思う。それまでは、なぜ失われた文明の本拠地が北米に**あった**と考えるのか、と問うことが理にかなっていた。だがいまでは、より妥当な問いは、なぜ北米には**なかった**と考えるのか、だ。一万二八〇〇年前の悲惨な出来事で、北米はほかのどの大陸よりも深刻な被害を受けた。北米大陸の豊かな先史時代は〝爆撃〟され、粉砕され、流されて消えてしまった。

この調査の過程で、私はまたもトム・デメレの言葉を思い出した。サンディエゴの自然史博物館で、セルッティ・マストドン遺跡で発見されたものを見ながら言われたことだ。

　どこかに出向いて、最初から一三万年前に人類がいなかったと決めつけていたら、そこに人類がいたという証拠は見つけることができないでしょう。でも、開かれた心でその場に行って、正しい場所で十分深く掘れば、何が出てくるか誰にも分かりませんよ。

博物館に展示されているマストドンの死骸を調べて、トムと彼のチームが達した結論についての発言だ。第5章で見たとおり、そのマストドンには、一三万年前に人間の食料にされた痕跡があった。トムが言いたかったのは、人類がそれほど早期に南北アメリカ大陸に到達していたはずがないという思い込みのせいで、あまりにも長い間、ほかのシナリオの研究が妨げられてきたことだ。もっと的を絞り、腰を据えて調査していたら、古くから人間がいた証拠がもっと大量に見つかったのではないかというのだ。

石を器用に使ってマストドンの大腿骨を砕き、中の骨髄を取り出したのは、もちろん失われた文明ではなく、人類の祖先だ。解剖学的には現生人類と同じだったかもしれないし、違ったかもしれない。だがセルッティ・マストドン遺跡の真の重要性は、それが**太古の昔**、新世界に人類が住んでいたことを示す、初めての確かな証拠（『ネイチャー』誌に掲載されるほど確実）であることだ。もし一三万年前（ヨーロッパに人類がいたことが判明している時期より二倍以上昔）の北米に人類がいたのなら、ヤンガードリアスの大災害に見舞われる以前に、高度な文明を築く時間が**一一万七〇〇〇年**もあったことになる。

ならば、文明を**築かなかった**理由があるだろうか？　いわゆる「文明への行進」は、ヤンガードリアス期の終了および新石器時代の幕開けと共に始まったように**見える**。だがこの考えの何がそれほど特別で不可侵なものなのか？　なぜ始まったのはその時で、それより前ではなかったと考えるのか？　なぜ、もっと古い時代に「文明への行進」が起きてはいけないのか？　それがアメリカ大陸への人類移住と共に始まったのなら、その移住は最終退氷期ではなく、トム・デメレが言うように、「それより前の退氷期、いまから一四万年前から一二万年前までの間」に起きたのではないのか？

その後、次の退氷期であるベーリング＝アレレード亜間氷期（ヤンガードリアス期直前の二〇〇〇年間）まで、アメリカ大陸という地球の半分にまたがる巨大な陸塊は、大西洋、太平洋と氷の山脈によって、世界の他地域から切り離されていたとすべての学者が同意している。ベーリンジアが通行可能だった時期でも、アジアからは入れなかった。だが一二万年前にすでに氷冠の南にいた人間にとって、この間のアメリカ大陸は楽園だったに違いない。他民族に侵略される心配もなく、驚くほど大量で多種多様な天然資源に恵まれていた。新世界の状況は、ほかの大陸とはまったく違っていたのだ。だから「最初のアメリカ人」たちが、ほかの人類とは著しく異なる道を歩んだとしても不思議はない。その道は狩猟採集生活から急速に方向転換し、やがて早咲きの古代文明を出現させるに至った。

不思議な力

ヤンガードリアス期の地球の変化が先史時代の文明を記録から消し去ったとしたら、その文明の性質について、何か有益なことを述べることは可能だろうか？

私はこれまでに、先史時代の文明の精神性には（この文明の末裔の信仰体系から推測して）、死というミステリーを深く追求する一面があったに違いないと述べた。氷河期の地球の姿を正確な地図に描いたことから、少なくとも一八世紀後半のヨーロッパと同レベルの航海技術をもっていたらしいことにも言及した。また、この文明が高度な幾何学と天文学をマスターしていたことも示してきた。さらに、この〝失われた〟文明は何万年もの間、孤立状態の北米で発達したのだから、私たち自身の文明とはまったく異なる道をたどった可能性がある、とも述べてきた。ならば彼らのテクノロジーは、現代科学では未知の原理で作用し、現代科学では未知の力を操ったかもしれない。だとすれば、考古学者がそれを見ても、テクノロジーとは認識できないだろう。
原子核物理学の先駆者の一人であるノーベル賞受賞者フレデリック・ソディは、一九二〇年の研究書『ラジウムの解釈（原題）』で、「まったく未知で想像すらされておらず、遺物一つ残さずに消えてしまった古代文明」があったのではないかと述べている[4]。ソディの時代には、ラジウムなど一部の元素は無限の核エネルギーを蓄えていると理解されていた。彼はその核エネルギーに言及し、そうした元素を有名な〝賢者の石〟になぞらえた。昔から伝承で、変性や再生の不思議な力をもつとされた物質だ。ソディは、この類似性は偶然ではなく、「世界の記録されていない歴史における、過去の多くの時代からの残響」[5]であると感じていた。

［そのような伝承を］読めば……次のようなことを信じても無理からぬことではないだろうか。かつて存在し忘れられた人種は、我々が最近勝ち取った知識をもっていたばかりか、われわれがまだ手に入れていない力も獲得していた、と。科学は過去についての物語を再構成してきた。人間の力が現在の水準に至るまでの、連続した「人間の向上」の物語としたのだ。この着実な進歩を示す状況証拠は実在する。そうした証拠を前にすると、「人間の堕落」という従来の考え――人間はかつてもっと高尚な存在だったが、そこから堕ちたという考えを理解するのは、どんどん難しくなっている。この二つの見方は一見相容れないようだが、我々の新たな視点からだと、必ずしもそ

うではない。物質の性質を変化させることができた人種なら、額に汗して食い扶持を稼ぐ必要はほとんどなかったはずだ。現代の技術者たちが利用できるエネルギーは比較的かぎられているが、それでもかなりのことを成し遂げることができる。それを思えば、そのような人種なら、砂漠の大陸を変容させ、極地の氷を溶かし、全世界を一つの〝微笑むエデンの園〟にすることもできただろう。外宇宙の探査すら可能だったかもしれない。……「人間の堕落」という伝説……だけが、そのような時代から生き残ったのかもしれない。その後、なんらかの理由で、全世界はまた否応なく大自然の流れに投げ込まれ、そこから長い歳月をかけて、再び高みを目指す旅を始めることになった[6]。

二〇二〇年代になれば、もし考古学者が原子力を利用するために考案された古代のテクノロジーを目にしたら、それがなんなのか認識できる可能性は高い（一九二〇年代には無理だった）。考古学者自身には分からなくても、分かる人に訊くことは間違いなくできる。私たち自身の科学が進歩して、原子力が身近なものになったからだ。しかしソディが、先史時代の高度な古代文明が原子の謎を完全に解き明かしたと想像して書き記したのは、私たちが核との危険なダンスを始めたばかりの時期だった。広島と長崎に原爆が投下される二五年前、最初の原子力発電所が稼働する三五年前だ。原子力という新しいテクノロジーは、無限の可能性を秘めた魔法の力のように思われており、負の側面はほとんど知られていなかった。ソディは、そんな時代の申し子らしく理想に燃えていた。だから彼には予想できなかった。原子の強大な力を操ることが可能になった時、それが砂漠を変貌させたり、極地の氷を溶かしたり、「全世界を一つの〝微笑むエデンの園〟にする」ために使われることはなかった。原子力は、爆弾やミサイルという形で、主に破壊のために使われた。あるいは、地球を汚染するという長期的な代償を支払って、電気を起こすために使われた。

古代の高度文明が必ずしも、ソディが期待を込めて思い描いたような核への道を選んだとはかぎらない。歴史上の様々な文明が過去数千年にわたってゆっくりと、だが粘り強く〝機械の時代〟へ向かったように、梃子《てこ》や機械の道をたどるのが必然なわけでもない。繰り返しになるが、私たちは、「想像すらされていなかった、まったく未知の文明」が存在した可能性を検討しているのだから、その文明がまったく想像も及ばない未知の方法で物質やエネルギーを操る方法を編み出した可能性も考慮しなくてはならないだろう。そうだとしたら私たちは、たとえその証拠が目の前にあっても、それと気づかないかもしれない。

現代の考古学者は、古代の土木技術を梃子の作用や機械効率という基準で分析するよう訓練されている。たぶんそのせいで、古代世界の建造物にまつわる数々の大問題に、説得力のある説明ができないのだろう。

たとえばエジプトの大ピラミッド中心部の巨大な梁《はり》だ。花崗岩の塊から切り出され、一本の重さが七〇トンにもなる。「王の間」の上の「重力軽減の間」にあるのだが、そこは地上から五〇メートル以上の高さだ。丸太の上を転がすか砂の上を滑らせて〝すんなり〟はめ込んだのだろうという学者たちの楽観的な主張は、この高さでは通用しない。だが巨大な梁は現実に、重力軽減の間の床や天井を構成している。そして、そこに到達させるためには、空中五〇メートル以上までもちあげなくてはならない。

あるいは、レバノンのバールベック遺跡にあるトリリトン（三巨石）だ。地上六メートルの高さに、重さがそれぞれ八〇〇トンを超える三つの巨大な切石が、小さなブロックで造られた壁の幅いっぱいにはめ込まれている。あまりにもぴたりとはまっていて、合わせ目がほとんど見えないほどだ。二一世紀の技術をもってしても簡単ではないだろう。それなのに何千年も前に、どうやって成し遂げることができたのか？

サクサイワマンの驚異も忘れてはいけない。ペルーのアンデス山脈の都市クスコ上方の、標高三七〇〇メートルの稜線に位置する遺跡だ。インカの遺跡とされているが、私はこれまでの著書で、それは間違いだと主張してきた。インカ時代には、すでに非常に古いものだったのだ。特に問題になるのは、そびえ立つ巨石の壁だ。ジグザグに並べられ、複雑な多角形のブロックでできている。ブロックは何千個もあるが、同じ形のものは一つもない。なかには重さ三〇〇トンを超えるものもあり、どの面も互いに隙間なく合わさっている。合わせ目に紙を差し込むことすらできないほどだ。一九七八年に考古学者たちがサクサイワマンの石の組み方を再現しようと試みたが、大ピラミッドのミニチュア製作の試みと同じく、大失敗に終わった。これもまた、梃子や力学的な機械しか使えないと思い込んでいるので、特異で複雑な構造は手に負えないからだ。

答えは存在する。だが常識に囚われていては探せない。

大ピラミッドにも、バールベックにも、サクサイワマンにも、その他多くの謎めいた遺跡（たとえばインド、マハラシュトラ州のエローラにある、玄武岩の塊を彫って造られた、目を疑うようなカイラーサ寺院）にも、非常に興味深い伝承が残っている。それらの伝承が物語るのは、瞑想する賢者、ある種の植物を使ったこと、秘儀を知る者たちの集中、奇跡のような早業《はやわざ》、そして特殊な詠唱や、楽器で奏でる特殊な音律だ。その詠唱や音律は、巨石をもちあげ、移動させ、柔らかくし、形づくることに関係していた。このような伝承が世界中に分布していることと、遺跡自体が厳然と存在しているという現実に鑑みて、私はこう推測している——私たちが相手にしているのは、私たちの理解を超えた古代のテクノロジーの残響で、そのテクノロジーは私たちがまったく知らない原理で作用した。

ソディが想像した失われた文明は、原子力で動く機械を発明し、外宇宙の探査や地球の気候を操作することすらできた。だが私の意見は違う。核エネルギーではない。機械ですらなかったはずだ。私のライフワークも本書も終わりに近づいているいま、これまで講演会の公開質疑応答では何度も言ってきたことを、活字にすべき時がきたようだ。私は、失われた文明がもっとも力を入れていたのは、現代の私たちが超能力《サイ》と呼んでいる能力だったと思う。人間の意識の力を強化し、集中することで、エネルギーの流れを操って物質をコントロールする能力だ。

サイはいまでも英米やロシアの少数の大学や機関で研究されているが、ほとんどの場合、主流の科学者たちから軽視され、笑いものにされている。それなら「サイ能力などというものは事実無根」かというと、断じてそんなことはない。この状況は、現代の科学の性質を雄弁に物語っているだけだ。現代の科学を牛耳っているのは物質主義者たちで、彼らの判断基準に「不気味な遠隔作用」が入り込む余地はほとんどない。この言葉はアインシュタインが量子もつれのパラドックス〔何万光年離れていても成立するという量子もつれは相対性理論と矛盾するという指摘。ＥＰＲパラドックスとも〕について語ったものだが、他の「非局所的」〔ある現象同士が、遠く離れた場所にあっても相互に影響し合うこと〕な現象にもよく当てはまる。たとえば次のような現象だ。

1　テレパシー（既知の科学法則では理解できない作用によって、人から人へ考えや気持ちや願いを伝えること）

2　遠隔透視（遠くにある、または見えない対象について知ること。五感以外の知覚を利用するとされる）

3　テレキネシス（思考や意思の力によって、物理的な力を加えることなく物体を動かすこと）

4　ヒーリング（物理的あるいは医学的な手段によらず病気を治すこと）

ここから先は私の推測であり、ここで証明や証拠による裏づけを試みるつもりはないが、検討材料として提示しておく。私は氷河期の北米大陸で、高度な文明が発達したと考えている。その文明は、梃子や機械効率を超越し、意識の力で物質やエネルギーを操作できるようになった。私たちがまだ活用していない能力だ。そのような力が働いているところは、今日《こんにち》でさえ魔法のように見えるだろう。まして、氷河期にそのような神秘的な達人たちと共存していた狩猟採集民の目には、神業か超自然の力と映ったに違いない。

忘れないでほしい。このアメリカ先住民の文明は、セルッティ遺跡でマストドンの屍肉が漁られた一三万年前からヤンガードリアス期初頭の破局的な大変動が始まった一万二八〇〇年前までの、どこかの時点で円熟期を迎えた。この文明が独特の輝かしい発展を始めたきっかけは、永久に分からないかもしれない。だが様々な理由から、この文明の人々は遺伝学的にも言語学的にも、そして当初は文化的にも、他の狩猟採集段階にとどまった古代アメリカ先住民の諸集団と近縁だったと考えられる。だから、もしこの仮定上の文明が科学をもっていたなら、その科学はアメリカ先住民の思考や行動の基準枠にルーツを持ち、それを土台としていたと考えるのが自然だろう。ということは、シャーマンの指導のもとで、シャーマニズムの手法を用いて発達した可能性が高い。

テレパシー、テレキネシス、遠隔透視、ヒーリングは、もちろん、どれも優秀なシャーマンが備えていると信じられている能力だ。アヤワスカはアマゾンのシャーマニズムの中心に位置するが、初めて西欧で一般人に知られるようになったのは、「テレパシン」という名前でだった。たとえば作家ウィリアム・バロウズは一九五二年に、この幻覚性の煎じ薬を求めてエクアドルに行き、入手には失敗したが、次のように書いている。

「ヤヘ、バニステリア・カーピ、**テレパシン**、アヤワスカ……どれも同じクスリの名前だ」[7]
（引用文中の強調は原著者）

だがバロウズは、なんとしてもヤヘを見つける決意だった。ヤヘには「ものすごい意味」があり、「謎」に包まれていたからだ。そして「私ならそれを解明できる」と付け加えた[8]。テレパシンという名称は、一九〇五年にはすでにアヤワスカを指して使われはじめていた[9]。この名前は、アヤワスカを常用するアマゾンの諸部族が繰り返し、これを飲むとテレパシーによる意思伝達が楽になる、と述べたことに由来する。二一世紀の西洋の機械論的精神（生物を精緻な機械と考え、生命現象を物理・化学の法則で説明しようとする立場）は、このような主張をあざ笑う。だがアヤワスカ研究の第一人者である、エルサレム・ヘブライ大学の心理学教授ベニー・シャノンは、「アヤワスカによる超常体験の報告は多数ある」と認める。

この煎じ薬をある程度飲んだほぼ全員が、テレパシーを体験したと報告している。人類学の文献にも、そのような報告が多数出てくる……私の情報提供者の多くも、アヤワスカのセッションでは、口に出さなくともほかの参加者にメッセージを伝えることができたと言った……多くの者が、そうしたメッセージをほかの者、あるいはほかの存在から受け取ったと述べた。アヤワスカを飲んだ者たちは幻覚の中で、なんらかの存在または生き物からメッセージや指示を受け取る。そのやり取りは言葉によらず、思考から思考へ直接伝わるように感じられるという[10]。

現代世界の私たちは、あまりにも機械や装置に執着しているので、そうしたもの抜きの生活は、想像することとすら難しい。けれど、もしテレパシーが実在するなら（ここでは議論しない）、そして、その使用方法や投影範囲を改良して信頼性を高めることが可能なら、誰が携帯電話やフェイスブックを必要とするだろう？　現在いたるところに存在する、ほかのコミュニケーション手段も同様だ。私たちは会話を取り戻せる。もう仲介者や〝プラットフォーム〟を経由する必要はない！

サイ能力は常に人類の遺産の一部だったという可能性はないだろうか？　私たちの〝黄金時代〟の一部だったのではないか？　おそらく、ヤンガードリアスの大災害で私たちがルーツとのつながりを断たれた後に、衰えてしまったのではないだろうか。そしておそらく、大災害の影響で、人類の創意工夫は梃子や力学的機械重視になり、悪循環が始まったのではないか。機械がどんどん進化して、サイ能力は人間体験の片隅に追いやられたのではないだろうか。

システムのリバース・エンジニアリング（逆行分析）

破壊された文明の失われたテクノロジーに関して、これ以上の推測はここでは控えておこう。非常に興味深いヒントや手がかりは存在する。それを追っていけば確実な進展が望めるが、あいにく、そのために必要な考古学的調査は、まだまったく行なわれていないのが実情だ。しかし宗教的あるいはスピリチュアルな信仰については、もっとできることがある。エジプトのエドフ・ビルディング・テキストによれば、そのような信仰を守っていくことは、失われた文明の生き残りの人々にとって義務だった。さらに、受け入れる下地がある場所なら、それが世界のどこであれ、そうした信仰を再興する義務も課せられた。

二一世紀には、キリスト教とイスラム教（たかだか二〇〇〇年の歴史しかない新興宗教）が、世界人口の半数以上のスピリチュアルな生活を事実上、独占的に支配している。どちらも一人の創造神（もちろん男性）を想定し、信者は天国へ行き不信心者や悪人は地獄で罰を受けるという単純な教義を唱え、ものごとを真剣に考える必要性を見事に排除している。選ばれし者の仲間入りをするためには、決まりを守り、聖典や聖職者や宗教指導者の発言を無条件に信じるだけでいい。教典や司祭やムッラー（イスラム教の聖職者）の権威に疑問を抱いてはいけないのだ。

たぶん、それが一番簡単なのだろう。苦しい自省も最小限ですむ。だが、それが唯一の道ではない。また、無神論がその逆というわけでもない。無神論もまた、証明されていない信仰を拠り所にしている。だが、人間の精神性は非常に大きな潜在力を秘めており、そのすべてを神が存在するか、しないかという二択に集約してしまうのはあまりにも乱暴だ。しばしば不可知論〔実際の経験を越えた本質などは認識できないとする説〕が唯一の代案として提示されるが、それよりもっと隠微で、〝科学的〟ですらある方法が存在する。私たちの祖先が何千年も前から確信をもって探求した方法であり、真剣に検討する価値がある。重要な要素は、ヒンドゥー教やチベット仏教の密教的な側面に残っている。特に『チベット死者の書』は、古代エジプトの『死者の書』と驚くほど似ている。もとをたどれば同じところに行き着くのではないだろうか。マヤ（『神々の指紋』と『天の鏡』で詳しく書いた）にも、この図式に当てはまる点が多い。アマゾンのシャーマニズムや、ナイル川流域の宗教とミシシッピ川流域の宗教の奇妙なつながりを調べると、さらに多くのものが見え、理解が広がる。

前章までに見たとおり、トゥカノ族のシャーマンはアヤワスカの幻覚の中で、天の川やその先の冥界へ上昇する。ミシシッピ文化には「魂の通り道」という思想があった。古代エジプト人は死後、ドゥアトの中を旅すると考えていた。こうした材料から導き出せる合理的な結論は、一つしかないと私は思う。私たちが目にしているのは、共通の祖先から遠い昔に受け継いだ、複雑かつ洗練された共通の思想体系だということだ。遺伝学者はＤＮＡを逆行分析《リバース・エンジニアリング》して、私たちの祖先について多くのことを明らかにできる。それと同じように、ミシシッピ川流域の宗教と古代エジプトの宗教に共通する文化のＤＮＡの断片は、両者を生み出したはるか古代の先行宗教の性格について、様々なことを教えてくれる。その古代の宗教、つまり失われた文明の宗教は、アメリカ先住民のシャーマニズムの非常に特殊化した分派だったと私は考えている。そして、その宗教の一番の関心事は、死というミステリーだった。

死ぬと何が起こるのか

私たちの社会は、死という問題を無視し、ないものとして扱いたがる。しかし死は誰にとっても、避けて通れない現実だ。若い頃はそうでもないが、歳を取れば切実な問題になる。にもかかわらず私たちは、全力で死を避けようとする。死が待ち受けていることを抽象的には理解しているが、それが意味するところをできるだけ考えず、人生がいつまでも続くかのように生きたがる。

そのような考え方のもとになる基準の枠組みは、アブラハムの宗教〔ユダヤ教、キリスト教、イスラム教のこと〕のいずれでもなく、近代の科学主義の中にある。科学主義によれば、私たちは徹頭徹尾、物質でできた生き物で、化学と生物学の偶然による産物だ。私たちの存在には、超越的な意味も目的もない。魂は存在せず、死ねばすべてが終わる。〝死後の世界〟などというものはない。こうしたことを信じるなら――これらは宇宙から精霊《スピリット》を排除し、宇宙は意識をもたない巨大な自動装置のようなものであると捉える思想の一部だが――もちろん死について考えるのをすっぱりやめて、死をできるだけ先送りにするのは理にかなったことだ。しかし古くからの伝承の多くは、科学的思考よりも下に見られがちだが、死を嫌って遠ざけることは好ましくない結果を招くと警告する。『チベット死者の書』を翻訳したW・Y・エヴァンス＝ヴェンツは米国を例に、次のように述べている。

物質主義に偏った医学は、あらゆる手を尽くして、死という過程を遅らせようとする。それは死に対する干渉だ。死期が近い人が病院へ行くと、非常に多くの場合、自宅で死ぬことも、通常の平静な精神状態で死ぬことも許されない。大抵はアヘン系の催眠鎮痛薬で意識を鈍らされるか、できるだけ長く生命にしがみつくことができるよう、なんらかの興奮作用のある薬剤を注射される。だからどうしても、非常に望ましくない死を迎えることになる。戦場で砲弾を受けてわけが分からないまま死ぬのと同じほど望ましくない死に方だ。正常な出産の過程ですら、医療ミスで不首尾に終わることがあるが、それと同様に、正常な死の過程もまた不首尾に終わることがありうるのだ[11]。

アメリカ先住民の高度文明なら、死への対処法はずいぶん違っていただろう。彼らは私たちと異なり、シャーマニズムに根ざした自らのルーツを断ち切って**いなかった**。それどころか彼らの科学やテクノロジーは、シャーマニズムの関心となる対象や体験から直接発生し、進化した。そのような文明はきっと、死に対して背を向ける代わりに、死というミステリーのあらゆる面を直視し、研究したはずだ。その際、トランス（変性意識）という手法を用いたのは間違いないだろう。科学的な客観性と規律を保ちつつ、幻覚の中で遭遇した「異世界」や「冥界」の現実を探求し、試したに違いない。

世界各地で見られる宗教的モチーフの裏に、共通の古い源流が存在する証拠は、ほかにもある。たとえば古代ギリシャ神話で有名な、オルフェウスとエウリディケの物語だ。なんとこれが、先コロンブス期の北米における古代文化にも見られる。ヨーロッパ人との接触よりずっと前の話だ[12]。細かい点では違いもあるし、登場人物の名前や全体的な設定は当然ながら異なっている。だが基本構造は変わらない[13]。（一）妻または恋人（エウリディケ）が若くして死んでしまう。（二）夫または恋人（オルフェウス）は彼女の魂を追って冥界へ行き、冥界の王を説得して、生者の世界へ連れ帰ることを許される。（三）しかし、これには条件がある。エウリディケは冥界から戻る道中、オルフェウスの後ろを歩かねばならない。そして生者の世界にたどり着くまで、オルフェウスは決してエウリディケを見てはならない。（四）最後の最後に、オルフェウスは愛しさのあまり、振り返って妻を見てしまう。その瞬間、エウリディケは冥界に引き戻され、二度とそこから離れられない。

アメリカ先住民版とギリシャ版があまりにも似ているので、宗教研究の第一人者オーケ・フルトクランツは、このミステリーをテーマに大作の論文を書いた。一九五七年にストックホルムで出版された『北米インディアンのオルフェウス伝説（原題）』だ[14]。同時代のカナダの民族誌学者シャルル・マリウス・バーボーは、ギリシャの話とアメリカ先住民の話は両方とも、もっとずっと古いコア・ナラティヴ（中核となる物語）から派生したに違いないと述べ、次のように締めくくった。
「オルフェウスとエウリディケの神話ほど典型的な古典が未知の源泉から世界中に拡がるには、何千年もかかったに違いない」[15]
もちろん私も同感だ。オルフェウスとエウリディケの神話のローカル版が広範囲に分布しているということは、元になった共通の源泉が非常に古いものだと考えられる。ただ、私がそれと同じほど興味深く思うのは、この話の根幹には明らかに、魂が死後に旅をするという概念と、精神と物質の二元性があるという点だ。どちらも古代エジプトや古代ミシシッピ川流域の宗教の中心でもあった。もしかすると、これらの一見別々だが互いに深くつながった体系は、かつては巨大だったタペストリー（絵織物）の、わずかに残った織り糸なのだろうか？ そのタペストリーには、人間が置かれている状況や、宇宙における私たちの立場や、生と死の意味についての思想が織り込まれていたのではないか。
そして、現代の私たちの科学が物質の領域において、極めて精巧かつ複雑な干渉や操作を可能にしているように、失われた文明の科学は精神の領域で、同じように効果的な干渉や操作をすることができたのではないだろうか。そうだとすれば、私たちがいまのところまったく知らない次元の現実について、リアルな情報を蓄積していた可能性がある。

「霊魂」などという概念は空想の産物だ、肉体が死ねば意識も消える、だから死後の生など、いかなる形でもあるはずがない、と信じる人もいる。そういう人たちにとっては、「死の科学」（「死後の科学」、あるいは「不死の科学」といったほうがよいかもしれない）の進歩のために時間や資源やアイディアを投じるなど、最悪の夢想と思えるだろう。だが、そんな考え方が何をもたらすかは、W・Y・エヴァンス＝ヴェンツが雄弁に語っている。物質主義の視点で見れば、死という問題に科学を適用する正しい方法は、病院や薬を用意して「過程」を楽にすること、そして、もし遺体の状態が良好なら、臓器を再利用することだけだ。

しかし、私たちの唯物論的な科学は一七世紀後半の、いわゆる「理性の時代」に始まった。たった数百年の歴史しかない。もし、この科学が現実というものの性質や死という現象について、根本的に**不完全な**分析しかしていないとしたら？　そして、それよりはるかに古い古代エジプトや古代ミシシッピ川流域の伝承や、アマゾンのシャーマンが今日《こんにち》まで語り継いでいる死後の旅の物語が、深遠な真実を秘めているとしたら？

もしそうなら、西洋科学の物質主義は、私たちを非常に暗く危険な道に導いてきた可能性がある。そして、その悪影響は永遠に続くだろう。

チベット仏教では、死後の世界は「バルド」として知られている。直訳すれば「狭間《はざま》」だ。『チベット死者の書』の目的は、『古代エジプト死者の書』やミシシッピの口承や伝承図像と同じで、この奇妙な並行次元を旅する死後の魂の、ガイドブック兼手引書となることだ。

米国の著名な仏教学者ロバート・A・F・サーマンによれば、狭間とは「死後に訪れる危機であり、魂（ごく微細《みさい》な心―体）がもっとも流動的な状態になる」[16]時だ。並外れた危険もあるが、並外れた好機でもある。

よいカルマの進化を遂げたいという強い動機をもった善男善女でも、もしバルドを横断する準備ができていなければ、バルドの暗闇の中で怯《おび》え、身を縮めてしまい、あっというまに、とてつもない数のカルマの進化の可能性の中で進むべき道を見失ってしまう。同様に、悪いカルマの進化を背負った悪人でも、バルドを横断する用意がしっかりとできていれば、敢然と光の方へ進み、数限りなくある不幸な生の可能性を克服できる。つまり、微細なレベルでの小さな達成は、粗雑なレベルに大きな影響を与えうるのだ。バルドの中にある魂は、創造的な想像力によって、仏教徒が「霊性の遺伝子」と呼ぶもの、魂が生から生へと運ぶものを、直接変化させることができる。バルドの旅人は、一時的に、ひじょうに高い知性、並はずれた集中力、天眼（透視能力）や瞬間移動といった特殊な能力、想像したものになれる柔軟性、思念やビジョンや教えを通じて過激なまでに変容できる開放性を備えている。だからこそ、バルドの旅人は、自分がバルドにいることを理解し、リアリティとは何かを理解し、誰に助けを求めればよいかを理解し、どこに危険があるのかを理解するだけで、即座に解脱を得られるのだ[17]。

（＊訳文は『現代人のための「チベット死者の書」』鷲尾翠・訳より引用）

西洋の科学は、物質に関してなら、かつてないほどの知識をもち、ほとんど思いのままに操ることができる。しかし、だからといって、西洋科学がチベットの「死の科学」（ロバート・サーマンが『チベット死者の書』の教えを説明するのに使う言い方）[18]を論破できる、より優れた知識をもっていると思い込むべきではない。むしろ逆だ。西洋科学は、死後の世界など存在しないという根拠のない認識に基づいて、死後の世界の研究を避けてきた。だから私たちは、これに関しては、長い歳月を費やしてこのテーマを理知的に研究してきたチベット仏教のほうが、はるかに進んでいることを認めるべきだろう。また、私が以前から主張しているように、『チベット死者の書』は、古代エジプトやミシシッピの体系を生み出したのと同じ、はるか昔の先行文明から生まれたものだ。だからエジプトやミシシッピと同様に、うまく利用すれば、その文明を再構成するのに役立つかもしれない。

私の感触では、失われた文明は物質にはあまり関心がなかった。私が考えているように、シャーマニズムが起源であれば不思議はない。彼らの一番の目的は、ほかの多くのアメリカ先住民文化と同じく、地位や財産を得ることではなかった。重視したのは、ビジョン・クエスト（変性意識探究）や正しい生き方を通じて、魂を完成させることだった。後継宗教の中にいまも輝いている複雑性や深い叡智から察するに、失われた文明は、そうした探求を神秘の領域まで極めていたのだと思う。私たちの文化においては、量子物理学者や仮想現実を扱う科学者ですら、やっと熟考を始めたばかりの領域だ。初心者が死という究極の旅に〝万全の態勢で〟臨めるだけの準備をさせることは、どんな物質的な問題よりも、ずっと重要なことに違いない。そのために異次元を直接探索したのは、すでに指摘したとおり、まず間違いないだろう。この探索を途切れなく続けることができていたら、いま頃は時空や物質を完全に超越していたかもしれない。しかし一万二八〇〇年前に、ヤンガードリアス彗星という致命的な天体がぶつかってきたために、先史時代の偉大な探求は中断された。

中断はしたが、中止ではなかった。私の考えが正しければ、生き残った者がいて、成功の度合いは様々ながら、失われた教えを再び広めようと試みたからだ。彼らは〝潜伏細胞《スリーパー・セル》〟を、制度やミームという形で、各地の狩猟採集文化に忍び込ませた。それらは知識を保管・伝達し、しかるべき時が来たら、公共事業や急速な農業の発展、スピリチュアルな探求といったプログラムを始動した。

失われた文明自体がどんな運命をたどったかは、推測の域を出ない。彼らの本拠地は、おそらく一〇万年以上にわたって比較的孤立した環境で発展し、氷冠より南の一つ、または複数の広大な地域を占めていただろう。西はワシントン州のチャネルド・スキャブランドから、ネブラスカ州、ワイオミング州、南北ダコタ州、そして天体衝突の被害がもっとも大きかったと思われる五大湖を経て、東はニューヨーク州北部のフィンガー湖群まで及んだと考えられる。これまで主張してきたとおり、それは航海文明で、氷河期の世界地図を作製し、大洋を越えたはるかな地まで自らの影響を拡げる能力を備えていた。だが、もし一万三〇〇〇年前の北米の大西洋岸や太平洋岸に彼らの港があったとしても、一万二八〇〇年前にヤンガードリアス期が始まった時に、急激な海面上昇で海に沈んでしまっただろう。一万一六〇〇年前にヤンガードリアス期が終わると、北米やヨーロッパに残っていた氷冠が同時に崩壊して海に落ち、海面はさらに大幅に上昇した。

不完全な過去、不確実な未来

遠い昔に高度な文明があったという神話や伝説は、人間の住むすべての大陸に、文字どおり何千も存在する。歴史が始まるずっと前の話で、非常に繁栄していたが、その黄金時代は大災害で失われ、文明も終焉を迎えたという。そうした神話・伝説の多く（たとえばアトランティスやノアの洪水）には共通点がある。人間は傲慢で残忍で地球をおろそかにしたせいで、自ら厄災を呼び寄せた、再び謙虚さを学べるように、神々によってもとの原始的な状態に戻された、という考えだ。

この、祖先が罪を犯したという感覚は、どこから来たのだろう？　遠い昔のいつか、人間が間違った方向へ進み、地球規模の天災によって粛正されたという考えは、どこから生まれたのか？

狩猟採集民が多くの時間を費やして考えることとは思えない。だが高度なテクノロジーをもつ人々なら、とりわけ物質を変性させる術をマスターしていたなら、傲慢になったり増長したりする可能性はずっと高かっただろう。彼らの文明が大災害で滅亡した時、生き残った者たちが自らの歴史を振り返り、おのれを責めたことは十分考えられる。

ひょっとすると、そんな気持ちになっても無理がないほど不遜な行為があったのかもしれない。

自己中心的な物質主義に流れたのか？

人身御供《ひとみごくう》が始まったのか？

魂の存在を否定する新興宗教が現れて、布教を推し進めたのか？

狩猟採集民の部族を奴隷にして搾取したのか？

特定の狩猟採集民の集団、たとえばクローヴィス人の集団を武装させ、ほかの集団より優位に立てるようにしたのか？

強大だった文明が完全に破壊され、生き残った人々が罪悪感を抱いて狩猟採集民のもとに身を寄せた理由は、いくらでも考えられる。

関係のありそうな伝承が、オジブワ族に残っている。それによれば、遠い昔に彗星が「大地を燃えあがらせ」、また戻ってくる運命だという。

長く幅広い尾をもつ星が、いつかまた降りてきて、世界を破壊するだろう。「長い尾の天に昇る星」という名の彗星だ。以前にも一度、来たことがある。何千年も前のことだ。まるで太陽のようだった。尾に放射と灼熱があった……。

インディアンの人々は、それが起こる前からここにいて、大地に住んでいた。しかし大地の自然はおかしくなり、大勢の人が霊的な道を捨て去った。聖なる霊は、彗星が来るよりずっと前に、彼らに警告した。まじない師たちは皆に、備えよと告げた……彗星はすべてを焼き尽くした。何一つ残らなかった……。

予言によれば、この彗星は再び大地を破壊するという。しかし、それは復活でもある。この島（亀の島）にとって、最高の恵みとなるだろう。いまの人々は、精霊の導きに耳を傾けない。あの彗星がまた降りてくる時は、太陽や月や星々に兆《きざ》しが現れるだろう[19]。

二一世紀の私たちの科学技術は、たとえば軍事費を削って必要な資源を確保する気になれば、小惑星や彗星のデブリを除去できるレベルに近づいている。宇宙空間の掃除は、不可能な話ではないのだ。そうすれば、未来の世代が天体衝突によって存亡の危機に立たされることもない。だが、私たちの科学技術では**どうにもならない**こともある。大規模な衝突が起こったら、その**後**で地球と地球環境を元どおりにすることはできない。カーディフ大学宇宙生物学教授の天文学者ウィリアム・ネイピアは、彗星や小惑星の世界的権威だが、天体衝突による地球規模の大災害は、私たちの対応能力をはるかに上回るだろうという。

小規模な衝突でも、文明を終わらせるだけの潜在的な威力がある。巨大衝突なら、人類を不可逆的な衰退に追い込むかもしれない。過去や現在の他の霊長類と同じように……。地球上で唯一、宇宙を理解することのできる種の進化には、三〇億年以上の歳月を要した。もし私たちがいなくなったら、知的な生物が再び進化するとはかぎらない。私たちの銀河に、ほかにも知性を備えた種が存在するかどうかも分からない。もし私たちしかいないなら、そしてなんらかの厄災で私たちがいなくなったら、私たちの銀河は以前の愚かな状態に逆戻りして、そこから二度と抜け出せない可能性がある。その意味で、この風変わりなサルが生き延びることは、宇宙にとって絶対に必要なことだ[20]。

私たちはすでに宇宙から警告を受け取っている。ヤンガードリアス期初頭の、破局的な地球の変動という形でだ。真面目な研究者で、そうした地球変動が実際に起きたことに異議を唱える者はいない。そして二〇〇七年以来、ヤンガードリアス衝突仮説は、実際に起きたあらゆる事象について、もっとも広く受け入れられる説明としての地位を確立している。しかし当初は、この説を推す地球科学者たちも、いえることはかぎられていた。証拠はなんらかの天体衝突があったことを示しており、分裂する彗星の破片群だった可能性が高い、としかいえなかったのだ。

だが二〇一〇年に『王立天文学会月報』に掲載された論文で、ウィリアム・ネイピアが具体的な詳細を付け加えたことで、彗星が関係していたという結論に重みが増した。彼の計算によると、いまから二万年前から三万年前、おそらく直径一〇〇キロメートル級の巨大彗星が内太陽系の地球と交差する軌道に入り込んだ。この彗星は、その後何回も分裂し、牡牛座流星群を生み出した[21]。これは彗星としてはごく普通の経過だ[22]。ネイピア教授の主張では、この巨大彗星の分裂した破片が約一万二八〇〇年前に地球と交差したと考えれば、ヤンガードリアス大変動の原因は天体衝突だという仮定の「十分な説明になる」[23]。

私の主張は、この時に人類が受けた被害のせいで、卓越した文明が記録から消え去り、私たちはその後、記憶喪失になったままでいる、というものだ。そして、そんな中で、一握りの天文学者が切迫した警告を発しているにもかかわらず、注意が払われていないことがある。**その母彗星は現在も分裂を続けており、破片の大半は軌道上の牡牛座流星帯に残っている**という事実だ。しかもそこには、再び文明を滅ぼしかねない複数の巨大な破片も含まれているという。実際ネイピアは、第25章で見たとおり、この「独特の複合的なデブリ群」は「現在、地球と衝突する恐れのあるもっとも危険な天体」であると結論づけた[24]。

二〇一七年九月に、牡牛座流星帯についての重要な論文が『アストロノミー・アンド・アストロフィジックス（天文学と天文物理学）』誌に掲載され、ネイピアの警告を強く裏づけた。欧州ファイアーボール・ネットワークが捉えた映像に基づく研究結果で、タイトルはそのものずばり「牡牛座流星帯に新たな支流を発見　潜在的に危険な天体の真の供給源」[25]。

新しく発見された支流は牡牛座流星帯の南群の一部で、一〇月下旬から一一月前半にかけて地球と遭遇する。これは、人類とヤンガードリアス彗星の関係は終わっていないという多くのしるしの一つに過ぎない。それどころか、現在行なわれている牡牛座流星帯の詳細な観測や研究はすべて、私たちはまもなく危険が増大する時期に突入することを示している。もしかすると、すでに突入しているかもしれない。私たちの前途には、たぶんまだ何十年か先ではあるが、流星帯の中でも特に高密度で不安定なフィラメント（筋状のまとまり）が横たわっている。これは母彗星の〝暗い〟破片を含んでいると考えられる。そのうち一つは世界を破滅させられるほどの大きさで、直径が三〇キロメートルにおよぶ可能性がある[26]。

変化を起こすべき時？

本書は、私のこれまでの著作の多くにルーツをもつ。特に古代メキシコ、南米の古代アンデス文明、古代エジプトに関する書籍だ。しかし『人類前史』の構想が、初めて確固たる意図を伴って明確な形を取ったのは、二〇一六年一二月にノースダコタ州へ行き、オチェティ・サコウィンという抗議行動キャンプを訪問した時だった。スー族の居留地スタンディングロックの北側境界線からすぐの場所だ。

読者も聞き覚えがあるかもしれない。二〇一六年七月から、スー族をはじめとするアメリカ先住民の諸部族に先住民以外の人々も加わった〝虹の連合〟が、オチェティ・サコウィンに集結した。スタンディングロックから北へ一キロメートル弱の、オアヘ湖やミズーリ川の下を通る原油パイプライン敷設を阻止するためだ。パイプラインは伝統的な聖地を侵害するだけでなく、万一原油が流出すれば、居留地の水源を汚染する恐れがある。

武装した治安警察による弾圧にもかかわらず、〝水の守り手〟として知られるようになった人々は、極めて積極的かつ情熱的に抗議活動を行なった。しかしダコタ・アクセス・パイプライン（DAPL）の建設中止という目的を達成することはできなかった。二〇一七年二月七日に公式に地役権（土地利用の権利）が承認され[27]、DAPL完成に向けて工事が始まった。二〇一七年六月一日には最初の原油が流れた[28]。ところが流出事件が発生したため、スー族が法的な異議申し立てを行ない、また事態が紛糾した[29]。二〇一七年一二月、パイプラインの運営者に対して、流出の再発を防ぐために暫定的な制限が課された[30]。だがこの文章を書いている二〇一八年七月の時点で、原油はパイプラインを流れ続けている。どうやら、またも商業上の利益が、アメリカ先住民の利益や懸念より優先されたらしい[31]。

スタンディングロックの抗議行動の中心には、私たちは早急に行動を改めるべき時代に生きているという認識がある。もっと地球に対して謙虚になり、地球を搾取するのをやめなくてはいけない、いにしえの人々から伝えられ、最初のアメリカ人たちが守ってきたスピリチュアルなメッセージをしっかり受け止めていかねば、という考えが広まっているのだ。
そうしたメッセージは、私が本書のためのリサーチの過程で学んだこととも深く共鳴する。「これは、みんなにかかわることだ」。スタンディングロック・スー族のコディ・トゥーベアーズはそう言って、オチェティ・サコウィンの抗議行動の、より大きな目的を説明してくれた。

いまは非常に重要な時だ。なぜ人々がこの歴史を知る必要があるのか。なぜなら一つには、歴史の本は決して正確な物語を教えてくれない……なぜかという理由を教えない。私は大勢の長老やスピリチュアルな指導者たちと話す。われわれは、自分たちの儀式を秘密にしておかねばならなかった。自分たちの物語も長い年月の間、秘密にして守らねばならなかった。政府がわれわれの持っているものや、われわれがどんな民族であるかを恐れていたからだ。法律がそれをあなたに教えるだろう。今日ですら、モンタナには、先住民が三人一緒にいたら射殺していいという法律が存在する。まだ法律書から削除されていないはずだ。モンタナ州では、いまだに合法なのだ！　彼らは先住民が集まるのを見たくないので、この法律を作った。なんらかの理由でわれわれを恐れているからだ。

だが彼らは知らない。われわれの儀式や生き方は、われわれとウンシ・マカ（母なる大地）を守ってくれる。われわれは、われわれを恐れる者たちのためにすら祈る。彼らを助けるために……彼らの無事を祈る。

それがわれわれの儀式の中心だ。妖術ではない……人に魔法をかけるものではない。しかし彼らは長い長い間、そう考えていた……たとえばわれわれは昔、ラコタやダコタの地でゴーストダンス（踊りの儀式）を行なっていた。だがそうすると、ワシチュ（白人の意。直訳すれば〝常に最大の分け前を取る者〟）は非常に恐れた。われわれが魔法をかけていると思ったのだ。だがわれわれは、大地と星々のバランスを保とうと努めていただけだ。そのバランスを保たねばならない。今日それを始めなければ、百年後には住む場所がなくなってしまう。

いまから一万二八〇〇〇年前、地球と星々のバランスが崩れ、それと共に、人類の物語の鍵となる一章も失われた。もし、また同じことが起こり、私たちの短い章も失われたら、私たちの何が遠い未来に残るのだろう？　私たちが強欲と慢心のせいで、無謀さと守るべき惑星への無関心のせいで、そして、憎悪が多すぎ、愛が足りなかったせいで、自ら破滅を招いたという悲しい神話だけだろうか？

[1] 最新の氷河期の時系列について手っ取り早く概要を知るには、Kim Ann Zimmerman, "Pleistocene Epoch: Facts About the Last Ice Age," *Live Science,* August 29, 2017, https://www. livescience.com/40311-pleistocene-epoch.html を参照。

[2] Thomas M. Cronin, *Principles of Climatology* (New York: Columbia University Press, 1999), 204.

[3] 一四万年前から一二万年前という範囲は大まかで、デメレ自身は（私信で）一三万年前から一一万五〇〇〇年前頃までを好んでいるが、例によって微妙な差異がある。エーミアンの年代に関する議論の詳細は、D. Dahl-Jensen et al., "Eemian Interglacial Reconstructed from a Greenland Folded Ice Core," *Nature* 493 (January 24, 2013), 四八九〜四九四ページを参照。

[4] Frederick Soddy, *The Interpretation of Radium and the Structure of the Atom* (John Murray, 1920), 182.

[5] 同右。

[6] 同右、一八二〜一八三ページ。

[7] Allen Ginsberg, *The Yage Letters: Redux* (Penguin Modern Classics Kindle Edition, 2012), xiii（W・バロウズ、A・ギンズバーグ『麻薬書簡：再現版』山形浩生訳、河出書房新社）。テレパシンという名称は後年、アヤワスカの蔓のもっとも重要な活性アルカロイドであるハルミンに限定して使われるようになった。

[8] 同右。

[9] 旅行者 Rafael Zerda Bayón による。https://www.singingtotheplants.com/2007/12/the-telepathy-meme/ を参照。

[10] Benny Shanon, *The Antipodes of the Mind: Charting the Phenomenology of the Ayahuasca Experience* (Oxford University Press, 2002), 256–257.

[11] W. Y. Evans-Wentz (ed.), *The Tibetan Book of the Dead* (Oxford University Press, 1960), xv.

[12] Ake Hultkrantz, *The North American Indian Orpheus Tradition: A Contribution to Comparative Religion* (Ethnological Museum of Sweden, Stockholm, 1957).

[13] A. H. Gayton, "The Orpheus Myth in North America," *Journal of American Folklore* 48, no. 189 (July–September 1935), 282:「この筋書きは、動機、事件、事件の連続といった用語を広い意味で捉えると、驚くほどの不変性を維持している。非常に広く分布し……文化形態と一体化している」。

[14] Hultkrantz, *The North American Indian Orpheus Tradition.*

[15] 同右、二〇一ページに引用。

[16] Robert A. F. Thurman (trans.), *The Tibetan Book of the Dead* (Thorsons/HarperCollins, 1995), 80.（ロバート・A・F・サーマン『現代人のための「チベット死者の書」』鷲尾翠訳、朝日新聞社）

[17] 同右。

[18] 同右、たとえば chapter 2: "The Tibetan Science of Death."

[19] Thor Conway, "The Conjurer's Lodge: Celestial Narratives from Algonkian Shamans," in *Earth & Sky: Visions of the Cosmos in Native American Folklore,* Ray A. Williamson and Claire R. Farrer (eds.) (University of New Mexico Press, 1992), 243 and 246.

[20] W. M. Napier, "Comets, Catastrophes and Earth's History," *Journal of Cosmology* 2 (2009), 344–355.

[21] W. M. Napier, "Palaeolithic Extinctions and the Taurid Complex," *Monthly Notices of the Royal Astronomical Society* 405 (March 2010), 1901–1902（大きさ）および一九〇（内太陽系への侵入）。

[22] 同右、一九〇二、一九〇六ページ。彗星の分裂は一九九四年のシューメーカー・レビー第九彗星で目撃された。この彗星は21の破片に分裂し、そのすべてが別個に木星に衝突した。

[23] 同右、一九〇一ページ。

[24] Victor Clube and Bill Napier, *The Cosmic Winter* (Wiley, 1990), 153.

[25] P. Spurný et al., "Discovery of a New Branch of the Taurid Meteoroid Stream as a Real Source of Potentially Hazardous Bodies," *Astronomy and Astrophysics 605* (September 2017).

[26] ベルガモ大学のエミリオ・スペディカート教授によれば、「この破片の観測につながる可能性のある暫定的な軌道パラメーターが推計された。予想では、近い将来（二〇三〇年頃）、地球は再び円環面の破片を含む部分と交差する。この邂逅は過去に、人類に劇的な影響を及ぼした」。G. Hancock, *Magicians of the Gods: The Forgotten Wisdom of Earth's Lost Civilization* (2015), 第19章（グラハム・ハンコック『神々の魔術』大地舜訳、ＫＡＤＯＫＡＷＡ）および Emilio Spedicato, *Apollo Objects, Atlantis and Other Tales* (Università degli studi di Bergamo, 1997), 一二～一三ページを参照。

[27] Paul D. Kramer, Deputy Assistant Secretary of the Army to The Honourable Raul Grijalva, "Dakota Access Pipeline Notification," (February 7, 2017).　以下で閲覧できる。https://www.document cloud.org/

documents/3456295-Dakota-Access-Pipeline-Notification-Grijalva.html.

[28] ICT Staff, "Oil Flowing Through DAPL," (Indian Country Today, June 1, 2017),https://indiancountrymedianetwork.com/news/environment/oil-flowing-dakota-access-dapl/.

[29] Sam Levin, "Dakota Access Pipeline Has First Leak Before It's Fully Operational," (*Guardian*, May 10, 2017), https://www.theguardian.com/us-news/2017/may/10/dakota-access-pipeline-first- oil-leak.

[30] "Order Reconditions"（Civil Action No. 16-1534（JEB）（and Consolidated Case Nos. 16-1769 and 16-267））を参照。 EarthJustice https://earthjustice.org/sites/default/files/files/ Order-re-conditions.pdf で閲覧できる。 EarthJustice, "Citing Recent Keystone Spill, Federal Court Orders Additional Measures to Reduce Spill Risks From Dakota Access Pipeline" (December 4, 2017), https://earthjustice.org/news/press/2017/citing-recent-keystone-spill-federal-court-orders-additional-measures-to-reduce-spill-risks-from-dakota-accessおよび EarthJustice, "The Standing Rock Sioux Tribe's Litigation on the Dakota Access Pipeline, 'Updates and Frequently Asked Questions,'" https://earthjustice.org/features/faq-standing-rock-litigation も参照。

[31] Associated Press, "Standing Rock Activist Accused of Firing at Police Gets Nearly Five Years in Prison" (*Guardian*, July 12, 2018).

付録3

最初は森林があった。次に森林はなくなった。次に…

氷河期のアマゾンは、どんな場所だったのか？　どんな気候だったのか？　どのような環境や植生で、どんな樹木が生えていたのか？

現存する世界最大の多雨林は、地球全体の生態系にとって極めて重要だ。だから私は、こうしたことはよく研究されて、専門家の間ではとっくにコンセンサスができているものと思っていた。研究についてはそのとおりだったが、コンセンサスについては違った。というのも、合意が常に揺れ動いているため、結局のところ、まったく合意がないのと同じことだからだ。

私の理解によれば、議論は大筋で次のように推移した。

（一）　一九九〇年代初頭までの科学界の合意によれば、氷河期のアマゾンはおおむね乾燥していた。サバンナやまばらな植生のところどころに多雨林の〝退避地《レフュジア》〟

があるだけだった。

（二）一九九〇年代中盤から二一世紀初頭にかけて、この見方は非難を浴び、その論争の中から新たな合意が形成された。それは、アマゾンは〝ずっと（少なくとも数百万年前から）〟現在のような多雨林だった、というものだ。

（三）そして、ここ一〇年ほどで、合意はまた変化した。いまでは、氷河期のアマゾンの大部分はサバンナだったとされる。現在私たちが目にする多雨林ができたのは、せいぜい七〇〇〇年か八〇〇〇年前で、ほんの二〇〇〇年前に形成された場所もあるという。

いい勉強になるので、こうした合意の変化がどのような風味や性質のものだったか、ここでいくつか味見をしてみよう。まずは二〇〇〇年一月の『クオタナリー・サイエンス・レビュー』誌に掲載された、P・A・コリンヴォー、P・E・デ・オリベイラ、M・B・ブッシュの論文だ。この論文は、乾燥したサバンナのところどころに多雨林の退避地があったという、一九九〇年代以前のパラダイムを否定した。

氷河期のアマゾンの低地は森林だったというのがわれわれの結論だ。乾燥したサバンナだったという説は誤りだ[1]。

数ヶ月後、オックスフォード大学のキャサリン・ウィリスとロバート・ウィテカーも、同様の結論を『サイエンス』誌で発表した。

氷河期において、低地の多雨林が広範囲でサバンナに取って代わられたことはない。常に森林が優勢だったことを、証拠がはっきり示している[2]。

翌二〇〇一年に『パレオジオグラフィー、パレオクリマトロジー、パレオエコロジー（古地理学、古気候学、古生態学）』誌に掲載された論文は、次のように結論づけた。

更新世後期のアマゾンの低地全体は、過去三〇年間の生物地理学界の合意とは異なり、氷期サイクルの全段階を通じて、林冠の閉じた（上層部の枝葉が密生した）森林に覆われていた[3]。

二〇〇三年の『ジオロジー』誌に掲載された論文も、この意見を補強する。

多雨林という現在の植生は七万年前から、アマゾン川流域の恒久的かつ支配的な特徴だった。以前は、広いサバンナが、氷河期のアマゾンで乾燥化が進んだしるしだとされたが、そのようなサバンナが形成された証拠は見つからなかった[4]。

さらに、二〇〇四年一一月の『パレオジオグラフィー、パレオクリマトロジー、パレオエコロジー』に発表された論文は、ブラジル・アマゾン北西部にある「六湖の丘」の調査に基づいて、次のように結論づけた。

データが示すのは、最終氷期を通じてずっと、中湿性の森林が継続的に存在したことだ……低温期の間も、花粉がよく保存されており、森林が途切れなく存在したことを明白に示している[5]。

だが、ここで一気に二〇一三年へ跳ぶと風向きが変わる。この年、六湖の丘の研究の続報が『クオタナリー・サイエンス・レビュー』に掲載された。この論文は、「六湖が誤って、アマゾン流域の多雨林の永続性を象徴する場所とされた」[6]のは遺憾であると述べ、次の理由を挙げた。

すべてのプロキシは、現在の植生は完新世の中・後期までさかのぼれることを示していると考えられる。いまから約六〇〇〇年前だ[7]。

さらに一年後の二〇一四年七月の『米国科学アカデミー紀要』に発表された研究は、アマゾンの一部が現在のように森林に覆われたのは、せいぜい二〇〇〇年前だとしている。これはアマゾニア南部に注目した研究だ。

気候の変化によって、約二〇〇〇年前からこの地域全体で森林が拡大したが、住民は集落周辺の自然に開けたサバンナを維持し、活用した[8]。

最後は二〇一七年一〇月一日の『クオタナリー・サイエンス・レビュー』の論文だ。著者はディアナ・フォンテス教授とレナト・コルデイロ教授で、タイトルは「ブラジルのアマゾニア南部における、過去三万五〇〇〇年間の古環境の動態：サシ湖の花粉および地球化学的記録からの推察」。「多雨林は、この地域にずっと存在した」と述べつつも、時期によって「拡大や後退があった」と結論づけている[9]。

合意の変遷を反映した論文は、ほかにも多数ある。だが私の言いたいことを、もう読者はお察しだと思う。権威ある一流科学者たちの意見ですら、一〇年や二〇年でこれほど違いが生じ、定説が急に覆るのだ。いまのアマゾンの多雨林は八〇〇〇歳より若く、場所によっては二〇〇〇歳より若いというのが現在の定説だが、これもどの程度確実で価値があるのか、分かったものではない。

文献を見返していたら、フォンテスとコルデイロの結論が、このテーマについて合意が難しい理由の説明になるかも、という気がしてきた。彼らが調べた地域には常に多雨林が存在したが、時期によって拡大・縮小したというくだりだ。何しろアマゾン川流域は、七〇〇万平方キロメートルを超える広大で多様な地域で、現在はそのうち約五五〇万平方キロメートルが多雨林に覆われている[10]。

この数字の意味を理解しやすいように、他の地域と比較してみよう。インド全土は二九七万平方キロメートルで、アマゾン川流域の半分以下だ。しかしオーストラリアは七六八万平方キロメートルで、アマゾン川流域より広い。中国（九三八万平方キロメートル）、カナダ（九〇九万平方キロメートル）、米国（九一五万平方キロメートル）、ヨーロッパ（一〇一八万平方キロメートル）もアマゾンより広い[11]。

要するに、アマゾンが私たちに突きつけているのは、実に巨大な陸塊なのだ。世界屈指の大きな国や地域に近いスケールで、南北にも東西にも数千キロメートル広がっている。これほど広い地域が長い歳月を通じて、どこでも気候や環境が同じだったと考えるのは非現実的だ。場所や時代によって、かなりのばらつきがあったに決まっている。だから、特定の事例から喜々として一般的な結論を導き出すのは危険なことだ。

そこで二〇一八年三月一二日に、レナト・コルデイロに連絡を取り、合意の変遷全般についてと、そこからどのような結論を引き出せばいいのか質問した。「氷河期のアマゾンについて、専門家の意見があまりに食い違っているので、正直言って混乱しています」と私は彼に伝えた。「読者のために事実を整理したいのです。事実は現在、どのように理解されているのでしょうか。なんらかの合意はできていますか？」[12]

コルデイロ教授は、ブラジルのフルミネンセ連邦大学でジオエコノミクス（地経学）を教えている。彼はかなり専門的な回答をくれた。全文はこの付録3末尾の注で紹介するが、内容は二〇一七年の彼の論文とほぼ同じだった。アマゾン川流域には常に多雨林があり、川沿いの拠水《きょすい》林《りん》〔湿原や草原を流れる川に沿って、その両岸に帯状に続く林〕は、乾燥した時代にも「比較的よく保たれていた」。ただし川沿い以外を覆っていた樹木は、時代によって大幅に増減したという[13]。

私が単純な疑問だと思っていた事柄について、このコルデイロ教授の返信がもっとも答えに近いものだった。氷河期のアマゾンの気候、環境、植生、樹木の特徴を知りたかったのだが、学者の間でも意見が分かれ、様々な説があるのだ。おそらく、主としてアマゾンの広大さと、複雑で常に変化を続け、しばしば矛盾するデータのせいだろう。

実際、関係する科学者全員が完全に合意している事柄は、私が見つけた範囲では一つしかない。それは、氷河期のアマゾンは現在よりかなり涼しかったことだ。気温が今より摂氏五、六度低かったらしい[14]。現代のアマゾン多雨林の年間平均気温は二六・六度だ。五度低ければ二一・六度で、移住希望者にとっては嬉しいおまけだったろう。

というわけで……森林か？　サバンナか？　両方が混ざっていたのか？　古代アマゾンに関する多くの事柄と同じく、明確な答えはなさそうだ。

[1] P. A. Colinvaux et al., "Amazonian and Neotropical Plant Communities on Glacial Time-Scales: The Failure of the Aridity and Refuge Hypotheses," *Quaternary Science Reviews* 19 (January 2000), 141.

[2] Katherine J. Willis and Robert J. Whittaker, "The Refugial Debate," *Science* (February 25, 2000), 1406–1407.

[3] P. A. Colinvaux and P. E. de Oliveira, "Amazon Plant Diversity and Climate Through the Cenozoic," *Palaeogeography, Palaeoclimatology, Palaeoecology* 166 (February 2001), 57, 60.

[4] Thomas P. Kastner and Miguel A. Goni, "Constancy in the Vegetation of the Amazon Basin During the Late Pleistocene: Evidence from the Organic Matter Composition of Amazon Deep Sea Fan Sediments," *Geology* (April 2003), 291.

[5] M. B. Bush et al., "Amazonian Paleoecological Histories: One Hill, Three Watersheds," *Palaeogeography, Palaeoclimatology, Palaeoecology* 214 (November 25, 2004), 359.

[6] Carlos D'Apolito et al., "The Hill of Six Lakes Revisited: New Data and Re-Evaluation of a Key Pleistocene Amazon Site," *Quaternary Science Reviews* 76 (September 2013), 153–154.

[7] 同右。

[8] John Francis Carson et al., "Environmental Impact of Geometric Earthwork Construction in Pre-Columbian Amazonia," *Proceedings of the National Academy of Sciences* 22 (July 2014), 10497.

[9] D. Fontes, R. C. Cordeiro, et al. "Paleoenvironmental Dynamics in South Amazonia, Brazil, During the Last 35,000 Years Inferred from Pollen and Geochemical Records of Lago do Saci," *Quaternary Science Reviews* 173 (October 1, 2017), 177.

[10] M. Goulding, R. B. Barthem, and R. Duenas, *The Smithsonian Atlas of the Amazon* (Smithsonian Books, 2003), 19.「南米の多雨林の約八五％は……アマゾン川流域で見つかる」

[11] 数値はすべてWorld Bank, "Land Area (sq. km.)," https://data.worldbank.org/indicator/ag.lnd.totl.k2?name_desc=false による。ただしヨーロッパについてはS. Adams, A. Ganeri, and A. Kay, *Geography of the World: The Essential Family Guide to Geography and Culture* (DK, 2006), 七八ページから取った。

[12] グラハム・ハンコックからレナト・コルデイロ教授へのメール、二〇一八年三月一二日。

[13] コルデイロ教授からの親切な返信（二〇一八年三月一四日のメール）。いくつか専門用語が含まれているので先に解説し、その後にメールの主な部分を引用する。

● **第四紀** いまの私たちの時代。約二五〇万年前～現在。

● **土壌特性** 水分量、酸性度、通気性、養分などの要素が果たす役割。つまり気候ではなく土自体に含まれる要因のこと。

● **カンピナラナ** ブラジル・アマゾンの新熱帯生態地域。

● **カーチンガ** これもブラジル・アマゾンの生態地域（エコリージョン）の一つ。砂漠性の植生が特徴。

● **ポリニック**（**花粉性**）花粉に関連した、花粉を含む、あるいは花粉由来の意。

「第四紀の植生変動を理解するためには、現在の植生分布を理解する必要がある。基本的に、アマゾンには常緑樹林、落葉樹林、樹木サバンナ、低木サバンナ、開放サバンナ、草原がある。地域によって植生は、リオネグロのカンピナラナやカーチンガのように、土壌特性に影響される。こうした場所では広大な面積が低養分、低保水力のケイ砂で覆われており、大量のバイオマスを備えた植生の出現は限られる。川沿いには拠水林がある。これは乾燥気候の期間も比較的よく保たれていただろう。バルゼア林（氾濫原林）はいまも、洪水頻発地域や浸水林沿いに分布する。浸水林（現地ではイガポーと呼ばれる）は水深6メートルまでの河床の中に形成される。このように植生がモザイク状に分布しているため、花粉の量が変動する。したがって、堆積環境（サシ湖やラ・ガイバ湖などリオス水路近辺の湖、カラジャス湖群やパタ湖など河川系から遠い湖、海洋堆積物）の機能である堆積記録も様々で、その解釈は複雑だ。例を挙げると、海洋記録のポリニック（花粉性）シグナルは、比較的乾燥していた時代に保たれていたであろう拠水林や氾濫原林による影響が大きい。サシ湖は比較的サンベネジットII川に近いので、おそらく川の影響が及ばない場所よりも、高バイオマスの植生があった。このように堆積環境によって異なる植生で異なるタイプの花粉が発生したという複雑さのために、この地域の植生の様相を正確に表現していない解釈も多い」

〔14〕 たとえば M. B. Bush et al., "Paleotemperature Estimates for the Lowland Americas between 30 Degrees South and 30 Degrees North at the Last Glacial Maximum," chapter 17 in *Interhemispheric Climate Linkages*, ed. Vera Markgraf (Academic Press, 2001), 三〇三ページを参照。Bush et al., "Amazonian Paleoecological Histories," 三六〇ページも参照。

付録4

星々の訪問 スキディ・ポーニーの奇妙な事例

先史時代の地球には、高度な世界文明が存在していた。その文明は、氷河期の最後の数千年間に繁栄し、世界中を探検した。本書の中心となるテーマは、氷河期が終わった後にナイル川やミシシッピ川流域に住み着いた人々が、その文明から知識や思想、信仰という遺産を受け継いでいた、というものだ。

ポーニー族の一支族であるスキディ族は、バッファローを狩り、植物を育てながら半定住生活を送っていた先住民だ。ミシシッピ川流域ではなく北米のグレートプレーンズ（大平原）に住んでいた。彼らはマウンドを造らず、宗教思想は多くの面で、ワトソン・ブレークやポバティ・ポイント、カホキア、ハイバンクを建造した人々とは大きく異なる。にもかかわらず、第23章で触れたとおり、

●スキディ族のシャーマン＝族長は天文学の専門家で、星の模様のマントを着用した。古代エジプトのヘリオポリスの信仰中心地の大祭司たちは「天文学者の長」の称号をもち、やはり星の模様のマントを着用した。

●スキディ族にとって、斑点のあるネコ科動物の毛皮は「空と星々を表していた」。小さな斑点のある豹の毛皮は、古代エジプト人にとって、まったく同じ意味をもっていた。

これだけを考えるなら、示唆的であるというに過ぎない。だが、こうした類似点が、第5部と第6部で検討した、古代エジプトと古代ミシシッピを結びつけるパターンの一部という可能性はないだろうか？　そのパターンに含まれる事象はほかにも多数ある。

上のごとく下にも

ロバート・ボーヴァルは一九九四年の著書『オリオン・ミステリー：大ピラミッドと星信仰の謎』で、オリオン座とギザの三大ピラミッドの関係を指摘した。第四王朝（紀元前二五〇〇年頃）にクフ王、カフラー王、メンカウラー王によって造られたとされるピラミッドだ。『オリオン・ミステリー』の出版以来、エジプト学者たちは、天上のオリオンの「ベルト」の三つ星（アルニタク、アルニラム、ミンタカ）の配置と地上の三大ピラミッドの配置がそっくりであることを無視できなくなった。

しかし、あまり知られていないが、ボーヴァルはもう一つ別の発見をしている。天と地のつながりはオリオン座だけでなく、隣の牡牛座《おうしざ》にも及んでいることだ。牡牛の頭部でもっとも目立つ二つの星、アルデバランとイプシロン・タウリを地上で表現しているのは、ダハシュールにある双子のピラミッドだ。二つとも、第四王朝の始祖スネフェルが建造したとされている。

ふたつとも昇ったあとで見ると、この二星の配置や天の川の軸に対する位置関係は、ダハシュールの二基のピラミッドの配置およびナイル川の軸に対する位置関係とまったく同じであった[1]。

（『オリオン・ミステリー』日本放送出版協会、近藤隆文訳）

オリオン座のベルトと牡牛座の位置関係は一目瞭然なので、ボーヴァルが提示している大量の証拠について、ここで詳しく述べるまでもない[2]。地上の建造物は、天の特定の星々の位置を正確に写している。そうした建造物を造ることは、紀元前第三千年紀の古代エジプト人にとって、信仰の根幹にかかわる義務だったのだろう。

スキディ・ポーニー族もまったく同じ義務を負い、一九世紀後半〜二〇世紀前半、つまり、つ

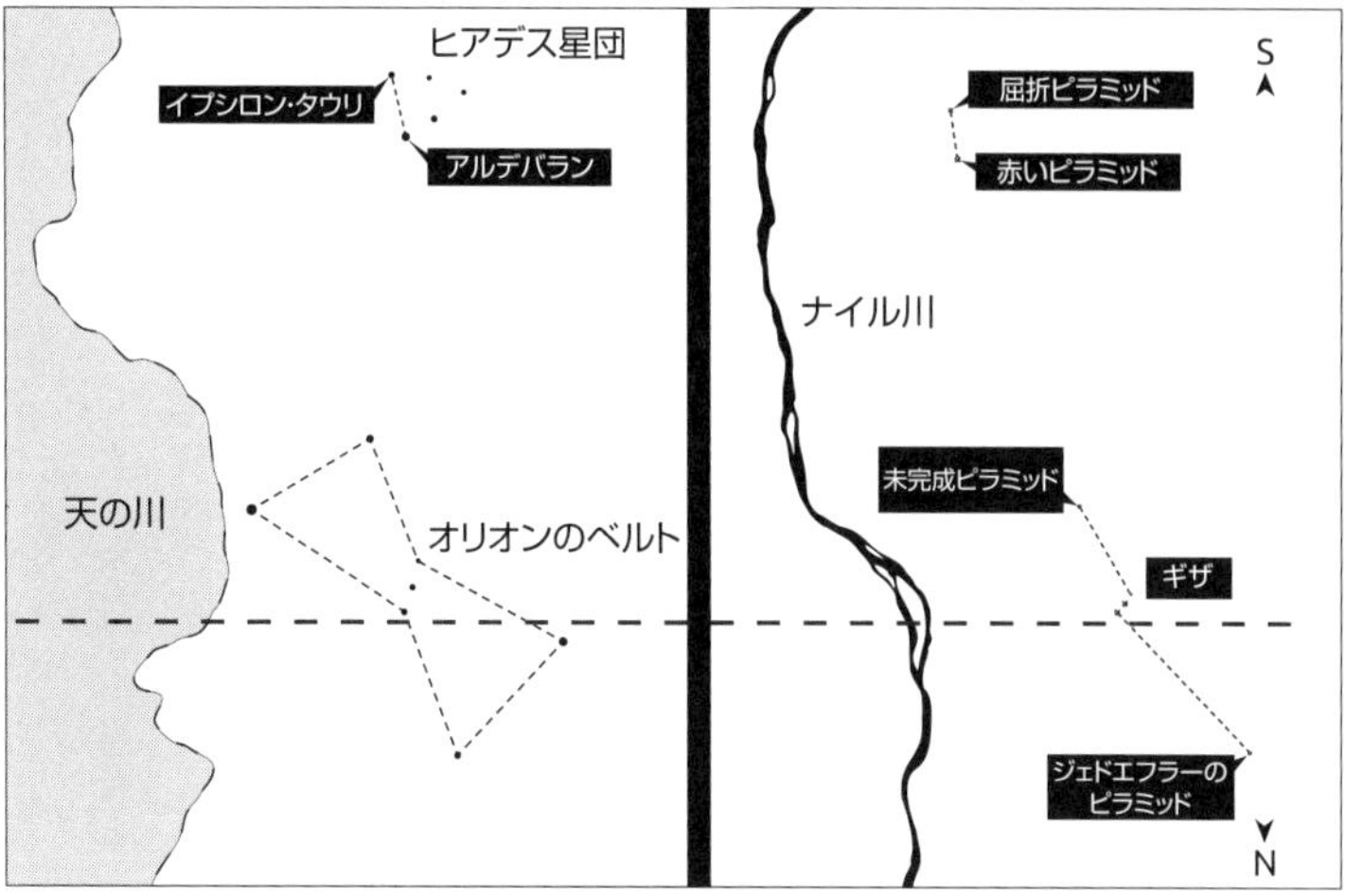

上のごとく下にも。古代エジプトの天と地の呼応。
ロバート・ボーヴァル、グラハム・ハンコック著『創世の守護神』229ページより。

い最近まで実践していた。これは偶然だろうか？　それとも、より大きな構図の一部なのだろうか？

ハーバード大学ピーボディ博物館の才能豊かな民俗学者アリス・C・フレッチャー（一八三八〜一九二三年）は一八七〇年代から、いくつかのアメリカ先住民の部族を対象に現地調査を行なっていた。その中にスキディ族も含まれていた。一九〇二年に『アメリカン・アンスロポロジスト（アメリカ人類学会）』誌に掲載された「ポーニー族の星信仰」というタイトルの論文[3]で、フレッチャーは次のように書いている。

> ポーニー族の言語はカド語族に属している。初めて白人と遭遇した時、彼らは現在のネブラスカ州、

プラット川のそばに住んでいたが、いまから三〇年ほど前（一八七四年[4]）にその場所を追われ、現在の居住地であるオクラホマ州北東部に移動させられた。

本報告書は予備的なものであり、それ以前や以後のポーニー族の移住については言及しない。ポーニー族には様々な分派があるが、これについても、現在は四つのバンド（支族）があると述べるにとどめる。これらのバンドはかつて村をつくる際、常に村同士が特定の位置関係になるよう配置した……。

スキディのバンドは数ヶ所の村に分かれていた。村はそれぞれ神聖な象徴的アイテムを所有し、包み（バンドル）か祭壇に入れて保管していた。**祭壇にはそれぞれ独自の祭事や儀式があった。神聖な象徴的アイテムや、それらを祭事に使うことや、儀式の詠唱や歌は、各村がそれぞれ異なる星から与えられたものと信じられていた。祭壇には星の名前がつけられ、その祭壇の名前が村の名前になった……。**

五つの村が中心的なグループを形成していた。この五村の位置は、彼らに祭壇や祭事を与えた星々の位置によって決められた。

この中心的グループの周辺に、スキディ・バンドに属する他の村々があった。村の位置はそれぞれ、自村の祭壇の星に対応し、**地上のスキディの村々が、天にある彼らの星々の写し絵となっていた**[5]。

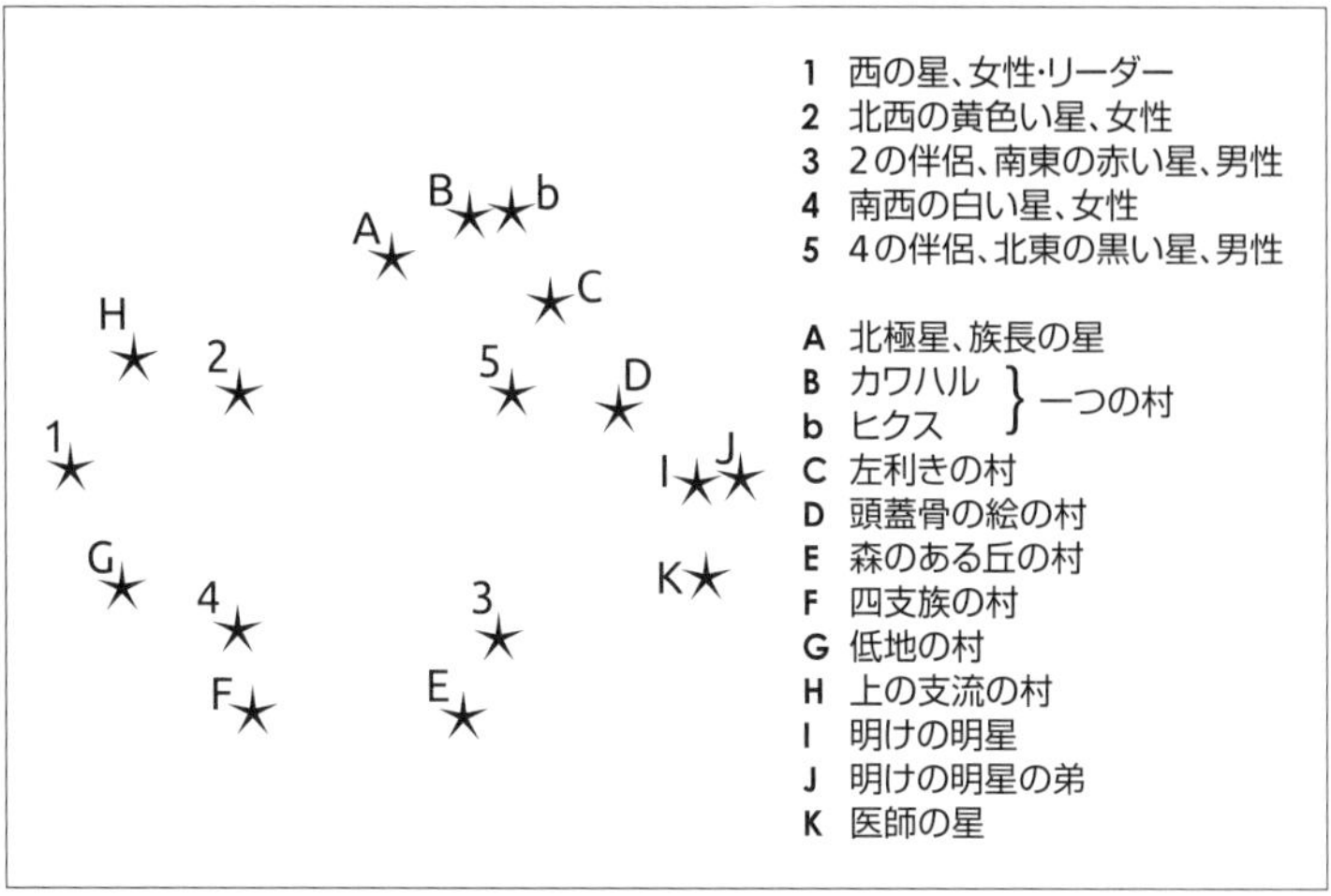

星々とスキディ・ポーニー族の村の位置関係。ヴォン・デル・チェンバレン著『星々が地上に降りてきた時(原題))』125ページを参考にした。スミソニアン協会国立人類学アーカイヴ所蔵のアリス・フレッチャーのメモより。

一九〇四年、シカゴ大学フィールド博物館の館長で人類学教授のジョージ・A・ドーシーが、フレッチャーの発見を裏づけた。

スキディの村々は特定の目的、たとえば大きな祭事のためには団結した。その際の村々の配置は、宇宙での関係に基づいていた。神々である星々、つまりバンドル（包み）を与えてくれた者たちが、天で維持している関係だ。したがって、村々のこの配置は、天で正しい関係にある星々を地上に再現したものといっていいかもしれない。というわけで、スキディの宗教のこの発展段階は、非常に高度な星信仰を形成している。それはおそらく、アメリカのほかのどの部族よりも正確に、論理的帰結に至るまで遂行された[6]。

アメリカのほかのどの部族より……確かにそうかもしれない。

しかし北米から何千キロメートルも離れたエジプトでは、スキディが初めて歴史に登場する何千年も前に、星信仰が盛んだった。そして、やはりスキディと同じく、建造物の配置によって「天で正しい関係にある星々」を地上に再現することが、信者の務めとされた。これは控えめにいっても考えさせられる事実だ。

もちろん異なる点もある。すでに見てきたとおり、古代エジプトでは建造物は聖なるピラミッドだったが、ポーニー族では村だった。しかし、注意深く見てみると、ポーニー族の場合、フレッチャーの言う「包み（バンドル）か祭壇に入れて保管」されていた「神聖な象徴的アイテム」、ドーシーのいう神々から授けられた「バンドル」が先にあり、村々の位置は、それらの位置で決まった。

これらのバンドルはそれぞれが……特定の神々、天の星々に……捧げられていた。
バンドルは、彼らにバンドルを授けた天の神々と同じ位置関係に配置しなくてはならなかった[7]。

そこで、スキディの村では必ず、ロッジ（家屋）の一つに重要な役職者が常駐していた。それが「聖なるバンドルの保管者」だ。

バンドルはロッジの特別な場所に吊るして保管され、その間は休眠状態にあると見なされた。だが正式な祭事の際には下ろされて、神官がバンドルを開いた。この時のバンドルは生きており、覚醒状態で強い力をもつと考えられた。バンドル内のアイテムは星々の影響力を象徴しているが、この時は、その影響力が存在し活動しているのだ。こうした力は、祭事の歌や行事が行なわれるにつれて、人間や他の地上の生き物のニーズに作用した。聖なるバンドル内のアイテムは、すり切れると取り替えられた。アイテムを包む動物の皮も適時、取り替えられた[8]。

星々からの波動（インスピレーション）

部族の伝承によれば、クハリピ＝ル（包まれた暴風雨）と呼ばれる聖なるバンドルは、特定の

星からインスピレーションが放射されている図。
ツタンカーメンの第二神殿。／写真:サンサ・ファイーア

星々から下される、ビジョン（幻視）を通じた指示に従って用意された[9]。一九〇三年の時点でもまだ、そのようなビジョンを受信することがあったという。アリス・フレッチャーが『ジャーナル・オブ・アメリカン・フォークロア（アメリカ民俗学）』誌に、ポーニー族の星伝説に関する論文を発表した年だ。「それはしばしば、次のように起きる」と、彼女は記した。「ある人が夜、丘に登り、食を絶って天の力に祈る。すると祈りの最中に、特定の星が自分を見ていることを意識する。その後、その星からビジョンを受け取り、その星が彼の生活をコントロールするようになる」[10]

人間の誕生にまつわるスキディの説話も、「ビジョンの中」で、ある男の前に星が現れたと語っている。

星は彼に告げた。私がお前に聖なるバンドルを与える時が近づいている。バンドルの中にあるものはなんであれ、お前にやろう……さて、こうしたものは、天の神々から直接そうした人々に与えられたのではない。神々が地上に置いて、人々が見つけられるようにしたのだ[11]。

古代エジプト人もほぼ間違いなく、星々はビジョンを通じて指示を伝え、コントロールし、人間に知識という贈り物を与えることができると信じていた。たとえば第一八王朝のファラオ、ツタンカーメンの第二神殿には、星々から波動が放射され、入信者の脳に直接入り込む様子が描かれている。

天から落ちてきた石

思い出していただきたい。古代エジプト人もスキディ・ポーニー族も、星などの天体が重要な役目を果たす宗教を実践していた。古代エジプトの聖なる都市ヘリオポリスの大神官も、スキディ・ポーニーのシャーマン／族長も、星の模様のマントを着用した。

ヘリオポリス（これは後にギリシャ人が付けた名で、「太陽の都」を意味する）は第四王朝時代に、近くのギザのピラミッド群の信仰中心地だった。ただしヘリオポリス（古代エジプト人はアヌと呼び、ヘブライ語の旧約聖書にはオンとして登場する）自体は第四王朝よりずっと昔から、宗教活動の中心として機能していた。エジプト学者Ｅ・Ａ・ウォリス・バッジが「あまりに古くて年代を付すことができない」[12]と描写した時代に、神官たちが崇拝していた物がある。それは……、

信仰の対象物は一つの石だった。基底部が太く、上に向かって徐々に細くなり、てっぺんはとがっていた……この石は「ベン」と呼ばれ……これを表す［ヒエログリフの］限定符〔語のカテゴリーを限定して意味を明確にする文字〕は、小さなオベリスクに似ている。つまり太く短い柱の上に小さなピラミッドが乗った形だ。このベン石がなぜ神聖だったのか、どのようないきさつで神聖とされるに至ったのかは知られていない[13]。

バッジもこのことは認めつつ、謎めいたベン石の正体について、非常に大胆で面白い推測をしている。「メッカの黒石と同じく、もとは隕石だったのかもしれない」と言うのだ[14]。

イスラム教徒の義務であるハッジ（大巡礼）を行なう巡礼者は、必ずバッジのいう「黒石」に接吻《せっぷん》する。預言者ムハンマドの生地である、サウジアラビアの都市メッカにあるカアバ神殿の一角にはめ込まれた、聖なる黒い石だ。この石は事実、いくつかの隕石の破片からできており、過去のいつかの時代にセメント状のもので一つに固められた。ムハンマドが宣言したところでは、天から地上に落ちてきて、まずアダムに与えられた。エデンの園を追放されたアダムの罪を吸い

取らせるためだ。その後、天使ガブリエルからヘブライ人の父祖アブラハムに与えられ、ずっと後になってイスラム教のもっとも神聖な場所・カアバ神殿の隅《すみ》石《いし》〔建物の壁と壁の角に据えられる石。本来は補強用だが装飾としても使用される〕になった。学者たちはメッカの黒石崇拝を、イスラム教以前のベティル崇拝と結びつけてきた。ベティルとは、一部のアラブ部族が砂漠を放浪する際に、携帯用の祭壇に入れて持ち運ぶ聖なる石のことで、隕石だと信じられている。また、旧約聖書は、十戒が記された二枚の石板が契約の箱に収められたとしているが、この石板も隕石から作られたとの説がある[15]。

一九八九年に学術誌『エジプト学論考』に発表された論文で、私の友人で仕事仲間のロバート・ボーヴァルが、エジプトの聖なるベン石は隕石かもしれないというバッジの説を取り上げた。バッジ自身が指摘するとおり、ベンは二つの部分からなっている。オベリスクに似た太く短い柱と、その上に乗る「ベンベン」と呼ばれる「小さなピラミッド」だ。ベンベンとは「頂上の頂上」の意で[16]、柱の上に乗っている。ボーヴァルが一九八九年の研究で注目したのは後者、つまりピラミッド型の部分だった。

巨大な真正ピラミッドのデザインは、ベンベンを模したものというのが通説だ。ベンベンとは、ヘリオポリスの「フェニックスの館」であがめられていた円錐形の石である。「フェニックスの館」は、ヘリオポリスの太陽の大神殿の境内にあったと考えられている。だがベンベンは、太陽崇拝より前からそこであがめられていた証拠がある[17]。

ひと言でいえば、ボーヴァルの主張は、ベンベンは隕石だったばかりか、「方向性をもつ（円錐形の）鉄隕石」だったというものだ。

隕石は、飛んでくる間、同じ向きを維持することが少なくない。だから前側が溶けて、後部に向かって流れ、その結果、特に鉄隕石の場合は、ほぼ円錐形の特徴的な形になる。これらは「方向性の」隕石として知られている[18]。

このシナリオでは、火の玉となって大気圏を通過した黒い穴だらけの隕石が、何千年にもわたって崇拝の対象となったことになる。私たちが思い浮かべなくてはならないのは、フェニックスの館のずんぐりした石柱のてっぺんに据えられた、方向性の鉄隕石だ。重さはおそらく五～一五トンあっただろう[19]。有史以前のベンベン信仰は謎に包まれている。しかしボーヴァルがいっているのは、のちにギザの大ピラミッド群の着想のもとになったベンベン信仰のルーツは、隕石崇拝にあったということだ。これは古代世界では珍しいことではなかったと、ボーヴァルは指摘する。

1902年にオレゴン州で発見されたウィラメット隕石が、1906年に米自然史博物館に運ばれているところ。

北米で見つかった最大の隕石(世界では六番目)で、重さは15トンある。

方向性をもつ鉄隕石の典型で、この写真でも明らかにピラミッド型をしていることが分かる。

ヘリオポリスの聖なるベンベン石も、おそらくよく似た姿だっただろう。

写真:Lake Oswego Public Library

「天から落ちてきた」と信じられ、寺院や神殿に祀られた聖なる石の多くは、間違いなく隕石だった。たとえばエフェソス人（使徒言行録一九章三五節）はアルテミスの神殿で、「天から降ってきた御神体」を拝んでいたとされる。デルポイ（デルフィ）のアポロン神殿にも、天空神クロノスから来たと信じられ、大いにあがめられた石があった。卵形か円錐形をしていたようだ。（後に有名なオンパロスの石に取って代わられた。）この「クロノスの石」

も、隕石だった可能性が高い。紀元前七世紀のフリギア人も、円錐形の鉄隕石を崇拝していたという。エメサで崇拝された、エラガバルスとして知られる円錐形の黒い石も隕石だった[20]。

このように、隕石は古代世界で広く崇拝されていた。先に挙げたアラブやヘブライのベティル石の例も考えると、こうした隕石崇拝の中にも意図的につくられた「ミーム」（第4部を参照）の痕跡が見える気が、ますますしてくる。世界中に、時を超えて思想を運搬し、保存し、伝えるために設計されたミームだ。もちろん場所や時代が違えば、元のミームが別の形で出現することは想像できる。ミームを受け取る側の文化が置かれた状況次第だろう。だが核となる要素――この場合は「天から落ちてきた」石を重視すること――は不変だろうとも推測できる。

ここで北米に目を向けてみよう。北米では、一九世紀後半～二〇世紀前半に、民族誌学者や人類学者が先住民の聖なる遺物について報告した。また、博物館が聖遺物を購入し、中を開けて研究したおかげもあって、スキディ・ポーニー族の「星《スター》のバンドル」には非常に多くの場合、隕石や、隕石と信じられている物体が入っていることに、疑問の余地はなくなった[21]。シカゴのフィールド博物館も、そうしたバンドルを購入している。その中でも特に重要かつ有名なバンドルの一つには、「大きな黒い隕石のような星のバンドル」と、そのものずばりの名前が付いている[22]。同博物館の民俗学者ジェームズ・R・ミューリー（自身も半分ポーニー族の血をひいている）

によれば、このバンドルやほかのバンドルの一つひとつに関連した儀式では、聖なる歌が重要な役目を果たすという。

月や太陽や星についての歌もあるが、ポーニー族がとりわけ好むのは隕石についての歌だ。天から飛んでくる隕石は、ティラワハットの子どもだからだ。インディアンは隕石を見つけると取っておき、それが音をたてて火を噴きながら宇宙を飛ぶ歌を唄う……そして、その歌の中で、隕石が天を離れ、地上に飛んできて人間の物になるのを見た時の気持ちを表現する[23]。

ティラワハットとはスキディ族の最高神だ。「宇宙とその中のすべて」のイメージを喚起し、「上を見る時は、空をティラワハットと呼べ」といわれた。この神は繰り返し言及され、「一番上に座り……天頂に住まい、その霊験はそこからあらゆる方向に広がる」とされる[24]。

ポーニー族にとってティラワハット（しばしば縮めてティラワと呼ばれる）がどんな存在か、一九〇四年にジョージ・A・ドーシーが簡潔に説明している。

ポーニーの神々の中で、ティラワは最高位に君臨していた。下位の神々は、天の神々も地の神々も、そして人間も、彼の権威を認めていた。ティラワは雲の上から支配し、宇宙を創造し、配下の神々に命令を実行させることで統治した[25]。

ティラワは肉体をもたない、霊だけの存在と考えられていたようだ[26]。しかし、時には実体化して人間の姿を取る力があり、人間の姿で「宇宙全体を旅した」という[27]。スキディ族は隕石をティラワの子どもと考えていたので、隕石（および隕石と思われていた石）は、特別に神聖な権威を帯びることになった。そして、その威光は、石を包んでいるバンドルにも及んだ。

これに関連して注目すべきは、ある興味深い動物の皮だ。これ自体が、かつては隕石を包んでいたと信じられており、「大きな黒い隕石のような星のバンドル」と一緒に保管されていた[28]。約五六センチ×三八センチの楕円形に裁断された皮で[29]、現在はやはりフィールド博物館にある。スキディ族の儀式用具としては、間違いなくもっとも有名だ。その理由は、後で見るとおり、謎めいた詳細な星図が描かれているからだ。

星をちりばめられた皮

この星図が初めて学術的な記録に登場したのは一九〇二年三月一〇日。ジェームズ・ミューリーがアリス・フレッチャーへの手紙の中で、フィールド博物館が「大きな黒い隕石のような星のバンドル」購入に動いていると述べた時だった。交渉の過程で、スキディ族の情報提供者ロー

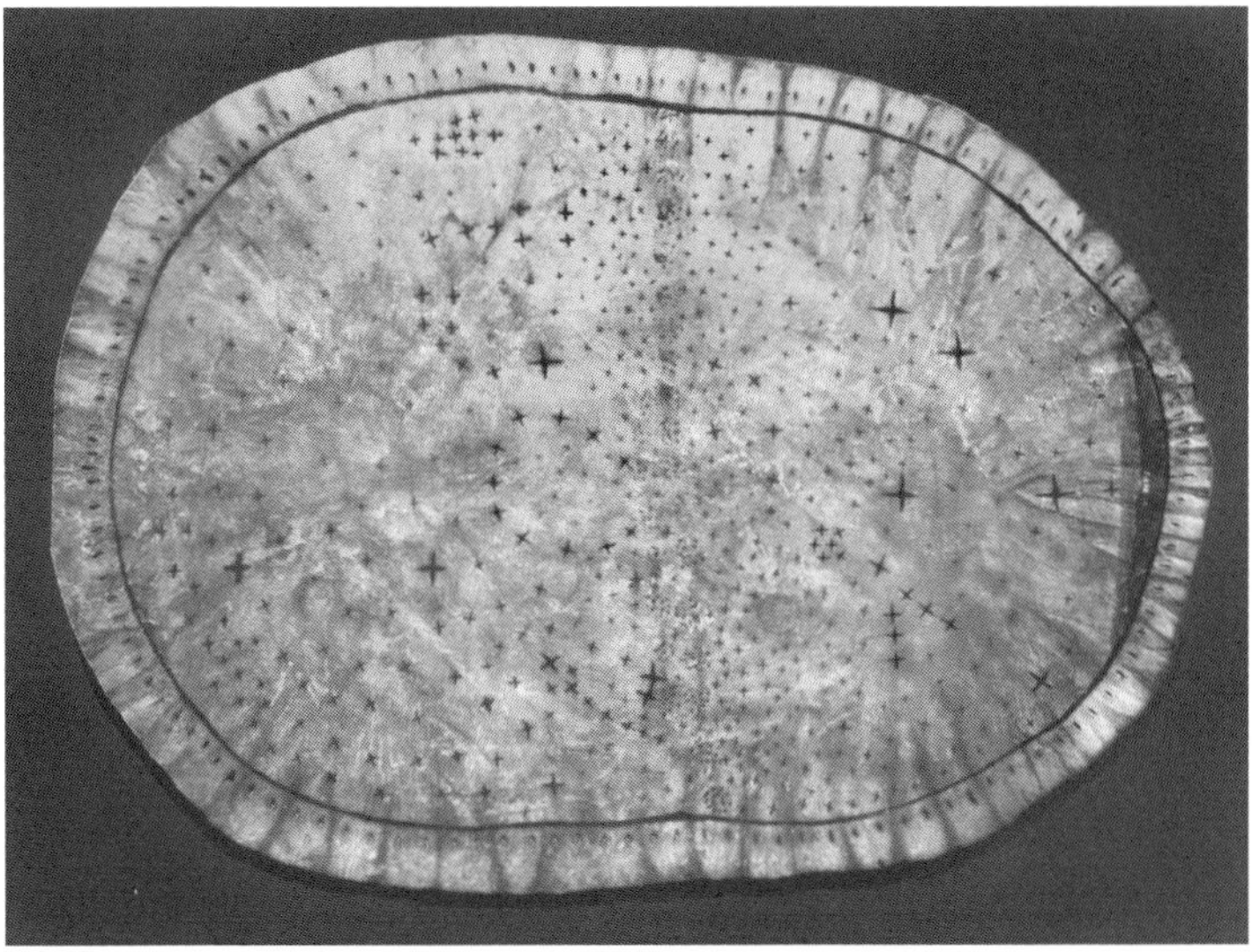

スキディ・ポーニー族の星図
写真:シカゴ、フィールド自然史博物館。AGE photo stock経由。
オクラホマ州ポーニー部族連合のスキディ支族が、
彼らの古い文化の英知を世界と共有してくれたことに感謝する。

ン・チーフがミューリーにこう言ったという。
「包みの中に変わった皮がある。動物の皮だ。誰も見たことがない。(天地)創造の初めに手に入れたものだから。動物の皮で、星がちりばめられているらしい」[30]
ミューリーは条件で折り合った後に、この星図を調べることを許された。情報提供者は、次のように続けた。

さて兄弟よ、兄弟よ。
私がお前にやった物、お前がいま、もっている物は……もともとは「父」から授かったものだ。一番高いところに座している父だ……これらは天からやってきた……いまは、こうしてお前の前にある……この上に天が置かれたのだ[31]。

これは偶然だろうか？　いつとも知れない昔に、誰とも知れない手によって、スキディ族の星図の上に天が「置かれた」。その天には、古代エジプト人が重要視したのと同じ星々や同じ空の領域が描かれているように見える。断言はできない。なぜなら、星図の解釈は何度か行なわれたが、互いに矛盾する結果が出ているからだ。だがスキディ族の長老ランニング・スカウトの、一九〇三年のこの発言は注目に値する。

東に三つの星が一列に並んでいる。これらは互いを追いかける三頭の鹿だ[32]。

ミューリーも、彼の現地調査に同行したシカゴの天文学者フォレスト・レイ・モールトンも、この鹿の星々はオリオンのベルトであると考えた。オリオン座の他の部分も描かれていると感じた[33]。それから一世紀以上後に、ウィスコンシン大学の地理学教授ウィリアム・ガートナーも、鹿の星々をオリオンのベルトと同一視した[34]。さらにヴォン・デル・チェンバレンも、スキディ族の天文神学に関する名著『星々が地上に降りてきた時（原題）』で、「ランニング・スカウトの描写とミューリーの翻訳メモを信じるなら、当然の結論は、鹿の三星はオリオンのベルトを形作る三つ星だということだ」と述べて、この考えに賛成している[35]。

チェンバレンが指摘しているのは、このページの星図の右下（東側）部分だ。星が三つずつ二列に並び、逆さまの「V」をつくっているのがすぐ目に付く。チェンバレンは「星図のV字の

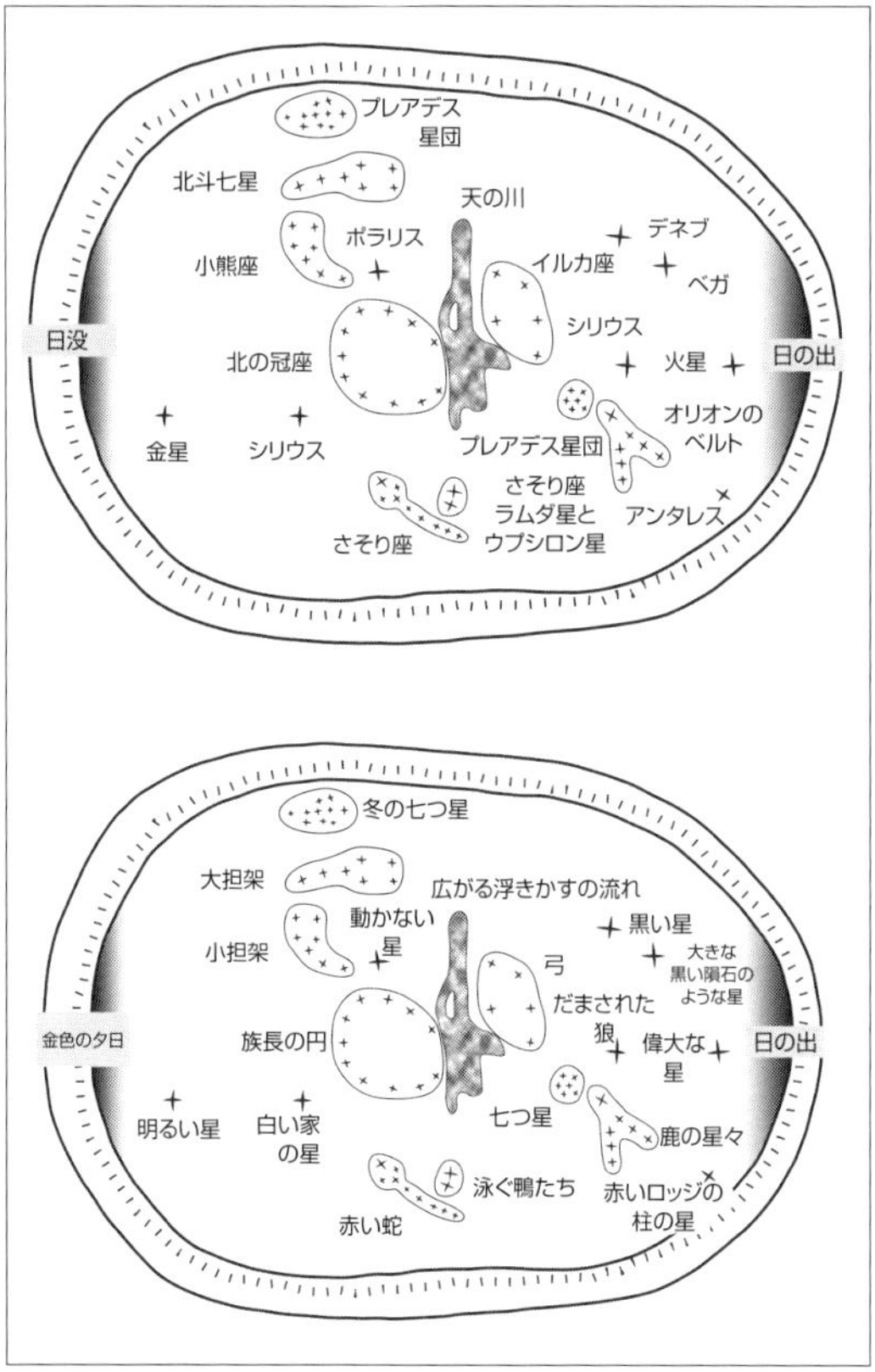

スキディ星図の解釈。
右下の鹿の星々／オリオンのベルトに注目。
ウィリアム・ガートナー、
“An Image to Carry the World Within It,”
2011, p.180より。

星々をよく見ると、確かにオリオンのベルトと剣に見える」と解説する[36]。だが慎重に、こうも述べている。

鹿はヒアデス星団とアルデバランという可能性も十分ある。オリオン座の星々とはかぎらない[37]。

読者もご記憶と思うが、オリオンのベルトの三つ星は、エジプトにおいてはギザの三大ピラミッドの形で地上に表現された。イプシロン・タウリとアルデバランという明るい二つの星は、ダハシュールの双子のピラミッドだ。

ポーニー族の星図の場合、チェンバレンが示した代案の信憑性を高めるのは、V字の上に六つの星が集まっている一角があることだ。この集まりについては、牡牛座の中のある星団だと、権威者の意見が一致している。それは私たちがプレアデスとして知っている星団で、七姉妹と呼ばれることもある[38]。条件が非常によければ、肉眼でも十数個の星を見ることができるが、普通はもっとも明るい六〜七個だけが見える[39]。だからスキディの星図においてプレアデス星団が六個の星で表現されているのは、少しもおかしなことではない。また、この集まりはV字型のヒアデス星団の隣の、ほぼ正しい位置にある。だから、ますますプレアデス星団とヒアデス星団だろうとの説が補強される。

しかし興味深いことに、プレアデス星団は前ページの星図に二つ登場し、しかも、二つ目（図の左上）には、星が一〇個あるのだ[40]。このことから分かるのは、ポーニー族は肉眼での天体観測に秀でていたこと。そしてもう一つ、この図を「星の位置図として使う意図はなかった」ことだ[41]。ヴォン・デル・チェンバレンの意見によれば、この図の機能は、

空をありのままではなく、スキディ族の祭司が考えたとおりに描くことだった……これは、別のバンドルに添付されたごく小さなバンドルで、（他のすべてのバンドルと同じく）広げると一種の祭壇になったのだろう。おそらく図は夜に星々を見ながら描いたのでも、特定の時間の夜空を描写しようとしたのでもない。星と星、星団と星団の相対的な大きさや位置関係を重視したようにも見えない……この図は、スキディ族にとってもっとも重要だった星や星団のほとんどを示している[42]。

プレアデスは二つも描かれるほどだから、スキディ族にとって非常に重要だったに違いない。これに関しては後でまた述べるが、その前に、この図の他の二つの部分、天極の周辺と天の川に注目してほしい。古代エジプトとの興味深いつながりを思わせるからだ。

死後の旅

古代エジプト人が鉄の精錬を始めたのは、紀元前初頭と考えられている。だが鉄はそれ以前から存在し、紀元前三〇〇〇年代からアミュレット（魔除けの護符）など儀式用のアイテムに加工されていた。これは先王朝時代中期にあたると、エジプト学者のG・A・ウェインライトは書いている。

「当時の古代エジプト人は、まだ石器を使用し、ごく少量の銅を利用するだけだった」[43]

鉄器が一般化するより三〇〇〇年も前に鉄の加工品が存在したという時代の齟齬《そご》は、科学史上の変則的現象で、未解決の謎だった。しかし一九二八年に、イギリスの著名な冶金学者セシル・ヘンリー・デッシュ教授が、この先王朝時代の遺物が鉄九二・五パーセントとニッケル七・五パーセントの混合物であることを証明した。

この分析の重要性は、ニッケルの割合が高い点にある。隕鉄〔隕石の一種。主成分が鉄とニッケルの合金〕におけるニッケルの平均的な含有率にほぼ等しいのだ。これに対して、人工の鉄には通常、ニッケルはまったく含まれない。この遺物に含まれる七・五パーセントのニッケルは、この鉄が隕鉄である確かな証拠だ[44]。

ヘリオポリスのフェニックスの館に祀られていたベンベン石も、ボーヴァルが指摘するとおり、方向性のある鉄隕石だった可能性が高い。というのも、隕鉄――ブジャ――は大昔から古代エジプト人に珍重され、崇拝の対象だった[45]。実際、スキディ・ポーニー族と同じように、

エジプト人は、変わった形の石を集めて大切にした。そして隕鉄は、不規則な形に割れる傾向がある。きらびやかな流れ星の出現とのつながりも、人間に似た形の破片の重要性を増しただろう。それらはきっと「天からの手」のように見えたに違いない[46]。

右記は、一九九三年の『ジャーナル・オブ・エジプシャン・アーケオロジー』誌に掲載された「指と星々と『口開けの儀式』」という論文からの引用だ。著者のエジプト学者アン・メイシー・ロスは、ピラミッド・テキストのいくつかの節に注目し、それらとの関連で「天からの手」というフレーズを使っている。古代エジプトの重要な葬礼である「口開けの儀式」を説明している部分だ。ピラミッド・テキストでは、ホルス神の息子であるハピ、イムセティ、ドゥアムテフ、ケベフセヌエフの四神が、自らの「ブジャ（鉄）の指」を使って、死んだファラオの「口を切り開く」[47]。女神イシスと女神ネフティスも、「ブジャの指」を使って死者の「口を洗う」[48]。セト神の骨も、ブジャでできているとされた[49]。

というわけで、古代エジプト人の頭の中で、隕鉄が天の神々と直接結びつけられていたことは疑う余地がない。また、隕鉄に魔法の力が備わっていると信じられていたのも間違いないだろう。何しろブジャという言葉自体に「驚異」「奇跡」の意味もあるのだ[50]。ロスによれば、この物質が「流れ星」、つまり隕石に由来することも、よく理解されていた。「その証拠に、ブジャという単語にはしばしば星を示す限定符が使われた。また、ブジャ製のナイフ[口開けの儀式で使われた」は「星」と呼ばれることもあった。この名称が使われたのが、宗教的な碑文ではなく目録だったことは、一般人がこの道具をそう呼んでおり、流星であると思っていたことを示唆している」[51]。

口開けの儀式は、一連の複雑な葬礼の最終段階にあたる。葬礼は、ミイラを地中の墓に安置する前に、死者の体に対して行なわれる。第23章で見たとおり、死者の魂は肉体から解放され、(大ピラミッドの場合は特別に設計されたスター・シャフトを通って)星空にある入口を目指して跳躍すると信じられていた。天に到達した魂は、入口を守るブジャの門を通り抜けて死後の旅を開始し[52]、天の川の岸沿いに、天のドゥアトの暗い谷間を進んでいく。

エジプトのファラオはみな、死後の旅が支障なくすむことを願い、また、そうなることを予期していた。それはつまり、すべての門を通ることを許され、悪霊や恐怖から身を守ることができ、最終的には「審判で正義を認められ」て、天で不死の星=神になることだ。神の体や骨はブジャでできているので、ファラオの魂の本質もまた、星=神になる過程で、魔法の星の物質ブジャを得る必要がある。そこでピラミッド・テキストには、次のような一節がある。

王の骨はブジャ（鉄）であり、その四肢は不滅の星である[53]。

ツタンカーメンの墓所に描かれた「口開けの儀式」。
右側の人物が持っている手斧型の道具に注目。
画像：https://commons.wikimedia.org/wiki/file:opening_of_the_mouth_-_tutankhamun_and_aja.jpgより。（パブリックドメイン）

また同様に、

私は純粋で、ブジャ（鉄）の骨をもち、不滅の四肢を広げて伸ばす[54]。

このような考えは「ブジャとは空から隕石として降ってくるものだと気づけば理解しやすい」と、ウェインライトは一九三二年に『ジャーナル・オブ・エジプシャン・アーケオロジー』で発表した、影響力の大きな論文で主張している[55]。すでに

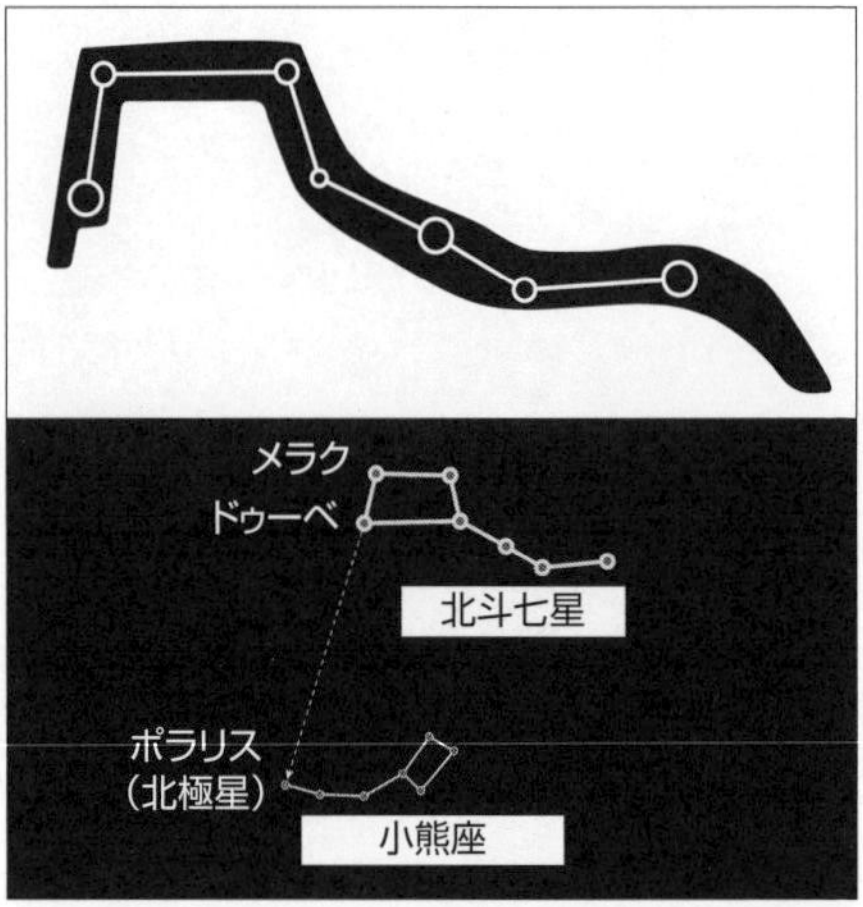

上:手斧に見立てられた北斗七星。
画像:アン・メイシー・ロス『ジャーフル・オブ・エジプシャン・アーケオロジー』1993年／79号／79ページを参考にした。
下:北斗七星（大柄杓）と小熊座（小柄杓）は、共に天極付近にあり、大きさこそ違うが、よく似た形をしている。

述べたとおり、口開けの儀式で使われる重要な器具（ファラオが星に生まれ変わることを確実にするために使われた）はブジャでできていたが、こうした考え方は、その理由の説明にもなる。しかも、そうした器具の一つは**間違いなく意図的に、北の空でよく目立つ星座の形に似せられていた。今日《こんにち》私たちが大柄杓《ひしゃく》（北斗七星）、小柄杓（小熊座）と呼んでいる星座だ。**この二つが互いによく似ているという事実は、何十年にもわたってエジプト学者たちに論争の種を提供してきた。葬祭で使われた器具（メシュケトゥ、ヌア、セテプという名で知られる）のモデルはどちらだったのかという論争だ[56]。この器具は刃が隕鉄でできた手斧で[57]、ミイラにされた死者の「口を切って開ける」ために使われた。そうすることで、死者の魂の本質が死後硬直した肉体から解放され、死後の世界で呼吸をしたり、ものを食べたりできるようになると考えられていたのだ。

口開けの儀式の器具のヒントになったのは北斗七星か小熊座かというエジプト学の論争に、ここで私たちが参入する必要はない。肝心なのは、この二つはどちらも、古代エジプト人にとって非常に重要な星座だったことだ。そしてスキディ・ポーニー族にとっても明らかに、非常に重要だった。それというのも、二つともスキディの星図にはっきりと描かれているからだ。

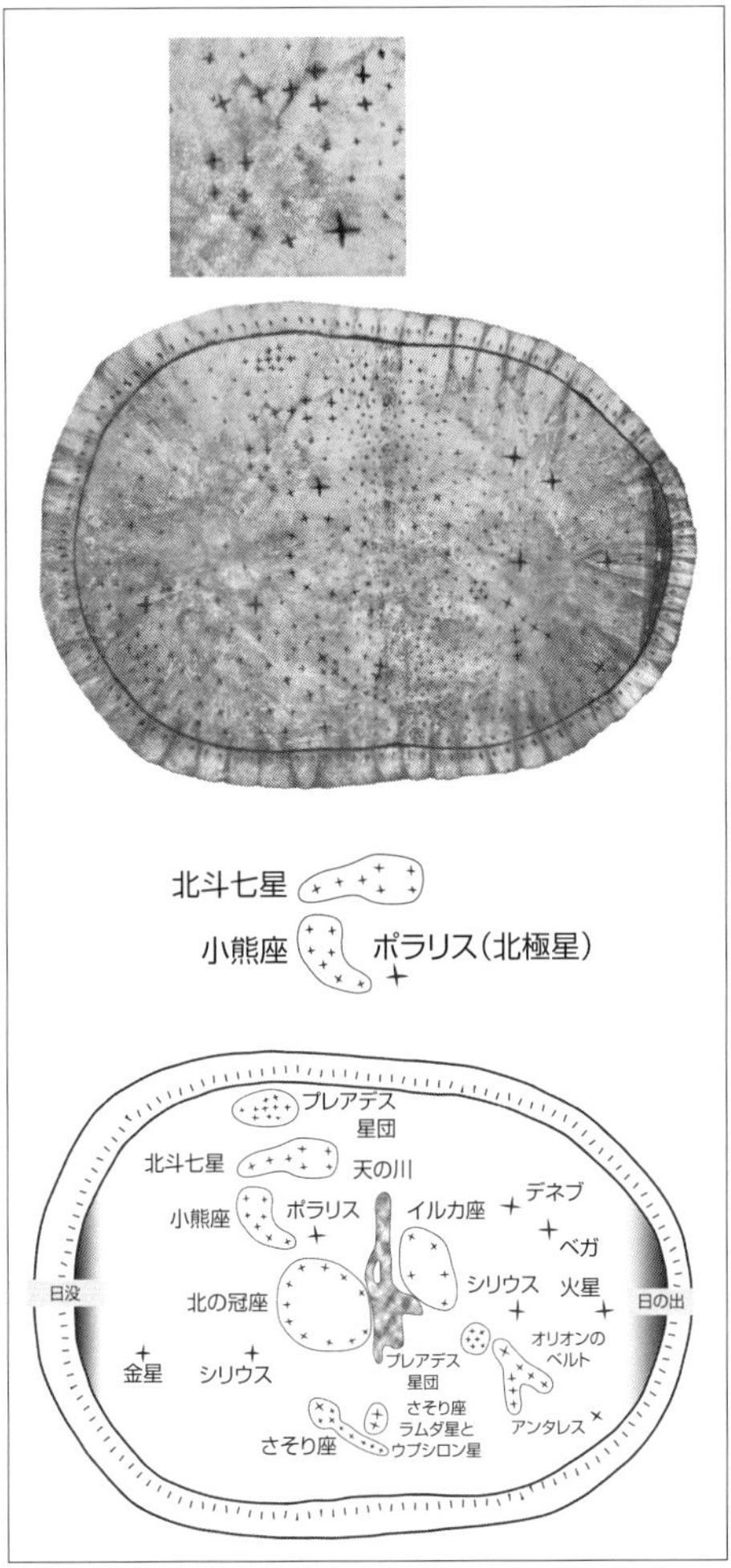

スキディの星図に描かれた北斗七星と小熊座。
この北の空の2星団は、古代エジプト人にとって非常に重要で、
口開けの儀式で使われた隕鉄製の手斧のモデルになった。
ガートナー、“An Image to Carry the World Within It,” 2011,
180ページを参考にした。

もちろん偶然かもしれない。北斗七星も小熊座も、北の空で目に付きやすい星座だ。実際、広く認識され、様々な文化において様々な名前で呼ばれている。スキディ・ポーニー族は、遺体を乗せる担架または安置台に見立てた[58]。だが古代エジプトとスキディ・ポーニーのつながりが現実味を帯びるのは、どちらもこれらの星が位置する極星周りの領域を、死や死後の魂の旅と関連づけているからだ。

古代エジプトの場合は、すでに見たとおり、隕鉄でできた手斧型の器具が、北極星近くにある柄杓の形の星座のどちらかをモデルにしている。その器具は口開けの儀式の際、一撃で死者の魂を解放する重要な役目を担っていた。これによって魂は星空に昇り、天の川沿いの死後の旅を始めることができた。

第5部と第6部で見たとおり、天の川沿いの霊魂の旅は、ミシシッピ川流域にマウンドを建造した文明においても宗教思想の中心だった。

スキディ・ポーニー族の場合は、ジェームズ・ミューリーの情報によれば、

> 「南の星」は……死者の国を支配する。そこへ至る道は天の川だ。天の川の北端にある一つの星がその道を護《まも》り、あるいは死者を迎えて通し、南の星へと向かわせる[59]。

スキディの星図は天の川を、南北に走る星が密集した帯として、図の中央に描いている[60]。

ポーニー族の言い伝えによれば、天の川は「死者の霊の通り道」[61]で、図に描かれたとおり枝分かれしている。二つの枝は異なる道を表し、異なる結果につながっているという[62]。

読者は第23章を読んで覚えておられると思うが、古代エジプト人も天の川の分岐に注目し、同じように解釈していた。

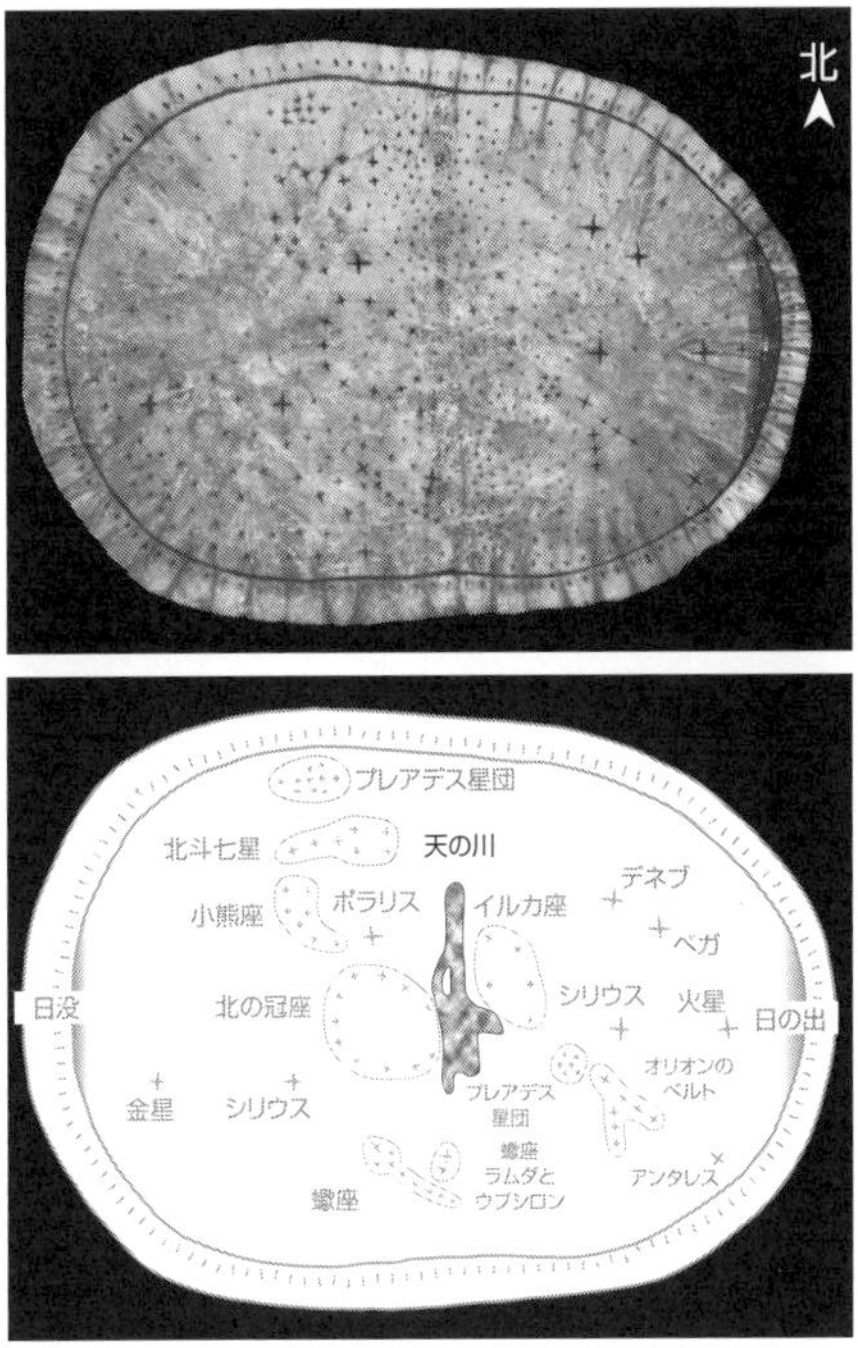

スキディの星図の天の川。
ガートナー、“An Image to Carry the World Within It,” 2011, 180ページを参考にした。

さらに、古代エジプト人は、自分たちはもともと星々から来た者で、死んだら星々のところへ帰り、星に変わると信じていた。ピラミッド・テキストは、この点を明確にしている。たとえば四三二節は、空の女神ヌートに次のように呼びかける。

おお、空で誕生した偉大なる者よ……あなたはこの王をあなたの中に、不滅の星として据えた[63]。

五七一節も、似たことをいっている。

王は不滅の星、空の女神の息子[64]。

四六六節は、こう宣言する。

おお、王よ、あなたはこの偉大な星。オリオンと空を旅するオリオンの道連れなり[65]。

二四八節は、亡くなった王が「星として現れる」と語り、彼を「遠くへ旅するまばゆい星」と描写する[66]。

二六四節で、王はこう宣言する。

見よ、私は空の下側の、この星として立ちあがる[67]。

そして、二六六節で、こう付け加える。

私を称えよ、私の正しさが証明されたゆえ……ラーは私を空へ運んだ……空を照らす、この星として……私が空からなくなることは決してない[68]。

五五四節は端的に、こう述べる。

王は再び生まれて星となる[69]。

スキディもまったく同じ思想体系をもっていたように見えるのは、偶然だろうか？　彼らもまた、人間はもともと空から来た者[70]で、星々によって創られたと信じていた[71]。

古代エジプト人と同じく、スキディも魂は星になる運命だと信じ、、ことに特別な人間は星に生まれ変わると考えた[72]。ミューリーは具体的に、スキディの偉大な族長パフカタワの例を挙げている。パフカタワはスー族によって殺されたが、ファラオが死後に生まれ変わったのと同じように、生まれ変わって「北の地平線近く、天の川のやや西」の星になったという[73]。スキディは天や星々を、超自然の世界の実在面だと見ていた、とミューリーは付け加え、「すべての星は神か、あるいは生まれ変わった人間だ。生前に決まった儀式を行なうことで高い徳を積んだ者は死後、星として空に場所を得る」と指摘した[74]。

人身御供の道具

人身御供はアメリカ先住民の間ではわりあい珍しい。しかしスキディは例外で、三〜四年に一度、敵対する部族から若い娘をさらい、儀式で明けの明星に生け贄として捧げた[75]。

このぞっとする儀式と似た風習がナイル川流域で見つかるとは、私は思っていなかった。古代エジプトに人身御供の習慣はなかったという印象を、ずっと抱いていたからだ。だが文献を見直したところ、多くの専門家が、人身御供があったと確信していることが分かった。特に先王朝時代の後期と、王朝時代の初期に行なわれたという[76]。エジプトの人身御供には、主に二つの種類があった。一つは儀式としての人身御供で、その場合、犠牲者は戦争捕虜だった[77]。もう一つは「従者の人身御供（殉葬）」で、この場合は王に近しい者が集団で処刑された。死後の旅をする王に仕えることができるようにするためだ[78]。

従者の人身御供は、スキディ・ポーニー族には存在しなかった。一方、明けの明星への人身御供は、戦争捕虜ではなかったものの、戦争相手の部族の一員を捕らえたのは間違いない。だから少なくとも表面的には、古代エジプトの生け贄の儀式に似ているといえる。

フィールド博物館のアメリカ・インディアン資料部長ラルフ・リントンは一九二二年に、スキディの明けの明星への人身御供について、権威ある書籍を出版した。乙女がどのように拉致監禁され、生け贄にされるまでの数ヶ月間どのように扱われたか、ここで詳しく見る必要はない。ともあれ運命の日の夜明け前に、娘は外に引き出され、処刑台に縛り付けられたという。

娘が処刑台に縛りつけられる間、最後の儀式のために選ばれた男たちは、処刑台の東にある裂け谷に集まった。娘からは見えない場所だ。そこで小さな火をおこし、道具一式を準備した。明けの明星が現れた瞬間、二人の男がたいまつを持って進み出る。彼らは祭司の服装をして首にフクロウの皮をぶら下げ、明けの明星の使者の代理人であることを示していた。彼らは娘の左右に立ち、たいまつで彼女の股と脇の下に軽く触れる。次に二人は谷に戻り、三人目の男が走り出てくる。この男は弓と……生け贄の儀式のために作られた聖なる矢を持っている。男は鬨《とき》の声をあげながら出てきて、人々は彼に激励の声をかける。まるで男が敵に襲いかかろうとしているかのようだ。

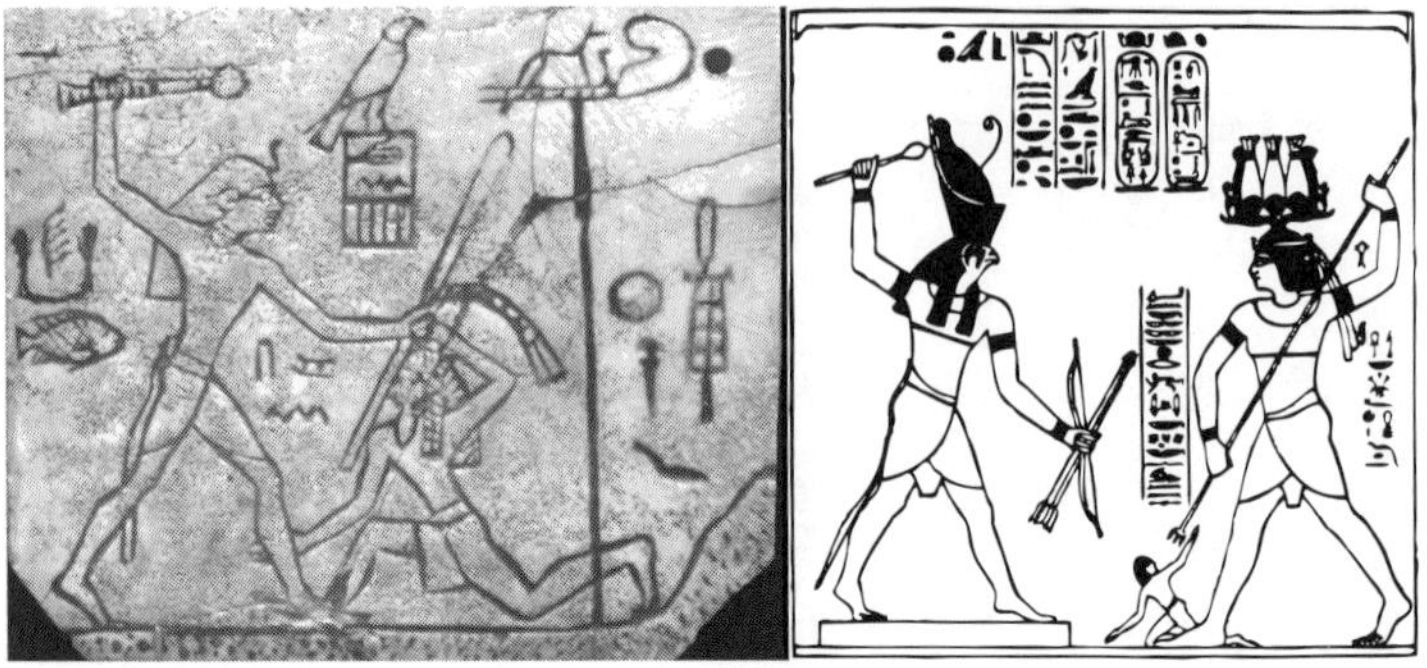

左:古代エジプトで戦争捕虜が人身御供にされている場面。
儀式を執り行なっているのは第一王朝のファラオ、デン。
処刑の道具は明らかに右手に握った棍棒だが、左手に持っている物ははっきりしない。
写真:"ivorylabelofden-britishmuseum-august19-08" by captmondo, licensed under cc by 2.5
https://commons.wikimedia.org/wiki/file:ivorylabelofden-britishmuseum-august19-08.jpg.
右:同じ場面を描いた後代の絵。
ここではホルス神が人身御供の儀式を執り行なっている。左手に持っているのは明らかに弓矢。
E・A・ウォリス・バッジ *Osiris and the Egyptian Resurrection*, vol.1, 1911, 213ページの図版。

男は娘に近づくと、矢を射て娘の心臓を貫き、谷へ駆け戻る。この役目は普通、娘を捕らえた者が担う。さらに四人目の男が、明けの明星のバンドルから取り出した棍棒《こんぼう》を持って登場し、娘の頭を殴る……。

　遺体は台から下ろされ、処刑台から少し東へ運ばれて、うつ伏せに横たえられる。聖なる矢が心臓から引き抜かれ、遺体の上に置かれる……娘の魂は、棍棒で殴られた瞬間に肉体を離れてまっすぐティラワのもとへ行き、ティラワはその魂を明けの明星へ送ると信じられている[79]。

　古代エジプト人による戦争捕虜の生け贄の儀式については、文献が残っていない。だが多くの挿絵にその場面が描かれていて、はっきりと見て取れる。儀式に使われた道具は、スキディの儀式と同じく、弓矢と棍棒だった[80]。

もう一つ注目に値することがある。右ページの左の絵で人身御供を実行しているのが、ハヤブサの頭をしたホルス神であることだ。ホルスは古代エジプト神話において、明けの明星の化身だった[81]。スキディ族にとっても、ハヤブサは明けの明星の象徴だった。なぜならハヤブサは「翼で殺す、明けの明星が棍棒で殺すのと同様に」。これが偶然ということがあるだろうか？[82]

大きな黒い星とヤンガードリアス？

スキディ・ポーニー族の言い伝えによれば、「明けの明星は流星から生じ」、「旅をする間……火球をバンドルに入れて運んだ」[83]。

それを思うと、ウ＝ピリト・ラルフ＝ル・タティトクク――ポーニーの言葉で「大きな黒い隕石のような星のバンドル」――が、「散乱した大きな黒い星」を意味するのは興味深い[84]。これはもしかすると、比較的小さな隕石が一つ落ちてきたのではなく、バラバラになりつつある大きな天体――おそらく分裂中の彗星――が飛んできて、多数の破片が広範囲に衝突したことを言っているのではないだろうか？「そのバンドルには隕石が入っているといわれていた」と、天文学者ヴォン・デル・チェンバレンは認める。

落下したばかりの隕石は通常、黒い色をしている……「大きな黒い星」は、夜の到来を支配しているとも言われ、そのために、明けの明星の兄弟と言われることもあった。明けの明星は光と火を支配し、流星から生じたといわれていた。「大きな黒い星」は、雲や雷と結びつけられた。隕石の落下には共通する特徴がある。いくつか挙げると、(1)隕石から剥がれ落ちた破片によってデブリの雲が形成される。これは火球の通り道の最後の部分で起きる。(2)雷鳴のような音が、火球の数分後に地上に届く……流星を表すポーニーの言葉には、フリント(火打ち石)やプロジェクタイル・ポイント(矢尻や槍の穂先、尖頭器)の意味もある。それを考えると、もとのポーニー語で表された概念は、「大きな黒い飛翔体《プロジェクタイル》」ではなかっただろうか。

隕石が飛翔体を連想させたことは、十分にありうる。この連想と、空を横切る明るい火球と、フリントは火を起こすのにも尖頭器を作るのにも使われるという事実が、このポーニーの言葉の根底にあるのではないか。おそらくそれが、この星が「黒い」「隕石のような」と呼ばれた理由だろう。この名前が、この星がどのような存在と理解されていたかを表しているとすれば、その理解は、特定の隕石が飛来した事件に由来している可能性がある……スキディ族は、光り輝く火球を目撃したのかもしれない。それは騒音を伴い、最後には一つまたは複数の隕石の破片が近くに落下した。このような出来事は間違いなく、「偉大な黒い星」という概念を生み出すのに十分なほど強い印象を残しただろう。その星は普段は目に見えなかったが、まぶしく輝いたことがあり、人々はそれを忘れなかったのだ[85]。

ここから重要な点が浮かびあがる。「大きな黒い星」は「普段は目に見えない」のだ。実際、あまりにも「見えない」ので、一九世紀～二〇世紀前半のスキディの長老たちは、民族誌学者が尋ねても、その星を特定することも、指差すこともできなかった[86]。もし本当に恒星《スター》なら、これは解せない。だから、火球となった隕石ではというチェンバレンの考えは、いい線をいっていると思う。隕石だったとしたら、一つの文化にこれほど永続的な強い印象を残すほどだから、ただの隕石ではなく、非常に派手な――そして重大な結果をもたらす――隕石だったのではないか。だから私に言わせれば、分裂する彗星が北米大陸と衝突する進路を取ったと考えたほうが、ずっと腑に落ちる（「大きな黒い隕石のような星」の四人の娘が東に立ち、踊りながら一列になって西へ向かう」というスキディ族の伝説[87]に照らしてみれば、なおさらだ）。そのような天体なら、非常に明るく輝いて出現しただろう。地上に落ちた破片は星のかけらと考えられただろうし、いまでは空に見えないのも当然だ。

しかも、第7部で証拠を提示したとおり、北米大陸は一万二八〇〇年前の、ヤンガードリアス期初頭に起きた世界規模の大変動の中心地だった。この時分裂した彗星の破片が地球に降り注ぎ、北はグリーンランドから南は南極大陸、東はシリアまで、衝突プロキシとクレーターという痕跡を残している。

スキディ族に風変わりな星信仰があることや、隕石に魅せられていたことから鑑みて、一つの面白い推測が成り立つ。彼らの祖先がちょうどよい時にちょうどよい場所にいて、一万二八〇〇年前に北米を荒廃させた衝突を目撃した、ということがありうるだろうか？

2＋2＝5としてしまう危険は常に存在する。だが、スキディ族の祖先が先史時代にどう移動したかについて何も情報がないのだから、そうした筋書きを除外することはできない。それどころか、真剣に考慮すべき理由がいくつもあると、私は思う。

私はこの付録4の前半に、ヘリオポリスのフェニックスの館に祀られていたベンベンと同種の物体の例として、オレゴン州のウィラメット・バレーで発見された鉄隕石の写真を掲載した。重さ一五トンの方向性の隕石で、歴史時代に入っても現地の先住民に崇められていたものだ[88]。これが私たちの話にかかわってくる理由は、ピラミッド型をしているからだけではない。もともとの衝突地点は何百キロメートルも離れたカナダで、その後、約一万二八〇〇年前に北米氷冠で起きた大洪水によってオレゴンまで運ばれた、と地質学者たちが信じているからだ[89]。

この隕石が落ちた場所は、ウィラメット・バレー**ではない**。ウィラメットだったなら、衝突時に巨大なクレーターができたはずだが、実際には存在しない。カナダにも、それらしいクレーターはないが、これはさほど意外ではない。その周辺は過去三〇〇万年の大半の期間、1・5キロメートル以上の厚さの氷に覆われていた。その間に落下した隕石は氷にめり込み、クレーターも氷に形成されたはずだ。そして一万二八〇〇年前に氷冠が崩壊して溶け、洪水が起きると、隕石は氷山と共に南へ運ばれ、やがてウィラメット渓谷に流れ着いたのだろう[90]。

これに関連して、いままで考慮されたことのない(本書と私の前著『神々の魔術』を除く)、ある可能性が存在する。この洪水――巨大氷河湖の決壊による洪水を含むが、それだけとはかぎらない――の直接**原因**が、一万二八〇〇年前に多数の隕石が北米氷冠に衝突したことだった可能性だ。もちろん、ウィラメット隕石の落下がそれ以前でなかったとは断言できない。過去三〇〇万年のどの時点でもおかしくないし、もっと前だったかもしれない。だが確率でいえば、それはヤンガードリアス期初頭に地球が経験した、例外的な〝爆撃〟の一部だった可能性が高い。

その〝爆撃〟の範囲や威力を示す証拠は、すでに第7部で提示したが、そこを書き終えた後の二〇一八年一一月に、グリーンランドでの新発見が『サイエンス』の姉妹誌『サイエンス・アドヴァンセズ』に発表された。ヤンガードリアス衝突の〝爆撃〟がグリーンランドにも及んだことは知っていたし、一〇万年の歴史を継続的に記録した氷床コアからプラチナや隕鉄などの衝突プロキシが大量に発見されたことも、それが約一万二八〇〇年前の部分からだったことも承知していた(第25章参照)。だが今回、カート・ケア、ニコライ・ラーセン、トビアス・ビンダーほか多数の地球科学者が報告した発見は、グリーンランド北西部ハイアワサ氷河の下に、大きな衝突クレーターが存在する。空中からレーザーで調べたところ、厚さ最大一キロメートルの氷の下に、直径三一キロメートルの円形のくぼみを特定した……クレーターからの融氷河流堆積物は……衝撃石英など衝突関連の粒子を含んでいる。この堆積物を地球化学的に分析したところ、衝突体は断片化した鉄の小惑星だったことが示された。発見されたクレーターを形成するためには、直径が一キロメートル以上あったはずだ。クレーターの氷の層位を放射線で解析すると、完新世の氷は連続的で整合しているが、それより下の、より古い氷には、多量のデブリが含まれていたり、非常に乱れたりしている。この衝突クレーターの年代はいまのところ不明だが、地質学的・地球物理学的証拠から、グリーンランド氷床ができた更新世より古い可能性は低いと、われわれは結論づけた[91]。

その後の報告を読むと、ケアたちがクレーターの年代に関して独断的でないのは明らかだ。さらに詳しい調査が必要だと述べ、現状では、三〇〇万年前から一万二〇〇〇年前という、非常に長い期間までしか絞り込めないという[92]。つまり最終氷期の間なら、いつでも可能性があるのだ。これに対して、カリフォルニア大学の海洋地質学教授で彗星研究グループ（ＣＲＧ）の創立メンバーでもあるジム・ケネットは、この新発見はＣＲＧの研究の正しさをさらに裏づけるものと見て、ずっと踏み込んだ発言をしている。

「私ははっきり予言する。このクレーターは、ヤンガードリアスと同時代のものだと思う」[93]

私に言わせれば、ケネットは核心を突いただけだ。グリーンランドの研究者たちは当然ながら、発言には慎重にならざるをえない。しかし、このクレーターが事実、ヤンガードリアス期初頭の〝爆撃〟に関係し、したがって三〇〇万年前ではなく一万二八〇〇年前にできた可能性は大いにある。

オレゴン州のウィラメット隕石も同じだろうか。もしかすると、はるか昔に失われた古代エジプトのベンベンも？　だとすれば、世界中で見つかっている衝突プロキシという証拠も考え合わせると、私たちが相手にしているのは間違いなく、非常に大きな母天体ということになる。その破片は非常に広い範囲に落下した。また、その天体の組成は非常に風変わりで、岩石と氷だけでなく、多量の鉄を含んでいた。一万二八〇〇年前にヤンガードリアス大変動の原因となったと考えられている巨大彗星は、核の直径が一〇〇キロメートルあった。この場合、ケアたちの言う直径一キロメートルの「断片化した鉄の小惑星」は、この巨大彗星の核に内包されていたのだろう。

まさに「散乱した大きな黒い星」だ！

この名前がぴったりだと思える理由は、ほかにもある。プレアデス星団近辺から放射されるように見える牡牛座流星群はいまも、分裂した母彗星の破片を無数に含んでいるのだ。それらの破片は、複数のフィラメント（筋状のまとまり）全体に不均一に散らばっている。直径一キロメートル以上の破片も多い。第25章で見たとおり、天文学者はこれらの破片を「現在、地球が直面している最大の衝突リスク」と見なしている。第30章で報告した新しい証拠が示すとおり、地球はいまから数十年以内に、とりわけ高密度で不安定なフィラメントに遭遇する。そこには母彗星の〝暗い〟破片が含まれていると信じられている。そのうち一つは直径三〇キロメートルだ。これが地球を直撃すれば、世界は破滅しかねない。

思い出していただきたい。スキディの星図に描かれたプレアデス星団の一つは、一〇個の星を含んでいる。これに関連して意味がありそうな、ポーニー族の言い伝えが二つある。一つ目は、「世界が終わる時が来たら」プレアデスは「七つではなく一〇の星」でできているように見えるだろう、と警告する[94]。二つ目は、私たちにこう告げる。

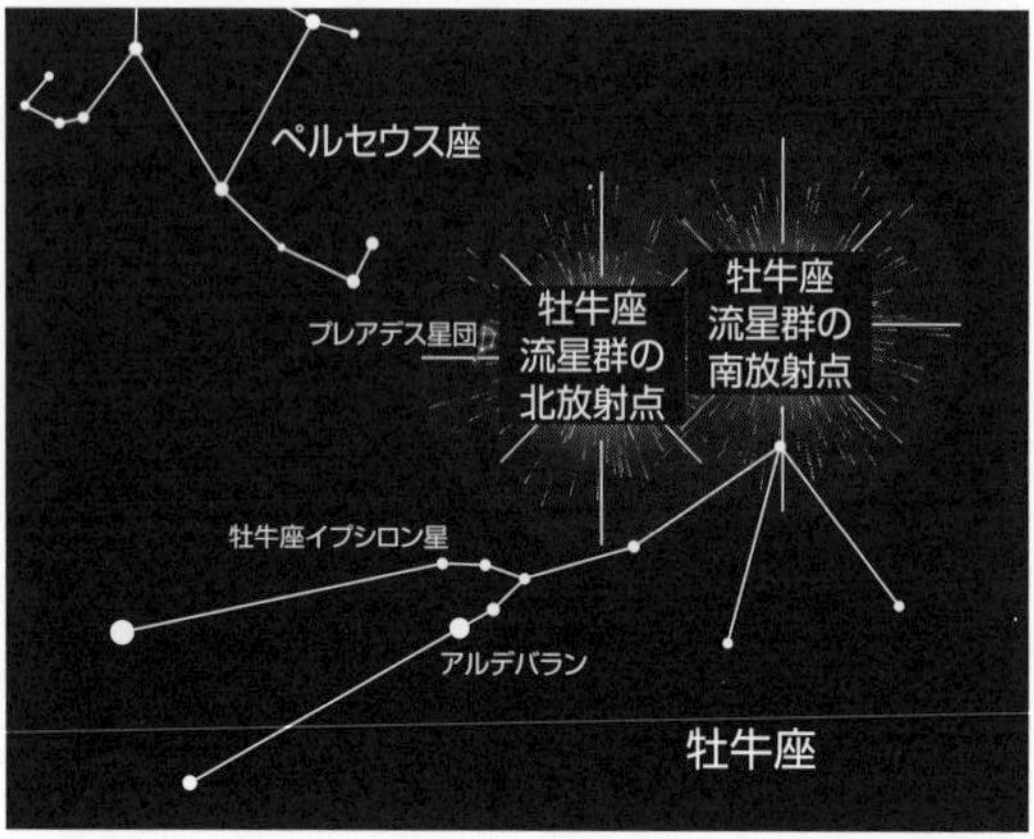

牡牛座流星群の放射点

> 世界が終わる時が来たら、また星々が地上に落ちてきて、人間と交わるだろう。それは人間に対して、星になる準備をしろとのメッセージだ[95]。

遺産の謎を解明する

ここまで、古代エジプト人もスキディ・ポーニー族も空の同じ領域に関心を寄せていたこと、および、星々の位置関係を模して地上に建物を配置したことを立証した。古代エジプト人もスキディ・ポーニーも、自分たちは星々からビジョンや指示を受け取っていると主張した。どちらも、死んだ後は星空を旅することになると考えていた。そしてどちらも、隕石――「訪問する星」といわれた[96]――を特に崇拝した。

これらの類似点は偶然ではなく、また、歴史時代に入ってから一方から他方へ直接伝播したのでもないと、私は思っている。共通の宗教思想を遺産として継承したと考えるほうがうまく説明できる。歴史が始まるよりずっと昔に、未知の「影響者《インフルエンサー》」が広めた思想だ。別の言い方をすれば、私たちは、氷河期の失われた文明の話をしているのだ。この文明は、自分たちの宗教の種を世界中にまいた。私が本書で主張しているのは、そうした取り組みは、その文明の生き残った人々による、大規模なプロジェクトの一部だったということだ。このプロジェクトは、その文明がヤンガードリアスの大変動でほぼ壊滅した後に実行された。目的は、失われた文明それ自体を復活させることだった。彼らはその目的を達成できなかったが、自分たちの文化のDNAを広く拡散することには成功した。やはり大変動に耐えて生き残った、テクノロジーが未発達な部族の間に拡散したのだ。その中にはもちろん、古代エジプト人やスキディ・ポーニー族の祖先も含まれていた。

彼らの遺産がその後どれだけ深く根を張ったのか、やがてどのように開花して、どんな形で現れたのかは、場所によって大きく異なった。何千年も別々に進化したのだから当然で、基本的な類似点がこれほど多く残っているほうが驚きだと、最初は思える。だが、私が本書で詳しく述べたとおり、それは単なる偶然ではない。意図的な戦略の成果だ。彼らは文化のミームを考案し、その中に重要な情報や思想を暗号化して埋め込んだ。ミームは保存され、複製され、時を超えて伝えられた――未来の世代が解読できることを願って。

［1］ Robert Bauval with (Adrian Gilbert), *The Orion Mystery* (Heinemann, 1994), 143。（ロバート・ボーヴァル、エイドリアン・ギルバート『オリオン・ミステリー――大ピラミッドと星信仰の謎』近藤隆文訳、日本放送出版協会）

［2］ 詳細は Bauval, *The Orion Mystery* および Robert Bauval and Graham Hancock, *The Message of the Sphinx*（グラハム・ハンコック、ロバート・ボーヴァル『創世の守護神』大地舜訳、翔泳社）を参照。

［3］ Alice C. Fletcher, "Star Cult Among the Pawnee—a Preliminary Report," *American Anthropologist*, New Series 4, no. 4 (October–December 1902): 730–736.

［4］ ポーニー族の主要四支族がネブラスカ州からオクラホマ州へ強制移住させられた時期（一八七四年）につ

いては、George A. Dorsey, "Traditions of the Skidi Pawnee," *Memoirs of the American Folklore Society* 8（1904）: xiv を参照。

[5] Fletcher, "Star Cult Among the Pawnee—a Preliminary Report," 731-732. 強調を追加した。

[6] Dorsey, "Traditions of the Skidi Pawnee," xx.

[7] 同右、一一ページ。

[8] Von Del Chamberlain, *When Stars Came Down to Earth* (Ballena Press Anthropological Papers, 1982), 45.

[9] 同右、四一ページ。

[10] Alice C. Fletcher, "Pawnee Star Lore," *Journal of American Folklore* 16, no. 60 (January–March 1903).

[11] Dorsey,"Traditions of the Skidi Pawnee," 9.

[12] E. A. Wallis Budge, *Cleopatra's Needles and Other Egyptian Obelisks* (Dover Publications, 1990, originally published 1926), 8.

[13] 同右、八～九ページ。

[14] 同右、一二ページ。

[15] ベティル、隕石、十戒の石板、契約の箱についての詳しい議論は、Graham Hancock, *The Sign and the Seal: A Quest for the Lost Ark of the Covenant* (Heinemann, 1992), 一三章を参照（グラハム・ハンコック『神の刻印』田中真知訳、凱風社）。Julian Morgenstern, "The Book of the Covenant," *Hebrew Union College Annual* 5（1928）および "The Ark, the Ephod and the Tent of Meeting," *Hebrew Union College Annual 17*（1942–1943）;both reprinted by KTAV Publishing House, 一九六八ページも参照。"The Book of the Covenant," 一一八ページで、Morgenstern は次のように書いている：「契約の箱にはベティルが入っていたと考えるのが、もっとも自然だ……これはもちろん、原始のユダヤ人の間ではありふれた考えであり、また、古代イスラエルでも一般的だったとの証拠がたくさんある」。

[16] Budge, *Cleopatra's Needles and Other Egyptian Obelisks,* 11.

[17] Robert Bauval, "Investigation on the Origins of the Benben Stone: Was It an Iron Meteorite?" *Discussions in Egyptology* 14 (1989).

[18] 同右。

〔19〕 同右。

〔20〕 同右。

〔21〕 Chamberlain, *When Stars Came Down to Earth,* 146–147. James R. Murie (ed. Douglas R. Parks), *Ceremonies of the Pawnee:* Part 1 (Smithsonian Institution Press, 1981), 六七、七〇ページも参照。

〔22〕 文献にしばしば登場する。たとえば James R. Murie, *Ceremonies of the Pawnee,* 第一巻九五ページを参照。

〔23〕 同上、第二巻四六七ページ。

〔24〕 Chamberlain, *When Stars Came Down to Earth,* 47–48.

〔25〕 Dorsey, “Traditions of the Skidi Pawnee,” xviii–xix.

〔26〕 Ralph Linton, *The Sacrifice to the Morning Star by the Skidi Pawnee* (Field Museum of Natural History, Chicago, 1922)を参照。

〔27〕 W. G. Gartner, “An Image to Carry the World Within It: Performance Cartography and the Skidi Star Chart,” in *Early American* Cartographies, ed. M. Brückner (University of North Carolina Press, 2011), 195.

〔28〕 Chamberlain, *When Stars Came Down to Earth,* 146.

〔29〕 Gartner, “An Image to Carry the World Within It,” 239.

〔30〕 Chamberlain, *When Stars Came Down to Earth,* 三五ページに引用。

〔31〕 同右、一九四～一九五ページ。

〔32〕 同右、一三六ページ。

〔33〕 同右。

〔34〕 Gartner, “An Image to Carry the World Within It,” 178, figures 3a and 3b.

〔35〕 Chamberlain, *When Stars Came Down to Earth,* 137.

〔36〕 同右。

〔37〕 同右。

〔38〕 たとえば Gartner, “An Image to Carry the World Within It,” 178, figures 3a and 3b. Chamberlain, *When Stars Came Down to Earth,* 191 も参照。

〔39〕 たとえば Gartner, “An Image to Carry the World Within It,” 197.

[40] 同右。

[41] Chamberlain, *When Stars Came Down to Earth*, 203.

[42] 同右。

[43] G. A. Wainwright, "Iron in Egypt," *Journal of Egyptian Archaeology* 18, no. 1/2 (May 1932）: 3.

[44] 同右。

[45] Ann Macy Roth, "Fingers, Stars and the 'Opening of the Mouth': The Nature and Function of the ntrwj-Blades," *Journal of Egyptian Archaeology* 79 (1993）: 71.

[46] 同右、七一。

[47] R. O. Faulkner (ed. and trans), *The Pyramid Texts,* Lines 1983–1984.

[48] Roth, "Fingers, Stars and the 'Opening of the Mouth'," 六六ページに引用。

[49] B. Scheel, *Egyptian Metalworking and Tools,* (Shire Egyptology, Aylesbury, 1989), Bauval, *The Orion Mystery,* 二〇六に引用。The Pyramid Texts, 一四行目も参照。

[50] Roth, "Fingers, Stars and the 'Opening of the Mouth'," 78–79.

[51] 同右、七九ページ。

[52] たとえば「星空にある鉄（ブジャ）の扉は、私のために開け放たれる」。The Pyramid Texts, Line 907.

[53] 同右、二〇五一行目。

[54] 同右、五三〇行目。

[55] Wainwright, "Iron in Egypt," 11.

[56] たとえば https://www.ucl.ac.uk/museums-static/digitalegypt/religion/wpr.html: "adze-shaped blades named in the Opening of the Mouth Ritual, Episode 26, meskhetyu and nua," や https://www.ucl.ac.uk/museums-static/digitalegypt/religion/wpr2.html を参照。「私はあなたのために、ヌアの刃であなたの口を開ける、私はあなたのために、ヌアの刃であなたの口を開けた、鉄でできたメシュケトゥの、神々の口を開ける刃で」。しかし https://www.ancientegyptonline.co.uk/openingofthemouth.html を見ると：「手斧の形は stp（セテプ）という単語を表すヒエログリフで、〝選ばれた〟という意味だ」とある。http://www.reshafim.org.il/ad/egypt/funerary_practices/index.html も参照。「目と口は stp の手斧で〝切り〟開かれ、それによって神は

ものを見たり、話したり、食べたりできるようになる。同時に、他の感覚も働くようになる」。

[57] たとえば Wainwright, “Iron in Egypt,” 11, and Roth, “Fingers, Stars and the ‘Opening of the Mouth,’” 79 を参照。

[58] Fletcher, “Pawnee Star Lore,” 13–14.

[59] Murie, *Ceremonies of the Pawnee:* Part 1, 41–42.

[60] Gartner, “An Image to Carry the World Within It,” 一八二ページを参照。

[61] Chamberlain, *When Stars Came Down to Earth,* 21.

[62] Murie, *Ceremonies of the Pawnee:* 第一巻四一～四二ページおよび Dorsey, “Traditions of the Skidi Pawnee,” 五七ページを参照。

[63] *The Pyramid Texts,* Line 782.

[64] 同右、一四六九行目

[65] 同右、八八二～八八五行目

[66] 同右、二六三行目

[67] 同右、三四七行目

[68] 同右、三六一～三六三行目

[69] 同右、二一四ページ、五五四節。

[70] Chamberlain, *When Stars Came Down to Earth,* 四三ページ、「スキディ族は、人間も空から来たと考えていた」。

[71] Murie, *Ceremonies of the Pawnee*: 第一巻一五八ページ、「星々が人間を創り、各支族にバンドルを与えた。この時各支族は、自分たちのバンドルが地上で唯一のバンドルだと信じていた」。

[72] Chamberlain, *When Stars Came Down to Earth*, 48.

[73] Murie, *Ceremonies of the Pawnee*: Part 1, 40.

[74] 同右。

[75] Ralph Linton, “The Origin of the Skidi Pawnee Sacrifice to the Morning Star,” *American Anthropologist* 28, no. 3 (July–September 1926): 457.

[76] ナカダ期を通じて人身御供が行われていたことは、考古学者 Beatrix Midant-Reynes の言葉によれば、自身が一九九六年にアダイマで行なった発掘によって「確実に証明されている」。"The Predynastic Site of Adaïma," *Egyptian Archaeology* 9（1996）一三〜一五ページ、特に一五ページを参照。ヒエラコンポリスの発掘でも、ナカダ期IおよびIIに人身御供が行われたことを強く示唆する証拠が見つかった。"Trauma at HK43," Nekhen News 10（Fall, 1998）の、Amy Maish による一九九八年の発掘の結果を参照。王朝時代初期の人身御供については、殉葬が行なわれていた有力な証拠がアビドスにある最初期のファラオたちの埋葬地で発見されたことが、David O'Connor, *Abydos: Egypt's First Pharaohs and the Cult of Osiris*（Thames & Hudson, 2009）, 一七二〜一八一ページに記録されている。Flinders Petrie による最初のアビドス発掘も参照。たとえば *Royal Tombs of the First Dynasty*: Part 1（The Egypt Exploration Fund, 1900）は、カアの墓の発掘について次のように述べている：「したがって、召使いたちは、王の墓が建造されてすぐ、一度に埋葬されたに違いない。ということは、葬儀の際に人身御供にされたのだろう」（一四ページ）。

[77] アダイマとヒエラコンポリスの発掘は、Midant-Reynes と Maish によって、それぞれ一九九六年と一九九八年に記録され、人身御供が行なわれた有力な証拠を提供した。それは遺体の状況だ。アダイマについては、Midant-Reynes が次のように述べている。「ネクロポリス（共同墓地）の下部は、ナカダIII期のものだ。そこにある二〇基ほどの墓には、いまも葬儀用具が納められている……胎児をはじめ、あらゆる年齢層の遺体が見つかる……ある若者の片腕は刃物で切り落とされ、棺の中で元どおりにくっつけられていた。新生児の一人の遺体は半身しかなかった。焼かれていない粘土の棺に、切断された性器と、その持ち主が入っている例もあった」（一五ページ）。Maish もヒエラコンポリスで見つけたものを、次のように説明している。「一八〜二〇歳の若い男性2人は、どちらも喉に複数の切り傷があった。35〜40歳の女性は頭蓋骨に複数の骨折があった。後頭部を殴られてできたものだ」（六ページ）。この二体のほかにも、同様に打撲や裂傷がもとで死んだ遺体が複数発見された。Flinders Petrie も六遺体について、ナカダの墓T５の周辺に「散らばり」「再配置」されていたと、James Edward Quibell との共著 Nagada and Ballas（Bernard Quaritch, 1896）で説明している。この墓は彼が、封印されたままの未盗掘状態で発見したもので、荒らされていなかった。注目すべきは、墓T５の遺体の状態は特異な例ではなかったことだ。一九世紀後半〜二〇世紀前半に発掘された先王朝時代の遺体には、このような描写が多数ある。第一王朝の人身

御供については、学者たちは碑銘を証拠として論じるが、アビドスとサッカラでそれぞれ発見された二つのラベルに、縛られた犠牲者が胸をナイフで刺され、加害者がその血を鉢にためる様子が描かれている。Ellen Morris, "Sacrifice for the State: First Dynasty Royal Funerals and the Rites at Macramallah's Rectangle" in Nicola Laneri eds., *Performing Death: Social Analyses of Funerary Traditions in the Ancient Near East and Mediterranean,* no. 3 (Oriental Institute of Chicago, 2008), 一五～三七ページ特に二〇～二一ページを参照。アビドスで出土したアハ王のラベルに描かれているのは、イミウトという呪物を作っているところで、サッカラのラベルには柱に乗ったトーテムが描かれている。両方とも、先王朝時代の儀式と関連づけられている。イミウトの詳細は Thomas Logan, "The Origins of the Imy-wt Fetish" in Journal of the American Research Centre in Egypt, vol. 27 (1990), 六一～六九ページを参照。この付録で論じている弓矢と棍棒の図柄は従来、戦争捕虜を殺害する儀式を描いたものと解釈されてきた。たとえば Ellen Morris, "(Un)Dying Loyalty: Meditations on Retainer Sacrifice in Ancient Egypt and Elsewhere" in Roderick Campbell eds., *Violence and Civilization: Studies of Social Violence in History and Prehistory* (Oxbow Books, 2007), 六三ページを参照。

[78] たとえば Jacobus Van Dijk, "Retainer Sacrifice in Egypt and in Nubia" in Jan N. Bremmer eds., *The Strange Role of Human Sacrifice in Studies in the History and Anthropology of Religion,* Vol. 1 (Leuven, Peeters, 2007), 一三五～一五五ページを参照。Van Dijk など一部の学者は、右記の注で描写されたナカダ期の遺体を「従者の人身御供（殉葬）」の、より儀式化されたバージョンと見ている。他の学者は「儀式的」人身御供と「従者の」人身御供を区別し、先王朝時代のむごたらしいシーンは「儀式的」人身御供、考古学的シーンは「従者の」人身御供だと考える。後者では、二〇世紀初めに Petrie、後に David O'Connor のチームがアビドスで発見したように、王の「主要な」墓を従属的な墓が取り囲む。この一般的な区別についての優れた概要は、博士課程の学生 Caleb T. Chow（T-375）の最近の論文、"A Missing Link in the Relationship Between Ritual and Retainer Sacrifice in Early Egypt: Another Look at the Iconographical and Archaeological Evidence"（Trinity International University, February 2018）を参照。

[79] Linton, *The Sacrifice to the Morning Star by the Skidi Pawnee,* 16–17.

[80] E. A. Wallis Budge, *Osiris and the Egyptian Resurrection* (Dover Publications Inc., New York, 1973,

originally published 1911), 二一三ページを参照。この弓矢と棍棒による人身御供の場面の解釈は、要約するとEllen Morris, "(Un)Dying Loyalty: Meditations on Retainer Sacrifice in Ancient Egypt and Elsewhere," 六三ページの次のような説明になる：「戦争捕虜の処刑前と処刑後の絵は、確かに先王朝時代後期の図像に目立つ。一番有名なナルメル王のパレット（石板）を例に取ると、これは特に重要な戦いの直後を記念した絵のように見える。描かれているのは死の一撃が下される直前の様子だ。一撃の場面はナルメルが最初ではない。それより数世代前の、ヒエラコンポリスにある〝王家の〟墓の壁画にも登場する。しかし彼の神官的なポーズは、その後三〇〇〇年近くにわたって、ファラオの力を象徴するポーズとなった」。ここに出てくるデン王のラベルは、したがって、ナルメル王のパレットほか多くの遺物に描かれた「殴打」のシーンの初期の例ということになる。ただし、これらの碑銘に描かれた場面が象徴しているのは、単に捕虜に対する力の行使という以上のものだった可能性もある。第一王朝時代のエジプト人にとって、この凶器は、より強大な、より古い力の象徴で、その力の源流は先王朝時代の、人身御供が行なわれていた時代にあるのかもしれない。

[81] たとえば *The Pyramid Texts,* Utterance 519, Line 1207を参照：「おお、朝の星よ、冥界のホルス、神聖なハヤブサ……」。

[82] Chamberlain, *When Stars Came Down to Earth,* 五七ページ「ミューリーの記録によれば、朝の星は天の川の東側にあり、大きな力をもつと信じられていた。鷹（朝の星が棍棒で殺すのと同様に、翼で殺す鳥）が彼のシンボルだった」。Murie, *Ceremonies of the Pawnee:* Part 1, 三八、四六ページも参照。

[83] Chamberlain, *When Stars Came Down to Earth,* 五七ページに引用。

[84] Murie, *Ceremonies of the Pawnee:* Part 1, 39.

[85] Chamberlain, *When Stars Came Down to Earth,* 98–99.

[86] Murie, *Ceremonies of the Pawnee:* Part 1, 三九ページ「私たちはこの星を特定できていない」。

[87] Chamberlain, *When Stars Came Down to Earth,* 九九ページに引用。

[88] たとえば https://www.amnh.org/exhibitions/permanent-exhibitions/dorothy-and-lewis-b.-cullman-hall-of-the-universe/willamette-meteorite-agreement や http://www.grandronde.org/news/smoke-signals/2016/06/30/tribal-members-visit-tomanowos/#sthash.cxiCexv7.LkD0tvUb.dpbs を参照。

[89] たとえば Richard N. Pugh, "Origin of the Willamette Meteorite," *Oregon Geology* 40, no. 7（July 1986）：七九〜八〇ページを参照。

[90] 氷山運搬説の補強証拠については同上、八〇、八五ページを参照。

[91] Kurt H. Kjær et al., "A Large Impact Crater Beneath Hiawatha Glacier in Northwest Greenland," *Science Advances*, November 14, 2018.

[92] たとえば "Impact Crater 19 Miles Wide Found Beneath Greenland Glacier," *Guardian*, November 14, 2018, https://www.sciencemag.org/news/2018/11/massive-crater-under-greenland-s-ice-points-climate-altering-impact-time-humansを参照。 https://www.sciencenews.org/article/greenland-impact-crater-top-science-stories-2018-yir; http://theconversation.com/huge-crater-discovered-in-greenland-heres-how-the-impact-may-have-wiped-out-the-mammoths-107122および https://www.sciencemag.org/news/2018/11/massive-crater-under-greenland-s-ice-points-climate-altering-im-pact-time-humans も参照。

[93] "Massive Crater Under Greenland's Ice Points to Climate-Altering Impact in the Time of Humans," *Science*, November 14, 2018, https://www.sciencemag.org/news/2018/11/massive-crater-under-greenland-s-ice-points-climate-altering-impact-time-humans に引用。

[94] Chamberlain, *When Stars Came Down to Earth*, 135.

[95] George A. Dorsey, *The Pawnee Mythology* (Part I), (Carnegie Institution, Washington, 1906), 一三六ページに引用。

[96] Chamberlain, *When Stars Came Down to Earth*, 一四四ページに引用。

謝辞

この本を書くにあたって、多くの素晴らしい方々が支援をしてくれた。だが、私の手抜かりで、ここでお礼を述べていないかもしれない。そうならば許してほしい。歳をとるにつれ、忘れっぽくなるのだ！

私の妻で、ソウルメイトで、共に冒険をしている写真家サンサ・ファイーアに、最大の謝辞を述べたい。この本の取材中、私は二度も恐ろしい発作を起こし、意識を失った。その結果、法的にも責任上も自動車の運転ができなくなった。そこで数千マイルにわたる自動車旅行では私が助手席に座り、サンサがハンドルを握った。旅行したのはカリフォルニア、アリゾナ、ニューメキシコ、コロラド、サウスダコタ、ワイオミング、ニューハンプシャー、マサチューセッツ、ニューヨーク州北部、南北カロライナ、ルイジアナ、ミシシッピ、アーカンソー、アラバマ、テネシー、ミズーリ、イリノイ、オハイオであり、絶景・奇景に恵まれていた。

この非凡な妻に感謝したい。逆境に直面しても勇敢で、活き活きとした存在で、創造性豊かに、常に正しい時に正しい写真を撮ってくれ、計り知れない深さの愛情を示してくれた。サンサがいなければ、私はとうの昔に立ち往生し、急停止していたことだろう。ありがとう。すべてについて感謝している。

この本には写真だけでなく、論拠を分かりやすくするため、多くのイラストが掲載されている。そのためアートディレクターを必要としたわけだが、実のところ息子のルークがこの仕事を引き受けてくれた。ルークは不眠不休で図案を作り、イラストを作成し、本文に挿入してくれた。素晴らしい仕事に感謝と敬意を捧げる。

調査アシスタントのホリー・ラスコ・スキナーは、このプロジェクトの初期の頃から私とともに参考文献を集め、見つけることが困難な事実を追跡してくれた。彼女は膨大な資料を探し出し鮮やかに分類し、そのすべてを注意深く検討し、常に新たな科学的発展に注意を向けさせてくれた。ホリー、ありがとう。

ロス・ハミルトンは古代の謎への興味をわきたたせる教師だ。彼のおかげでオハイオ州のサーペント・マウンドの謎に目を向けることになり、この場所が夏至の日没と神秘的なつながりをもつことの意味が理解できた。

ウィリアム・ロメインは、個人的な意見だが、現在、ミシシッピ川流域のアースワーク建造文化の研究をしているもっとも重要な考古学者だ。彼は快く意見交換に時間を割いてくれ、天文考古学に関する彼の研究の素晴らしい写真やイラストをこの本に転載させてくれた。

ギャリー・デーヴィッドは米国南西部の天文考古学についての重要な研究をしている。彼はアリゾナとニューメキシコの旅に同行してくれ、幅広い知識や洞察を広い心で与えてくれた。真の戦友であるランドール・カールソンにも感謝している。さらにブラッドリー・ヤングとカムロン・ウイルシャにも感謝する。三人は異なった形でこのプロジェクトに重要な貢献をしてくれた。

「コメット・リサーチ・グループ（彗星調査グループ）」の科学者たちには特にお礼を述べたい。彼らの画期的な「ヤンガードリアス衝突仮説」は、謎に満ちた最終氷期の終焉について、完璧な説明をもたらし、世界の先史時代にまったく新しい光を当てている。アレン・ウェスト、アル・グッドイヤー、クリス・ムーア、ジョージ・ハワードは、特に惜しみなく時間を使ってくれた。

サンディエゴ自然史博物館の主任・古生物学者トム・デメレは、面会に応じてくれただけでなく、内部の資料室へ案内してくれた。資料室ではセルッティ・マストドン遺跡の発見が何を意味するかを教えてくれた。この遺跡が示唆するのは、少なくとも一三万年前に、北米大陸に人がいたことだ。この発見によって先史時代は書き換えられることになる。

コペンハーゲン大学のエスケ・ウィラースレフは、古代ＤＮＡ研究では世界的な専門家だ。彼は根気よく私の質問に応じ、変則的なオーストラシアン遺伝子シグナルが、アマゾン多雨林の孤立した人々に残っていることの意味を教えてくれた

一方、アマゾンの広い地域で、極めて重要な考古学調査が進行中だ。明らかになったのは、ストーンサークルや何百という巨大な幾何学的アースワークの存在だ。この件に関してはミナス・ジェライス連邦大学のマリアナ・ペトリ・カブラル、ヘルシンキ大学のサンナ・サウナルオマとマルティ・パルシネン、ノーザン・イリノイ大学のクリストファー・ショーン・デーヴィスに感謝する。彼らが私の求めに快く応じてくれたので、彼らの研究写真とイラストを本書に掲載することができた。

シベリアのデニソワ洞窟の調査に赴いた時は、セルゲイ・クルギンが旅行のすべてを手配し、車の運転もしてくれた。完璧なプロの仕事をしてくれ、しかも友情にあふれていた。感謝にたえない。素晴らしい通訳をしてくれたオルガ・ヴォトリナにも感謝したい。ロシア科学アカデミーの考古学・民族史研究所シベリア支局にも感謝したい。調査への協力に加えて、デニソワ洞窟の遺物の写真掲載を許可してくれた。

米国の出版社マーチンプレスの編集者ピーター・ウルバートン、英国の出版社コロネットの編集者マーク・ブース、私の著作権代理人であるソニア・ランド・アソシエーツのソニア・ランドは、素晴しい協力者たちであり友達だ。彼らは、ことあるごとに優れた助言をしてくれ、最高のプロとしての腕前を発揮してくれた。

この『人類前史』に価値があるとすれば、それは、これまでに述べてきた人たちと、さらに世界中の多くの科学者や専門研究者たちのおかげだ。彼らの発見は、本書の中に出てくる。私は彼らの仕事の成果を忠実に示そうと努力したが、もしも何かの間違いや、解釈の違いがあったら、それはすべて私の責任だ。

最後になるが大事なのは、私が国籍や国境を超えた素敵なレインボー・ファミリーに恵まれていることだ。サンサとルークについてはすでに述べたが、大人になった五人の子どもたち、ショーン、シャンティ、レイラ、ラヴィ、ガブリエルに愛と感謝を伝えておきたい。私はスコットランド生まれの英国人で、父はイングランド人、母はスコットランド人だ。私は子どもの頃の四年間を、インドのタミール・ナドゥ州で過ごしている。サンサはタミール人だが、マレーシアで生まれ育っている。ショーンとレイラの母親はソマリア人で、英国人として誕生した。シャンティとラヴィは半分がタミール系マレーシア人で、半分がイタリア系米国人だ。ルークとガブリエルは生まれながらの英国人。レイラの夫ジェーソンはギリシャ人。ラヴィの妻リディアは米国人。ルークの妻アヤコは日本人。彼らはニラ、レオ、ヘンリーという三人の魅惑的な孫という祝福を与えてくれた。孫たちはそのあどけなさや幼子の智慧と笑い声で、私たちの人生を晴れやかにしてくれている。

訳者あとがき

私たちは古代メソポタミア文明が、五〇〇〇年前に都市文明を誕生させたことを知っている。また、ほぼ同じ時代にエジプト文明、インダス文明、中国文明が興隆したことも知っている。だが、謎として解明されていないことも多い。

たとえば、訳者も現地に赴《おもむ》き確認したが……、

●古代エジプト文明は、ヒエログリフ（絵文字）や宗教の発展の時期がなく、突然、すべてが完成した姿で登場している。

●四五〇〇年前に建造されたと考えられているエジプト・ギザの大ピラミッドは、地

球の北半球の模型となっている。

●大ピラミッドの方位や建造技術の精度は、現代でも達成が難しい。

●ギザの大スフィンクスは四五〇〇年前に建造されたことになっているが、地質学の観点から見ると一万年以上前に造られた可能性が高い。

●トルコのギョベックリ・テペ巨石遺跡は一万二〇〇〇年から一万年前に建造されている。だが、この頃は、農業も発祥していなくて、狩猟採集民の時代であり、誰が何の目的で建造したのかが不明だ。

●インカ帝国の宮殿であったコリカンチャ（太陽神殿）は、現在では石の部屋しか残されていない。だがこの石組みが示すのは、建造者たちが、インカ帝国を征服した一六世紀のヨーロッパ人たちよりもはるかに高度な技術を持っていたことだ。堅い花崗岩で造られたこの石の壁には複雑な切り込みが組み合わされており、巨大地震に耐えることができる。

●インカ帝国の首都クスコの石壁は、石と石の間にかみそりの刃も差し込めないほど緻密にできている。首都の郊外にある要塞サクサイワマンの城壁も巨石で緻密に造られているが、いつ、誰が、どのように造ったかはいまも謎だ。

これらは世界中に現存する未解決の謎のほんの一部でしかない。本書の著者グラハム・ハンコックは、世界に残されているこのような謎の解明に取り組む調査ジャーナリストであり、現代の「知の巨人」の一人だ。

そのグラハム・ハンコックから『人類前史・失われた文明の鍵はアメリカ大陸にあった』という本を書くと聞いたのは、四年前のことだった。その時は「アメリカ大陸に失われた文明を探すなんて、無理じゃない?」と怪訝《けげん》な思いに駆られた。その一年後、グラハム・ハンコックが住む英国の都市バースを訪れた。本書にも出てくるが、その時期のグラハムは二度目の発作の後で療養中だったが、病を押してストーンヘンジの巨石群や、エイブリーのストーンサークルを案内してくれた。グラハム・ハンコックは情熱の人であり友情に篤《あつ》い。

本書の原稿がグラハムからメールで送られてきたのは二〇一九年の二月初めだった。すぐに読んだが、ショックを受けた。以下のような新事実が書かれていたからだ。

●北米には数多くの大規模な謎の古代遺跡がある。いずれもアメリカ先住民が造っている。
●南米のアマゾンでも、謎のストーンサークルや古代遺跡が、次々に発見されている。
●ヨーロッパ人に征服される前のアマゾンのジャングルには、大きな都市があった。
●アマゾンの多雨林は植林されたものだ。
●最新の遺伝学によると、アマゾン奥地の先住民には、オーストラリアやニューギニアの先住民のＤＮＡが色濃く存在している。
●北米大陸に人類が住みはじめたのは、カリフォルニア州サンディエゴで発見されたセルッティ・マストドン遺跡から見て、一三万年前かもしれない。
●二〇三〇年頃の地球は、宇宙で彗星破片群の中を通り抜けなくてはならない。

そこで、すぐに双葉社の杉山榮一氏に出版を検討していただいた。イングリッシュ・エージェンシーの服部航平氏から最終原稿が届いたのは、二〇一九年の四月だった。それから榊原美奈子さんに翻訳辞書を作成してもらった。同年四月に米国で発売された本書は、すぐにニューヨーク・タイムズ紙のノンフィクション部門でベストセラー六位になっている。

それ以降、翻訳に取りかかったが、困難な作業であった。本書は考古学や遺伝学や天文学の最新情報を網羅しており、日本語の参考文献が少なかったのだ。

序文から24章までは大地舜が翻訳し、25章以降は榊原美奈子さんが翻訳した。榊原美奈子さんの翻訳は正確で安心感がある。英語の解釈が不明なところはニューヨーク在住の作家J. N. Catanach氏と、東京在住のThad Grudin氏に問い合わせて助けていただいた。校正者の谷田和夫氏と双葉社の杉山榮一氏は、翻訳を丁寧にチェックしてくださった。おかげで、翻訳がずいぶんと正確になり、大いに感謝しているが、文責はもちろん大地舜にある。

家族の支えも常に心強い。パートナーの波多野一恵。息子夫婦の波多野昌昭・愛奈にはルカという男の子が加わった。

グラハム・ハンコックとは二五年前から、「失われた文明の存在を証明する」ために共闘をしているが、アジアの若者を一つの家族にする文化交流事業は五〇年ほど継続している。このアジアの若者たちとの密なつながりも、私の元気の素となっている。

出版事業において、翻訳作業はほんの一部でしかない。装幀を整え、広告・営業などで活躍してくださる方々の汗の結晶が出版事業だ。これらを担当してくださっている方々にも感謝している。

本書は世界の知識人のために書かれた本だ。日本でも多くの方々が、本書を手にとってくださることを祈っている。

二〇二〇年一〇月吉日

大地舜

翻訳参考文献一覧

●『ファラオと死者の書』吉村作治著／小学館ライブラリー
●『古代エジプトを知る事典』吉村作治編著／東京堂出版
●『アメリカ先住民の神話伝説（上・下巻）』
　リチャード・アードス＆アルフォンソ・オルティス著／松浦俊輔、中西須美、前川佳代子ほか訳／青土社
●『世界神話事典』大林太良、伊藤清司、吉田敦彦、村松一男編／角川選書
●『交雑する人類』デイヴィッド・ライク著／日向やよい訳／ＮＨＫ出版
●『黄金郷伝説』大貫良夫著／講談社現代親書
●『アメリカ大陸古代文明事典』関雄二、青山和夫編著／岩波書店
●『異次元の刻印（上・下巻）』グラハム・ハンコック著／川瀬勝訳／バジリコ
●『岩は嘘をつかない』デイヴィッド・R・モンゴメリー著／黒沢令子訳／白揚社
●『宇宙からの衝撃（上・下巻）』S.V.M.クリューブ、W.H.ナピエ著／藪下信訳／地人選書
●『彗星大衝突』ジョン・グリビン、メアリー・グリビン著／磯部琇三、吉川真、矢野創訳／三田出版会
●『現代人のための「チベット死者の書」』ロバート・A・サーマン著／鷲尾翠訳／朝日新聞社
●『世界考古学事典』平凡社
●『世界の大遺跡』講談社

著

グラハム・ハンコック（GRAHAM HANCOCK）

英国出身。元『エコノミスト』特派員。国際的なノンフィクション・ベストセラーの著者。主な著書は『神々の指紋』、『創世の守護神』、『神々の世界』（いずれも小学館文庫）、『天の鏡』（翔泳社）、『異次元の刻印』（バジリコ）、『神々の魔術』（ＫＡＤＯＫＡＷＡ）など。冒険小説には『リアとレオーニ・時空を超えた姉妹』（講談社）、『WAR GOD』がある。彼の本は世界中で７００万部以上売れており、30ヶ国語に翻訳されている。公開講演、ラジオ・テレビ出演も多く、その中には有名なテレビ・シリーズ『Quest for the Lost Civilization and Flooded Kingdoms of the Ice Age』も含まれる。インターネットでも確固たる存在感があり、彼の考えは数千万人の視聴者に到達している。型にとらわれない思想家として認められているハンコックは、人類の過去や私たちの現在の苦境について、共感を呼ぶ疑問を投げかけている。

翻訳

大地 舜（だいち・しゅん）

翻訳家・作家。青山学院大学卒。主な訳書に『神々の指紋』（小学館文庫）、『神々の魔術』（ＫＡＤＯＫＡＷＡ）、『魔法の糸』（実務教育出版）、『夢をかなえる一番よい方法』（ＰＨＰ研究所）、『誰が世界を支配しているのか？』（双葉社）など多数。主な著書は『沈黙の神殿』（ＰＨＰ研究所）。Website：www.shundaichi.com
特定非営利活動法人 Sing Out Asia 理事。
YouTubeで「WOOW」を主宰。

榊原美奈子（さかきばら・みなこ）

静岡県生まれ。上智大学英文科卒。『彗星への旅』（ＰＨＰ研究所）、『タリズマン』（竹書房）、『神々の世界』（小学館）、『ホワイトハウスの赤裸々な人たち』（講談社）等の調査担当・翻訳アシスタントを経て、『誰が世界を支配しているのか？』（双葉社）を共訳。映像翻訳も手がける。

人《じん》類《るい》前《ぜん》史《し》

失《うし》われた文明《ぶんめい》の鍵《かぎ》はアメリカ大陸《たいりく》にあった 下

二〇二〇年一一月二二日 第一刷発行

著 グラハム・ハンコック

翻訳 大地舜《だいちしゅん》
榊原美奈子《さかきばらみなこ》

発行者 島野浩二

発行所 株式会社双葉社
〒一六二-八五四〇
東京都新宿区東五軒町三-二八
電話 〇三-五二六一-四八一八（営業）
〇三-五二六一-四八三四（編集）
http://www.futabasha.co.jp/
（双葉社の書籍・コミック・ムックが買えます）

印刷所 中央精版印刷株式会社

製本所 株式会社若林製本工場

装丁 木庭貴信＋角倉織音（オクターヴ）

ISBN 978-4-575-31581-3 C0098 Printed in Japan